Cyr-Igaël Rondot

Risque de chance

Rien ne peut empêcher ta contribution au monde.
Mais quelle est-elle ? Le sais-tu ?

À Véronique et MaBaMa,
les quatre femmes de ma vie.
À vos risques de chance.
À toi, à l'Autre.

« L'espérance est un risque à courir, c'est même le risque des risques. »
Georges Bernanos, Essais et écrits de combat,
Bibliothèque de La Pléiade, 1995

« Rire, c'est risquer de paraître idiot.
Pleurer, c'est risquer de paraître sentimental.
Aller vers quelqu'un, c'est risquer de s'engager.
Exposer ses sentiments, c'est risquer d'exposer son moi profond.
Présenter ses idées, ses rêves à la foule, c'est risquer de les perdre.
Aimer, c'est risquer de ne pas être aimé en retour.
Vivre, c'est risquer de mourir.
Espérer, c'est risquer de désespérer.
Essayer, c'est risquer d'échouer.

Mais il faut prendre des risques, car le plus grand danger de la vie, c'est de ne rien risquer du tout. Celui qui ne risque rien ne fait rien, n'a rien, n'est rien. Il peut éviter la souffrance et la tristesse, mais il n'apprend rien, ne ressent rien, ne peut ni changer ni se développer, ne peut ni aimer ni vivre. Enchaîné par sa certitude, il abandonne sa liberté. »
Sœur Emmanuelle[1]

1. Citation attribuée couramment à Sœur Emmanuelle mais dont nous n'avons pas la référence.

Introduction
par Marie-Joëlle Guillaume, écrivain

Il est difficile de résister à l'enthousiasme communicatif de Cyr-Igaël Rondot. Tout a commencé pour moi par un avis de lecture, qui m'avait été demandé au sujet d'un tapuscrit touffu, écrit et présenté à la diable, mais nourri par les très nombreux témoignages de personnalités connues, interrogées sur une notion étrange : le Risque de chance... Le texte commençait par une trentaine de pages haletantes, poignantes, décrivant la trajectoire personnelle de l'auteur. C'est sans doute ce récit d'une enfance dure et tragique, rédigé sans complaisance, mais non sans humour, qui m'a touchée d'abord. On reçoit humainement comme un coup de poing cette histoire cabossée, *a priori* désespérante, mais dont l'auteur a su tirer une formidable joie de vivre, d'aimer et de transmettre contre toute attente une espérance indestructible.

Transmettre : tel est le but de Cyr-Igaël. Rescapé de ses terribles débuts dans la vie, à la force du poignet, mais aussi à grand renfort de grâces spirituelles transformées en audace d'agir, il ressent comme une mission pressante d'aider les autres, en particulier les jeunes, à trouver et tracer leur propre chemin dans la vie. Sur le thème, énoncé d'entrée de jeu dans le livre que vous allez lire et qui en sous-tend toute la logique : « Rien ne peut empêcher ta contribution au monde. Mais quelle est-elle ? Le sais-tu ? »

J'ai trouvé que le jeu en valait la chandelle. Nous ne nous connaissions pas. Mais quand l'auteur m'a demandé, suite à ma note de lecture, si j'accepterais de l'aider à mettre en forme ce beau cadeau qu'il voulait offrir aux jeunes de bonne volonté, je n'ai pas hésité. En femme de foi que je suis, j'y ai vu un appel de la Providence. C'est donc avec joie que je me suis mise à mon tour au service de l'ambition et des intuitions généreuses de ce livre, en m'efforçant de donner à l'ensemble du texte un style plus « écrit », tout en en respectant scrupuleusement la teneur.

Cet ouvrage très original se lit comme un roman, et même un roman à suspense. Car les personnalités interviewées sont présentées par ordre alphabétique, ce qui fait voisiner des expériences très diverses et captive le lecteur toujours curieux de la suite. Vous trouverez sans doute comme moi que le questionnaire de Cyr-Igaël est fait de questions biscornues, décalées, répétitives – dont certaines rebutent d'ailleurs, de prime abord, quelques-uns de ses interlocuteurs. Il n'empêche que notre homme sait ce qu'il veut obtenir et qu'il y arrive, faisant jaillir au détour d'une phrase des confidences de grande valeur. Son choix de témoins est passionnant par la variété et la qualité des êtres interviewés. Par l'intermédiaire de l'auteur, on les rencontre vraiment et ils n'écrasent personne. C'est rare. D'autre part, le livre, lesté d'une substance humaine riche, ne fait l'impasse ni sur le mal, ni sur la souffrance, ni sur l'échec. En cela d'abord, il est tonique.

L'une des questions posées à chaque entretien part de la phrase de Jean Vanier : « Toute personne est une histoire sacrée. » Elle touche au sens spirituel de la vie et donne lieu à des réponses contrastées, souvent profondes. Qu'on nous permette d'évoquer ici un autre contraste, qui touche Jean Vanier lui-même. Depuis ces entretiens, la personnalité magnifique du fondateur de l'Arche, véritable providence pour des milliers de personnes handicapées, source inépuisable de charité et de pure tendresse envers les plus petits et les plus pauvres, a été écornée par la stupéfiante découverte et la révélation d'abus spirituels et sexuels commis par le même Jean Vanier sur des proches, au nom d'une mystique faussée. Fallait-il se priver de la beauté de sa phrase, de son témoignage et du souvenir du bien immense qu'il a accompli dans sa vie ?

Nous avons pensé que non. La démarche de ce livre est précisément de permettre à chacun d'être libre face à tout gourou potentiel – les réponses des personnes interrogées sur leurs « mentors » sont très intéressantes à cet égard. Savoir que nous sommes tous capables du meilleur et du pire et qu'il n'y a rien de plus dangereux que de faire d'un pauvre homme ou d'une pauvre femme une sorte de « saint » *a priori*, voilà une leçon de vie bien utile.

À la fin de son livre, Cyr-Igaël Rondot, que l'on y rencontre à trois reprises – dans son récit biographique, dans son interview (juste retour des choses !) par Mercedes Erra, puis dans l'envoi de la troisième partie (« À toi de jouer ! ») –, dévoile un peu de ses souhaits concernant la suite du projet Risque de chance. Souhaitons-lui à notre tour bon vent, ainsi qu'à tous les jeunes que cet ouvrage poussera à prendre leur envol. Je ne doute pas qu'il y parvienne, car c'est un livre à la fois passionnant et puissant. Mieux qu'un beau livre, un livre nécessaire.

Avertissement

Certains témoignages en Risque de chance ne peuvent se retrouver en entier dans ce livre à cause de contraintes éditoriales et de fabrication. Vous retrouverez pour chacun de ces entretiens une page d'introduction accompagnée d'un QR code vous emmenant sur le texte et la vidéo du témoignage. Ils sont indiqués par un astérisque dans le sommaire.

Sommaire

I – Risques d'enfance, ou l'itinéraire d'un enfant désarmé

J'ai écrit ce livre pour toi. Que tu sois jeune ou… jeune depuis plus longtemps, rien ne peut empêcher ta contribution au monde. Mais quelle est-elle ? Le sais-tu ? Je ne souhaite donner aucune leçon, à personne, face aux énigmes de la vie. Je ressens simplement un appel intérieur à aider l'Autre en toute humilité. Qu'il me le pardonne, je citerai souvent Christian Bobin, écrivain que j'admire, qui m'inspire et qui m'aide. Dans une émission télévisée, il disait ceci : « J'écris avec une main d'aveugle. J'écris en lançant ma main dans le noir du langage pour trouver les mots qui vont éclairer, me soutenir, me faire continuer et m'aider à vivre. Je tâtonne. Le poétique, c'est une manière d'être dans la vie, de taper avec le cœur sur le cœur de l'Autre. D'ignorer tous les obstacles. D'aller tout droit. De traverser la mort, l'indifférence et les royaumes de la puissance. Ne pas avoir honte de sa sensibilité. La sensibilité, cela rend la vie impossible, mais cela seul rend la vie vivante. On ne peut pas choisir. Vous allez devant de grandes difficultés, mais s'il y a un trésor quelque part, c'est comme cela que vous le découvrirez. En vous heurtant. Il faut aller avec et poursuivre. La gloire protège, la puissance protège, l'argent protège. Cela protège tellement que cela protège de la vie. Mon petit travail, c'est de mettre l'accent sur la grâce imméritée de cette vie, malgré tout. Ma vie est lourde à porter. Peut-être est-ce là ma seule erreur ? Vouloir la soulever et la tirer comme on le ferait avec une montagne. Peut-être devrais-je la laisser sur le bas-côté ? Et poursuivre mon chemin léger comme un papillon ? J'écoute et je regarde les vivants. C'est mon activité première et ensuite j'écris. Je les vois perdus, mais c'est ma famille. Moi aussi je suis perdu. »

En tant que coach, mais aussi comme bénévole ou simplement dans la vie courante, je rencontre trop de personnes qui me confient ne pas se sentir à leur juste place ou ne pas être alignées avec leurs valeurs. J'ai mis plus de trente ans à trouver ma « vocation », si je peux employer humblement ce mot, c'est-à-dire le vrai sens de ma vie, là où je suis en harmonie avec moi-même et ce qui m'entoure, là où je me sens le plus utile aux autres : mon « kiff » – mon « excellence », disent les coachs. C'est à la fois simple et très engageant à vivre. Ma vocation, je crois, c'est d'aider à faire naître celle des autres. Je te rassure, je ne me prends pas pour Dieu, ni même pour Jésus-Christ ! Non, juste pour un aidant conscient des talents qu'il a reçus et acquis pour contribuer, comme il le peut, à la marche du monde sur son petit passage. Rien ne peut t'empêcher, entraver ta marche, et mon témoignage, conforté par de nombreux autres, va te le prouver. Bien sûr, tu seras confronté à des obstacles, on voudra t'enfermer dans des cases, mais si ta passion est mue par ta vocation, rien ne t'arrêtera. Par exemple, si tu écris un livre, tu deviens écrivain. Mais tant que tu n'as rien écrit, beaucoup de gens et jusqu'aux plus proches vont te dire : « Mais tu n'es pas écrivain, tu ne peux pas écrire un livre. » C'est le genre d'objection à laquelle je me suis heurté. « Ah bon ! », ai-je répondu sans me démonter, « eh bien, je vais apprendre et ne pas le faire seul, mais avec d'autres qui partagent mon message d'espoir. Si j'essaie, je serai au moins essayiste ! — Mais tu ne connais personne qui puisse offrir un témoignage intéressant ! » ont poursuivi les petites voix démobilisatrices. « Ah bon ! Eh bien, je vais me tourner vers ceux qui en connaissent. »

Toute chose a son revers, ce qui appelle donc à embrasser le tout, sans s'arrêter aux obstacles. Là est le miracle du Risque de chance. Ne jamais t'arrêter au difficile, à l'impossible, mais rebondir dessus. La clé est de savoir pourquoi l'on agit. « *Start with why ?* » dit le conférencier britannique Simon Sinek. Toujours commencer par la question du « pourquoi », celle du sens, bien avant de s'attacher au « comment », c'est-à-dire à la question de l'action. Mon « *why* », c'est d'aider les autres à découvrir leur propre « *why* » et donner du sens à leur vie. Cette aventure Risque de chance, qui, je l'espère, ira encore beaucoup plus loin que ce livre – comme je le suggère à la fin –, est née d'une discussion avec une femme à qui je racontais ma route depuis l'enfance. Soudain, bouleversée, elle a stoppé net mon récit : « Mais comment se relever de tout cela, Cyr-Igaël ? » Ma réponse, la voilà : « Grâce à l'Autre ! » Voir l'Autre et l'aider à relever ses propres risques de chance.

Il faut que je te le dise, à toi mon lecteur comme à cette femme : j'ai reçu trois cadeaux en naissant, trois maximes qui sont autant de petits cailloux salvateurs sur la route des petits Poucets de la terre :

Ose tout demander, reçois-le !

Le passage est court, goûte-le !

Sans l'Autre, tu n'es rien, partage-le !

Oser demander, ou « s'autoriser à demander », comme préfère dire Delphine Ernotte, la première présidente de France TV, est le premier cadeau que la vie m'ait offert – et quel cadeau ! C'est celui que je voudrais partager avec vous et particulièrement avec les plus jeunes d'entre vous. Pour être franc, j'ai tout demandé et tout reçu. Pourquoi parler de premier cadeau ? Parce que j'avais 2 ans quand mon père s'est suicidé, me mettant dans l'obligation d'oser demander très vite l'essentiel : être aimé et pouvoir manger. Pourquoi un cadeau ? Parce que, d'emblée, j'ai été conscient de ma petitesse sans l'Autre et j'ai eu la certitude que notre court passage sur terre, invivable seul, pouvait devenir une merveilleuse épopée grâce à l'Autre, avec de la douceur et de l'aménité. Comment demander ? Tout simplement avec sincérité et intelligence. À qui demander ? Il faut commencer par « tout oser se demander à soi-même » m'a soufflé Jean-Louis Borloo. Et puis aux autres : « Demander à l'Autre, c'est souvent un cadeau que l'on fait à l'Autre. Quand on est sollicité soi-même, c'est un cadeau que l'Autre vous fait », a-t-il poursuivi. Demander à tous en confiance, quitte à opérer un discernement *a posteriori*. Que demander ? Mais comment vivre, évidemment ! La première à qui j'ai demandé quelque chose dans la vie est bien entendu ma mère. Les réponses furent pour le moins variées, entre Amour, créativité, courage, excentricité, souffrance et délires déviants. ***Oser demander*** m'a même conduit à rêver d'un droit nouveau : le droit à partager. Imaginez le premier président de la République qui oserait faire inscrire dans la Déclaration des droits de l'homme et dans la devise nationale le droit à partager ! *Liberté, Égalité, Fraternité... Partage*. Il s'agirait d'inverser l'ordre des choses en passant du devoir au droit fondamental. Faire du partage un droit donnerait peut-être aux êtres la liberté fraternelle de devenir plus libres et égalitaires. Passer du devoir au droit, ce serait rendre chacun libre en son âme et conscience de tendre au meilleur. Ce serait également offrir à celui qui ose demander une chance d'être entendu, puisque son interlocuteur serait en droit de lui répondre, librement, jusqu'au *non*, bien sûr.

Pourquoi est-il si difficile de demander quelque chose à l'Autre ? Cela tient sans doute à la pudeur judéo-chrétienne de l'Occident, voire à son orgueil. Mais est-ce bien raisonnable ? Car enfin, en réalité, le seul risque n'est-il pas une réponse négative ? Je crois que si. Mon expérience me le prouve. Mais en ce cas peut s'effacer toute réserve, car un *non* franc, justifié ou pas, est constructif. En ce qui me concerne, cette réponse-là m'a même souvent rendu service et permis d'aller plus loin sur la route. Peut-être était-ce inconsciemment la référence au *non* constructeur de l'autorité paternelle, celui dont la limite vous structure et vous aide à grandir, que je cherchais là ? Un vrai *non* vaut mille *oui*. Ou plutôt, le *oui* prend une tout autre saveur quand la conscience du *non* est aiguisée. La vérité, c'est que nous sommes tous en manque et parfois en souffrance lors de notre « stage » ici-bas, mais nombreux sont ceux qui se cachent à eux-mêmes l'opportunité de relever leur Risque de chance. De quoi s'agit-il ? Eh bien, j'ai appris que l'idéogramme chinois du mot « crise » se traduisait littéralement par la double notion de « danger/opportunité ». Ce mélange m'a tellement séduit que je l'ai traduit à mon tour par l'oxymore : « Risque de chance », et que je l'ai pris comme base de mon projet. Depuis, certaines personnes ont contesté l'exactitude de cette traduction littérale de l'idéogramme chinois. Je ne me battrai pas là-dessus, je ne suis pas compétent. C'est le concept de *crise féconde* qui m'intéresse ici. Il me permet de souligner l'importance de prendre ses risques pour saisir sa chance par le partage humble et vrai avec les autres.

Personnellement, je l'ai fait, et aujourd'hui, à 57 ans, je suis un homme heureux grâce aux autres. Pourtant, rien ne me prédisposait à l'être, en dépit du contexte apparemment prometteur de ma naissance. Issu de deux bonnes familles bourgeoises lyonnaises, soyeux pour les uns et cofondateurs des automobiles Cottin-Desgouttes puis créateurs de salaisons de cochons pour les autres, mes parents étaient cousins issus de germains, ce qui ne les empêchait pas, d'ailleurs, de s'aimer tant et plus ! Électron libre, mon père s'était lancé dans l'exploitation de la forêt familiale après l'école Boulle ; il réalisait aussi des collections de meubles ou de jouets dignes de Terence Conran avant l'heure. Je naquis petit troisième dans un contexte « heureux ». Mon père, trouvant que le prénom d'Igaël (saint breton, de Saint-Colomban à Carnac, qui fut martyr enfant, cela ne s'invente pas) ne suffisait pas, m'adjoignit pour mon baptême le prénom de Cyr, qui avait été celui de son arrière-grand-père, aventurier commercial sur la route de la soie.

Mon univers bascule très vite, puisque j'ai 2 ans lors du suicide de mon père. La douche s'accélère avec la marginalisation croissante de ma mère. La faim, les huissiers, le danger et l'abandon envahissent notre grande maison dans le beau paysage isérois des terres froides. Le froid n'est pas seulement dans la poésie de cette désignation, il est terriblement concret chez nous. Faute de chauffage suffisant, le seul bénéfice qu'en retire le petit bonhomme que je suis est la possibilité de dessiner sur le givre de la vitre de ma chambre – à l'intérieur. Rêves froids d'artiste en herbe. Les biens acquis par le labeur de mon père fondent comme la neige qui nous recouvre. Mon frère aîné perd son enfance, nourrissant mère et fratrie par sa sueur et son courage. S'étant attelé trop jeune à des petits boulots pour combler les besoins de la nichée, il lâchera prise sous la souffrance, petit à petit, pour se terrer dans un silence salvateur. Ma sœur, expédiée trop jeune en internat à Grenoble, rencontre le diable. Son mariage avec un petit dealer délinquant l'entraîne jusqu'au coup de feu et à l'affaire de la rue Chenoise, qui fera éclater son ventre de mille plombs de ball-trap et verra son avenir basculer dans la plus grande addiction à la détresse, jusqu'à sa mort. Jamais je n'oublierai ce réveil en pleine nuit et la descente montagneuse de Villard-de-Lans jusqu'aux urgences du CHU de Grenoble, avec pour seule consigne du médecin : « Allez dire adieu à votre sœur. » Je ne lui ai pas dit adieu, mais j'ai prié et ce ne fut pas pour ce coup-là. Hasard ou pas ? De cures de désintoxication en tentatives de suicide, elle finira en Hollande dans la plus grande détresse affective et morale.

Ma sœur adoptive de cœur, recueillie bébé par mes parents à son arrivée d'Algérie avant ma naissance, rencontre l'isolement d'un orphelinat aux côtés de Marthe Robin. À croire que sa destinée était là, pour une issue aujourd'hui heureuse. Mon beau-père, élu du second mariage rapide de ma mère à la suite d'un stage de cinéma à Paris, ne tiendra pas longtemps la barre du navire. Après quelques années d'excentricités soixante-huitardes, ayant participé à vider les caisses, il sombre et abandonne l'équipage pour une plus jeune femme, nous laissant une adorable demi-sœur en guise de testament. Ma mère nous avait fait apprendre par cœur et chanter devant la porte, à chacune de ses dernières apparitions : *viens, viens, reviens pour ma mère,* de Marie Laforêt. Je ne peux malheureusement plus jamais écouter

Marie, chanteuse préférée de feu mon père, sans éclater en sanglots. La garde de ma petite sœur sera finalement retirée à ma mère après qu'elle a couru de graves dangers. Un soir où une bande de garçons du village, éméchés, souhaitaient forcer l'entrée de la maison, ma mère se transforma en Ma Dalton. Le coup de douze du fusil de mon père partit. Par miracle, c'est au parquet qu'il fit un large trou, et non à la poitrine de ma petite sœur. J'ai compris à cette occasion pourquoi les juges des enfants bénéficiaient d'une deuxième porte dans leur bureau. Car le juge nous ayant demandé de sortir pour parler seul à ma petite sœur, ma mère a découvert à notre retour que celle-ci s'était évaporée, arrachée à sa maternité…

Je me retrouve seul avec ma mère, et ma mère seule au monde face au néant. Elle tombe alors dans la déchéance pendant plusieurs années. Je suis régulièrement appelé pour faire face aux drames qui ne cessent d'arriver. Grâce à l'un de ses frères, elle s'est réfugiée à Lyon dans un petit appartement, quand je viens lui présenter ma future épouse : je suis foudroyé par les portes éclatées de ses meubles, traces de la violence de son ou ses « mecs » du moment. Elle sera finalement retrouvée givrée sans vie dans un chemin de montagne savoyard au-dessus de chez sa mère. La nouvelle est tombée après trois jours de recherches par un bel automne flamboyant, pour mes 18 ans. Elle était couchée sur un lit du chalet de ma grand-mère, je découvrais ébahi son image effacée et des traces rouges autour de son cou. Meurtre ? Suicide ? Accident ? Je ne saurai jamais, mon frère et son épouse ayant refusé l'autopsie que je demandais.

Et la dinguerie continue ! J'ai le bras et un pied cassé, mais me rends quand même à l'enterrement, en conduisant de chaque moitié valide. Je suis profondément touché par la présence surprise de mes camarades de classe, motivés par Noël Bertucat, mon merveilleux professeur chez les maristes. Il ne me reste plus qu'à demander de belles pierres dorées à un voisin vigneron en Beaujolais, à les transporter et à les placer au mieux avec une magnifique croix au centre. Franchement, avec presque rien, c'est beau. Merci, Dame nature. À l'aide d'un groupe électrogène emprunté à mon oncle, je fixe seul et sous la pluie battante la plaque où j'ai fait graver *Soury Rondot née Cottin*, sous le nom de mon père. Les voilà réunis, c'est fini pour ici-bas. Et moi alors… qui suis-je au milieu de tout cela ? Un petit blondinet qui, très vite, va prendre ses risques et saisir ses chances, une par une, comme le petit Poucet ses cailloux. Très tôt, je comprends que ma seule issue sera l'Autre – à l'extérieur, car j'étais né dans une maison de fous. Toute mon énergie sera concentrée sur une seule vertu : oser demander et séduire en vérité pour apprendre.

Ainsi, dès mon plus jeune âge, la maîtresse recevait régulièrement de ma part des petites cuillères décorées, dérobées aux yeux et à la barbe de ma mère avant le prochain passage de l'huissier. Mon estomac trouvait son réconfort dans le pillage du potager et de la caisse d'affinage à fromage, mi-chèvre mi-vache, de mon voisin agriculteur, qui jouait le jeu en terrien de cœur. Les jours trop frugaux, je mangeais les dernières nouilles crues perdues au milieu des crottes de souris, sur l'étagère du placard de la cuisine. Je n'oublierai jamais leur craquement au goût salé par la souillure des rongeurs. Drôles de chips, mais ça vaccine ! Pour me faire pardonner de chiper dans l'auge de nos chiens, je leur faisais toujours des boules de vieux pain en forme d'œufs pour Pâques. Les occasionnels poissons panés que ma mère nous octroyait, à ma petite sœur et à moi, étaient le plus souvent noircis jusqu'au charbon faute d'attention dans la cuisson, comme pour le reste. Enfin, considérant le beurre comme une denrée aussi rare que pendant la guerre – pénurie dont elle avait dû souffrir –, ma mère était la seule personne du foyer autorisée à en consommer.

Mon imagination, elle, était nourrie par la musique et la poésie des ouvrages trônant sur une étagère qui me semblait le reflet d'une autre vie… celle d'avant, quand il y avait mon père. Au milieu des livres de Teilhard de Chardin, les montagnes de *Marie-Claire Idées* jaunies par la poussière aiguisaient déjà ma « pensée latérale » telle que la définit Edward de Bono : l'art de résoudre les problèmes en les appréhendant sous plusieurs angles hors du champ habituel. Car je m'exerçais alors au tricot à coups de point mousse… Ma mère me l'enseigna très tôt, dans sa volonté d'aller contre tous les stéréotypes. Elle était à la fois amusée et fière de faire tricoter un petit garçon aux cheveux longs. L'excentricité de ma tenue vestimentaire et ces cheveux longs, teintés de henné, qu'elle m'imposait en guise de signe distinctif au pays des ruraux, me rendaient infréquentable par mes camarades d'école. Par-dessus le marché, j'étais identifié une fois sur deux comme une charmante jeune fille. Heureusement, mon assiduité au club municipal de natation me permettait de reconquérir mon âme de petit mâle chaque été. Mes rares copains tombaient sous le charme de ma collection de vipères vivantes, qui s'échappaient régulièrement des bocaux en verre où nous les conservions après les avoir capturées, mon frère, mon chien Ticky et moi. Ticky, fidèle complice immunisé, qui se faisait régulièrement piquer pour me protéger, avant de s'effondrer comme mort puis de ressusciter vingt-quatre heures plus tard.

Perdu à quelques pas de la grosse bâtisse bourgeoise appartenant à ma grand-mère et dite « Château de Bonnevaux », là où ma grande famille paternelle se voilait la face dans la soie lyonnaise au son du clavecin, je scrutais l'horizon à perte de vue, au-dessus des cimes de la forêt de sapins, pour trouver mon étoile. Il était rare que nous soyons invités au château : seulement pour Noël ou pour les enterrements. J'étais entouré par des cousines et des cousins. Certains se moquaient sans savoir, allant jusqu'à me dire devant mon pantalon blanc, déniché je ne sais où par ma mère pour l'enterrement de ma grand-mère : « Tu as vu comme tu es habillé, on dirait que tu es content qu'elle soit morte ! » D'autres me manifestaient une profonde attention : « Mais qu'il est mignon ! Ton père t'adorait, tu sais. Il te portait toujours sur ses genoux et t'invitait à faire pouët-pouët sur le klaxon de la décapotable. Mais viens donc manger quelque chose ! » J'avais très faim, mais devant la table pantagruélique je ne pouvais avaler une miette. Je ne comprenais pas.

Lors de la succession de mes grands-parents, tant paternels que maternels, se révéla à moi le pire de la vilenie. Côté soyeux, la famille me fit juridiquement émanciper (majorité anticipée à 16 ans) pour échapper au regard qu'un juge des tutelles aurait porté sur leurs avoirs dans l'intérêt d'un enfant mineur. C'était pure folie au regard de ma situation, et je me demande encore comment un juge digne de ce nom a pu adhérer à cette machination. Côté charcutiers, une tante me jeta au visage : « Tu ne vas pas encore venir prendre quelque chose ici. Tu as déjà eu assez de l'autre côté (sous-entendu : chez les soyeux). » La réalité était tout autre. D'un côté, j'eus une petite solde pour m'acheter une pièce en rez-de-chaussée sur cour à ma majorité, une commode Louis XIV pour le plaisir de la cirer, une petite Vierge en bronze pour prier et la cassette des *Quatre saisons* de Vivaldi que ma grand-mère me faisait écouter dans sa Simca, lors de ses rares, mais heureux passages. De l'autre côté, je n'ai rien eu. Même pas le cadre de la photo de mon grand-père paternel, que ma grand-mère maternelle gardait dans sa chambre, en souvenir, j'imagine, de leurs aventures malheureuses à l'OAS[2].

2. Organisation armée secrète, créée en 1961 pour la défense de la présence française en Algérie.

Éloigné du brasier ardent par l'isolement d'un internat dans le Vercors, je poursuivais ma route vers l'Autre, dans les sommets. Lors de mes retours de week-ends, afin de rejoindre le car et faute d'argent pour faire le plein de la 2CV jaune de ma mère, je partais jusqu'à Grenoble en faisant du stop sur la grand-route en bas de chez moi, avec ma petite valise et ma taille d'un mètre de haut. Sûrement inquiète, ma mère se cachait dans le fossé pour voir qui m'embarquait. Un jour, une magnifique DS Citroën s'arrête ; en descendent un oncle et une tante éloignés. Je kiffais pour la DS. « Mais où vas-tu comme ça ? » me demandent-ils. Moi : « Au lycée à Villard-de-Lans, mais mon car part de Grenoble, à soixante-dix kilomètres d'ici, et la voiture de ma mère est en panne. » Eux, m'ayant certainement reconnu : « Oui nous savons, nous habitons Grenoble, mais où est ta mère ? » Moi : « Là, dans le fossé. » Après un salut gêné entre eux, j'ai voyagé jusqu'à Grenoble dans le plus grand des silences, bercé par la suspension légendaire de la DS. Les mêmes trajets, aller ou retour, furent souvent moins confortables, entre clown excentrique et fou du volant en guise de chauffeurs.

Cette vie était vraiment dingue. Arrivé un soir chez moi à la nuit tombée, toujours grâce à un « auto-chauffeur », je trouvai porte close. Sur le volet, un petit papier bleu signalait le passage de l'huissier. Là, je me suis dit : « Elle t'a abandonné. » Armé de courage, j'ai marché dans le noir intense jusque chez les fermiers les plus proches. Je connaissais par cœur ce chemin, hanté par le vent, les bêtes et les profondes congères, car j'allais chercher habituellement le lait chez ces fermiers, berthe (bidon de lait en métal) en main. Après l'épreuve du chemin hanté, j'étais enivré à chaque fois par la chaleur de l'étable, la beauté des bêtes et la mousse du lait tiré dont on m'offrait une goulée à la louche. J'étais également terrorisé par la question finale : « Tu n'as pas les 1 franc ? », étant obligé de répondre : « Non, maman passera » en sachant que rien ne se passerait. Cette nuit-là, j'arrivai chez eux avec pour seule requête : « maman est partie, car elle a eu peur de l'huissier, pouvez-vous m'accueillir s'il vous plaît ? » Ils étaient éberlués, mais en terriens pragmatiques ils m'ont couché avec leur fils. Perdu au fond de ce lit improbablement partagé, j'imaginais, sans idées lumineuses en cette noirceur et sous les ronflements de mon petit voisin, comment j'allais devoir vivre définitivement seul, en me cachant des huissiers… Ma mère parut finalement au milieu de la nuit, m'indiquant qu'elle était très inquiète de ne pas m'avoir trouvé à la gare de Grenoble où elle était venue me chercher, ce qu'elle m'aurait indiqué par une lettre que je n'ai jamais reçue. Vie de ouf!

Les jours passent, je ne lâche rien. Ski à outrance, jeu d'identification paternelle, partagé par mon coach sportif, et courrier hebdomadaire d'un oncle éloigné nourrissent tant bien que mal mon équilibre. L'attention sans faille de ma marraine et l'affection de la première femme de mon frère, ses flans Alsa à 1 franc le paquet lyophilisé les jours de grande fête et les nuits sous la table de la cuisine de leur studio de jeunes mariés me sécurisent. Le Très Haut m'a protégé lors des soirées agitées où je servais d'appât pour braquer des délinquants dans les parcs grenoblois, avec ma sœur et son dealer de mari armé. Je connaissais le contenu de chaque larcin caché sous les lattes de leur parquet dans l'appartement de la rue Chenoise. Latte des cartes d'identité, latte des permis en tous genres, latte des billets, latte des sacs de poudre blanche, latte de marijuana, latte d'armes à feu ou à poing.

Je renoue des liens avec ma mère lors des pauses estivales bretonnes où, privé du yacht-club et des plages familiales de Carnac dans le Morbihan, je déambule tel un forain sur les marchés de la Côte sauvage, vendant coquillages et tissus indiens dans le plus parfait désordre. Ma mère me payait théoriquement 50 francs par mois pour la mise en place de son étalage à 6 ou 7 h du matin, la levée de ses deux parapluies sous le poids duquel j'aiguisais chaque matin dans le froid ma double hernie discale et enfin la tenue du stand pendant ses séjours au café. La réalité est qu'à la fin du séjour je payais l'essence du retour de Bretagne en Isère, les gains ayant été dilapidés avant l'heure. Un jeune homme me proposa un jour de vendre des melons dans un petit camion pour 50 francs par jour. J'étais très jeune, mais sans hésiter je suis devenu expert en melons, couchant au milieu de leur doux parfum sur le bord des routes d'Auray. Le clou était la rencontre hasardeuse de mes tantes à nouveau gênées, qui, me reconnaissant au cul du camion, m'achetaient une caisse entière par solidarité ou sentiment de culpabilité. Pardon à mes cousins qui ont dû, en conséquence, être gorgés de mes cucurbitacées.

Les tentatives de suicide de ma mère, de ma sœur et de mon frère affûtent ma conscience de notre petitesse et m'habituent à la séparation prochaine. Bien entendu, chaque fois j'ai peur. Que ce soit vrai ou faux. Retours tardifs dans la nuit quand c'était faux ou retrouvailles à l'hôpital quand c'était vrai, la confrontation tant de fois répétée à l'appel de la mort est cruelle. La violence était permanente. Les coups de bûches de ma mère, les revers de claques dont j'ai encore la douleur des griffes de diamants dans la peau, les aiguilles à tricoter sous le soleil cuisant des plages de la Côte sauvage, bien nommée en la circonstance. La brutalité de mon frère sur ma sœur, traînée en sang par les cheveux sur la route à chaque crise. J'ignore comment ou pourquoi, mais je savais que j'avais une étoile à trouver. Rien, ni la circoncision imposée par ma mère qui considérait cela comme plus sain pour le corps sans se préoccuper de mon esprit, ni ses frasques et abus sexuels sur assureur, neveu et petits amis de ma sœur compris, ne me détournèrent de la certitude que l'Amour est *agape* sacré, bien au-delà des souillures de ses draps maculés de solitude et de ses gémissements souffrants.

La trahison des adultes aura été ma plus grande blessure. L'ancien assureur de mon père passait régulièrement. Il nous emmenait au village pour offrir whisky à ma mère et friandises à ma petite sœur et moi, afin d'acheter notre silence quant au reste de la nuit ainsi tarifée. Nous l'entendions trahir en direct : « Allo chérie, oui je suis coincé, je ne pourrai malheureusement pas rentrer ce soir. Je t'embrasse et je t'aime. À demain. » Un autre personnage m'apportait un paquet de cigarettes pour m'inviter à fumer dans la cave, en m'indiquant de ne surtout pas remonter avant qu'il ne me retrouve, car ma mère m'attraperait et me gronderait si elle me voyait fumer. À la fois angélique, pris sous le charme de ce mentor disruptif et curieux de jouer au grand, je m'installais donc face aux tours à bois de feu mon père et je fumais. Un jour d'attente plus longue que les autres, je suis remonté pour découvrir que ce n'était pas moi, mais bien lui qui attrapait ma mère sous des grondements rauques dans la chambre de mes parents.

Trahir un enfant est plus grave que tout, mais heureusement tous les adultes ne trahissent pas les enfants. Grâce au courage de la très jeune première épouse de mon frère, déjà évoquée, le grand tournant s'opère pour moi à l'âge de 14 ans, lors de mon arrivée en survie dans le Beaujolais chez le frère aîné de mon père. La rupture est radicale, et j'acquiesce à ce regard d'espoir et de bonté qui m'est offert. L'entrée dans deux congrégations religieuses, chez les maristes au collège, les lazaristes en internat, le travail acharné, la rencontre de mon meilleur ami et de celle qui deviendra mon épouse me motivent dans l'acceptation d'une éducation pleine d'intelligence qui va me sauver. Cette plongée dans des établissements religieux structurés, voire dogmatiques, interpelle ma foi d'enfant sauvage et de fou de Dieu. Cette foi qui ne m'a jamais quitté depuis la vision enfantine du Christ en bois sculpté par mon père, et que j'ai croisée à nouveau lors d'une nuit de retraite dans un couvent que je ne nommerai pas, comme un cueilleur de champignons ne livre pas les coins de ses trouvailles.

Je me posais alors beaucoup de questions, car lors des passages de ma grand-mère paternelle, déjà évoqués, celle-ci me disait systématiquement : « Tu sais, Denis ton père m'a parlé cette nuit ; il souhaiterait vraiment que tu fasses ta première communion, il me l'a encore dit. » J'étais interloqué. Mon interrogation n'était pas que mon père exprime un souhait qui rejoignait un désir déjà profond en moi, mais qu'il puisse parler régulièrement à sa mère sans me dire mot de là-haut. Je remâchais mon interpellation à son égard : « Que tu te sois envolé, OK, passe encore, quoique… Mais que tu parles à certains et pas à moi qui te désire tant, là non, c'est trop dur. » Interdit d'église par ma mère, chrétienne, mais remplie de doute après le contexte flou du décès de mon père, j'ai donc encore, ici, accepté le risque de saisir ma chance au vol en prenant mon père au mot, selon les délires de ma grand-mère.

J'ai alors convaincu ma grande sœur de m'aider à me préparer à ma première communion. Nous lisions la Bible en cachette au grenier, sans tout comprendre, mais sans renoncer jusqu'au grand jour. Sous prétexte de nous rendre au marché du village à quatre kilomètres à pied, je suis tout simplement allé voler ma première communion à la messe dominicale, l'air sûr de moi, mains tendues sous l'œil suspicieux du prêtre devant mon mètre de haut. Seule ma grande sœur connaîtra ce secret délicieux, qu'elle emportera aux cieux. Je lui en serai éternellement reconnaissant, car ce fut la rampe de lancement de mon chemin de foi, largement nourri et partagé depuis en couple, en famille, en communauté, notamment à l'hôpital avec les soignants, les soignés et leurs familles. Bobin nous dit encore ici le risque de chance qu'il y a à être inspiré en vérité : « Être prophète, ça te tombe dessus. On ne veut pas forcément de cette position-là, on n'a pas le choix. » Puis il cite Jean-Marie Kerwich : « Moi, quand je fais des bêtises, j'ai l'impression que Dieu rigole, que ça le change un petit peu. Après tout, il en a marre qu'on l'appelle Dieu. » Avant de conclure : « C'est la pointe du spirituel. Cela part de la révolte et ramasse le ciel. Personne ne sait s'occuper des Anges sur cette terre. Les gens hypersensibles sont en voie de disparition, car on leur demande de s'effacer, de devenir moins que des fantômes. Être humain c'est reconnaître le précieux, le sacré de cette vie, soit le mortel, le périssable face à l'éternel. » Bien entendu, chaque Risque de chance se gagne et le combat perdure.

Je me mets à travailler sans relâche, rattrapant quatorze ans de souffrance à l'école, sachant péniblement lire, très peu écrire, mais un peu mieux compter : la vente sur les marchés m'avait motivé ! L'intégration d'un milieu familial lyonnais très gâté n'est pas sans créer des décalages entre leurs réalités et les miennes. Je me souviens d'être monté en hurlant sur la table de la vaste propriété beaujolaise, devant toute la famille réunie, humilié par le jeu d'interrogations de mon oncle et ma tante sur la justification ou non de m'acheter une nouvelle paire de chaussures, alors que mes pieds étaient tout retournés dans de vieilles godasses usées jusqu'à la corde et d'une pointure et demie trop petite pour moi. Ce jour-là, je me suis promis de m'acheter les plus belles chaussures du monde quand je le pourrai, ce qui fit la joie de Weston pour mon premier salaire. Peu importe le prix, j'ai été chaussé et tous m'ont soutenu, ma tante et mon oncle comme leurs cinq enfants, qui sont devenus mes cousins/frères et sœurs. Ainsi ai-je élargi ma fratrie. Plus fort : ma tante, la mère de mon ami d'enfance et d'autres mamans encore sont devenues pour moi des mères de cœur. C'est ainsi que, non sans gourmandise, je peux souhaiter de multiples fois la fête des mères !

Mon bac en poche, après trois redoublements sans rien lâcher, Paris m'accueille pour mon plus grand rêve, devenir réalisateur audiovisuel. Sorti major de ma promo à l'ESRA (École Supérieure de Réalisation Audiovisuelle), fait exceptionnel dans un parcours scolaire chaotique, ma route connaît un nouveau virage en fin de première année, lors d'un stage dans un groupe publicitaire où la rencontre d'hommes et de femmes exceptionnels va me faire rester douze ans. Mais c'est mon épouse et notre mariage qui seront le ciment essentiel de mon avenir, avec en prime le don incomparable de trois petites Fées Clochettes. Dix ans de psychanalyse lacanienne et beaucoup de courage réécrivent ma vie, avec la distanciation nécessaire à la reprise d'oxygène en état d'essoufflement, mais sans que je n'en vienne jamais à douter de mon étoile. Après une période de vie professionnelle dans de belles maisons (secteur bancaire et crocodile textile), c'est à nouveau l'appel du

Risque de chance qui me sollicite, et la création d'entreprise, sans le sou et avec une famille à charge. Oui, à charge, car nous vivons dans un monde où avoir bac plus 5, 10 ou 15 dans les métiers du social – comme la réinsertion des personnes atteintes de handicap, par exemple – est rémunéré au lance-pierres. Or c'est le métier de mon épouse. Décidément, mieux vaut vendre de la réclame à bon prix ou miser sur l'autofinancement de la finance ! L'indignation devant ce genre de situations fait partie de mes révoltes.

Je prends donc le risque d'entreprendre. Rencontre incroyable de simplicité avec cinq entrepreneurs, dont un dirigeant de multinationale dans le yaourt et mon cousin frère de cœur, qui au vu de mon projet s'encordent sans hésitation pour l'ascension. Celle-ci fera naître en nous une amitié indestructible et… mon entreprise indépendante de conseil et coaching, fondée sur le concept de l'attention à l'Autre. Mais le passé colle à la peau. Je viens alors d'assister seul à la crémation de ma sœur aînée, décédée d'une cirrhose et toujours toxicomane à quarante-six ans. J'étais parti en Hollande – où elle survivait, comme je l'ai dit. Mon frère aîné me remercie par téléphone, dans le train, d'offrir ce passage digne à notre sœur. Je suis ébahi, mais en paix pour elle et toujours en lien avec les miens, sans perdre ma foi en l'Autre, si maladroit soit-il.

Épilogue à peine croyable, mais véridique, je reçois quelques mois plus tard les cendres de ma sœur par la poste. « C'est pour vous », m'indique le préposé en posant un paquet duquel s'échappent quelques flocons cendrés sur le comptoir du bureau. Tétanisé, je me rends dans une boutique funéraire et demande à mon interlocuteur : « Pouvez-vous transférer les cendres de ma sœur de ce paquet dans une belle urne en bois, car le bois est important pour elle et moi, s'il vous plaît ? » Lui, sidéré : « Mais monsieur, c'est interdit. Vous ne pouvez pas avoir les cendres de votre sœur. D'où vient-elle ? » Moi : « Elle vient de Hollande et maintenant je l'ai ici, fraîchement reçue par la Poste. Alors, soit vous m'aidez, soit je le fais moi-même. » Lui : « Bon, OK, mais ce n'est pas très catholique. » Moi : « Ce sera la prochaine étape, de rendre cela catholique. » Choix de l'urne et transfert effectués, je place le tout dans le top-case de ma moto et me rends chez une vraie amie pour avis. « Bonjour, Françoune, peux-tu m'aider, s'il te plaît ? J'ai ma sœur dans mon top-case. » Elle : « Arrête, Cyr-Igaël, ce n'est pas drôle. » Moi : « Pas drôle, mais vrai, viens voir. » Avec son aide et celle de deux amis prêtres merveilleux, ma sœur est finalement placée en attente dans la nef d'une église, le temps que j'organise ses obsèques et que je creuse seul, sur la tombe de mes parents, un trou avec un magnifique tournesol au fond pour l'accueillir. Toujours sans mon frère, mais avec mes sœurs, d'autres membres de ma famille et l'un de mes deux amis prêtres, j'organise une très touchante cérémonie. Tous rassemblés autour du petit trou au tournesol, je joue une dernière ode tremblante, ma flûte emplie des fausses notes de mes larmes. Adieu, Babe.

Ma sœur en bonne place pour l'éternité, je n'abandonne pas cet appel profond à aider chacun dans la quête de sa vocation et deviens coach, grâce à l'engagement, la bienveillance et l'humour d'Anne Garnier, une femme au-dessus du commun, fondatrice du Syndicat Professionnel des Métiers du Coaching et d'une école de coaching. J'aime ces frôlements d'âmes au pays des valeurs de chaque être, jusqu'à ce qu'ils deviennent ce qu'ils sont. Ma famille et moi grandissons en joie. J'essaie d'être un mari et un père aimant, bon an, mal an. Un oncle magicien m'éduque en m'offrant la collection des œuvres de Maupassant. Il me propose de les lire chacun à notre tour, en partageant alternativement nos impressions de lecture. Plus fort : il me propose de lire des pièces de théâtre avant d'aller les voir jouer rue Mouffetard le samedi. Expériences uniques d'intelligence éclairée. Mais les coups durs restent saillants. Envol de mon oncle et ma tante, qui étaient comme mes parents adoptifs. C'est dans l'ordre des choses, mais le vide se creuse. Puis, cette fois dans le désordre, Marie-Christine, ma marraine si proche, me téléphone longuement pour partager la tristesse d'avoir perdu son fils unique, trois ans plus tôt. « Ne m'appelle pas ce week-end, je pars en refuge et ça ne capte pas. » Elle sera retrouvée sans vie dans sa cabane en bois. Bien joué, l'échappée belle au bord du ruisseau. Juste un mot : « Ne pleurez pas, la vie est devenue trop dure. Faites péter l'*Alléluia* de Haendel à fond dans l'église, c'est celui que je préfère. » Une fois encore face au cercueil, je conclus la cérémonie par « Je te salue Marie » avant de laisser éclater Haendel sous les applaudissements de toute l'église à son dernier passage.

Respecter le courage d'un autre Risque de chance. Celui de la liberté ou pas. Moi, ma liberté à chacune de ces peines, c'est de creuser la mienne. Garder contact avec la vie sous le jet de la mort répétée. Je perçois en chemin trop de personnes sans étoile révélée ou désalignées d'avec leur étoile. J'ouvre alors mon cœur à certains, que je sens brillants de tendresse et d'écoute. Je confie à l'un d'eux le projet de ce livre pour les autres, et voilà qu'il se lève, m'embrasse et me demande trois feuillets en guise de Risque de chance. La naissance était là, dans sa confiance. Grâce à l'Autre, mon projet avait de l'avenir. Merci, Jacques. L'essentiel est dans le partage avec chacun de celles et ceux que j'ai rencontrés, sans jamais me mentir et dans la confiance réciproque. Jamais le difficile et la déception ne peuvent cacher le cap de la bonne espérance. Comme l'écrit Christiane Singer dans *Derniers fragments d'un long voyage*[3] : « Je ne veux pas me prendre en pitié, j'ai été si richement dotée. Ma vie est pleine à ras bord, d'Amour et d'amitié, de rencontres et de ferveur, d'engagement pour le vivant et de folie [...] Ne jamais oublier d'aimer exagérément : c'est la seule bonne mesure. »

J'ai encore beaucoup à dire, conter et partager sur le sujet. Selon Jean Vanier, comme tu le verras dans son témoignage : « Toute personne est une histoire sacrée », riche d'enseignements pour l'Autre. Alors, pour répondre à mon inspiration, je suis allé demander à toutes ces personnes ce qu'elles pouvaient nous offrir de si sacré, le cœur grand ouvert.

3. Singer, Christiane, *Derniers fragments d'un long voyage*, Albin Michel, 2007.

II– Risques de témoins, mille étoiles pour aider à vivre

Chaque rencontre est essentielle pour moi. Je crois profondément au caractère unique de chaque personne, qui fait partie, dans son unicité, d'un tout plus grand. Robert Dilts, homme délicieux, célèbre coach en leadership conscient et chercheur en PNL[4], m'a appris le concept d'holarchie utilisé par Arthur Koestler dans *The Act of Creation*[5] en 1964. Il le décrit comme « une entité qui est elle-même un tout et simultanément une partie d'un autre ensemble ». Nous sommes donc tous des holons – entiers et parties. Un exemple concret peut illustrer cette idée : l'hologramme de votre carte bancaire, dont toutes les parties possèdent l'intégralité de l'image, ou bien encore votre ADN, en vertu duquel un seul de vos cheveux peut dessiner l'ensemble de votre carte biologique. C'est pour cette raison que j'ai voulu partager ma démarche Risque de chance avec d'autres. Chacune et chacun, en holon, fait partie de cette aventure que son témoignage éclairant a vocation à rendre plus grande.

Pendant plusieurs années, j'ai donc arpenté les couloirs des uns et des autres, allant de demande en demande pour les interviewer. La grande majorité a répondu avec enthousiasme, car ils sentaient la passion qui m'anime pour aider chacun à découvrir son Risque de chance. Je n'étais muni que de ma petite caméra et de ma fiche de questions communes à tous ; pourtant ces partages ont été d'une qualité rare, très touchants, parfois bouleversants. Je remercie toutes et tous de cet engagement à se livrer. Comme tu le découvriras, j'étais ému aux larmes quand l'un de ces témoins m'a avoué, au moment où nous nous quittions : « Je voudrais que

4. Programmation Neuro Linguistique.
5. Koestler, Arthur, *The Act of Creation*, Hutchinson., Londres, 1964.

tu remarques que c'est l'état de ma propre agitation brownienne, de mon cœur et de mon esprit que je t'ai livré. C'est un exercice de loyauté que j'ai fait pour toi. » Une autre a envoyé un message à un ami en me mettant en copie : « Si tu peux, accorde une heure à Cyr-Igaël, il va te faire vivre un joli moment de vie. » Faire confiance, viser ce pour quoi tu es là et foncer. « Si tu peux, vas-y », comme le dit et l'écrit dans son livre[6] mon ami fou des airs, Gérard Feldzer, dont tu liras le témoignage plus loin.

Voici donc, dans les pages qui suivent, le fruit de cette récolte magique – à butiner sans modération. Puissent les Risques de chance de chacune et chacun t'aider à dessiner le tien !

6. Feldzer, Gérard, *Si tu peux... vas-y !*, XO Éditions 2016.

Demande de témoignages en Risque de chance

À tous, j'ai adressé le même mail de demande pour recueillir leur témoignage, avec ou sans la recommandation de quelqu'un.

Personnel & Confidentiel

Chère Madame/Cher Monsieur,

J'écris un livre/film et sur le bon conseil de x, je souhaiterais votre témoignage, si vous avez la gentillesse de me le donner.

Titre : *Risque de chance* (traduction littérale de l'idéogramme chinois du mot « crise », traduction contestée par certains, mais qui traduit bien ce que je souhaite exprimer : la notion de danger et d'opportunité mêlés).

Vocation : aider à faire naître celle des autres.

Cœur du message : rien ne peut empêcher ta contribution au monde, mais quelle est-elle ? Le sais-tu ?

Histoire : la mienne et les vôtres partagées en résilience.

Thématiques : ouvertes et portées par chaque personnalité très différente.

Question-clé, parmi d'autres : pouvez-vous me dire, s'il vous plaît, quel est le plus beau risque dans la vie ?

Mon histoire personnelle est celle d'un risque de chance couru dès le suicide de mon père lorsque j'avais 2 ans, puis la disparition de ma mère et ma sœur me laissant trois cadeaux :

- Le passage est court, goûte-le !

- Sans l'Autre tu n'es rien, partage-le !
- Ose tout demander, reçois-le !

Aujourd'hui, je vis heureux avec quatre femmes, mon épouse psychologue auprès de personnes atteintes de handicap et nos trois filles.

Ce qui m'intéresse, ce n'est pas le *show off*, mais l'engagement de vraies personnalités qui soutiennent mon message aux jeunes : « Rien ne peut empêcher ta contribution au monde, mais quelle est-elle ? Le sais-tu ? »

Vous faites partie de ces personnalités, c'est la trace que m'indique votre sacré chemin.

J'espère de tout cœur que vous m'accorderez 1 h en Risque de chance, car votre témoignage rendra service à d'autres.

Merci de votre attention.
Bien à vous,
Cyr-Igaël RONDOT

Le questionnaire commun de Risque de chance

À tous mes interlocuteurs, j'ai proposé la même trame de questionnaire pour recueillir leur témoignage, ajoutant simplement, au fil de l'interview, une ou plusieurs questions personnalisées en fonction de la vie de chacune et chacun, ou à partir de ses propos pendant notre entretien.

Je précisais toujours au début : « On ne va rien faire de faux comme souvent à la télé aujourd'hui », et je reprenais les termes de mon mail initial. Puis j'en venais aux questions communes, celles-là mêmes que vous allez retrouver, de façon immuable, tout au long de ce livre. Les voici :

- Peux-tu me dire, s'il te plaît, quel est le plus beau risque dans la vie ?
- As-tu un exemple vécu de ce beau risque ?
- Comment l'as-tu vécu, et qu'est-ce qui était vraiment important pour toi, voire pour plus grand que toi ?
- Quelle est ta contribution au monde, ta mission, ta vocation ?
- Qu'est-ce que tu reconnais en toi-même, par toi-même qui te donne le goût de vivre ?
- Face au difficile, n'est-ce pas souvent en s'ouvrant à tout autre chose que les solutions naissent ?
- Est-ce un risque de chance de… *[question personnalisée selon le parcours de chacun]* ?
- Qui es-tu comme magicien, et que fais-tu en tant que magicien dans ce monde ?

- Que voudrais-tu voir se réaliser dans le monde au travers de toi et au-delà de toi ?
- Qu'est-ce que tu aimerais mettre à la place du difficile de notre monde ?
- Partages-tu la vision de Jean Vanier : « Toute personne est une histoire sacrée » ?
- Qu'est-ce que tu vis dans ta vie que tu souhaiterais voir continuer ?
- As-tu un défaut dont tu souffres ?
- … et quelle est l'intention positive qui se cache derrière ce défaut ?
- Est-ce que tu as des mentors et, si oui, quels messages te portent-ils ?
- Ta vie est-elle un stage d'Amour comme la mienne ici-bas ?

Les questions de conclusion allaient au plus profond de l'engagement de chacun, et au plus vrai de la relation unique instaurée au cours de ces entretiens improbables.

- Faut-il tout oser demander dans la vie ?
- Pourquoi as-tu accepté ma demande de témoignage ?
- Donc, le plus beau risque dans la vie, en un mot s'il te plaît, qu'est-ce que c'est ?
- Le mien aura été de partager ce moment avec toi aujourd'hui… Merci du fond du cœur.
- As-tu une question ?
- Qui puis-je interviewer de ta part, s'il te plaît ?

Risque de se connaître, par Fadela Amara

« Le plus dur, mais aussi le plus beau risque de ma vie a été la création du mouvement Ni putes, ni soumises, qui remettait en cause les valeurs fondatrices d'une éducation machiste et traduisait mon combat entre la Fadela rebelle et la Fadela traditionnelle. »

Témoignage Risque de chance, le 17/07/2019 à Paris, de Fadela Amara, femme politique, militante féministe, fondatrice du mouvement Ni putes, ni soumises, haut fonctionnaire. En 2004, Fadela Amara est nommée membre de la Commission consultative des droits de l'homme. En 2005, elle devient membre de la Haute Autorité de lutte contre les discriminations et pour l'égalité (HALDE). La même année, elle est faite docteur *honoris causa* de l'Université libre de Bruxelles, puis reçoit, en 2006, un *Honorary Degree for French civil rights campaigner* de la Manchester Metropolitan University. Fadela Amara est membre du comité de parrainage de la coordination pour l'éducation à la non-violence et à la paix. En 2007, elle est nommée secrétaire d'État chargée de la politique de la Ville, sous la présidence de la République de Nicolas Sarkozy.

En tant que femme, femme politique, militante féministe, haut fonctionnaire, peux-tu me dire, s'il te plaît, quel est le plus beau risque dans la vie ?

Le plus beau risque dans la vie ? Il faut vraiment se pencher sur la question. Je n'y ai pas réfléchi, mais je dirais spontanément : le risque de se connaître soi-même. Sans fioritures, sans concessions. Chercher au fond de soi-même ses capacités, sa personnalité intime pour être en accord avec soi. Quand on est en accord avec soi-même, on peut être utile à son entourage et au monde. Je crois que c'est le plus grand risque, en réalité. C'est très compliqué, très difficile. Il faut se dire des vérités qui peuvent être parfois difficiles à supporter.

As-tu un exemple vécu de ce beau risque ?

Oui, peut-être le plus éclatant : la construction et la création du mouvement Ni putes, ni soumises. Ce mouvement était totalement contraire à l'éducation que j'ai reçue, comme pour beaucoup de filles qui m'ont rejointe à l'époque. Il a d'abord fallu passer par une phase de lâcher-prise et remettre en question toute cette éducation. Cela a été très difficile. Parfois, il était compliqué de se faire insulter en réunion publique par des personnes qui nous accusaient de trahir la communauté. Nous remettions en cause les valeurs fondatrices d'une éducation machiste. Mais c'est ce parcours, ce cheminement, cette recherche de vérité qui m'ont donné la force de créer Ni putes, ni soumises avec d'autres personnes.

Comment l'as-tu vécu et qu'est-ce qui était vraiment important pour toi, voire pour plus grand que toi ?

Je l'ai mal vécu, très mal, car c'était un éternel combat avec soi-même. Il fallait sans cesse se remettre en question. En fait, j'ai compris qu'il y avait deux Fadela, si je puis me permettre de le dire ainsi. Celle qui aspirait au combat pour la liberté, pour l'humanité, pour l'égalité. Et celle qui était encore dans la loyauté envers sa famille, ses parents, ses ancêtres. Remarque, ma grand-mère avait un peu le même caractère que moi – les chiens ne font pas des chats ! Donc, il y avait aussi de l'héritage rebelle dans ma démarche. Mais c'était très difficile. Ce n'était pas un combat entre le bien et le mal, ce serait trop binaire, trop facile. C'était beaucoup plus complexe que cela. Si je devais résumer, ce serait la Fadela rebelle contre la Fadela traditionnelle. Le dépassement a été la victoire de la création de Ni putes, ni soumises.

La dynamique enclenchée a entraîné des centaines de milliers de gens autour de notre combat pour la liberté, pour l'égalité entre les hommes et les femmes, contre toutes formes de violence, contre la barbarie. Nous avons vécu des moments extraordinaires. Au-delà du fait de m'extraire de mon milieu social, cela m'a permis de rencontrer des personnalités formidables, comme Mercedes Erra[7], par exemple. Elle m'a beaucoup aidée, dès le début. Il s'est produit une véritable interaction de personnalités entre Mercedes, Valérie Toranian[8] et Kate Barry[9], qui a disparu depuis, mais que je garde dans mon cœur. Toutes ces personnes-là – et j'en oublie plein –, m'ont permis de me construire, d'avancer et de me dépasser à chaque fois. C'est un cheminement vers l'humanité, un compagnonnage extraordinaire. On ne peut pas se transcender soi-même. Il faut que l'on ait les outils. Il faut être aidé pour se transcender. La solidarité est très importante.

Quelle est ta contribution au monde, ta mission, ta vocation ?

Honnêtement, je ne saurais pas répondre à cette question. Pourtant, je me la pose tout le temps, parce que je suis assez curieuse. Je me pose les questions philosophiques que tout le monde se pose à un moment donné dans sa vie. Moi, ça m'a traversée quand j'étais gamine, ça m'a traversée quand j'étais ado, ça m'a traversée dans ma vie de femme adulte. Certainement, cela m'accompagnera jusqu'à la fin de ma vie. Mais je ne saurais pas répondre à cette question. Ce que je peux vous dire, c'est que je suis extrêmement malheureuse du monde qui nous entoure. De voir le monde qui nous entoure tel qu'il est. Mais je suis aussi extrêmement heureuse de rencontrer des entités, des personnalités qui me parlent d'Amour, de fraternité, d'humanisme, de solidarité, de respect. Je me dis alors qu'il y a encore de l'espoir. À chaque fois je pense : « Mais c'est merveilleux ! » J'ai bien sûr été inspirée par mes lectures d'ado, par Martin Luther King, par Gandhi. J'aime beaucoup les combats non violents. Évidemment, je n'ai pas rencontré ces grands personnages, mais leur philosophie, leur message m'ont parlé, traversée, émue ; ils m'ont « fabriquée »... Cela dit, c'est aussi la rencontre d'êtres humains en face à face qui vous nourrit intellectuellement et qui fait que l'on avance. Donc, je crois que je ne saurai jamais répondre à cette question, mais je pense qu'il est intéressant de ne pas trouver la réponse. De se poser la question sans cesse, pour continuer à avancer.

7. Mercedes Erra, chef d'entreprise, cofondatrice de BETC, vice-présidente de Havas.
8. Valérie Toranian, journaliste.
9. Kate Barry, photographe, fille de Jane Birkin.

Qu'est-ce que tu reconnais en toi-même, par toi-même qui te donne le goût de vivre ?

Sans philosopher, sans faire de grandes recherches intellectuelles, j'ai un fil conducteur simple, un héritage. C'est celui de ma mère. Elle a traversé énormément de galères. Elle était orpheline, abandonnée très tôt, mariée à l'âge de quinze ans. Elle a eu dix enfants et le courage de nous élever toute seule. Mon père était présent, mais comme nous sommes d'une tradition machiste, le papa ne s'occupe pas de l'éducation des dix enfants. Malgré des tragédies dans la famille, cette maman qui a perdu des enfants nous a transmis sa joie de vivre et cette possibilité que j'ai de me contenter de peu. Quelles que soient les galères qu'un être humain puisse traverser, le soleil qui se lève peut nous faire sourire tout de suite. Se promener dans la rue et trouver une rose épanouie, c'est le sourire immédiat. Un fil d'araignée qui se promène au fil du vent, c'est extraordinaire. La vie est extraordinaire. Ma mère a donné à chacun de ses enfants cette capacité d'être toujours en résilience et de rebondir à chaque fois quand ça ne va pas bien. De garder cette joie de vivre et cette capacité d'émerveillement face à la vie.

Face au difficile, n'est-ce pas souvent en s'ouvrant à tout autre chose que les solutions naissent ?

Si je ramène cette question à ma petite personne, à mon chemin de vie dans mon environnement et aux fréquentations que j'avais à l'époque, je dirais que je me suis enrichie de toutes les nouvelles personnes rencontrées, et même des nouveaux environnements, en gardant bien sûr la tête froide. La confrontation à l'ouverture à l'Autre, oui, sans doute.

Est-ce qu'être française et algérienne est un risque de chance ?

C'est un risque magnifique. Extraordinaire. Si l'on pouvait me définir – non pas moi, parce que je le fais déjà, mais si le regard de l'Autre pouvait me définir – comme un patchwork du monde, je serais formidablement heureuse. Je ne suis pas seulement algérienne. Je ne suis pas seulement française. Je suis aussi portugaise, iranienne, saoudienne, chinoise, palestinienne, israélienne, tout. Je voudrais construire un monde où tout serait ouvert. Bien agencé, bien organisé. Dans ce monde-là, je serais totalement épanouie. Le patchwork que peut constituer l'identité d'un individu, ses différents morceaux d'identité, sont pour moi un enrichissement. Il en va de même pour notre pays. Quand dans une autre vie j'étais en responsabilité politique, j'avais l'habitude de dire, et je continue à l'affirmer, que la diversité est une chance pour notre pays. Dans la vie tout court, la nature nous apprend que la diversité produit la vie. Elle renforce aussi la vie et l'humanité de chacun d'entre nous.

Est-ce qu'être la sœur de Malik et Hassein est un risque de chance ?

Oui. Je dis oui, parce que c'est avec ce qui est arrivé à l'un et à l'Autre que je suis devenue ce que je suis. C'est ce qui a construit la force de mes convictions et qui a permis que j'avance. Pour l'un, ce fut un drame terrible, une souffrance inouïe dans notre famille.

Peux-tu, s'il te plaît, nous confier de quoi il s'agit ?

Oui. Mon petit frère Malik a été écrasé par un chauffard alcoolique. Il avait cinq ans. Il est mort quarante-huit heures après. Donc, quarante-huit heures de souffrances. Les choses ont été difficiles au moment de l'accident. La police est arrivée. Il y a eu des propos racistes. C'était très dur à vivre. Au-delà de ça, la mort de Malik a été une déchirure dans la famille. C'était le dernier de la fratrie, le chouchouté. Ma mère ne s'est pas remise de ce choc. Elle a fait des tentatives de suicide. Donc c'était très, très difficile. Il a fallu se remettre de cette souffrance. J'ai dû prendre des responsabilités dans ma famille. Pour Hassein, c'est l'inverse, il est l'aîné. Il a braqué une bijouterie. Des gens sont morts. Cela aussi a été terrible. D'abord, j'ai une pensée pour la famille qui a perdu un père, un mari. Cela a été aussi un drame pour notre propre famille, car Hassein est parti pour 16 ans de prison ferme. Une expérience très difficile et très traumatisante. Ces deux drames de vie m'ont obligée à m'interroger et m'ont interpellée sur ce que je suis, sur mon utilité dans cette famille. Ils ont remis en question des comportements de fainéantise intellectuelle. On se contente souvent d'être là où on est. Mais tout a explosé en vol. Je me suis posé beaucoup de questions. Pourquoi cela arrive-t-il dans notre famille ? Qu'est-ce qui s'est passé ? Pourquoi nous ? Est-ce que nous le méritons ? Je me suis donc remise en question et cela m'a aidée à me construire.

Qui es-tu comme magicienne et que fais-tu en tant que magicienne dans ce monde ?

Comme magicienne, je ne sais pas. Ou peut-être si. Très, très modestement, mais je garde de merveilleux souvenirs : avoir de temps en temps redonné le sourire à des personnes qui étaient extrêmement malheureuses. On peut le dire, c'était de l'ordre de l'irrationnel. Rendre le sourire à des gens qui étaient à terre.

Que voudrais-tu voir se réaliser dans le monde au travers de toi et au-delà de toi ?

Au-delà de moi, car au travers de moi je doute de pouvoir le vivre un jour. Je ne veux pas être cynique, mais mon expérience me dit que c'est très compliqué. Aujourd'hui, on voit triompher l'inverse des valeurs que je défends. Quand on voit l'élection de Trump[10], le populisme qui monte partout en Europe, le rejet des migrants, etc. Tout cela me fait mal. Pour ceux, comme moi, qui sont attachés aux valeurs humanistes, on n'a pas gagné la bataille. J'essaierai de continuer à contribuer à faire avancer les choses dans le bon sens. Peut-être en aidant très modestement la jeunesse à prendre conscience que la clé de la vie et la clé de l'humanité sont dans la main de chacun. Je pense à la jeune fille qui a interpellé les grands de ce monde sur la question écologique et qui a organisé toutes les manifs (Greta Thunberg). Quand je vois ça, je me dis que je peux mourir tranquille. On voit des personnalités, des petites jeunes qui se lèvent et disent : « Stop, nous, on veut vivre dans un autre monde. Beaucoup plus solidaire et beaucoup plus humaniste. »

Partages-tu la vision de Jean Vanier : « Toute personne est une histoire sacrée » ?

Sans ramener le débat sur la religion, je pense que chaque personne est exceptionnelle. Chaque individu, chaque être humain a sa place dans le monde. Chacun contribue à quelque chose que l'on peut imaginer ensemble, mais qu'individuellement il doit construire. Si l'on considère les hommes et les femmes, les femmes et les hommes plutôt, chaque empreinte est exceptionnelle. Chacun a ses propres empreintes. Sur les animaux, dans le monde minéral aussi. Chacun doit participer à la mesure de ses possibilités

10. Donald Trump, président des États-Unis de 2017 à 2021.

à faire tourner le monde dans le bon sens. Cette notion-là du sacré, je la partage.

Qu'est-ce que tu vis dans ta vie que tu souhaiterais voir continuer?

Peut-être la capacité d'émerveillement. Tout simplement. Pouvoir se lever le matin et se dire : « C'est formidable ! » Le lever du soleil, les fleurs, les quatre saisons. C'est bête, mais moi je suis encore émerveillée à mon âge par les quatre saisons. Quand je vois arriver le lilas au printemps, je me dis : « C'est extraordinaire. »

As-tu un défaut dont tu souffres?

L'orgueil. J'ai du mal avec ça. Je voudrais bien m'en débarrasser, mais c'est compliqué. Ce sont sans doute les restes de mon appartenance à la classe ouvrière. La classe ouvrière a dû se battre contre les grands de ce monde et les puissants, pour arriver à imposer des combats qui étaient de l'ordre du tabou, dont personne ne voulait parler. Je l'ai fait, moi aussi, mais avec beaucoup d'orgueil. Je pèche par orgueil, encore aujourd'hui.

À ton avis, quelle est l'intention positive qui se cache derrière ce défaut?

Oui, tu as raison, il faut voir du positif partout. Alors, peut-être la force de convaincre. J'ai trouvé dans l'orgueil la force de continuer à avancer et de convaincre autour de moi.

Est-ce que tu as des mentors et quels messages te portent-ils?

J'en ai plein. Certains ont disparu. Ce sont de grandes personnalités comme Nelson Mandela ou Gandhi. D'autres sont vivants : Marguerite Yourcenar, par exemple. J'aime beaucoup son écriture et les romans qu'elle a écrits, mais aussi sa personnalité. J'aime les femmes qui ont du caractère, qui savent où elles vont et ce qu'elles veulent. Des femmes qui, dans des milieux hostiles, sont capables d'exister malgré tout et de s'imposer. Toutes ces femmes-là me nourrissent. Les grandes figures féministes me nourrissent, évidemment. Pas seulement les Françaises. Et même dans le domaine de la religion. Je pense à Rabira, une femme soufie, qui vivait à peu près au temps de la mort du prophète Mahomet. Une femme extraordinaire. Elle a toujours été dans la contemplation, la recherche spirituelle, l'élévation de soi-même. Quand je lis ses écrits, je les trouve éblouissants de beauté. C'est une femme qui, à l'époque, vivait dans un milieu d'hommes. Elle a su s'imposer. C'est vraiment incroyable. Je pense aussi à l'écrivain Khalil Gibran qui a écrit *Le Prophète*[11]. Son écriture est pleine de philosophie, de messages subliminaux d'une beauté extraordinaire. Cela m'inspire. Je pourrais peut-être citer, plus récemment, Barack Obama – plus d'un point de vue symbolique, d'ailleurs, que par adhésion à ce qu'il était vraiment ou à sa politique, même si je l'ai soutenue. Mais je peux citer aussi des personnes totalement anonymes. Ma voisine de palier, par exemple : je l'aime bien, car elle ne cesse de s'imposer auprès de son mari. Pour moi, ce sont des héroïnes du quotidien dont personne ne parle, que personne n'ira interviewer, mais ce sont des femmes extraordinaires.

Ta vie est-elle un stage d'Amour comme la mienne ici-bas ?

(Rire) C'est bien dit, ça : « un stage d'Amour » ! Oui, sans doute. J'ai eu la chance de rencontrer beaucoup de gens qui m'ont prouvé leur amitié, leur tendresse et avec qui j'ai partagé beaucoup d'émotion. Je n'ai pu apprécier cet Amour que parce que j'ai traversé des périodes difficiles. Ce sont ces périodes qui m'ont permis d'apprécier la profondeur des segments de bonheur qui, aujourd'hui, constituent ma vie.

Faut-il tout oser demander dans la vie ?

Oui, tout. Tout le temps. Je voudrais que les jeunes entendent une chose très importante : quel que soit le milieu où l'on naît, quel que soit son origine, son sexe, son orientation sexuelle, qui que l'on soit, il ne faut jamais laisser personne nous dire que l'on est nul, que l'on ne vaut rien et que l'on est inutile. Premièrement, tout le monde est utile à sa place. Deuxièmement, il faut absolument trouver la force d'aller de l'avant, à chaque fois. S'il y a une qualité que j'apprécie chez les gens, c'est l'audace. L'audace d'aller de l'avant et de bousculer l'ordre établi. Bien sûr, il faut du courage, mais le courage sans audace n'est pas le meilleur. Il faut avoir de l'audace, être effronté parfois. C'est ce qui permet de faire avancer beaucoup de choses. Il faut absolument que les jeunes soient malicieux, effrontés, audacieux et

11. Gibran, Khalil, *Le Prophète*, Le Livre de Poche, 1993.

courageux. Tout est possible. Même si l'on vit dans la merde et qu'on en est conscient. Dans les films de mafieux, ils disent : « On ne construit rien dans la boue. » Eh bien si, on construit.

Pourquoi as-tu accepté ma demande d'interview ?

Parce que ta demande a fait écho en moi. Je trouve que c'est un projet formidable. On ne se connaît pas. Donc je ne connais pas tes qualités, ni rien. Je sais seulement les deux ou trois phrases que tu as bien voulu me dire pour te situer. Je les ai lues, et c'est à la lecture de ce que tu as écrit que j'ai accepté de partager ce moment.

Donc, en un mot s'il te plaît, quel est pour toi le plus beau risque dans la vie ?

L'audace de vivre. Avec soi-même et avec les autres.

Merci à toi. Le mien aura été de partager ce moment avec toi aujourd'hui… Merci du fond du cœur. As-tu une question ?

À quoi va servir ton projet ? Qu'est-ce que tu comptes en faire ?

Ma réponse, chers lecteurs, vous la découvrirez à la fin de ce livre… Lisez d'abord.

Risque de ne pas avoir peur de sa chance, par Yann Arthus-Bertrand

« Le plus beau risque de ma vie a été de ne pas avoir peur de ma chance. »

Témoignage Risque de chance, le 11/06/2019 à Paris, de Yann Arthus-Bertrand, photographe, reporter, réalisateur et écologiste français. Il préside la fondation Good Planet. Son livre *La Terre vue du ciel*[12], paru pour la première fois en 1999 et dont a été tiré un documentaire du même nom en 2004, est un best-seller mondial. Il a réalisé le film *Human*.

Peux-tu me dire, s'il te plaît, quel est le plus beau risque dans la vie ?

Le plus beau risque ? Je suis quelqu'un qui n'a cessé de prendre des risques. J'ai passé ma vie à essayer de réaliser mes rêves. J'ai eu une chance inouïe de faire ce que j'avais envie de faire. Il n'y a pas longtemps, nous partagions nos vies extraordinaires, Philippe Tesson et moi. Et ce journaliste qui a 80 ans me disait : « Mais Yann, tous les deux, on a certainement une qualité, nous n'avons pas peur de notre chance. » J'aime beaucoup ce mot. Dire : « On n'a pas peur de la chance qui passe. » Je pense qu'elle passe pour tout le monde. Mais il y a des gens qui se jettent dessus, l'attrapent, la prennent à bras le corps et vont de l'avant sans s'occuper des risques, et puis il y a ceux qui vont réfléchir et ne pas attraper leur chance qui passe.

12. Arthus-Bertrand, Yann, *La Terre vue du ciel*, éd. de La Martinière, 1999.

Je n'ai pas peur de ma chance. J'ai été viré de partout, à l'école, je n'avais pas d'autre solution que de saisir ma chance, car je n'avais pas de diplôme. En ce moment, je suis en train d'acheter une ferme en bas de chez moi. Je mets là-dedans tout l'argent que j'ai. On se réunissait ce matin en disant : « Mais comment va-t-on faire en vieillissant ? » Ce n'est pas grave. On va le faire. Peut-être en prenant des risques inconsidérés, vu mon âge, mais on sait qu'on va le faire même si ce n'est pas sérieux. Toute ma vie s'est déroulée comme cela. Quand j'ai réalisé *La Terre vue du ciel*, j'avais hypothéqué ma maison. Quand je suis parti au Kenya, c'était avec ma femme et ses deux enfants en bas âge, pour étudier les lions. Avec le recul, je me dis : « Elle était quand même gonflée de me suivre. » Elle n'a pas peur de sa chance non plus. Je me suis souvent embarqué dans des projets qui étaient plus importants que moi – que ma petite personne. Mais une fois embarqué, tu essaies de réussir, de mener à bien ces projets. Est-ce vraiment un risque ? Je n'en suis pas sûr, car tu n'as pas toujours conscience de ce que cela représente.

Je pense que tout le monde a sa chance dans sa vie. Je me souviens d'un exemple vécu aux États-Unis. J'étais chez un gardien de puits de pétrole et je réalisais un reportage sur sa famille. Pendant que j'étais là, ils reçoivent leur lettre de licenciement. La fille de la maison devait se marier un mois plus tard avec un voisin, donc c'était un drame dans la famille et tout le monde s'est mis à pleurer. Eh bien, en fin de compte, en une semaine – le temps où je suis resté avec eux –, ils avaient vendu leur maison et déménagé en Californie. Voilà des gens qui n'avaient pas peur de recommencer leur vie ailleurs. Ce sont peut-être des immigrés, c'est peut-être une tradition pour eux, mais en France nous sommes assez attachés à nos biens et à nos familles. C'est bien, d'ailleurs, mais c'est un empêchement, cela nous rend un peu prisonniers de quelque chose. Il ne faut pas avoir peur de prendre des risques.

Qu'est-ce qui était vraiment important pour toi, voire pour plus grand que toi dans ce risque ?

Personnellement, je ne travaille que sur des projets qui nous dépassent. Quand tu fais un film comme *Human*, tu parles de pauvreté et de pardon. C'est incroyable, ce que nous avons réussi à faire ! Mais ce n'est pas nous qui l'avons fait, c'est ce que les gens nous ont donné qui l'a fait. Parler de changement climatique, alors qu'on sait bien qu'il est pratiquement impossible de changer ces espèces de « religions de la croissance » dans lesquelles on baigne, cela nous dépasse. Je ne travaille que sur des projets qui nous dépassent. À 73 ans, j'en entreprends comme un gamin de 20 ans. (Rire) Tu vois mon inconscience…

Quelle est ta contribution au monde, ta mission, ta vocation ?

Ma contribution au monde est comme celle de tout le monde. Chacun, à son niveau, apporte la sienne. Il n'y a pas très longtemps, ma femme a fait une chute. Nous sommes allés en SAMU aux urgences de l'hôpital Lariboisière, et je voyais toutes les infirmières se démener avec un humanisme débordant. Toutes ces personnes qui, tous les soirs, parlent aux gens avec humanité et compassion, gagnent 1 200 euros par mois ! Ces infirmières qui sont là, la nuit, à parler aux SDF bourrés qui n'en ont rien à foutre, aux enfants, etc. – ces gens-là font bien plus que moi, ils apportent au monde beaucoup plus d'humanité que moi.

Qu'est-ce que tu reconnais en toi-même, par toi-même qui te donne le goût de vivre ?

Même les gens qui ont un cancer en phase terminale ont encore envie de vivre. C'est pour cela que le suicide est une chose que tu as du mal à comprendre, à accepter. Des gens qui ont décidé de mourir, c'est une pathologie terrible. Je peux comprendre que cela arrive dans la douleur à la fin de ta vie, mais les jeunes qui se suicident, c'est un truc absolument inouï. Une espèce de fêlure compliquée. Parce que vivre, c'est une force en toi, quelque chose qu'on ne maîtrise pas.

Face au difficile, n'est-ce pas souvent en s'ouvrant à tout autre chose que les solutions naissent ?

Si, mais tu tombes sur quelqu'un qui ne fait que des choses difficiles et compliquées. J'ai un tempérament d'entrepreneur, j'entreprends tout le temps : la photo, les films, la Fondation Good Planet. Je trouve des mécènes ou des partenaires, j'organise, j'ai des employés. C'est un trait de caractère chez moi, j'aime organiser. Or tout est difficile. Souvent, des jeunes me demandent : « Comment avez-vous fait ? » Je ne me souviens pas d'avoir demandé conseil aux autres. J'étais complètement inconscient, totalement confiant dans mon utopie et ma débrouillardise. Je suis courageux, je travaille. Je n'ai pas peur de travailler. Je dis toujours aux stagiaires qui viennent chez moi : « Vous ne vous rendez pas compte de la chance que vous avez de faire un stage. Un stage peut être le début de votre vie professionnelle. Si vous le faites bien, avec passion, vous serez forcément engagé par vos employeurs. Car on ne demande qu'une chose, c'est d'embaucher des gens qui sont au-dessus du lot. » Je viens d'engager une assistante qui travaillait chez Starck. J'ai reçu un coup de fil de Starck, qui m'a dit : « Prends-la, elle est formidable, elle est géniale. » Quand tu es bien, les gens le disent, ils communiquent entre eux. Il ne faut pas avoir peur de se perdre, d'aller dans tous les sens. Il ne faut pas passer son temps à demander conseil à tout le monde, se mettre martel en tête, il faut y aller. D'ailleurs, c'est en se perdant que l'on trouvera son chemin. Si l'on a peur de se perdre, on n'avance pas.

Est-ce un risque de chance d'être un observateur du monde vu du ciel?

Je ne sais pas ce que veut dire ta phrase. Elle est trop compliquée pour moi.

Tu as observé le monde vu du ciel et laissé quelques traces, non?

Oui, mais je ne suis qu'un journaliste qui fait des photos. Après, à partir de ces images, j'essaie de mettre un texte à côté et d'expliquer ce que j'ai photographié. Donc, je photographie la beauté du monde, et ensuite j'essaie de parler de l'action, de l'engagement. Sur le thème : qu'est-ce que l'on peut faire tous ensemble? C'est davantage du romantisme que de l'efficacité, aujourd'hui… (Rire) *Vu du Ciel* m'a permis de prendre de la hauteur sur les choses. C'est tellement plus simple de voir les choses d'en haut et de globaliser. La photographie vue du ciel te permet aussi de comprendre comment les gens vivent, ce qu'ils mangent, où ils habitent, comment ils se déplacent. Quand tu fais de la photographie aérienne, tu as tout de suite une espèce de vision globale. Maintenant, tout le monde voit sa maison sur Google et sur son téléphone portable, mais à l'époque, cette possibilité n'existait pas. La photographie aérienne offrait un regard très novateur, très surprenant, ce qu'elle ne fait plus du tout aujourd'hui qu'existe Google Earth…

Donc, une belle approche systémique du monde. Qui es-tu comme magicien et que fais-tu en tant que magicien dans ce monde ?

Je ne suis pas magicien, parce que les magiciens ont des trucs, moi je n'ai pas de truc. J'essaie de ne pas tricher, de montrer la chose telle qu'elle est.

Que voudrais-tu voir se réaliser dans le monde au travers de toi et au-delà de toi ?

Je ne suis pas autocentré, même si j'ai l'obsession de réussir ce que je fais. Je sais très bien où est ma place et ce que je vaux. Je suis à ma place comme réalisateur. J'aimerais que l'on vive dans un monde avec plus d'Amour, pour te dire les choses en bref. Plus généreux, en tout cas. Ces valeurs essentielles que sont la compassion, l'empathie, la gentillesse, la bienveillance, l'honnêteté même, l'éthique, la morale – des valeurs peut-être un peu nunuches, un peu cathos –, sont pour moi des valeurs essentielles. On ne les travaille pas assez, en famille ou à l'école. Ce sont des valeurs dont on devrait parler tout le temps. Être gentil les uns avec les autres, il y a beaucoup d'utopie là-dedans, mais pourquoi pas ?

Partages-tu la vision de Jean Vanier : « Toute personne est une histoire sacrée » ?

C'est beau. Mais je ne suis pas Vanier. Vanier, c'est le niveau au-dessus. (Rire) Il y a des gens comme lui qui sont de grandes âmes. J'étais fasciné par Vanier. J'ai fait une interview de lui pour *Human*, que l'on n'a finalement pas reprise dans le film, mais ma monteuse en a parlé à son fils et son fils a travaillé deux ans chez Vanier, grâce à nous. Moi qui ne suis pas croyant, je retrouve chez les religieux – davantage chez les religieuses, d'ailleurs – une générosité incroyable. Je m'occupe d'un orphelinat à Brazzaville avec une bonne sœur inouïe, qui fait un travail formidable. J'aide beaucoup les réfugiés, aussi, avec une bonne sœur. Mais ce que je fais n'est rien par rapport à ce qu'elle fait, elle. Ma grand-tante, qui a 102 ans, est religieuse. Toutes, elles ont un truc en plus. Tout ce qu'une femme peut mettre dans sa famille, elles le mettent au service des autres. Elles gèrent ces milliers d'enfants avec cette même tendresse.

Qu'est-ce que tu vis dans ta vie que tu souhaiterais voir continuer ?

Le doute… Le doute sûrement !

As-tu un défaut dont tu souffres ?

Oui, j'ai trop d'ego. Et je suis colérique. Je souffre de trop d'ego et j'essaie de lutter contre cela. Quand tu es un artiste et que tu vends ta salade, tu es quand même obligé de nourrir ton ego en permanence. Mais ce doit être un peu hem… pour les autres. En même temps, je suis obsédé par ce que je fais. C'est certainement un défaut de ne pas savoir couper, passer à autre chose puis revenir. J'en suis incapable. Je pars très peu en vacances et je pense toujours à mon boulot. La nuit, je prends des notes. Tout cela tourne un peu en rond. J'aimerais bien apprendre la méditation. J'ai essayé, mais je n'y arrive pas. Je voudrais sortir un peu de ma tête.

Quelle est l'intention positive qui se cache derrière ce défaut de l'ego, à ton avis ?

Je ne sais pas. L'intention est positive quand tu es dans le positif, mais elle peut aussi être très négative. Il y a des gens qui sont malhonnêtes. J'ai la chance d'être né dans une famille où les gens étaient plutôt généreux, ils donnaient facilement. Je suis souvent étonné par la méchanceté du monde politique ou des journalistes. Par exemple, quand je vois des critiques très méchantes sur mon film *Human*. Je me suis demandé d'où cela venait. Comment peut-on critiquer ce film ? On peut dire : « Arthus est un parfait con », mais on peut dire aussi : « Il a essayé. » *Human,* c'est quand même quelque chose. Or il y a des gens qui l'ont démoli. Je me suis dit : « Mais d'où vient cette méchanceté ? » Comment peux-tu démolir tous ces gens qui te parlent avec les yeux ouverts ? C'est prétentieux aussi de dire cela, mais…

Non, c'est fort. Est-ce que tu as des mentors et quels messages te portent-ils ?

Non, je n'ai pas de mentors. Ou alors, les mentors, ce sont tous les gens qui sont mieux que toi. Je suis épaté par Philippe Starck par exemple, il est extrêmement intelligent. Je suis fasciné par ce type qui peut aller à TED[13]

13. TED, réseau de témoignages vidéo.

et délivrer un message incroyable sans avoir rien préparé. Il y a aussi les gens qui donnent d'eux-mêmes, comme les infirmières dont je parlais tout à l'heure. C'est en face de ces personnes-là que tu te dis : « Il y a des gens qui font davantage que toi. » Cela fait du bien de voir des gens qui savent aimer et partager. Ils te font croire à l'humanité, et l'on a besoin d'y croire aujourd'hui. Non, je n'ai pas de mentors. En ce moment, la petite Greta[14] m'inspire énormément. Elle a un côté tellement radical, elle a tellement raison sur tout. Elle a un côté un peu illuminé que tu as envie de suivre, un peu comme Jésus-Christ. (Rire) Elle va à New York en voilier et elle a raison. Nous devrions tous faire ça.

Ta vie est-elle un stage d'Amour comme la mienne ici-bas ?

Stage d'Amour ? Non. C'est vrai que j'aime les gens. Mais souvent, il y a des gens que je blesse, que j'ai blessés, avec qui je ne me suis pas réconcilié et c'est ma faute. J'essaie. Je ne suis pas tout le temps Amour, loin de là, et je ne m'en rends pas compte. Tu es pris dans ta logique et tu blesses les gens autour de toi, sans le vouloir. Tu le regrettes. Donc je ne crois pas être un exemple d'Amour – pas du tout.

Faut-il tout oser demander dans la vie ?

Est-ce qu'il faut demander, d'abord ? Je ne sais pas. Peut-être faut-il prendre, sans forcément demander. Il faut savoir désobéir en tout cas, ça, c'est sûr et j'en suis sûr. Il faut savoir dire non à ce que tu n'aimes pas et vivre avec ce non. Il ne faut pas vivre avec des regrets. Il ne faut pas non plus être prétentieux. J'ai réussi ma vie professionnelle, je fais ce que j'aime, j'ai une famille extra. J'ai de la chance. Quelquefois, la boule tombe au bon endroit. Il y a des gens qui n'ont pas cette capacité à se dépasser, à croire à des choses impossibles. J'avais jadis tendance à porter un jugement très négatif sur les gens qui ne faisaient pas un métier formidable, mais j'ai changé d'avis. Je parlais tout à l'heure de cette famille qui a déménagé pour aller habiter en Californie. Ils ont eu la capacité d'entreprendre, de refaire leur vie autrement, de se remettre en question. C'est cela qui compte. J'ai autour de moi des copains qui se retrouvent au chômage et qui se révèlent incapables de changer. Je leur dis : « Ouvre un petit restaurant, fais quelque chose. » Mais non. « Je ne saurai pas faire. » Moi, j'ai l'impression que je saurais tout faire. Tu

14. Greta Thunberg, militante suédoise pour le climat.

vois comme je suis prétentieux. Je pourrais apprendre à faire la cuisine, à conduire une bagnole Uber, à parler avec les gens. Ce ne sont pas des métiers qui demandent de grands diplômes. (Rire) Je serais prêt à le faire, ça ne me dérange pas. D'autres sont paralysés devant des perspectives pareilles. Mais je me sens assez libre. Sans doute parce que je n'ai pas suivi le cursus classique.

Je me souviens, quand j'étais gosse, comme j'étais violent, malhonnête. J'étais vraiment un gosse de la rue. Il n'y a pas longtemps, je me suis fait voler mon scooter. Un jour, les flics m'appellent en me disant : « Voilà, on a retrouvé le type, il est là, dans le commissariat. Voulez-vous venir pour porter plainte ? » J'y vais et je dis : « Non, je ne vais pas porter plainte, car quand j'étais gosse j'ai volé des scooters. Je ne porterai pas plainte et j'espère que cela lui servira de leçon. » J'en ai fait, des conneries, j'ai fait pire que ça ! (Rire) Alors je me dis : « Attention, il faut savoir d'où tu es parti, ce que tu as fait dans ta vie – pas toujours de belles choses. Il faut le savoir et le reconnaître. » Mais je m'améliore ! Quelqu'un m'a dit l'autre jour : « Est-ce que tu paies maintenant ? » Peut-être. En fait non, « payer » n'est pas le mot, car je n'ai tué personne. Mais quand tu es ici (Fondation Good Planet) avec tous ces bénévoles, tous ces gens qui travaillent, qui partagent la même envie de changer le monde, c'est agréable, c'est bien. Des gens qui ont en eux cette fibre qui les pousse à chercher comment mieux faire les choses dans la vie, ça te nourrit.

Du coup, je suis toujours à l'affût d'aider les gens. J'aime cela. Hier soir, je rédigeais des mails jusqu'à une heure du matin… Ma femme m'a demandé pourquoi je répondais à tout le monde. Mais quand les gens m'envoient des mails, je trouve qu'il ne serait pas bien de ne pas répondre. Parfois, je réponds : « Non, je ne peux pas », mais je passe beaucoup de temps à écrire à des gens que je ne connais pas, comme à un type qui me parlait d'une porcherie à construire. Je lui ai dit : « Eh bien, battez-vous. » Tous ces contacts sont un peu la rançon du succès, comme lorsque les gens font des selfies avec moi dans le métro. Ce qui est génial, maintenant, c'est que je peux répondre aux messages en vocal, c'est plus simple qu'en écrivant sur ton iPhone. (Rire) Dans la vie, plus tu donnes, plus tu reçois. Mais ce n'est pas souvent que tu as l'occasion d'aider, d'aller au bout de quelque chose. C'est un cadeau.

Pourquoi as-tu accepté ma demande d'interview ?

D'abord, parce que tu as beaucoup insisté. Quand les gens insistent, cela signifie qu'ils en ont vraiment envie. Je me dis alors que je n'ai pas le droit de refuser. Il y a un moment où tu te dis : « Il faut le faire. » L'autre raison, c'est que ton projet porte des valeurs. Je refuse toutes les choses qui ne me correspondent pas.

Donc, en un mot, quel est le plus beau risque dans la vie, s'il te plaît ?

L'Amour. C'est idiot comme réponse, car l'Amour n'est pas un risque. C'est une certitude. (Rire) J'entends très souvent dire : « J'ai beaucoup donné et j'ai été déçu. » Moi, je n'ai jamais été déçu pour avoir donné. Tu prêtes de l'argent à un mec qui ne te le rend pas, ça arrive, mais ce n'est pas grave.

Mon risque aura été de partager ce moment avec toi aujourd'hui... Merci du fond du cœur. As-tu une question ?

Qu'est-ce que tu vas faire de tout ça ?

D'abord un livre, Risque de chance. *Mais il y a plusieurs prolongements prévus, si vous continuez tous à m'aider.*

Alors la formule de Philippe Tesson, « Ne pas avoir peur de sa chance », doit te plaire, Cyr-Igaël. Ta chance est là. N'aie pas peur de la prendre.

Tendresse à toi.

Risque de l'improbable, par Bertrand Badré

« Le plus beau risque dans la vie est de regarder en vérité ce que l'on a envie de faire. »

Témoignage Risque de chance, le 28/05/2019 à Paris, de Bertrand Badré, fondateur de Blue like an Orange Sustainable Capital, ex-DG du Crédit Agricole, de la Société Générale et de la Banque mondiale.

Cher Bertrand, dans ton parcours d'homme, de banquier mondial et aujourd'hui de fondateur de Blue like an Orange Sustainable Capital, peux-tu me dire, s'il te plaît, quel est le plus beau risque dans la vie ?

Le plus beau risque dans la vie, c'est de regarder en vérité ce que l'on a envie de faire. Si je prends mon cas, qui est assez banal, j'étais porté par ce système qui vous pousse à aller d'un point A à un point B, d'un point B à un point C sous le regard des autres. Tu es un très bon élève ? Alors il faut que tu fasses ceci. Tu crois que tu vas être un bon élève ? Alors il faut que tu fasses cela. Finalement, on entre dans le moule et l'on suit naturellement le chemin – celui qui m'a conduit à passer d'un très bon bac à une classe préparatoire, d'une classe préparatoire à HEC, de HEC à Science Po, de Science Po à l'ENA, de l'ENA à l'Inspection des finances, de l'Inspection des finances à la banque d'affaires. Tout cela très naturellement ; d'ailleurs ce n'est pas désagréable, il ne faut pas non plus se raconter d'histoires. Ce n'était pas simple, mais cela m'apparaissait comme une évidence. J'étais pénétré aussi par la parabole des talents, notamment parce que je suis issu d'une famille de foi. Donc je pensais : « J'ai reçu beaucoup ; alors, à quel moment et comment vais-je rendre ? »

Les choses se sont poursuivies et je ne rougis pas de ce que j'ai fait, je suis même plutôt content de la manière dont cela s'est fait, même si je ne savais pas trop sur quoi j'allais déboucher. Tout se passait bien, sur une trajectoire assez linéaire. La vie suivait son cours, la famille et tout le reste se construisaient sur les mêmes lignes. Puis j'ai eu deux accidents, et comme dans un programme informatique quand il y a un virus ou un bug, ça s'est arrêté. La première fois, j'ai quitté le Crédit Agricole, ce qui n'était pas prévu, mais ce sont des choses qui arrivent. La deuxième fois, j'ai quitté la Banque mondiale, ce n'était pas prévu, mais ce sont des choses qui arrivent. Ce n'était pas planifié, en tout cas, ce n'était pas dans la linéarité. D'un côté, quand on regarde mon CV, on se dit : c'est formidable, il a été associé d'une des grandes banques d'affaires, directeur financier de deux des plus grands groupes bancaires mondiaux, numéro deux de la Banque mondiale. J'ai coché toutes les cases. On me l'aurait dit quand j'avais 20 ans, je signais et c'était très bien. Mais je sais au fond de moi que quelque chose s'est passé. Il y a eu un coup d'arrêt, à deux reprises, qui m'a obligé à réfléchir, un peu plus la deuxième fois que la première, et qui m'a poussé à me dire : « Peut-être que ma contribution est différente. » J'ai fait beaucoup de finance dans ma vie, et j'ai eu un jour le malheur de rassembler mes équipes financières pour leur dire : « Écoutez, je vais peut-être vous surprendre, je suis un directeur financier qui n'aime pas les chiffres et qui aime les hommes. » Je le pensais sincèrement et je croyais que c'était un message positif. Mais on me l'a reproché. On m'a dit : « Tu méprises notre travail qui est la production de chiffres de qualité sur lesquels on peut se reposer. » Cette réaction m'a interpellé.

J'ai appris le métier financier dans toutes ses facettes, métier de finances publiques au ministère des Finances, métier de banquier d'affaires, métier de gestionnaire de grandes banques, métier de conseiller du président de la République sur les questions de financement du développement et métier de régulateur à la Banque mondiale, puisque j'étais membre du Finance Facility Board – l'organe au sommet du système, celui qui impulse les réformes. Donc, j'ai vu la finance sous tous ses aspects, et après le deuxième accident – la sortie de la Banque mondiale –, je me suis dit : « Qu'est-ce que tu voudras faire quand tu seras grand ? » J'ai été poussé par quelques personnes, je leur en suis reconnaissant. Elles m'ont dit : « Tu as quelques idées, tu dis des choses intéressantes, force-toi à les mettre par écrit et essaie de tirer les leçons de tout ce que tu as vu. Ce n'est pas un hasard si tu as pu te trouver à tous ces endroits. »

En effet, comme je le dis dans mon livre *Money Honnie*[15], je suis le *Forest Gun* de la finance. J'étais au ministère des Finances quand on a créé l'Euro, j'étais à Londres pendant la bulle internet, j'étais à New York quand la bulle a explosé et que le Wall Street Center s'est désintégré, j'étais auprès de Jacques Chirac au moment de la guerre en Irak – moment de tension maximum entre les États-Unis et la France, mais aussi moment où l'on a beaucoup innové pour le développement, notamment grâce à l'un des produits dont j'étais à l'origine, qui est la taxe sur les avions pour financer la recherche médicale. J'ai été directeur financier de deux grands groupes au moment où la finance s'est effondrée sur elle-même et j'étais à la Banque Mondiale au moment où l'on essayait de reconstruire. Je me suis donc dit : « Tout cela est-il le fruit du hasard, ou dois-je faire de tout cela une histoire qui a du sens ? » En me forçant à prendre du recul, à relire l'ensemble, j'ai conclu : « Tu as vu un système financier dans ce qu'il avait de créateur et de destructeur, tu as compris qu'il était absurde de dire que "la finance est l'ennemi", car elle est partie intégrante de l'économie, mais comment pourrait-on reprendre le contrôle de l'outil ? » C'est à partir de là que j'ai essayé de réfléchir sur ces sujets. Ma réflexion n'est pas académique, je ne suis pas professeur, mais j'ai quand même quelques heures de vol.

Je pense qu'il y a un ancien monde en train de s'achever et un nouveau monde en train de commencer. Par mon parcours, j'ai la chance d'avoir un pied dans les deux. Les gens de « l'ancien monde » – sans nuance péjorative, car j'en ai fait partie et j'assume cette expérience – me disent « *You are one of us* », « Tu es comme nous ». Et d'une certaine manière les gens du « nouveau monde », à travers l'effort que j'ai fait, me disent : « Mais tu es aussi comme nous. » Il y a donc une responsabilité. On ne peut pas laisser des mondes s'échapper, sortir de l'orbite des autres, mais comment peut-on créer entre eux une continuité ? À partir de cet accouchement – pas

15. Badré, Bertrand, *Money Honnie*, Débats Publics Éditions, 2016.

simple –, je me suis dit : « Je vais essayer. » Ce que je voulais créer n'entrait même pas dans un calcul de probabilités !

J'ai organisé un repas de Noël à Washington l'année dernière avec douze personnes issues de mes anciennes équipes venant de huit ou neuf pays différents, et je leur ai dit – ce qui n'était pas très simple à comprendre pour eux – : « Quand je suis sorti de l'ENA à l'Inspection des Finances il y a vingt-trois ans, la probabilité que je dispose, vingt-trois ans plus tard, de quelques mètres carrés à Washington pour constituer une équipe de douze personnes venant de Colombie, de Pologne, d'Espagne, de Syrie, etc., et que cette équipe monte une structure qui finance une banque qui fait du prêt aux PME en Équateur pour faire du prêt vert, ce n'était même pas une probabilité de zéro virgule quelque chose. C'était zéro point zéro, zéro, zéro. » J'ai souri intérieurement, sans être sûr qu'ils aient compris tout ce que cela représentait pour moi, mais j'ai pensé : « Après tout, la vie décide. »

Donc, en partant d'une trajectoire qui était *a priori* totalement prévisible et linéaire, voilà que je me suis retrouvé dans une phase de démarrage qui me réjouit énormément. Je n'en tire aucune gloriole, car c'est un fait, c'est tout, et d'ailleurs ce n'est pas encore gagné. C'est une situation beaucoup plus stressante, beaucoup plus difficile que celles que j'ai connues, car les lendemains ne sont pas sûrs et les questions abondent : « Peut-être que je me trompe? Est-ce que je vais dans la bonne direction? » Toutes choses que l'on ne ressent pas quand on est à bord d'un super tanker comme la Banque mondiale ou le Crédit Agricole. Que vous soyez là ou non, même si vous pouvez aider à ce que les choses aillent dans la bonne direction, la probabilité que l'ensemble s'écrase est extrêmement faible. Mon cadre d'activité actuel est beaucoup plus stressant, mais il est libérateur.

Ce cadre me permet de dire qu'il y a des choses qui vont, d'autres qui ne vont pas, des choses qui se font, d'autres qui ne se font pas – ce qui me met en risque permanent. Mais là, je suis moi-même. Je ne me cache pas derrière une enseigne, une banderole, une publicité, derrière des milliers de gens qui travaillent avec moi. Donc, pour ma vie, c'est une bascule, encore une fois inimaginable, mais qui est devenue la réalité. J'ai toujours aimé rencontrer des gens, notamment quand j'étais plus jeune, des mentors ou des accompagnateurs, pour leur poser des questions du genre : « Comment as-tu fait tes choix? » Je m'étais toujours dit : « J'ai embêté les gens, donc si on vient m'embêter un jour, je répondrai favorablement à mon tour. » Ce qui est très intéressant, c'est que j'ai été amené à rencontrer beaucoup de jeunes, à la Banque Mondiale par exemple, dans les banques dans lesquelles j'ai travaillé, en faisant de l'enseignement, des conférences… et beaucoup de gens anonymes m'interpellent, ce qui est compliqué, car je ne sais pas dire non. Je leur conseille : « Laissez un peu de place au hasard. Ne raisonnez pas en termes de carrière. S'il y a une certitude, c'est que le monde est incertain. Si vous planifiez, vous allez vous prendre un pain et ce sera très désagréable, alors que si vous partez avec l'idée que l'improbable peut arriver, vous allez lui faire de la place. Arrêtez-vous régulièrement, regardez où vous êtes, ce que vous faites. Ne vous réveillez pas à 45, 50, 55 ans en disant : "J'ai toujours voulu faire cela, mais je ne l'ai pas fait parce que c'était mieux de faire autre chose. Mes collègues de promotion ont tous fait cette autre chose et je me comparais implicitement à eux en considérant les points où ils faisaient mieux, moins bien, etc.". » Cette capacité de prendre de la distance est très importante. Elle n'est pas facile à exercer, elle est même parfois anxiogène, mais en même temps elle rétablit une forme d'unité. Je ne veux pas dire que je suis passé de l'ombre à lumière, ce serait absurde. J'étais très heureux dans ce que je faisais auparavant, mais j'ai le sentiment que tout ce que j'ai fait avant me préparait à ce que je suis en train de faire et peut-être de réussir – ou pas. J'ai parfaitement conscience que si tout s'effondre dans deux ans, je reviendrai la queue entre les jambes en disant : « Je me suis planté » et que je repartirai comme avant ! Mais au moins, j'aurai essayé.

Quelle est ta contribution au monde, ta mission, ta vocation ?

Ma mission ne se traduit pas seulement par la parole ou par l'écrit, mais par ce que j'essaie de faire professionnellement. La finance, l'argent ne sont pas quelque chose qu'il faut aimer ou détester, car on sait historiquement que « l'argent est un bon serviteur et un mauvais maître » et, autre dicton de la sagesse populaire, qu'« il vaut mieux que la main contrôle l'outil, plutôt que la main soit contrôlée par l'outil ». Chaque fois que l'argent a pris le contrôle de la main, ça s'est mal terminé ; en revanche quand la main prend le contrôle de l'argent, on fait de grandes choses. Donc, à un moment où le monde est un peu hésitant sur la marche à suivre après la crise, où il y a un certain nombre de modèles et de visions concurrentes dans le monde, ma contribution est d'expliquer qu'il y a une voie possible pour mettre ce monde de la finance au service d'un nouveau modèle économique et financier. Parfois ce système nous écrase, nous dépasse au point que l'on se dit : « Je ne peux rien y faire, c'est trop gros pour moi. » J'ai probablement plus de capacités que beaucoup, mais moins que d'autres, je ne suis pas multimilliardaire, je ne gère pas des milliers de milliards de dollars ; mais j'ai une capacité d'influence, de compréhension.

Nous pouvons tous appuyer sur ce système pour entrer dans un nouveau modèle économique et financier, qui soit le modèle d'une finance responsable au service d'un développement durable et d'une technologie qui bénéficie à tous. Voilà ce que nous sommes en train de chercher confusément, sans nous laisser écraser par des forces qui nous dépassent. Ma contribution, c'est de dire : « C'est possible », et d'indiquer comment il faut le faire, par la démonstration de la création de mon entreprise. Aux États-Unis on dit : « *To walk the talk* » (de la parole aux actes) et pas seulement « *Talk the talk* » (s'en tenir aux vœux pieux). Écrire est assez simple, mais ensuite il s'agit de faire, ce qui est beaucoup plus compliqué. Mais en même temps cela donne une liberté extraordinaire. Je réponds aux gens qui s'étonnent : « Tu écris ça ? – Non seulement je l'écris, mais regardez, j'essaie de le faire. » Je vois ainsi l'énorme différence qu'il y a entre ce que les gens disent sur les estrades et ce qui se passe dans leur société. Voilà ma contribution et cela m'amuse, car fondamentalement la finance n'était pas mon truc. Finalement, à l'usage, ça l'est devenu. Mais je regarde la finance pour les hommes. Encore une fois, ce ne sont pas les chiffres qui me font rêver, même si je les comprends, si je sais comment on fait et si j'ai acquis cette capacité qui n'est pas innée. Ce qui m'anime, c'est une finance au service de l'économie et une économie au service de l'homme – pas le contraire.

« La finance nous oblige » écrit le président de la République Emmanuel Macron en préface de ton beau livre Money Honnie. *Est-ce également un risque de chance de réinventer la finance au service du bien commun, Bertrand ?*

Ce n'est pas forcément la réinventer, c'est ce qu'elle aurait toujours dû être. Michel Camdessus, ancien directeur général du FMI et mon maître spirituel, m'avait transmis cette parole de sainte Thérèse d'Avila, reprise par le pape François : « L'argent est un excrément du diable, mais un merveilleux engrais. » J'adore cette image, car de fait l'argent est à la fois, comme les outils, le pire et la meilleure des choses. Je n'aime pas la position qui stigmatise la finance comme l'ennemi, car nous ne sommes pas dans un monde en opposition permanente. Il faut simplement reprendre le contrôle de cet outil. La finance, c'est ce qui nous permet de nous projeter dans l'avenir. Si l'on vivait toujours dans l'instant présent, il n'y aurait pas d'investissement ni de prise de risque. Au cœur de la finance, il y a la prise de risque. Depuis toujours ! Le gars qui finançait les expéditions à l'autre bout du monde n'était pas sûr que son bateau revienne. Il n'y a qu'à relire Shakespeare et quelques autres. C'est important de le rappeler, car la finance nous permet de lier des relations. Le troc, la gratuité, c'est fondamental, mais ce n'est pas suffisant. Il faut les deux. La finance est un liant dans le temps et dans l'espace auquel on n'a pas vraiment trouvé de substitut.

Mais le risque est aujourd'hui celui d'un système économique et financier hors sol. On pourrait l'appeler « *Excel spreadsheet* »[16]. Ça marche sur le papier, mais ensuite... Ainsi, on avait fait l'hypothèse, depuis vingt ou trente ans, que la mondialisation allait se poursuivre bon an mal an de manière régulière. Par exemple, que la Grande-Bretagne était irrémédiablement ancrée dans l'Union européenne et donc qu'avoir des usines de part et d'autre de la Manche et faire passer des pièces détachées dans les deux sens fonctionnerait toujours. Mince, il y a un Brexit ! Un grand fabricant de téléphones aux États-Unis s'était dit que fabriquer en Chine et exporter aux États-Unis était un bon système et que, la Chine ayant rejoint l'OMC, il n'y avait plus de problèmes. Eh bien si ! Donc il faut réancrer ce monde financier, ce monde capitaliste, dans les territoires et au service des hommes. La vision de l'économie que j'ai reçue quand j'étais étudiant, dans laquelle nous baignions tous, c'était globalement l'approche posée par Milton Friedman, le grand économiste de l'école de Chicago, selon lequel : « L'objet de l'entreprise est de faire du profit pour les actionnaires, le reste étant du socialisme pur. » Donc, en gros, ne faites pas autre chose que du profit. C'est extrêmement fort comme proposition et ça marche, mais il est important de contrer cette vision des choses en montrant qu'elle n'est pas suffisante. C'est même une approche du profit extrêmement réductrice, car elle n'est que financière. Elle introduit toute une série de biais cognitifs, dont une préférence pour le court terme. Or c'est dans cet univers que l'on a baigné.

16. Tableur Excel.

J'ai appris des modèles financiers fondés sur ces choses-là et tous les calculs sont fondés là-dessus. Au cœur de nos réactions, nous sommes dans l'utilitarisme économique. Je vaux ce que valent mes cash-flows, comme individu, comme entreprise, comme groupe, comme pays. C'est un modèle extrêmement puissant et il ne faut pas jeter le bébé avec l'eau du bain, car il a engendré un formidable développement économique durant ces trente dernières années. La pauvreté dans le monde a beaucoup baissé, notamment du fait de la Chine, mais on voit bien que ce n'est pas suffisant. Il manque quelque chose. Car sur quoi débouche-t-on ? Nous sommes en face d'une force qui ne sait pas où elle va. Il faut réinterroger cette vision des choses. J'emprunte en partie à Colin Mayer, professeur à Oxford, cette pensée : « L'objet n'est pas le profit, l'objet de l'économie est de trouver des solutions profitables aux problèmes du monde, de la planète et de ses habitants. » Il ne faut pas rejeter le profit comme en ont parfois la tentation certains univers religieux, sur le thème : « Le profit, ce n'est pas bien. » Si, le profit, c'est bien, mais comme un moyen, pas comme une fin en soi. Il faut trouver des solutions profitables, car elles permettront de dégager la capacité à avancer : si ce n'est pas profitable, à un moment donné ça s'arrête. Il faut trouver une finance durable, comme il y a un développement durable. Il y a des équilibres à retrouver.

La question à laquelle nous sommes confrontés aujourd'hui est que l'on n'arrive pas à retrouver ces marques. Petit à petit cette vision étroite, qui date des années 70, s'est développée dans tous les aspects de la vie économique – qu'il s'agisse des normes comptables, des modes de rémunération ou des modes de *reporting*. Tout est lié au profit. Aujourd'hui, un aspect intéressant est le prix du carbone : comment intègre-t-on le prix du carbone au modèle ? Mais il n'y a pas que le prix du carbone. Il y a le prix d'utilisation de la nature, de la qualité de la vie en société, des institutions qui fonctionnent. De quelle manière va-t-on intégrer cela, pour reconnaître que ce n'est pas seulement une dimension financière ? Je ne dis pas que c'est facile, mais c'est pour moi l'enjeu de demain. Comment allons-nous avoir une vision beaucoup plus holistique de nos fonctionnements ? Le président de la République reprend cette question dans l'introduction de mon livre. Comment va-t-on passer du monde du rendement du xixe siècle au monde de la durabilité du XXIe ? Au XIXe siècle, vous creusiez mine après mine à chaque épuisement des gisements, d'Afrique en Océanie, dans un monde sans limites où creuser, polluer, épuiser les sols n'était pas grave. Au xxe siècle on a même sophistiqué le modèle, en systématisant l'analyse rendement/risque, ce qui a abouti au modèle de Private Equity, de Venture capital, soit toute la base des modèles d'évaluation des actifs financiers dans l'acronyme MEDAF que j'avais appris à HEC. Tout cela fonctionne bien : risque/rendement. Mais au XXIe siècle il faut ajouter une troisième dimension – d'impact, de durabilité, de soutenabilité, d'empreinte sur le monde et ses habitants. Donc, réenraciner. Passer du modèle à deux dimensions d'un tableur Excel à un modèle à trois dimensions, où l'on se rend compte que le capitalisme ne peut pas être hors-sol, mais qu'il fonctionne dans un humus, dans un terreau de solidarités familiales, territoriales, professionnelles, etc. Là est vraiment le changement.

On revient ici à ta question initiale qui était ma contribution. Je peux dire cela, je peux essayer de le faire, mais dans un monde régi par l'utilitarisme, on ne reconnaît pas la valeur du carbone, de la nature, de la gratuité, des solidarités, etc. Aujourd'hui, on peut observer ce phénomène dans tous les pays du monde, il n'est pas propre à la France. La Grande-Bretagne l'a découvert avec le Brexit. D'une certaine manière, Londres s'est émancipé du reste de la Grande-Bretagne comme Paris s'est émancipé du reste de la France. On peut se poser la question : est-ce que d'un point de vue économique Paris a besoin du reste de la France ? Je pose la question brutalement, mais la réponse aussi est brutale : d'un point de vue strictement économique, ce n'est pas sûr. Mais si l'on veut un monde où l'on vive en société avec d'autres êtres humains, comment va-t-on recréer de la solidarité naturelle entre les territoires ?

De même pour les familles au sens large. Il y a cent ou cent cinquante ans, la personne handicapée faisait partie de la famille. Aujourd'hui, il y a un nombre croissant de cas où cette personne handicapée, on la sort du groupe, dans un contexte où la famille est seulement vue au sens « nucléaire ». Le petit cousin handicapé est très loin. Il n'est pas facile de traiter ces questions, et là-dessus je ne suis pas plus saint ou démon que les autres. Mais on voit bien que notre système s'est traduit par l'appauvrissement de l'humus, un assèchement des racines. C'est avec cet humus qu'il est urgent de renouer. Voilà ma vision du monde. On peut avoir une autre vision, extrêmement cynique, en considérant qu'après tout la situation actuelle n'est pas grave : pourquoi ne pas avoir un capitalisme hors sol, après tout ? Beaucoup de livres de science-fiction expliquent cela très bien : cela donne une petite minorité tout en haut, selon les livres d'analyse de Yuval Noah Harari, *Sapiens*[17] et *Homo Deus*[18]. Une élite qui vit derrière son mur, tandis que de l'autre côté se trouvent les Homo Sapiens moins. Harari est un peu brutal de nous comparer aux animaux, mais de toute façon je ne veux pas de ce monde-là. Alors, comment préserver un monde qui soit humain et où chacun ait sa place et sa dignité ? On ne peut pas y arriver contre la finance, ce n'est pas vrai.

Qui es-tu comme magicien et que fais-tu en tant que magicien dans ce monde ?

Je ne suis pas très à l'aise avec le mot de magie ou de magicien. J'avais un prof en prépa que j'aimais beaucoup, qui m'avait dit : « Je suis nul, mais j'ai un avantage sur beaucoup, je suis nul en tout. » J'ai toujours médité cette phrase. Je ne suis pas nul, mais compte tenu de mon parcours professionnel, de ma curiosité naturelle, des gens que j'ai été amené à rencontrer, de l'exposition internationale très forte qui est la mienne – beaucoup plus que celle des gens que je vois quand je suis à Paris ou même aux États-Unis –, j'ai le sentiment d'être nul en tout. La vie m'a donné la chance de pouvoir être confronté à toute une série de choses qui « font » cette planète. J'ai eu la chance de rencontrer, y compris à la Banque Mondiale, des chefs d'État, de grands milliardaires, des dirigeants, des prix Nobel, etc., d'avoir été dans de grandes entreprises, d'avoir créé la mienne, d'avoir été au cabinet du président de la République. Je n'ai pas été membre d'une profession libérale, mais j'ai touché à des tas de choses. J'ai voyagé sur tous les continents, dans plus de cent pays. Les jours où je ne suis pas content de moi, je me dis : « Je suis un touche-à-tout qui n'a rien fait », et les jours où je suis content de moi : « Je suis un nul en tout qui peut faire. » Ma volonté est d'essayer de donner du sens à tout cela et de relier l'ensemble.

L'une des personnes qui m'a aidé à créer Blue Orange m'a dit : « Ton talent, c'est que tu parles plusieurs langages. Tu peux parler très facilement à un chef d'État, un patron de grand groupe et passer deux heures avec une femme assise par terre dans un village en Inde, simplement, et sans que ce soit une posture. » De fait, j'ai autant d'enthousiasme et de jouissance à parler à l'un et à l'autre. C'est ce talent que je dois cultiver. Jeune, j'ai fait un camp en montagne, avec un moine. Arrivés au sommet, au-dessus de Briançon, il y avait une vue absolument magnifique, vraiment une des

17. Harari, Yuval Noah, *Sapiens. Une brève histoire de l'humanité*, Albin Michel, 2015.
18. Harari, Yuval Noah, *Homo Deus. Une brève histoire du futur*, Albin Michel, 2017.

plus belles vues de montagne qu'on puisse imaginer, je la revois en t'en parlant. Spontanément j'ai dit : « Que c'est beau ! » Le moine me répondit : « Bertrand, chaque visage humain est plus beau que ça. » J'avais 14 ou 15 ans et j'ai pensé : « Oh là, qu'est-ce qu'il me dit ? », mais je me suis toujours souvenu de cette parole. J'ai toujours trouvé que la nature offre des ressources incroyables, mais que dans tous les êtres humains, et la vie m'a donné la chance d'en rencontrer de très différents, il y a quelque chose d'inouï. Une histoire sacrée, quelque chose de particulier. Il y a des saints, des démons, etc. Donc, ma contribution, c'est de faire en sorte que nous ne devenions pas 7 milliards de silos, mais que nous puissions continuer à « faire terre », ou à faire humain, si tu préfères. Il est vrai que j'arrive à parler beaucoup de langues humaines, l'important est de les faire communiquer entre elles.

Avec ce que tu viens de me dire, j'imagine que tu partages la vision de Jean Vanier : « Toute personne est une histoire sacrée » ?

Oui, bien sûr. Pour moi c'est essentiel. C'est pour cela que j'adore rencontrer des gens et qu'ils me racontent leurs histoires. Chacun se raconte, refait sa propre histoire et heureusement, car sinon nous n'arriverions pas à vivre. C'est fascinant. Chaque vie est un roman dont on est le héros. Quand on est honnête, on voit bien ses propres difficultés à se construire, donc on se dit : « La personne qui est en face de moi est, elle aussi, en train de se construire ; je ne peux pas l'imaginer, mais nous le faisons ensemble. » Je reviens sur l'histoire des chiffres et des hommes. Les chiffres, c'est assez rassurant ; l'homme, c'est assez inquiétant. C'est pour cela que je n'aime pas dire non quand les gens me demandent : « Est-ce que je peux vous voir ? » J'ai encore eu le cas hier à Paris. Une jeune femme que j'avais croisée à la Banque Mondiale, très brillante, sortie des meilleures écoles françaises, de la meilleure université américaine, pedigree, etc., avec un bon début de carrière, m'appelle après trois ans et je l'ai rencontrée, car c'était passionnant. Je ne sais pas résister à ces sollicitations. Mes assistants s'arrachent les cheveux, car il faut caser ces entretiens dans l'agenda. C'est aussi pour cela que j'étais ravi de te voir. Je ne sais pas dire non, car je suis sûr qu'il y aura quelque chose. Quelquefois c'est tout petit, et quelquefois c'est gigantesque. On ne sait pas à quoi s'attendre, mais je sais très bien que professionnellement un certain nombre de mes choix ont été le fruit de rencontres improbables.

Bertrand, qu'est-ce que tu aimerais mettre à la place du difficile de notre monde? Et face au difficile, n'est-ce pas souvent en s'ouvrant à tout autre chose que les solutions naissent?

Je trouve que le difficile, c'est bien! Je n'ai pas forcément envie de remplacer le difficile. Ce n'est pas par masochisme : comme tout le monde, je préfère plus que moins, plus confortable que moins confortable. Mais c'est parmi les obstacles que l'on arrive à imaginer les solutions et que l'on fait les choses d'une meilleure façon. Je reviens au capitalisme : c'est bien de trouver des solutions profitables en termes financiers et humains à la fois. Notre entretien est très proustien et il me rappelle mes cours de philo. Un des premiers textes que j'avais eu à commenter était du philosophe Alain, qui disait, je cite de mémoire : « Je plains les rois s'ils n'ont qu'à désirer, et les dieux, s'il y en a quelque part, doivent être un peu neurasthéniques. » En gros, on s'emmerde.

C'est une phrase que j'ai utilisée comme manager quand j'étais à la direction financière à la Société Générale et au Crédit Agricole, où c'était la tempête tous les jours. C'est là d'ailleurs que j'ai appris que l'on me regardait. On ne pense pas que les gens vous regardent, or c'est le cas lorsque vous arrivez à une position de responsabilité. Quand je prenais l'ascenseur, les gens associaient l'expression de ma tête à l'état des marchés financiers, et non au fait que je pouvais être soucieux parce que j'avais un problème avec mes enfants, mes impôts ou plein de trucs qui n'ont tout simplement rien à voir avec le boulot. J'ai compris que les gens me regardaient et que si je faisais une sale tête ils se disaient : « Oh là là, ça va mal aller pour la Société Générale ou pour le Crédit Agricole ! » Quand les tensions étaient fortes, je disais à mes équipes : « Rappelez-vous toujours que les ennuis chassent l'ennui. » Il est vrai que lorsqu'on est dans les ennuis on n'aime pas ça, et je n'aime pas ça, car il m'arrive alors de ne pas dormir, ce qui est encore pire avec les décalages horaires où l'on se lève à deux heures du matin et où tout s'agite, mais en même temps si cela n'existait pas, ce serait l'ennui. Voilà. J'ai donc appris à sourire, et l'autre phrase passe-partout que j'utilisais dans ces moments-là, c'était : « Sourire est la meilleure façon de montrer les dents. » (Rire)

Qu'est-ce que tu reconnais en toi-même, par toi-même qui te donne le goût de vivre, et qu'est-ce que tu souhaiterais voir continuer ?

La surprise permanente. Tu vois, notre rencontre est improbable et j'en suis très content. Je repartirai heureux de cet échange, même s'il a un petit côté narcissique. Rencontrer des gens, avec leurs parcours, les écouter, espérer qu'ils vont m'écouter. Nous vivons dans une époque particulière, peut-être pas pour toutes les générations, mais je pense que c'est plus ou moins vrai pour chacune. On voit bien confusément qu'il y a dans le monde un certain nombre de changements lourds. Est-ce comparable à la bascule copernicienne au moment de la Renaissance, où les repères ont été bouleversés ? La conjonction de l'émergence ou de la réémergence de modèles concurrents du modèle occidental, la diffusion technologique, l'accélération du temps, l'explosion de la planète, les dangers climatiques nous démontrent que l'on est en recherche de quelque chose. Être au carrefour de tout cela et pouvoir y jouer un rôle, parfois modeste, parfois plus important, être en création de ce qui arrive : « Peut-être que je me trompe, peut-être que je ne me trompe pas, mais en tout cas je suis dedans », est un truc de dingue.

As-tu un défaut dont tu souffres ?

Je ne sais pas dire non. C'est un vrai défaut.

Quelle est l'intention positive qui se cache derrière ?

Aller au-devant. Même si ce n'est pas si simple, car face aux difficultés on arrive à s'opposer et à dire non, je dois donc parfois accepter le conflit, or j'ai un peu plus de mal que la moyenne des gens à accepter le conflit. J'ai un *a priori* positif chaque fois que je vois quelqu'un. Je me dis : « Il ne faut pas que je rate ce qu'il y a de formidable dans la personne en face. » Parfois je me suis fait avoir, j'ai été naïf. Notamment dans les deux incidents professionnels que j'ai connus, j'ai probablement été trop enthousiaste – pas crédule, non, mais j'ai surestimé le côté positif de certains de mes interlocuteurs, pour dire les choses pudiquement.

Bienvenue au club des angéliques.

Voilà.

Est-ce que tu as des mentors et quels messages te portent-ils ?

Oui, j'ai eu la chance de rencontrer toute une série de personnes, dont certaines nous ont déjà quittés et d'autres sont encore là, avec qui j'ai toujours eu un dialogue très important. Il y a vraiment très peu de cas où je suis allé voir quelqu'un sans aller le revoir ensuite, sauf si c'était une catastrophe. Quand les gens ont considéré qu'il était important de me donner du temps, j'ai toujours aimé retourner les voir. Par exemple, j'essaie de prendre un moment, presque à chaque fois que je viens à Paris, pour aller voir Michel Camdessus, avec qui j'ai travaillé de multiples manières pendant les vingt dernières années. J'ai dédié mon livre à Michel Camdessus et à Jean Boissonnat, grand journaliste et président des Semaines sociales, avec qui j'ai beaucoup échangé et travaillé très régulièrement également. Il y a trois ans, je voulais lui donner mon livre de la main à la main et il est décédé alors que j'étais dans l'avion. Je me suis dit : « C'est vraiment trop con. » C'est pour ça que je veux garder le fil avec tous ces gens-là, et d'autres comme Michel Albert19, ancien président des AGF.

J'ai aussi une coach qui m'accompagne. Cela a été compliqué à admettre, car pour moi tous ces trucs de coaching, c'était n'importe quoi. Quand j'ai eu mon premier accident, quand j'ai quitté le Crédit Agricole un peu hésitant, cette femme que j'avais rencontrée dans un atelier m'a gentiment envoyé un message : « Je pense que vous traversez un moment difficile, voyons-nous, je peux probablement vous aider. » Quand vous êtes effectivement dans un moment difficile et que quelqu'un vous propose de vous aider, vous vous dites : « Après tout, allons-y. Soit il ne se passe rien et ce n'est pas grave, soit ce peut être la bonne surprise. » J'ai eu une première conversation avec elle ; mes défenses étaient hautes comme dans *Game of Thrones*, avec un mur du Nord qui montait à 700 m. Mais le mur s'est petit à petit effondré et j'ai passé le cap de cet engagement en vérité. Donc, je peux te citer à la fois quelqu'un qui est davantage un coach, et des mentors. Quand je vois des jeunes, je leur dis à tous la même chose : « Je vous vois, mais ce que je vous demande, c'est de me tenir au courant de ce que vous devenez, tous les trois ans, tous les six mois, peu importe ; mais je fais cet effort, donc je ne veux pas que vous m'oubliiez non plus. Ça m'intéresse de savoir ce que vous avez fait. Peut-être que j'ai dit des bêtises, ou peut-être pas. »

19. Secrétaire perpétuel de l'académie des sciences morales et politiques, décédé également en 2015.

Ta vie est-elle un stage d'Amour comme la mienne ici-bas ?

Je ne l'ai jamais vue comme ça. Ta formule m'évoque une conversation avec un ami très cher. Te souviens-tu de la chanson *Juste quelqu'un de bien* de Enzo Enzo au début des années 2000 ? Bien sûr, compte tenu de ma formation, de ma carrière, j'ai une vraie ambition et je ne peux pas ignorer d'où je viens, mais j'aimerais juste qu'on se dise : « C'était quelqu'un de bien, de pas trop mal. » (Rire) C'est vachement bien de pouvoir dire cela de quelqu'un.

Faut-il tout oser demander dans la vie ?

Oui.

Pourquoi as-tu accepté ma demande d'interview ?

Parce que je ne sais pas dire non.

Donc, en un mot, quel est le plus beau risque dans la vie, s'il te plaît ?

C'est d'accepter le risque. Accepter l'improbable. La surprise. Même si ce n'est pas facile. Souvent, assis dans son canapé, on se dit : « Pourquoi est-ce que je vais aller faire ça, pourquoi vais-je tourner à droite plutôt qu'à gauche ? » Je raconte à tous les jeunes que je rencontre une anecdote que je conclus ainsi : « Je ne sais pas si je serai votre Michel Camdessus, mais peut-être qu'il sortira de cette rencontre des choses auxquelles nous ne nous attendions pas. » Voilà l'histoire. J'étais jeune banquier à Londres et un de nos amis communs me dit : « Michel Camdessus quitte le Fonds Monétaire International dont il était Directeur général depuis treize ans, il revient en France et voudrait rencontrer de jeunes chrétiens engagés. Je lui ai parlé de toi et il serait ravi de déjeuner avec nous deux. » J'étais curieux. C'est comme si demain on te disait : « Christine Lagarde vient à Paris et voudrait déjeuner avec toi. » C'est intéressant. Je caricature à peine, c'était presque mon raisonnement. Jeune banquier d'affaires, j'avais pas mal de boulot et un gros dossier arrive au moment où je devais venir à Paris pour ce déjeuner. J'hésite, je ne connais pas Michel Camdessus, j'éprouve de la curiosité, mais mon job est plus important. J'ai failli ne pas y aller. Finalement j'y vais, on déjeune, contact très sympa, puis plus rien pendant un an. Un an après, Michel Camdessus me propose qu'on se revoie. Et là il me dit : « J'ai deux choses pour vous. Les Nations unies et un certain nombre d'organisations internationales m'ont confié une réflexion sur le financement de l'accès à l'eau. J'aimerais que l'on travaille ensemble. Par ailleurs, j'ai accepté la présidence des Semaines Sociales de France. J'aimerais que tu sois trésorier. » C'est très difficile de dire non à quelqu'un comme ça. Or en fait, tout ce qui est venu ensuite est issu de ce déjeuner que j'ai failli annuler. Je dis aux jeunes : « Ayez ce sens de l'improbable, de la curiosité, du truc auquel vous n'avez pas pensé, et les choses arriveront – ou pas. Mais si vous avancez dans votre carrière avec des œillères, avec pour seule idée : "je veux aller là", ça ne marche pas. » Quand tu fais de la montagne, tu sais très bien que pour aller au sommet ce n'est pas toujours tout droit. Quand tu fais du bateau, tu sais qu'il faut tirer des bords, parfois changer de couloir, accepter de faire une longue traversée, faire le tour d'un obstacle, etc. Il ne faut pas perdre son compas ni son rêve.

Le mien aura été de partager ce moment avec toi aujourd'hui... Merci du fond du cœur. As-tu une dernière question ?

Ce n'est pas une question. C'est « merci ». J'ai eu raison de ne pas dire non.

Risque de continuer, par Alexandre Bompard

« Le plus beau risque dans la vie est de continuer à avancer. Continuer toujours. Croire. Aimer. »

Témoignage Risque de chance d'Alexandre Bompard, le 18/09/2019 à Massy. Alexandre Bompard est haut fonctionnaire et chef d'entreprise français (PDG de Carrefour, PDG de la Fnac [2011-2017], président d'Europe1 [2008-2010], directeur de cabinet du président puis directeur des sports de Canal+ [2004-2008], ENA 1999, Young Leader 2009 de la French-American Foundation, membre permanent du jury du Prix des prix littéraires depuis 2011).

En tant qu'époux, papa et chef d'entreprise engagé dans la transition alimentaire du monde, peux-tu me dire, s'il te plaît, quel est le plus beau risque dans la vie ?

Oh, le plus beau risque dans la vie, c'est quand même de donner la vie. C'est d'avoir cette capacité folle de te dire que tu peux arriver à transmettre, à faire grandir et à aimer. Parmi tous les risques que tu peux prendre, donner la vie est quand même le plus grand !

As-tu un exemple vécu de ce beau risque ?

Ah oui, je l'ai vécu trois fois (éclat de rire). J'ai trois grandes filles. Tu le sais mieux que personne, c'est la plus grande expérience humaine que l'on puisse connaître. D'abord, pour un papa, le fait d'avoir des filles, tu le sais. De les faire grandir – de se tromper, aussi. Qu'est-ce qu'on se trompe, quand on élève des enfants ! Il y a des gens qui déclarent qu'ils élèvent bien leurs enfants, mais moi, je me suis beaucoup trompé. On fait des choses qu'il ne faudrait pas faire, mais au bout du compte, vraiment, c'est chouette ! Je trouve que c'est la plus belle expérience de la vie et le plus beau des risques que l'on prend.

Comment as-tu vécu cette paternité et qu'est-ce qui était vraiment important pour toi, voire pour plus grand que toi ?

Dans la paternité, il y a évidemment l'idée de filiation. Une espèce de fil continu, entre des gens qui t'ont précédé et des gens qui te suivront. Chacun a son histoire familiale. Personnellement, j'ai la chance d'avoir des parents dont je suis exceptionnellement proche et qui ont fait de moi ce que je suis, très largement. Quand tu as été aimé à ce point, tu as envie de faire la même chose à ta façon, à ta manière, et d'abord de savoir si tu en es capable. C'est une aventure que je trouve magnifique. J'aime le temps long. Le mépris du temps long est d'ailleurs un des éléments que je n'aime pas dans la période actuelle. Je ne devrais pas dire cela, on dirait que je deviens un vieux con ; il n'empêche que le temps long m'apparaît comme un truc extraordinaire, dans la vie en général. Je suis toujours frappé par les gens qui ont des vies longues, remplies : par exemple ces grands artistes qui ont du succès à 20 ans, que l'on retrouve à 30, à 40 ans et pour qui ça continue… J'adore le temps long. En histoire, en politique, en entreprise… En art, c'est fascinant. Or, par la filiation, donner la vie t'inscrit dans un temps long qui te dépasse, avec des gens qui t'ont précédé et d'autres qui te suivront. Je n'aime pas le temps court. Dans la manière dont on me présentait quand j'étais plus jeune, il y avait une chose qui m'agaçait : comme j'ai eu la chance que l'on me confie des responsabilités assez jeune, on me désignait comme « l'homme pressé ». Bien sûr, j'ai une exigence d'efficacité dans le temps, mais je n'aime pas la société de zapping ni l'idée même d'être pressé. « Être pressé » n'est pas une très jolie expression.

Quelle est ta contribution au monde, ta mission, ta vocation ?

Tu veux parler de quelque chose qui dépasse le cadre de mon activité d'aujourd'hui ? Écoute, c'est une question d'une difficulté monstre. Mais il est passionnant de se demander : « Au fond, pourquoi suis-je fait ? » et

« Comment est-ce que je contribue à cela ? » Il y a des gens qui ont d'emblée une réponse assez nette, même si ce sont surtout les années qui permettent de la préciser. Ce que j'aime faire, aujourd'hui, c'est diriger des femmes et des hommes, conduire des hommes et des femmes, les accompagner. Quand on dirige une entreprise aujourd'hui, on se situe de plus en plus dans l'accompagnement, on agit de moins en moins au sein de pyramides où tout part du haut pour aller jusqu'en bas. J'ai la chance que l'on m'ait donné des responsabilités dans des entreprises qui signifiaient quelque chose pour moi à titre personnel, qui avaient de la résonance en moi. C'est un cadeau du Ciel. Je fais partie d'une génération qui est celle de la télévision, de Canal+. C'est là que j'ai exercé mes premières responsabilités. Je suis né à l'information bien avant Europe1, que j'ai eu la chance de diriger. J'ai découvert la culture à la Fnac. Et puis j'ai découvert le temple de la consommation de masse chez Carrefour. Tout cela en dix ou quinze ans. Avoir d'abord découvert ces univers dans la vie, et diriger ensuite les entreprises qui les mettaient en œuvre, c'est un cadeau, ce n'est pas un hasard. Ce n'est pas par hasard que je les ai choisis ; mais que l'on m'ait choisi, moi, c'est une chance.

Probablement est-ce parce que j'aime les entreprises qui représentent quelque chose au-delà de moi. J'aime qu'elles représentent quelque chose pour mon pays. J'aime profondément la France. Souvent, on me pose la question : « Est-ce que vous pourriez diriger une entreprise internationale, américaine, etc. ? » Non, je ne le crois pas. Cela ne me ressemble pas. J'aime bien les entreprises qui signifient quelque chose pour mon pays, pour les femmes et les hommes qui le composent. J'aime aussi les entreprises qui doivent se transformer, qui sont en péril, en risque, parce que leur modèle est en train de changer. J'aime les entreprises qui ont un ADN – pardon pour le terme un peu jargonnant –, une mission, une raison d'être. Carrefour est une entreprise qui est née il y a soixante ans avec une mission que l'on a oubliée depuis, et dont l'évocation est presque devenue péjorative : permettre la consommation de masse, démocratiser la consommation. On l'a oublié, mais ces entreprises-là ont donné aux gens l'accès aux biens de consommation alimentaires et non alimentaires. Elles ont apporté cette consommation de masse, alors qu'à l'époque la consommation était très élitiste.

Évidemment, cette mission-là est derrière nous. La nouvelle mission de Carrefour est fantastique. Nous l'avons définie collectivement. Je l'aime profondément et elle m'anime aujourd'hui comme aucune mission ne m'a animé, ni sur le plan intellectuel ni sur le plan de l'engagement personnel. Cette mission est celle de la qualité alimentaire pour tous. C'est l'idée qu'au fond, à travers ce que nous mangeons, nous avons un impact sur la santé, la planète, l'environnement, la société. Ce n'est pas un truc de bobos parisiens, car les bobos parisiens ont accès à la qualité alimentaire. Notre mission, c'est de démocratiser cet accès-là. C'est une mission que j'adore. Donc, si j'ai une mission, une vocation, c'est celle de diriger des entreprises, d'essence française, appartenant très profondément à notre pays, et qui sont dans une situation de transformation (avec les difficultés qui vont avec !), pour remplir une mission qui les dépasse. La mission de Carrefour aujourd'hui est une mission qui nous dépasse. Elle dépasse l'entreprise, elle dépasse nos résultats, elle dépasse les dirigeants – et bien sûr le dirigeant que je suis.

Qu'est-ce que tu reconnais en toi-même, par toi-même qui te donne le goût de vivre ?

Ah, personnellement, j'adore la vie. J'aime tout. Parfois, j'ai un fond de pessimisme, car j'ai peur que tout cela s'évanouisse, mais j'aime profondément la vie. Depuis vingt-cinq ans, je vais en Provence et ce qui hem… tout le monde, c'est que dès que j'y suis, je dis à chaque pas : « Mais que c'est beau ! C'est incroyable, comme c'est beau ! » J'ai besoin de l'énoncer. J'aime énoncer. Si je vais dans un restaurant et que j'aime ce qui est servi, je le dis. J'ai essayé d'élever mes enfants comme cela. Il faut dire aux gens qu'on les aime et il faut le dire des choses qui nous rendent heureux. Il faut prendre le temps de les regarder, ces choses-là, car la vie va trop vite, tu le sais mieux que personne. Cette capacité à regarder les choses en percevant qu'elles sont belles, c'est quelque chose qui m'a été transmis. C'est une joie, une bénédiction de pouvoir les observer et les vivre.

Face au difficile, n'est-ce pas souvent en s'ouvrant à tout autre chose que les solutions naissent ?

Parfois, tu as raison. Car le grand écueil des difficultés, c'est qu'elles vous enferment. C'est comme lorsque tu as peur : tu te tends, tu te resserres. Donc, oui, face à des difficultés, qu'elles soient personnelles ou professionnelles, la grande richesse est d'être capable de sortir du cadre, même si c'est extrêmement difficile. Dans la vie professionnelle, en tout cas, c'est une exigence absolue. Quand tu es bloqué, tu dois être capable de sortir du cadre, de regarder comme du haut d'un hélicoptère où tu en es et comment sortir de là. Très souvent, on n'y arrive pas. Pour s'en sortir, il faut à la fois un peu d'expérience, l'aide des gens qui vous entourent et la capacité de se poser les questions différemment, de relativiser le problème rencontré. Oui, tu as totalement raison.

Est-ce une chance de vivre en connaissant l'histoire, Alexandre ?

Ah la la, bien sûr ! Je pourrais en parler pendant des heures. Une des choses qui me préoccupe dans la période actuelle, vraiment et très sincèrement, c'est cette dictature de l'instant, cette absence de temps long, parfois même l'absence du désir de le connaître. C'est pour cette raison que l'enseignement, l'éducation, les professeurs, l'instituteur sont si importants. L'histoire, c'est passionnant. Je découvre encore aujourd'hui, et j'en découvrirai encore d'ici le prochain demi-siècle, des périodes que je connaissais mal et dont je me disais, par exemple pour le milieu du XVIIe siècle : « Tiens, ce n'est pas une période qui me fascine », et qui se révèlent être, justement, des périodes fascinantes. J'ai des périodes de prédilection, mais toutes les périodes historiques sont passionnantes. Évidemment, cela te nourrit. Tu comprends le présent quand tu as compris le passé. Tu tires des enseignements des erreurs, des succès. Les grandes tendances de la société d'aujourd'hui sont nées de ce que nous sommes dans la profondeur du temps. Quelquefois, je m'inquiète un peu de la manière dont l'histoire est enseignée. L'histoire, c'est chronologique, ça défile. Il faut comprendre qu'une période donne lieu à une autre période. Il y a un engendrement ; ce ne sont pas seulement des thématiques. Connaître son histoire, connaître l'histoire de son pays, de son peuple, c'est essentiel.

Est-ce un risque ou une chance de choisir un camp plutôt qu'un autre dans un contexte extraordinaire comme la Résistance ?

Les deux ! Il y a des moments dans une vie où il faut choisir, s'engager. C'est une question qui m'obsède depuis que je suis en âge de réfléchir à ces questions-là. La Résistance est un sujet très important pour moi, pour de multiples raisons. Mais il est très difficile de savoir répondre à la belle question : « Qu'est-ce que j'aurais fait, moi ? » Ce n'est pas une question triviale. Ce n'est pas parce que tu adores la Résistance et que tu es fasciné par elle que tu sais pour autant ce que tu aurais fait, toi. Le courage physique, le courage, aussi, de mettre en danger les siens et tout ce qu'on possède, comment être sûr qu'on l'aurait eu ? Ce sont des questions très difficiles à résoudre. Tu as quelques convictions sur ce que tu es capable de faire, mais c'est tout. Il y a des périodes où il faut savoir s'engager, en étant capable de tout remettre en cause. Il faut être capable de les saisir au vol, ces périodes-là, de les sentir. Si tu prends l'exemple de la guerre, ce n'était probablement pas si net, pour les femmes et les hommes, de se dire à tout moment : « C'est le moment de l'engagement. »

Évidemment, trente ans plus tard, quand tu regardes la période, tu peux te dire : « Comment ne se sont-ils pas rendu compte que dès le 19 juin il fallait être résistant ? » Mais la réalité était beaucoup plus compliquée, car il y avait la vie de tous les jours. C'est beau d'être capable de s'engager, en renonçant à tout. Je suis toujours très frappé des histoires de résistants. Ce sont parfois des gens qui viennent des classes populaires et abandonnent le peu qu'ils ont, mais il s'agit aussi parfois de gens qui viennent de classes très élevées et qui prennent des risques colossaux. Et tout cela, dans des histoires souvent restées confidentielles. Cela m'impressionne. Le nombre de gens qui te racontent une histoire d'héroïsme, arrivée à leurs parents, que personne ne connaît ! Les anonymes de cette période sont fantastiques. Ils ne souhaitaient d'ailleurs que l'anonymat. C'est magnifique.

Est-ce une chance d'être né à Saint-Étienne et de grandir à Megève ?

(Éclat de rire) Oui, c'est une chance, parce que ce sont de très beaux endroits. J'ai passé très peu de temps à Saint-Étienne, même si j'y suis retourné plus tard, quand mon papa a eu des responsabilités footballistiques. C'est une ville où les gens sont vrais. Les Stéphanois sont des gens vrais, qui viennent de la classe ouvrière, des travailleurs. Saint-Étienne, c'est l'ombre de Lyon. Il n'est pas facile d'être Stéphanois. Le lieu est un peu enclavé, les territoires sont durs, les industries ont connu de grosses difficultés. Pour autant, les gens sont d'un courage, d'une fidélité, d'une capacité à repartir au combat qui est magnifique. C'est un endroit qui m'a transmis, j'espère, quelques valeurs, même si je n'y ai pas passé beaucoup de temps. Les montagnards sont des gens très différents. Ils ont une apparente dureté, mais aussi beaucoup de fidélité, de courage, de sens du travail. J'ai eu beaucoup de chance de grandir dans ces endroits-là. Ce sont de bons environnements !

Est-ce une chance d'être fan de Roger Federer ?

J'aime passionnément le tennis. C'est une chance de rencontrer la perfection dans ce jeu. C'est pour cela que Federer est en photo à différents endroits dans mon bureau, autour de nous. Pour moi, c'est un danseur. Tout ce qu'il fait est esthétique. De l'entrée sur le court jusqu'à la sortie, tous ses gestes sont beaux. J'aime Federer comme les grands fans de danse aimaient Rudolf Noureev. J'éprouve devant lui une émotion esthétique. Son jeu est passionnant, parce qu'il est très intellectuel, très compliqué : tu passes beaucoup de temps à attendre entre deux points, à ne pas jouer en réalité. Federer est un personnage qui s'est réinventé. C'est un personnage qui bouillonne à l'intérieur, une espèce de volcan, mais qui a acquis une sorte de sagesse de moine bouddhiste. Ce chemin-là est passionnant. Quand tu aimes passionnément une chose, c'est une grande chance d'avoir rencontré celui qui l'incarne.

Est-ce un risque de chance de penser plus vite que d'autres ?[20]

Je ne sais pas ce que veut dire penser plus vite que d'autres. Moi, j'aime réfléchir. J'aime considérer un sujet par tous les bouts. Cela me passionne, parce qu'il n'y a pas de question qui ait une réponse univoque. Il n'y a pas de sujet qui soit simple. Il y a toujours de la complexité, différentes approches à adopter. Si je m'accorde une qualité, c'est celle de savoir réinterroger un sujet. Les gens qui ont des certitudes me fatiguent. Avec le temps, je pense de plus en plus que l'on se nourrit de l'échange. Il faut avoir des doutes. Le doute pascalien est d'une richesse folle. Donc, je ne réfléchis pas plus vite que les autres, mais je m'oblige en permanence à poser et reposer les questions. Le seul risque de cette attitude, ce n'est pas un risque de chance, c'est le fait qu'à trop réfléchir on peut inhiber l'action. Là, c'est le dirigeant qui parle. Il y a un équilibre à trouver, un curseur à bien placer, un point d'inflexion entre le moment où je me dis : « j'ai réfléchi » et celui où je tranche. C'est ce qu'attendent les équipes : que tu décides.

20. Son surnom était longtemps Pentium 12, du nom du processeur informatique ultra rapide.

Qui es-tu comme magicien et que fais-tu en tant que magicien dans ce monde ?

Oh mon dieu ! (Rire) Mais rien ! J'aimerais bien être magicien, mais je ne le suis pas. Il n'y a pas de chose que je puisse changer comme par magie. Cela nous ramène au talent et au génie. Je le dis sans fausse humilité, car les métiers que je fais ne sont pas des métiers de talent et de génie comme le sont les métiers artistiques ou ceux des chercheurs. Ce sont des métiers où tu réfléchis, tu penses, tu organises, tu es méthodique, tu as éventuellement une vision, mais guère plus. Non, malheureusement, je ne suis pas magicien. Je n'ai pas ce talent-là.

Que voudrais-tu voir se réaliser dans le monde au travers de toi et au-delà de toi ?

Écoute, la mission qui est la nôtre aujourd'hui chez Carrefour me plaît bien. Quelquefois, tu as des responsabilités qui ne te donnent pas accès à une mission qui te dépasse. Celle-là me plaît bien. Nous sommes indiscutablement à un tournant. En ce XXIe siècle vont se jouer beaucoup de choses. On ne peut poursuivre la pente naturelle des trente ou quarante dernières années, face à l'urgence climatique, au défi migratoire, aux inégalités croissantes, à l'incapacité à se nourrir dans de bonnes conditions sans détruire des ressources de la Terre. Ce sont des sujets colossaux... J'aime bien me dire – car nous sommes quand même 500 000 personnes, dans cette belle entreprise ! – que nous avons une petite influence dans un de ces immenses domaines. Comment redéfinir un modèle de production et de consommation alimentaire qui soit préservateur des ressources, de la nature, des espèces, qui donne accès à la qualité pour tous, indispensable à la santé et à la planète, rémunérateur pour les producteurs, les éleveurs et tous ceux qui y travaillent ? C'est une équation très difficile à résoudre. Nous n'avons pas encore achevé de la traiter. C'est un exercice en progrès. C'est donc une mission que j'aime bien et qui dépasse de loin ma personne et mes responsabilités.

Partages-tu la vision de Jean Vanier : « Toute personne est une histoire sacrée » ?

Ah oui ! (Silence) Ah oui, c'est beau de le dire et c'est si vrai. On l'oublie parfois. Chaque personne, chaque histoire, derrière chaque individu. Quand tu as cette conviction, que j'ai personnellement de manière forte, tu es placé ensuite en face de tes contradictions. Combien de temps donnes-tu à chaque personne ? Qu'est-ce que tu donnes comme temps aux gens que tu aimes ? Est-ce que tu es présent ? Est-ce que tu es à l'écoute des signaux faibles ? Comment ouvres-tu ta générosité ? J'admire beaucoup ceux qui donnent beaucoup à des gens très éloignés d'eux, qu'ils ne connaissent pas ou ne connaîtront qu'un instant, le temps d'un regard, comme tu le fais à l'hôpital. Cela m'impressionne extraordinairement. Chaque homme, chaque histoire est sacré.

Qu'est-ce que tu vis dans ta vie que tu souhaiterais voir continuer ?

La capacité d'émerveillement.

As-tu un défaut dont tu souffres ?

Ah, plein ! Qui m'encombrent. J'en ai plein. J'ai beau travailler dessus, ils sont là. J'ai beaucoup de défauts qui m'agacent, mais dont je n'arrive pas à me débarrasser. J'éprouve par exemple une tension entre la capacité d'émerveillement et une nostalgie profonde. La nostalgie profonde m'agace et j'en souffre. J'ai toujours peur que les choses s'arrêtent. Je me dis toujours : « Hier, c'était vachement bien et demain ce sera… » Il est très, très dur de corriger ses défauts. Des gens disent : « J'ai changé sur ce point. » Mais c'est dur de changer, tu le sais. On reste profondément soi-même.

Quelle est l'intention positive qui se cache derrière ce défaut de la nostalgie profonde ?

L'intention positive, c'est le désir que ça continue. Que les rencontres de demain soient aussi belles, les émotions aussi belles, les lieux aussi beaux ; que les rencontres humaines soient toujours plus enrichissantes, que ta capacité d'émerveillement dure. Je rencontre parfois des gens qui ont vraiment perdu leur capacité d'émerveillement. Alors je me demande si cela guette chacun. Est-ce que, lorsqu'on possède beaucoup, on risque de perdre cette capacité ? Je suis très privilégié, alors, est-ce que ça me guette de trouver banales des choses que j'estimais magnifiques ? Donc l'intention positive, c'est le désir que l'émerveillement ne cesse pas.

Est-ce que tu as des mentors, et quels messages te portent-ils ?

« Mentors » ? Ce n'est pas un terme que je reprendrai. Je ne crois pas en avoir. Je le regrette peut-être, d'ailleurs. Il y a des gens qui ont de l'influence sur moi sur différents sujets, qui m'ont aidé à grandir, qui ont porté sur moi un œil bienveillant, qui m'ont fait confiance. Quand tu es chef d'entreprise, par exemple, cela veut dire qu'il y a des gens qui t'ont fait confiance. Ce n'est pas rien. Quand j'ai rejoint le groupe Canal+, Bertrand Méheut, son président, m'a fait confiance. Alors que j'étais son directeur de cabinet, il a été le premier à me dire : « Vous n'allez pas rester à côté de moi toute votre vie, vous allez devenir manager. » J'étais incapable de savoir si je pouvais diriger plus d'une personne. De sa part, c'était une marque de confiance. Quand François Pinault m'a confié la Fnac, c'était aussi une marque de confiance. C'est beaucoup plus gros, beaucoup plus difficile. Quand les gens veulent être gentils avec toi à propos de ton parcours, ils te disent : « Oui, mais vous aviez les qualités intrinsèques qui font que ce serait arrivé de toute façon. » Mais pas du tout ! Des gens qui ont des qualités intrinsèques, il y en a partout. Mais il faut qu'il y ait aussi des gens qui te tendent la main, qui te donnent confiance. C'est ton Risque de chance – comme tu dis.

Si tu mets cent personnes sur une même ligne, il y en a qui disposeront de quelques qualités de plus que les autres, mais l'écart restera très limité. La différence, ensuite, c'est qu'il y a des gens qui t'auront donné ta chance : « C'est sur lui qu'on va miser. » Quand tu as « réussi », ou plus exactement, quand tu as progressé, les gens pensent que tu as des qualités telles que tout cela s'explique. Ce n'est pas vrai. Et il n'y a aucune fausse humilité dans ce que je dis là. Je sais ce que je suis capable de faire. Mais si d'autres ne te font pas confiance, s'ils ne disent pas : « Allez, on va faire un bout de chemin avec ce gars-là et il va nous montrer ce qu'il sait faire », rien ne se passera. Il y a des gens avec qui j'ai fait mes études, qui étaient plus intelligents, plus rapides que moi, et cependant pour eux ce n'est pas arrivé. C'est peut-être parce qu'ils manquaient de certains traits de caractère, mais c'est surtout, je crois, parce qu'on ne leur a pas donné leur chance. Ce sont des initiatives que j'essaie de prendre, maintenant, parce que je commence à entrer dans la deuxième catégorie. Quand tu as fait un joli petit parcours toi-même, ça doit être formidable de permettre à d'autres, autour de toi, d'accomplir le leur. Tu parlais tout à l'heure d'Henri Lachmann. C'est quelqu'un qui a réussi lui-même et qui a donné à d'autres la chance de réussir. On pourrait citer bien d'autres exemples. C'est à ce genre d'action qu'il faut que je m'attelle, maintenant, et j'aime bien cette perspective. Évidemment, il y a eu des gens qui ont eu de l'influence sur moi, mais je pense surtout à tous ceux qui m'ont fait confiance.

Ta vie est-elle un stage d'Amour comme la mienne ici-bas ?

Oh oui ! (Rire) Oui, c'est chouette. Bien sûr. Quelle richesse ! Beaucoup de chance. Beaucoup de gens me donnent beaucoup. J'adopte ta formule. « Un stage d'Amour », c'est une bien jolie formule.

Faut-il tout oser demander dans la vie ?

(Silence) Je crois. Je crois qu'il faut oser demander, oser questionner. Oser demander que l'on te tende la main. Il ne faut pas avoir peur de l'Autre. L'Autre est toujours bien meilleur qu'on ne le croit, plus bienveillant, aussi. C'est une question cruciale pour notre pays. Notre beau et grand pays a perdu la confiance des uns envers les autres. Il y a trop de défiance entre les Français. De la jalousie, mais surtout de la défiance. Quand tu vois les gens individuellement, il n'y a aucune raison d'avoir de la défiance envers eux. L'immense majorité des gens sont ouverts, généreux, bienveillants. Mais quand tu les prends dans les diverses collectivités, dans un groupe, tu vois de la défiance. C'est un des gros défauts que notre génération doit combattre. Si l'on aime ce pays, il faut rétablir de la confiance entre les gens. Ce n'est pas si facile. Car la confiance suppose que l'ascenseur social fonctionne. J'aime bien ton analyse du mot « crise », entre danger et opportunité.

Il y a aussi un rapport à l'échec très compliqué dans notre pays. Échouer chez nous, c'est très grave. Les Anglo-Saxons n'ont pas du tout cette mentalité. Au fond, chez eux, si je recrute un gars qui a fait deux fois faillite, c'est plutôt bon signe. En France, si tu as eu un petit accident de parcours, ce n'est pas bon. Il faudrait que nous acceptions l'échec, les chemins de traverse, le fait que tout le monde n'a pas la même maturité à 25 ans. Il faut redonner à ce pays le sentiment, la conviction très profonde que l'on peut arriver au but en partant de partout. Ce n'est pas le cas aujourd'hui. Il y a beaucoup de barrières quand tu nais à certains endroits. Il ne faut pas se leurrer, nos enfants n'ont pas le même chemin à faire que d'autres. Donc il faut oser demander. C'est un sujet absolument essentiel. À ne pas nommer les choses, à ne plus demander, à ne plus oser tendre la main, à se refermer sur soi, on crée un « risque de société », une série d'archipels. Il faut changer cela, c'est un beau dessein.

Pourquoi as-tu accepté ma demande d'interview ?

D'abord parce que je t'aime. C'est la raison principale. Ensuite, parce que tu fais mon admiration depuis toujours. Tu es différent des autres, tu as des qualités que les autres n'ont pas. Je suis heureux de répondre à tes questions et de contribuer à ton questionnement sur le temps présent, que tu présentes avec à la fois beaucoup d'humilité et une vraie profondeur. C'est un beau moment pour moi.

Donc, quel est le plus beau risque dans la vie, en un mot, s'il te plaît ?

Continuer à avancer. Continuer toujours. Croire. Aimer.

Le mien aura été de partager ce moment avec toi aujourd'hui… Merci du fond du cœur. As-tu une question ?

Es-tu heureux en ce moment ?

Oui !

Risque d'essayer, par Jean-Louis Borloo

« Le plus beau risque dans la vie est de vivre malin en découvrant les talents de son bonheur et de comprendre, c'est-à-dire de prendre avec soi. »

Témoignage Risque de chance, le 24/09/2019 à Paris, de Jean-Louis Borloo, homme politique français, avocat, député européen, maire de Valenciennes, ministre d'État, ministre de l'Écologie, du Développement et de l'Aménagement durables (2007-2008), de l'Écologie, de l'Énergie, du Développement durable et de l'Aménagement du territoire (2008-2009), puis de l'Écologie, de l'Énergie, du Développement durable et de la Mer, chargé des Technologies vertes et des Négociations sur le climat (2009-2010), président de la Fondation Énergies pour le monde.

En tant qu'homme engagé, peux-tu me dire, s'il te plaît, quel est le plus beau risque dans la vie ?

(Grand silence) C'est d'essayer. Tout simplement essayer. Parce qu'essayer, c'est sortir d'un format qui est au fond assez standard, un format par nature utile parce qu'il offre un cadre, mais qui n'a aucune raison statistique de correspondre à ton talent personnel. Tes talents, tes faiblesses, tes fragilités, tes inquiétudes, tes angoisses et tes rêves. Il y a le cadre et le reste. Il y a dedans, dehors, ce qui peut passer.

As-tu un exemple vécu de ce beau risque ?

On le voit dans l'exemple très simple de la scolarité. C'est particulièrement vrai en France. Tu as la forme d'intelligence du modèle ou tu ne l'as pas. Tu as la forme d'intelligence du format ou tu ne l'as pas. Dans ce format, il y a d'abord des gagnants, ensuite il y a ceux qui courent après les gagnants en restant dans le format et enfin il y a ceux qui n'y arrivent pas. Ceux qui n'y arrivent pas ont une autre forme d'intelligence, de regard, d'écoute, y compris physique. Cela peut correspondre à des dyslexies en tous genres, à des constructions sonores, à la naissance, qui font que la maison n'est pas bâtie sur ses fondamentaux, etc. Or c'est terrible, parce que si tu ne prends pas ton propre chemin, si tu suis le chemin du format dans ces conditions, tu ne peux aller que de tristesses en déceptions, en inquiétudes, en dévalorisation de toi-même, parce qu'au fond tu as conscience de faire de la peine aux autres – ceux qui comptent sur toi, tes profs, tes parents, peu importe. Et surtout toi-même.

Comment l'as-tu vécu et qu'est-ce qui était vraiment important pour toi, voire pour plus grand que toi ?

Moi, j'étais incapable de faire des études. Je ne comprenais rien. Ce n'est pas que je ne foutais rien, je ne comprenais pas. C'est facile à comprendre, ça : je ne comprenais pas. Je n'ai jamais réussi à faire une version latine. Le thème latin, car à l'époque on en faisait, ou une équation à résoudre, c'était un cauchemar. Je n'étais pas capable, je n'avais pas l'intelligence requise pour suivre, tout simplement. Dans ces cas-là, il faut bien que tu sortes du cadre. Tu peux sortir tout de suite, c'est ce que j'ai fait. Je suis parti à la campagne avec un copain. On se marrait, mais avec une vraie discipline. Nous avons tout appris par cœur comme des crétins, et c'est comme cela que nous avons eu le bac. Tu apprends autrement, dans d'autres formats – par exemple, dans les petits Bordas, comme cela s'appelait à l'époque –, et tu obtiens la note. Alors que dans le format où tu passes du temps à aller à l'école, à t'asseoir, te lever, etc. – ce truc qui marche si bien pour les autres –, il y a une perte de temps invraisemblable. J'en parle très souvent avec mes enfants, mes petits-enfants et des enfants de copains que je croise. Je leur dis : « Ne vous laissez pas embarquer dans le panurgisme. » On dirait qu'il faut que tout le monde se lance dans la même compétition, en école de commerce ou en école d'ingénieur, à Sciences-Po, je ne sais quoi encore. Ou bien, tout d'un coup, tout le monde va faire un master à Londres, un master à Boston, un master à HEC Montréal. Or quand je dis tout le monde, cela ne représente qu'un tout petit monde. Tout le monde pareil dans la même compétition, c'est absurde. C'est un millionième des affaires de la vie.

Être capable d'identifier le chant des oiseaux, peut-être à partir d'une application sur téléphone. Devenir un chef de cuisine. Devenir spécialiste de tourisme pastoral. Devenir garagiste, au moment où nous connaissons ces révolutions incroyables du passage des systèmes thermiques aux nouveaux systèmes qui se mettent en place. Voilà des choses intéressantes ! Nous vivons une période de changements extraordinaires. Je viens de donner l'exemple de l'école ou de la fac, de la partie scolaire ou du boulot pur, mais de grâce évitons d'aller là où va tout le monde, car tous n'ont pas le même talent. C'est un gâchis très spécifique à la France. Car nous avons un modèle extrêmement standardisé, avec des élites qui se reproduisent entre elles, une espèce de société de connivence. Au fond, une société de *self-profit* en termes alimentaires, c'est-à-dire des corps, les grands corps. Il n'y a pas de lobby en France. La meilleure école de lobbying, c'est l'Inspection des finances, la deuxième, c'est le Conseil d'État, puis le corps des Mines. Il ne faut pas jalouser ces institutions. Il faut simplement prendre un autre chemin. Découvrir une autre langue, une autre région, un autre pays, une autre technologie. Le plus important n'est pas de connaître la collection littéraire de Lagarde et Michard, c'est de connaître la géographie. Car l'histoire n'est jamais que la continuation de la géographie – par les hommes.

Je discutais hier avec un copain qui a une fille rebelle depuis toujours. La mère vient d'un quartier de banlieue, lui est le fils d'un avocat au barreau de Paris, très traditionnel, j'allais dire giscardien. Donc, un attelage intéressant. Sauf que leur fille, depuis le début, ils n'ont pas su la gérer du tout. Dès l'âge de deux ans, elle se roulait par terre, faisait ce qu'elle voulait. Bref, on en arrive aujourd'hui à une situation où elle est déscolarisée depuis deux ans et demi. Conséquences : perte de confiance en soi, début d'anorexie, crise, asthme chaque fois qu'il y a des épreuves scolaires ou des conversations autour de cette situation. Aujourd'hui, elle aimerait bien aller à Londres, mais son père me dit : « Elle ne sera jamais capable, elle n'a pas le bac. » J'ai alors commencé à regarder sur internet. Je constate qu'il y a des centaines d'agences de volontaires en tous genres : pour le soin des chats, la distribution de nourriture, l'éducation, l'aide dans les hôpitaux. Il y a des milliards de choses à faire pour l'épanouissement des personnes ! Il faut chercher.

Nous avons une petite, Margaux, qui vient des Philippines et revient de six mois passés au Japon pour travailler dans une ferme et comprendre ce qui s'y passe. L'univers qui la fascine, c'est celui des mangas. Qu'est-ce qu'on va lui dire ? « Va faire des études supérieures » ? ou bien, plutôt : « Suis ton chemin, suis ta voie ? À un moment donné, il faudra bien que quelqu'un t'apprenne l'art de ton art. Ce sera un maître d'apprenti, un papa, un "sachant", mais dans ton art. » Et cela se vérifie dans tout le reste de la vie. Souvent, je discute avec des copains qui se retrouvent tout d'un coup avec un enfant. Ils ne l'avaient pas prévu. Alors les débats surgissent : « On me l'a fait dans le dos, c'est scandaleux, c'est honteux. » On peut discuter des heures de la non-volonté, la non-décision, du fait que cela t'est imposé. Mais il y a une phrase qui compte et une seule : « Il vaut mieux en avoir un qu'en perdre un. » Tu peux être d'accord ou non avec cette phrase. Mais si tu es d'accord, tout se simplifie. Cela n'empêche pas d'avoir à cadrer les choses, bien sûr.

Quelle est ta contribution au monde, ta mission, ta vocation ?

J'ai passé ma vie à essayer de servir à quelque chose, mais cela ne marche pas toujours, bien sûr. La seule façon de se pousser, d'aller en avant, d'être imaginatif, de regarder un problème comme il est, sans formatage classique, c'est d'avoir envie de faire des choses un peu plus grandes que soi, un peu plus belles que soi. Je pense que chacun d'entre nous essaie. Je ne connais personne qui se lève le matin et se plante devant sa glace en se disant : « Aujourd'hui, j'ai vraiment envie d'être un sale type ! » Ou : « Regarde-moi, j'ai une gueule de sale mec, je suis content de l'être. » Tout le monde a envie de se dire : « Je suis plutôt un bon mec. » C'est un besoin personnel. Le problème, c'est que ce besoin est contrarié, en chacun, par une sorte de fascination de la critique et de l'autocritique. Je ne veux pas dire qu'il ne faut pas se juger, s'évaluer, mais j'entends cela au sens d'une critique acerbe, dévastatrice. Tout se passe comme s'il y avait besoin de moins de concentration, de moins d'efforts pour être négatif que positif…

J'ai croisé dans ma vie 95 % de gens exceptionnels. Vraiment exceptionnels. Jusque dans le bureau d'à côté ! J'avais un jeune frère qui était plus doué que moi, mais pour qui les études représentaient quand même quelque chose d'un peu dur. Un type génial. Il a pris des cours particuliers avec un copain étudiant, et il allait passer le bac. J'étais venu déjeuner chez mes parents la veille du bac. Il y avait sur son assiette une boîte, avec un beau nœud. Il aimait bien les beaux objets. Il ouvre la boîte et découvre une très jolie montre. Nous n'étions pas très fortunés, donc c'était vraiment quelque chose d'énorme. Il demande à mon père : « Mais pourquoi ça ? » Et mon père répond : « C'est pour le bac. » Mon frère lui dit alors : « Mais la première épreuve, c'est demain ! » Et mon père répond : « Eh bien oui. Écoute, tu as fait ce que tu estimais devoir faire. Alors, si moi je ne donne pas mon fils gagnant, qui va le donner gagnant ? » Au fond, c'est tellement plus sympa d'agir ainsi.

C'est Lucien qui a dit ça ?

Oui. C'est tellement plus sympa de jouer les siens gagnants. Mais les siens, c'est aussi chaque personne croisée dans la rue ! Mon frère a eu son bac. Il s'est inscrit en droit, ce qui n'était pas son fort. Puis il est parti travailler dans l'hôtellerie et dix ans plus tard, très jeune, il était directeur général des Relais et Châteaux, la marque star mondiale à l'époque. C'est un parcours extraordinaire. Son art n'était pas l'art du format classique, le bac, les études, la faculté de droit. Pour être heureux, il n'est pas interdit de vivre malin ni de contourner les obstacles. Je trouve qu'il existe des couloirs tristes et inutiles. Il y a des défis ravageurs et des défis géniaux. Quand tu n'es pas dans ton mode d'être, tu peux nager dans la rivière à contre-courant, tu ne vas pas bouger. Si tu es dans le bon sens, parce que c'est ton *mainstream,* celui que tu as choisi, il suffit qu'un coup de pot te révèle pour que tu avances très vite. Je suis sûr que chacun d'entre nous a en lui-même les talents de son bonheur. Cela ne veut pas dire qu'il n'y aura pas d'efforts à fournir, que ce ne sera pas rugueux, rigoureux. Ce n'est pas avec le muscle de l'avilissement qu'on avance ! Le principal risque d'échec de sa vie, dans le monde occidental de l'hémisphère Nord, c'est de ne pas savoir que l'on a une lumière à apporter aux autres. Que l'on peut donner, offrir, échanger, écouter, faire – à sa place. On peut et on doit. Ce que je dis est d'une banalité effrayante, mais je ne sais pas comment le dire pour convaincre. J'en suis moi-même absolument convaincu.

Donc, est-ce que ta vocation est servir ?

Je suis comme tout le monde : servir, c'est vachement gratifiant. Servir à quelque chose, servir à quelqu'un. S'il s'agit juste de passer… Ce qui est génial en l'être humain, c'est que l'on sait absolument qu'il y a une fin et que l'on vit extrêmement bien avec cette idée. On n'y pense pas tout le temps, mais tout de même, la seule certitude que l'on ait en se levant et en se couchant, c'est bien celle-là. Donc, nous avons en nous la capacité d'avoir envie d'être heureux.

Qu'est-ce que tu reconnais en toi-même, par toi-même qui te donne le goût de vivre ?

Je ne sais pas répondre à cette question.

Face au difficile, n'est-ce pas souvent en s'ouvrant à tout autre chose que les solutions naissent ?

On n'a pas besoin d'être un héros ni un type formidable. On a seulement besoin de se trouver soi-même et de trouver quelques autres pour partager des choses. La plupart d'entre nous ne sont ni des génies, ni des héros, ni des inventeurs ou des découvreurs extraordinaires. Organisons l'existence avec notre flamme, nos talents, notre regard, notre sourire et un zeste de bienveillance pour soi-même et pour les autres. J'allais dire : grâce aux autres, pour soi. Ce n'est pas compliqué.

Est-ce un risque ou une chance d'être fils de coursier ?[21]

(Grand silence) Il n'y a pas de situation qui empêche de trouver en soi ce que l'on a de plus efficace, plus malin, plus sympa. « Fils de ? » On est « fils de », de toute façon. C'est bien d'être le fils de ses parents, dans une ville, une contrée, un pays. On est fils d'une géographie. Fils d'une histoire. Fils de parents. Fils d'une culture. Fils d'un environnement. On est aussi fils d'adultes qui vous ont marqué profondément. Je me souviens de ma maîtresse, mademoiselle Claudie. J'étais effaré, car lors de ma première matinée de maternelle, elle nous faisait marcher sur une espèce de cercle de peinture bleue au sol. Je devais avoir 4 ans, je ne sais plus très bien quel âge j'avais, mais j'étais en première année de maternelle. Je trouvais cet

21. Lucien son père a commencé son existence professionnelle comme coursier d'une caisse de retraite pour finir directeur.

exercice tellement aberrant qu'à midi, je suis passé par la porte et j'ai pris le bus. Le 143, je revois la scène. Il y avait une plateforme à l'arrière, dans les vieux bus de la RATP. Je suis descendu à la station Marcel Sembat et je suis rentré à la maison. J'en ris encore. Il y a des gamins qui adorent faire ce genre d'exercice – tourner en rond ! –, après quoi ils apprennent d'autres choses. Mais il y a des gosses qui ne sont pas comme ça, il n'y a rien à faire. (Rire partagé) On peut rester respectueux, sans jouer inutilement les rebelles. Mais enfin, la vie heureuse est une vie maligne. J'utilise ce mot exprès, ce n'est pas un mot très glorieux, ce n'est pas un mot noble, mais on a le droit d'être malin pour être heureux.

Est-ce une chance d'avoir une mère corse et présidente de Saint-Vincent de Paul ?

On est l'héritier de toute son histoire familiale, avec un côté sans doute merveilleux. Le week-end dernier, je suis allé en Corse. Je suis un Corse de la montagne ! La Corse est d'abord un pays de bergers. Le plus haut village de Corse s'appelle Lozzi, il est situé au pied du Monte Cintu, au-dessus de Calacuccia. Le patron de la Corse, Gilles Simeoni, et le patron des députés, Jean-Félix Acquaviva, m'ont dit : « Tu sais, on aimerait bien rêver la Corse des quinze années qui viennent. La meilleure façon de s'y prendre, c'est d'aller au village, serais-tu d'accord pour venir y passer deux jours ? » Nous avons des liens tous les trois dans le village, et je suis un peu à moi tout seul la diaspora dans cette histoire. Avec tout le village, et les habitants des villages à côté qui le souhaitaient, nous avons passé du temps avec des experts corses du tourisme pastoral, de la politique du logement, du bois énergie, de l'économie circulaire – zéro déchet –, des problèmes énergétiques, des problèmes de santé dans les villages en hauteur, etc. Quand je suis arrivé, un homme m'a dit : « Toi, tu es Jean-Louis, le petit-fils à Loulou. » Il connaissait toute ma vie, c'est ce qu'on appelle la tradition orale. Dans notre groupe, il y avait tous les âges et une attention, une concentration, des échanges étonnants. Chacun reprenait le fil des idées des autres, en essayant de faire une synthèse : « On pourrait aller vers ça. » C'est ainsi que nous en sommes arrivés au tourisme d'accueil gratuit, aux couloirs de mobilité électrique et à un tas d'autres propositions. Quand le cerveau arrive à 1 200 m, peut-être 1 500 je ne sais pas, avec uniquement de la tendresse, des gens contents de te voir – certains te connaissant un peu, d'autres pas –, tout cela dans une atmosphère de bienveillance, le cerveau est libre. C'est fou de voir ce qui est sorti de ce week-end-là, à partir de cette unique question : « Quels sont les grands projets de la Corse ? » C'est fou de voir ce qu'une assemblée comme celle-là, qui n'a rien à démontrer, rien à se prouver, qui a simplement envie de passer ce moment à échanger, peut imaginer comme projet ! Aucun cabinet international de consultants n'aurait produit ce qui est sorti de nos échanges et que nous allons mettre en forme par écrit.

Une des choses qui m'a le plus marqué quand j'étais avocat ici, ou même dans l'action publique, c'est la facilité avec laquelle on s'abstient de regarder ce qu'il y a derrière les phrases. On dit classiquement : le sage montre la montagne et l'imbécile regarde le doigt. De fait, c'est extravagant. Quand quelque chose ne marche pas, c'est toujours de la faute de quelqu'un d'autre. Or en réalité, une situation donnée a été conçue à un moment donné pour marcher. Simplement, elle s'est dégradée, elle n'est plus adaptée et l'ensemble devient aveugle. Mais si l'on dit : « C'est à cause de », on ne se pose plus la seule question qui vaille : « Qu'est-ce qui s'est passé pour qu'un jour l'on décide de faire cela comme ça ? Et qu'est-ce qui s'est passé pour que cela ne soit plus adapté aujourd'hui ? » Il faut aller derrière les mots, derrière les phrases, derrière les explicitations, et essayer de comprendre, comprendre, comprendre encore, pour marcher et progresser. Comprendre, c'est prendre avec soi[22]. Parler, échanger, comprendre l'Autre, comprendre une situation, se comprendre soi-même. Il faut faire un peu d'exercice !

Est-ce un risque de chance de combattre l'alcool dont ma mère et ma sœur sont mortes ?

C'est ton histoire. Il faut que cela devienne une chance. La question n'est pas : « Est-ce que c'est… ? » Poser la question ainsi revient à dire que tu subis ta vie. Est-ce que c'est une chance d'avoir des parents sportifs qui ne boivent pas une coupe d'alcool ? Jean Drucker est mort très jeune. Est-ce une chance pour ses enfants d'avoir eu un père sportif ? Le problème n'est pas : est-ce que c'est une chance ? Mais : qu'est-ce que je fais de cette réalité ? C'est la seule vraie question.

Et toi qu'en fais-tu ?

De tous mes souvenirs, de mes parents, de mon entourage, des gens que j'ai rencontrés, que j'ai aimés, j'ai toujours essayé… Sans faire aucun acte

22. Du latin *cum*, avec.

d'héroïsme, je sais que pour moi, pour mon équilibre, j'ai besoin de faire ce que nous sommes en train de faire : partager.

Partages-tu la vision de Jean Vanier : « Toute personne est une histoire sacrée » ?

Bien sûr. Sacrée et singulière. Chaque être dans ce monde est singulier, parce qu'il est aimé. Il est parfois détesté, mais il est singulièrement aimé. Il est singulièrement aimant, aussi. Singulièrement utile. Singulièrement efficace pour certaines choses. Il est singulièrement en train d'avancer d'un point à un autre, il est donc en mouvement. D'ailleurs, c'est fou comme le plus bel âge est toujours celui qu'on a. Cela veut dire qu'en avançant tu t'adaptes. Tout s'adapte en toi : ta capacité physique, ta capacité à embrasser plus ou moins de tâches. Le corps, le cerveau, tout s'adapte. La prestance, la mouvance, le bélier, le rétrécissement… Oui, chaque être est singulier.

As-tu un défaut dont tu souffres ?

Popopo, des défauts mon pauvre, j'en ai un paquet. (Silence et sifflements) De vrais défauts ? Je souffre… le mot souffrance est peut-être excessif, mais c'est un handicap : je mets beaucoup de temps à comprendre. Quand je dis cela à des copains, ils rigolent tous : « Toi ? Tu vas très vite… » Ce n'est pas vrai du tout. J'ai un mal de chien. Il faut que j'absorbe beaucoup, car j'ai besoin de comprendre ce que me dit l'Autre. Même un document, il m'arrive de le lire plusieurs fois avant de le comprendre. Si en plus il émane d'un univers complètement nouveau pour moi, c'est handicapant. Cela peut être une souffrance. Ça réduit le champ des possibles. La difficulté, pour moi, va des nouvelles technologies aux croisements des cultures, y compris des langues. Je n'arrive pas à être bercé par la musique, par exemple. Est-ce que c'est une souffrance ? Non, mais je sais que c'est presque une souffrance.

Quelle est l'intention positive qui se cache derrière ce défaut ?

Comprendre d'abord me permet ensuite d'être extrêmement rapide dans l'exécution.

Faut-il tout oser demander dans la vie ?

Oui. Évidemment, cela dépend à qui, quand et sous quelle forme. Tout oser se demander à soi-même ? Si c'est « se demander » au sens de « se poser la question », je réponds : oui, tout le temps. Si cela impose d'exiger de soi : pas toujours. Nous ne sommes pas obligés d'être des héros, je le répète. Tout demander à l'Autre ? Attention ! Demander à l'Autre, c'est souvent un cadeau qu'on lui fait. Quand on est sollicité soi-même, c'est un cadeau que l'Autre vous fait. Mais il y a des mots qui blessent, des moments qui blessent. Quelqu'un vit une situation difficile, et toi tu arrives avec ton petit problème et tu lui poses la question qui t'intéresse, c'est terrible comme blessure. Parce que tu nies l'Autre. Donc ma réponse est : pas tout, pas tout le temps.

Pourquoi as-tu accepté ma demande d'interview ?

Parce que nous nous sommes rencontrés dans ce jardin où je t'ai vu avec Mercedes (Erra). Tu m'as dit : « Lachmann » (Henri Lachmann). C'était un sésame. J'ai pensé que ta demande s'inscrivait peut-être dans une recherche personnelle, donc que c'était estimable. Peut-être s'agissait-il d'autre chose ? Je ne sais pas finalement pourquoi j'ai accepté. Tu étais sur mon chemin ou j'étais sur le tien. C'est tout.

En un mot, s'il te plaît, quel est le plus beau risque dans la vie ?

D'avancer et d'essayer.

Le mien aura été de partager ce moment avec toi aujourd'hui... Merci du fond du cœur.

Je file. (Départ en trombe)

Risque de confiance, par Michel Camdessus

« Le plus beau risque dans la vie est le principe de confiance. Faire confiance aux autres, tout en étant pleinement lucide sur vos propres insuffisances et sur les leurs. »

Témoignage Risque de chance de Michel Camdessus, le 23/10/2019 à la Banque de France, Paris. Michel Camdessus a participé en première ligne à toutes les grandes négociations économiques et financières mondiales des trente dernières années. Ancien directeur du Trésor 1982-1984, gouverneur de la Banque de France 1984-1987, directeur général du Fonds monétaire international (1987-2000). Il préside la nouvelle société de refinancement des activités des établissements de crédit (SRAEC) depuis le 20 octobre 2008. Il est aussi membre de l'Africa Progress Panel depuis 2008, une fondation basée à Genève et présidée par Kofi Annan.

En tant qu'homme, époux, père, grand-père, expert économique international engagé, pouvez-vous me dire quel est le plus beau risque dans la vie ?

J'ai souvent eu l'occasion de me poser cette question. Je crois que le plus beau risque, c'est celui de faire confiance aux autres, tout en étant pleinement lucide sur vos propres insuffisances – celles de Michel, pas les vôtres (sourire) –, et sur les leurs. Nous ne vivons pas dans un monde idéal. Nous sommes ensemble, hommes et femmes imparfaits, défaillants, en charge du monde. Donc, la clé du bon fonctionnement est la confiance que l'on est capable de se faire les uns aux autres. Comme vous venez de le dire, cela s'applique d'abord à la vie familiale, puis à la vie de l'entreprise, de l'administration dans laquelle vous fonctionnez et à votre rôle de chef le jour où vous devenez chef. Si vous êtes chrétien, cela s'applique à votre place dans l'Église et fondamentalement à votre attitude à l'égard de Dieu. Est-ce que Dieu vous fait confiance ? Est-ce que vous lui faites confiance ? Le fil rouge et conducteur de ma vie est celui-là. Comme je ne suis plus très jeune depuis très longtemps, toute mon expérience personnelle me confirme dans le fait que c'est le chemin. C'est un vrai risque et on se fait avoir de temps en temps. C'est le prix. Mais c'est aussi une chance formidable.

Tous les miracles de l'histoire sont des miracles de la confiance, qu'ils s'adressent à un homme, à une entreprise, à un choix collectif. La confiance que les Européens ont faite en 1950 à l'idée d'Europe a bouleversé le monde. Je pourrais vous donner mille exemples. Cet acte quotidien de confiance, vous le vivrez dans un monde en perpétuel bouleversement, en perpétuelle crise. Unamuno[23], le penseur espagnol, disait que « le monde est en perpétuelle agonie ». L'agonie au sens grec du terme, c'est-à-dire un perpétuel combat. C'est dans la crise que vous aurez à appliquer ce principe de confiance mutuelle. J'ai fait cette expérience dans ma vie personnelle, avec la confiance faite à la femme qui a accepté de devenir mon épouse ou la confiance de mes chefs dans l'administration. Mais j'ai été désigné. Je n'ai jamais cherché un poste, j'ai toujours obéi. Ainsi ai-je été amené à gérer les crises du monde. Le directeur général du Fonds monétaire international (FMI) gère les crises financières du monde. Là aussi, j'ai pu évaluer la portée du principe de confiance. Et d'abord en soi-même. Je vais vous raconter une anecdote.

Le premier patron que j'ai eu dans l'administration, voyant que j'étais un jeune homme un peu timide, réservé, m'a dit : « Écoutez mon cher, vous pouvez bien faire dans la vie, mais répétez-vous tous les matins le vers du vieux Corneille dans *Nicomède*[24] : “Je sais ce que je vaux et crois ce qu'on m'en dit.” » Oui, il faut avoir une certaine confiance en soi-même. Mais attention, elle ne doit pas vous transformer en compte de tiers. Elle doit être fondée sur le fait que vous allez agir avec d'autres. Vous ne réussirez que par la qualité de votre coopération avec tous au travail. C'était évidemment vrai quand je commandais une section dans les monts de Tlemcen, en Algérie. Je

23. Miguel de Unamuno, 1864-1936.
24. Corneille, Pierre, *Nicomède*, Rouen : L. Maurry ; Paris : C. de Sercy, 1651.

faisais confiance aux types qui étaient autour de moi. C'était vrai également dans mon travail au sein de l'administration française. Plus j'ai exercé de responsabilités, plus j'ai eu à établir des relations de confiance – avec mes chefs, avec les hommes politiques, avec mes collaborateurs. Quant à la gestion des problèmes du monde, là aussi il s'agit de faire confiance, même à des gens dont vous savez parfois qu'ils ont les mains pleines de sang, qu'ils sont plus malins que vous, qu'ils vont chercher à vous rouler. Mais grâce à vos collaborateurs, ceux que vous avez choisis, vous allez devoir créer avec ces gens-là, qui ne sont peut-être pas recommandables, le climat de confiance nécessaire pour qu'un problème soit résolu. Un problème qui les dépasse, puisque c'est le problème de leur pays. Voilà le principe de confiance. Pour moi, c'est l'essentiel.

Quelle est votre contribution au monde, votre mission, votre vocation ?

Aussi loin que je remonte dans mon histoire personnelle, je me suis senti une vocation de service public, de service du bien commun. Ma famille était pauvre. Il n'y avait pas d'argent dans ma famille, mais je ne me suis pas senti la vocation de gagner de l'argent. La révélation de ma vocation m'a été faite par la lecture d'un livre d'un de mes professeurs. Je m'interrogeais précisément sur ma vocation. J'avais 18 ans, je commençais Sciences-Po, je ne savais pas ce que je devais faire dans la vie. Puis, un beau jour, on nous a demandé de faire un travail sur l'État. Pas facile de définir l'État. Je suis allé à la bibliothèque et j'ai d'abord trouvé un traité de l'État. Six tomes de Monsieur Burdeau (Georges), chacun de 500 pages, vous voyez le tableau. Puis j'ai repéré un petit *Que sais-je ?* de 128 pages d'un de mes professeurs d'économie, François Perroux, qui était un grand homme. Il définissait l'État comme « une contrainte au service d'une communion ». Cela m'a donné beaucoup à réfléchir. La contrainte ne m'intéressait pas beaucoup, mais servir une communion, oui. Faire en sorte qu'un appareil d'État serve la communion, ça oui. Ce jour-là, j'ai décidé d'entrer dans la fonction publique. Cela m'a amené là où cela m'a amené, sans n'avoir jamais sollicité un poste particulier. Simplement en obéissant. Un beau jour, le gouvernement français m'a demandé si j'acceptais d'être directeur général du Fonds monétaire international. J'ai répondu que je ne m'en croyais pas capable, mais que comme fonctionnaire j'obéirais : « Je ne ferai pas campagne, le gouvernement s'en chargera, et si je suis élu, très bien, mais sinon je reste où je suis. » J'ai été élu, ce qui m'a amené à passer treize ans à Washington, en appliquant toujours ce principe de confiance, quelles que soient les circonstances. Je connaissais les risques de ce principe, mais je savais que c'était la clé du bien commun.

Est-ce une chance d'être né à Bayonne ?

C'est une chance merveilleuse d'être né en France. De parler le français. D'être issu de lignées de paysans et d'artisans jusqu'à mes grands-pères. Être né dans une terre de transition, entre deux cultures, la France et l'Espagne. Au bord de la mer, au bord du grand large. Une terre peuplée par de vieilles tribus qui, comme disait Voltaire, « chantaient et dansaient aux pieds des Pyrénées ». Oui, c'est très, très bien. Chaque fois que je retourne là-bas, j'ai l'impression qu'une énergie tellurique s'empare à nouveau de moi. Cela fait du bien quand on est un peu fatigué. Être Français dans le monde d'aujourd'hui, quels que soient les sentiments que peuvent nous inspirer le côté râleur, grognard, ronchon de nos compatriotes, oui c'est une chance.

Malgré votre humilité, est-ce un risque de chance d'avoir le plus beau CV de la planète économique mondiale et de la République ?

Pourquoi dites-vous cela ?

Parce que c'est ce que l'on dit de vous.

Ce sont des mots. Un CV, qu'est-ce que c'est ? Un bout de papier. Ce qui compte, c'est la vie que vous avez vécue et que vous continuez à vivre. Le plus précieux, probablement parce que je suis né à la lumière et à la limite du Béarn, mais aussi parce que je suis issu d'une vieille famille, d'une vieille tradition chrétienne, c'est d'avoir compris ce principe de confiance, d'en vivre et de continuer à en vivre. C'est une grande chance et j'ai la conviction aujourd'hui que c'est cela que je dois partager.

Est-ce un risque de chance d'avoir convaincu François Mitterrand de maintenir la France dans le système monétaire européen ?

(Rire) C'était mon devoir. Je le faisais, un point c'est tout.

Est-ce un risque ou une chance de superviser les rémunérations des traders ?

On me l'a demandé. J'ai fait ce que j'ai pu, sans aucun succès pour tout vous dire. Ou du moins avec un succès limité.

Est-ce une chance de donner confiance au monde en balançant les déséquilibres des paiements ?

C'est en effet une immense mission. Je l'ai remplie pendant treize ans avec les gens et l'instrument qui était entre mes mains, confronté à tous les facteurs de déséquilibre du monde. Pascal disait : « Donnez-moi un bras de levier suffisant et je lèverai le monde. » Je crois que le bras de levier qu'on me donnait était toujours un peu insuffisant par rapport aux problèmes que j'avais à régler. Il n'empêche que je tiens comme une grâce du Ciel merveilleuse d'avoir eu à remplir ce métier pendant treize ans de ma vie.

Est-ce un risque de chance de construire une bonne gouvernance ?

Ce n'est pas un risque de chance, c'est d'abord un devoir. C'est un devoir d'y contribuer. Étant entendu qu'avec tous les facteurs qui poussent à la mauvaise gouvernance, qu'il s'agisse de la corruption, de la convoitise, des conflits de toutes sortes qui parcourent le monde, oui, c'est une chance d'être appelé à faire cela. C'est un très beau métier, mais il faut avoir conscience que vous n'y arriverez pas. Vous êtes là pour faire de votre mieux et pour susciter les équipes, parler, expliquer qu'il y a mieux à faire qu'à accumuler de l'argent.

Comme vous l'avez compris, j'essaie humblement de favoriser l'émergence de la raison d'être de chacun. Actuellement, à vos yeux, est-ce un risque de chance de favoriser l'accès à l'eau ?

Oui bien sûr. L'eau, c'est la vie. Cette phrase-là est prononcée dans toutes les langues du monde. L'eau, c'est la vie, mais le monde est en grand péril. Dès les quinze prochaines années, la moitié du monde sera en situation de stress hydrique. C'est-à-dire que, vraisemblablement, il ne se sera pas donné les équipements nécessaires pour qu'il y ait de l'eau en quantité suffisante et en salubrité suffisante là où vivent les gens. L'une des plus grandes inégalités aujourd'hui dans le monde est que ses 8 milliards d'habitants sont divisés en deux groupes de tailles égales : le groupe qui a un robinet chez soi, ce qui représente 4 milliards d'habitants, et le groupe de ceux qui ne l'ont pas. Ceux-ci doivent faire plus de 100 m pour aller chercher de l'eau. Parfois, ces 100 m se transforment en 15 km. L'eau est la vie. C'est une denrée précieuse et rare. Donc, avec un groupe d'amis, dont Bertrand Badré que vous avez rencontré, nous avons consacré un peu de notre temps à proposer aux Nations unies les méthodes de financement nécessaires pour que ce problème-là soit résolu. Nous avons rédigé un document et suscité des structures nouvelles aux Nations unies. Il reste que le problème est encore parmi nous et qu'il y a encore beaucoup à faire pour qu'il soit résolu, tout simplement parce que l'on agit toujours trop tard.

En parlant d'agir trop tard, diriez-vous que c'est un risque de chance de définir les hypertendances de l'avenir ?

C'est fondamental. Je vois ce à quoi vous songez : ce travail que nous avons fait, avec vingt-cinq autres personnes – tout à fait éminentes, pas moi – sur les perspectives à long terme du monde[25]. Que sera 2050 ? Si nous avons réalisé ce travail, c'est tout simplement parce que la plupart d'entre nous avaient servi dans des organisations mondiales. Nous nous étions rendu compte, moi tout spécialement, car j'avais à négocier avec les gouvernements, que dès qu'un gouvernement est constitué, même avec des personnalités éminentes, il voit son horizon se rétrécir à six mois ou à la toute prochaine élection. Ce phénomène ne vous permet plus de regarder loin. Or l'histoire du monde se déroulant de plus en plus vite, si vous n'avez pas un horizon de plus en plus long vous ne ferez rien d'utile. C'est pour cela qu'avec quelques amis nous avons essayé de définir les tendances lourdes déjà présentes dans l'économie et la société mondiales, celles qui seront toujours là dans les trente prochaines années et qui structureront le monde. Offrir ce tableau aux gens qui gouvernent est un service à leur rendre.

25. Camdessus, Michel, *Vers le monde de 2050*, Fayard, 2017.

À propos de ceux qui nous gouvernent, comme de ceux qui appartiennent au monde de l'entreprise privée, est-ce un risque d'avoir des dirigeants le nez rivé sur leur guidon et sur leur clocher ?

La réponse est dans la question. C'est une catastrophe, lorsqu'ils ne sont plus capables de lever le nez du guidon pour voir plus loin dans le temps autant que dans l'espace. Aucune vie aujourd'hui ne peut être villageoise. Le seul village que nous habitions, c'est le monde tout entier. Il suffit de voir le nombre de pays qui ont travaillé sur le petit instrument que vous avez sur cette boîte en carton (Ma petite caméra). Il suffit de voir d'où viennent votre sac ou vos vêtements. D'où l'absurdité de ceux qui ignorent cette réalité et risquent de mener le monde à l'implosion en mettant des barrières là où il devrait y avoir des ponts.

Est-ce un risque de chance de favoriser la dette privée des entreprises face à celle des États ?

Je ne dirais pas cela. Il faut et l'une et l'autre, convenablement gérées. L'État ne peut pas tout faire et l'entreprise non plus. L'avenir du monde est très largement entre les mains des jeunes femmes d'Afrique. Il faudrait des écoles et des collèges dans les coins les plus reculés de la brousse. Ce n'est pas avec de l'argent privé que vous ferez cela. Il faudra beaucoup plus d'argent public. En même temps, il faudra leur donner du travail. Il faudra donc que se créent des myriades de petites entreprises, et là il faudra de l'argent privé. Donc, de la dette des deux côtés, à condition que celle-ci s'applique, évidemment, à des investissements judicieusement choisis.

Est-ce un beau risque d'« imaginer le bien pour finir par y contribuer », selon la formule de Jean Boissonnat ?

Cette phrase que je lui ai entendu prononcer souvent, j'en ai fait l'épilogue du dernier livre que j'ai écrit. Bien sûr. La phrase est double. Il disait en gros : « À force de craindre le futur, on finit par y réaliser son malheur. À force de penser à ses progrès, on n'en crée pas les conditions. Quand on craint le pire, on le fabrique et quand on compte sur le mieux, on y contribue ! »[26]. C'était sa pensée et je la crois profondément vraie. C'est pourquoi il est important de faire sentir aux jeunes qui nous attendent

26. Jean Boissonnat, journaliste économique, 1929-2016.

et nous écoutent qu'ils vont vers un monde difficile, vers ce douloureux accouchement du monde qui vient. Ils ne pourront pas tout faire seuls, mais tout néanmoins dépendra d'eux et il faudra qu'ils sachent le faire ensemble.

Selon le combat de Bertrand Badré que vous avez cité, de Gonzague de Blignières avec Clara Gaymard et d'autres, est-ce un risque de chance que la finance serve l'économie plutôt que de se l'approprier ?

C'est son devoir. Tout notre problème aujourd'hui est de rendre la finance servante du monde. C'est sa vocation originelle. Nous vivons en réalité, depuis trente ou quarante ans, une hérésie du capitalisme. Si vous lisez les œuvres d'Adam Smith, le grand théoricien fondateur du système vous dira que le profit est une chose saine, désirable. À condition que celui qui crée du profit par son activité ne se limite pas à son enrichissement propre. Il doit servir son environnement, sa communauté et les gens qui travaillent avec lui. C'est parce que le néolibéralisme a oublié ce principe majeur et s'est défait de toute règle éthique dans la gestion de fortune et dans celle des biens que nous avons connu la crise de 2007-2008 et que nous risquons d'en connaître une dans quelque temps. À moins que réellement, mettant en œuvre le combat de quelques-uns de vos amis, la finance redevienne servante et recherche sa propre survie dans le service à l'économie et non pas l'inverse.

Qui êtes-vous comme magicien et que faites-vous en tant que magicien dans ce monde ?

Je ne me reconnais pas comme magicien.

Que voudriez-vous voir se réaliser dans le monde au travers de vous et au-delà de vous ?

Maintenant, c'est nécessairement au-delà de moi, je suis un vieil homme. La seule chose que je peux encore faire et je le fais de tout mon cœur, c'est raconter mon expérience. La partager. Parler comme nous parlons en cet instant. Essayer de convaincre les jeunes en particulier, qui sont sollicités de toutes parts, de l'importance de ces choses simples. Ce sont les clés de leur bonheur et de leur réussite. Cela suffit à remplir votre existence.

Qu'est-ce que vous aimeriez mettre à la place du difficile de notre monde ?

Le facile. (Éclat de rire) Mais le facile implique une éthique. Une éthique du service, et la conviction à faire partager que la voie du bonheur est dans le service. Vous allez me dire : « Ce n'est que rappeler, en des termes moins beaux, le message de l'Évangile. » Je lisais ce matin un texte de saint Luc où dans une parabole le Christ dit aux hommes qu'ils seront heureux le jour où il reviendra, s'ils se trouvent en tenue de service et la lampe allumée. La lampe allumée est une référence aux vierges folles et aux vierges sages, la moitié d'entre elles ayant oublié d'acheter l'huile nécessaire pour que la lampe soit allumée quand reviendrait l'époux. Je crois beaucoup à cela. Je crois que nous sommes faits pour servir.

Notre raison d'être dans le monde est de partager ce que nous avons de meilleur et de garder la lampe allumée. Cela signifie qu'il faut constamment regarder notre monde. Nous n'avons pas le droit d'être naïfs. Nous devons faire confiance certes, mais les yeux ouverts et attentifs à tout ce qui arrive d'heureux dans ce monde, tout ce qui porte un potentiel d'amélioration du monde. Peut-être parce que l'histoire a été longue et chargée de malheurs, de tromperies de toutes sortes, nous avons peine à croire que du mieux puisse se produire. C'est une des grandes faiblesses, un des grands handicaps que porte le monde. Nous devons être précisément attentifs à tout ce qu'un grand scientifique indien appelle les « bénédictions cachées ». Dans beaucoup de difficultés que nous rencontrons, il y a des bénédictions cachées. Il prenait comme exemple la nécessité radicale de changer de régime alimentaire, si nous voulons que le monde puisse se débarrasser du risque de la faim, qui s'accentue. Le fait que cette situation nous amène à changer notre régime alimentaire, à consommer moins de viande, à revenir à des modes de consommation beaucoup plus simples que ceux que nous nous sommes donnés récemment, voilà une bénédiction cachée. Ce président de l'Académie des sciences de l'Inde (Ramakrishna Ramaswamy) disait : « Il y a dans cette restriction à laquelle nous devons nous soumettre une bénédiction cachée, puisqu'elle nous ramène aux vertus les plus traditionnelles de notre peuple. Vertu de modération, de respect de la nature, de simplicité dans nos modes de vie. » Une des meilleures choses que nous puissions faire en nous adressant aux jeunes est de leur dire : « Gardez la lampe allumée, observez les signes des temps et vous verrez que vous n'êtes pas seul. Il y a beaucoup de choses qui se passent autour de vous, sur lesquelles vous pouvez faire bras de levier, vous appuyer pour changer le monde. »

Partagez-vous la vision de Jean Vanier : « Toute personne est une histoire sacrée » ?

Mais évidemment ! La formule est magnifique. Je le crois profondément. On peut le dire en termes purement humains et sans référence religieuse, même si, dès que l'on parle de sacré, on se réfère à la transcendance. Je le crois, y compris dans le dessein de Dieu. Dieu a créé l'homme et lui a confié le monde. Il l'a créé pour qu'il réussisse à rendre le monde meilleur. C'est là que le regard de Jean Vanier est admirable. Même les personnes les plus défavorisées ont un rôle sacré à jouer dans le monde. Mystérieusement sacré.

Avez-vous un défaut dont vous souffrez ?

(Rire) J'en ai trente-six. À force de fréquenter des gens comme vous, je deviens probablement très vaniteux (Sourire plein d'humour).

Quelle est l'intention positive qui se cache derrière ce défaut ?

Je ris un peu en vous disant : ma vanité. À force de s'entendre dire que l'on fait des choses bien, on finit par y croire, ce qui est enfantin. Nous sommes tous de grands enfants. Est-ce qu'il y a du positif derrière cela ? Oui, la phrase du vieux Corneille que je vous citais tout à l'heure : « Je sais ce que je vaux et crois ce qu'on m'en dit », mais pas plus, pas plus ! De préférence, un peu moins, pour éviter les dérapages.

Cela s'appelle peut-être la confiance ?

La confiance en soi-même fondée sur la confiance que nous avons envers les autres, dont la confiance nous construit.

Est-ce que vous avez des mentors et quels messages vous portent-ils ?

Des mentors, j'en ai eu beaucoup. Il y a eu mes parents, qui étaient des gens merveilleux. J'ai eu la chance d'avoir aussi des maîtres merveilleux dans le Paris des années 1950, qui étaient moitié existentialistes, moitié communistes. Le communisme et l'existentialisme tenaient alors le haut du pavé. J'ai eu la chance de rencontrer, de lire ou d'étudier les œuvres de trois personnages lumineux. L'un est François Perroux[27], mon professeur d'économie lors de mon doctorat d'économie. Il a écrit *L'Europe sans rivages*[28], qui présentait donc une vision déjà universelle du monde et de l'économie. Alors qu'il était encore interdit de publication, j'ai eu la grande chance, grâce à un aumônier de la cité universitaire, de lire Teilhard de Chardin[29]. Et j'ai eu la grande chance d'être initié à l'œuvre d'Emmanuel Mounier[30], le personnalisme chrétien, le personnalisme communautaire. Ces trois apports ont structuré les soubassements intellectuels de ma vie.

Votre vie est-elle un stage d'Amour comme la mienne ici-bas ?

Pourquoi « stage » ? C'est une aventure d'Amour, ce n'est pas un stage. Un stage, c'est court et rémunéré. Si l'on fait de l'Amour, l'axe majeur de sa vie, la rémunération est dans l'Amour lui-même et c'est pour toujours (rire). Nous ne serons éternels que par l'Amour que nous mettrons dans nos vies.

Faut-il tout oser demander dans la vie ?

Non. Il ne faut rien demander de mal. Il faut demander avec une folle ambition le mieux.

Pourquoi avez-vous accepté ma demande de témoignage avec cette simplicité ?

Simplicité, je ne sais pas. Je l'ai acceptée parce que j'ai senti chez vous ce désir de partager les mêmes choses dans un langage différent. Chacun a son langage et son expérience. Donc rien n'était plus naturel.

---

27. François Perroux, économiste français, 1903-1987.
28. Perroux, François, *L'Europe sans rivages*, Presses universitaires de France, 1954.
29. Prêtre jésuite français, chercheur, paléontologue, théologien et philosophe, 1881-1955.
30. Philosophe français, 1905-1950, à l'origine du courant personnaliste en France.

Donc, en un mot s'il vous plaît, quel est le plus beau risque dans la vie ?

La confiance.

Le mien aura été de partager ce moment avec vous aujourd'hui... Merci du fond du cœur. Avez-vous une question ?

Non.

Risque de vies plurielles, par Olivier Dassault

« Le plus beau risque dans la vie c'est essayer de se dépasser. Et surtout, le jour où l'on pense avoir atteint un sommet, c'est d'aider les autres à gravir la montagne. »

Témoignage Risque de chance, le 04/12/2019, en hommage à Olivier Dassault décédé dans un accident d'hélicoptère le 07/03/2021. Homme politique, homme d'affaires et homme de presse français, petit-fils de Marcel Dassault, fondateur du Groupe industriel Dassault. Ingénieur à l'École de l'air, informaticien et mathématicien de formation, député de l'Oise à l'Assemblée nationale, président de l'association Génération Entreprises et associés avec 160 parlementaires pour la croissance et l'emploi en France, passionné d'aviation, pilote plusieurs fois *recordman* du monde de vitesse, photographe d'abstraction libre, musicien et compositeur, chasseur d'images, de plumes et de poils.

En tant qu'homme, homme politique, artiste et entrepreneur peux-tu me dire, s'il te plaît, quel est le plus beau risque dans la vie ?

Il est difficile de répondre. Si l'on a plusieurs vies, on a plusieurs risques. En tant que pilote, le risque c'est de recevoir la foudre sur son avion. Je l'ai vécu au-dessus de l'Italie dans des nuages très forts et très concentrés qui s'appellent les cunimbs[31]. Grâce au Ciel, l'avion fait cage de Faraday, la

31. Abréviation de cumulonimbus.

foudre a endommagé le réservoir extérieur, mais n'a pas traversé l'avion et je suis toujours là. Le risque quand on crée une entreprise, c'est de ne pas y arriver et de faire faillite, selon ce terme connu et célèbre. Mais qui ne tente rien n'a rien et qui n'entreprend pas n'a aucune chance de réussir un jour. Le risque en politique, c'est tout simplement d'échouer, d'être battu. On ne gagne pas toujours du premier coup. En 1988, à l'occasion d'une partielle dans l'Oise, j'ai eu la chance d'être élu. Personne ne pouvait l'imaginer, même Jacques Chirac m'avait dit de ne pas y aller. Les sondages étaient très défavorables. Le maire de Beauvais, socialiste, devait gagner dans un fauteuil. Mais il y a eu changement de candidat, l'élection a été annulée et une petite voix m'a dit : « C'est maintenant. » Mon grand-père nous avait quittés deux ans auparavant. Cette circonscription n'était pas tout à fait la sienne. Elle avait été redécoupée et Chirac n'avait fait que 40 % face à Mitterrand, qui, lui, avait donc fait 60 %. Contre toute attente, j'ai gagné. Je n'ai pas gagné toutes les autres élections municipales ou les législatives dans la foulée. J'ai connu une défaite en 1997, au moment de la dissolution de l'Assemblée nationale, dans le cadre d'une triangulaire avec le Front national. Et puis il y a eu les reconquêtes en 2002. Depuis, je suis élu sans interruption. Mais le risque est toujours là. Chaque fois que l'on se confronte à une échéance, qu'elle soit électorale, industrielle, ou même artistique, on prend un risque.

Comment l'as-tu vécu et qu'est-ce qui était vraiment important pour toi, voire pour plus grand que toi ?

Plus grand que moi, c'était certainement l'élection. Plus grands que moi ont aussi été les records du monde de vitesse que j'ai battus aux commandes de nos Falcon. En 1977, la première traversée de l'Atlantique sur un Falcon 50 avec Hervé Leprince-Ringuet[32], puis dix ans plus tard avec un Falcon 900 de La Nouvelle-Orléans, toujours avec Leprince-Ringuet, notre chef pilote d'essai sur Falcon. Je n'y suis pas pour grand-chose, car ce sont des avions merveilleux et fantastiques. J'ai contribué avec mon grand-père à l'évolution des modèles pour les faire aller plus loin, plus haut, plus vite, dans une cabine plus spacieuse, plus confortable. Cela n'a pas toujours été facile. Par un souci d'esthétique au départ, j'ai voulu faire mettre à nos voilures des *winglets*[33]. Les ingénieurs m'ont répondu : « C'est inutile. C'est bon pour les mauvaises voilures. Nous avons une très bonne voilure et une

32. Aviateur, 1933-2016.
33. Appendices recourbés installés au bout des ailes pour réduire la traînée aérodynamique.

très bonne aérodynamique. » Je leur ai demandé : « Ôtez-moi d'un doute. Si cela améliore les performances d'une mauvaise voilure, pourquoi cela n'améliorerait-il pas également les performances d'une bonne voilure ? » Dix ans plus tard, lors de la sortie du Falcon 7X qui ne faisait pas les performances annoncées, j'ai redit à mon père : « Et si l'on essayait les *winglets* ? » C'est ainsi que tous nos avions sont équipés maintenant de *winglets*, c'est-à-dire de petites ailes qui poursuivent le contour des ailes avec cette impression de courbure. D'ailleurs, tous les avions Airbus ou Boeing sortent maintenant avec des *winglets*.

Quelle est ta contribution au monde, ta mission, ta vocation ?

(Rire) C'est une grande et grave question. La réponse ne peut être que grande. Ôtez-moi l'idée de la moindre prétention. Je résumerai mon passage en deux mots : faire le bien et faire de belles choses. Contribuer à la beauté de nos avions. Créer de belles photographies qui s'exposent maintenant dans de grandes galeries comme la galerie Malborough, la galerie W près de Beaubourg et d'autres un peu partout dans le monde. À part cette marque et cette signature dans le domaine de l'art, ma mission est aussi de permettre à des jeunes de réaliser leur rêve. C'est ce à quoi je suis le plus attaché dans ma fonction de député. Bien entendu, il s'agit de travailler sur l'amélioration des textes de loi, sur l'amélioration du quotidien de nos concitoyens, mais surtout de permettre à des jeunes ou moins jeunes de réaliser leurs rêves. Rendre possible ce qu'eux-mêmes croient impossible.

J'ai réussi cela, par exemple, avec la fille d'une fleuriste qui ne voulait pas reprendre le magasin de sa mère, mais voulait être hôtesse de l'air. Elle est aujourd'hui chef hôtesse chez Air France. J'ai réussi aussi avec d'autres jeunes qui ont intégré telle ou telle entreprise alors qu'ils pensaient que ce n'était pas à leur portée. C'est le résultat d'un travail d'équipe. Ma réussite est liée à l'équipe qui est autour de moi, dans tous les domaines – politique, industriel ou artistique. Mais je ne peux pas aider quelqu'un qui ne veut pas s'aider lui-même, qui ne sait pas ce qu'il veut faire, qui n'a pas la vocation ou la passion d'un domaine. Même s'il ne connaît pas encore cette vocation, il faut qu'il ait envie de la découvrir. Combien de passions par lesquelles on peut se révéler, faire de belles et grandes choses sont nées à des âges où l'on pourrait penser que l'on approche plutôt de l'âge de la retraite ?

As-tu un exemple te concernant?

Oui, mon exemple c'est l'École de l'air. Gamin j'avais le mal de mer, j'étais malade en voiture, en bateau, en avion. Je ne pouvais pas imaginer un jour piloter des avions à réaction. Mon père m'a dit que pour comprendre le langage des ingénieurs il fallait le parler, et donc l'avoir appris. Pour pouvoir les diriger, il fallait être à leur écoute, les comprendre et pour cela faire une école d'ingénieurs. J'ai donc eu l'idée, soufflée par l'un de mes amis qui préparait Saint-Cyr, de faire l'École de l'air, qui forme à la fois des officiers de l'armée de l'air, des ingénieurs, mais aussi, et surtout des pilotes. À force de volonté, d'acharnement, d'opiniâtreté, je suis arrivé à ce qui me semblait impossible.

Au début, l'instructeur pensait vraiment que j'étais nul et me faisait des misères. J'avais un petit sac avec une fermeture éclair dans lequel je rendais mon petit déjeuner avant de reprendre un quignon de pain, sans que personne ne voie rien. Nous étions en tandem l'un derrière l'autre, mais je disais que j'avais un problème de masque. Un jour, mon instructeur a appris la vérité – à savoir que j'étais malade – et il a découvert ma détermination. Il m'a dit alors : « Je n'ai jamais vu quelqu'un qui soit déterminé comme vous. Je vais vous aider. Vous allez y arriver et j'irai même plus loin, vous serez le meilleur. » J'ai alors eu les meilleures notes en voltige, car je faisais les courbes les plus harmonieuses et les plus douces. Ma mère, qui n'aimait pas beaucoup l'avion, a toujours dit que j'étais un pilote incroyable. Mon meilleur ambassadeur en relations publiques, tu n'imagineras pas qui c'était. Je dis « était », car malheureusement il nous a quittés récemment. C'était le président Jacques Chirac. Je l'avais emmené un jour de tempête à un meeting au centre de la France. J'avais évité les mauvais nuages et donc les turbulences. Il disait partout à qui voulait l'entendre : « Olivier est un pilote fantastique. Il a un sixième sens. Il voit les turbulences. » Évidemment, je ne vois pas les turbulences plus qu'un autre, et d'ailleurs aujourd'hui les radars nous permettent d'éviter les nuages violents et dangereux. Mais mon approche du pilotage est toujours dans la même ligne de la douceur, de la beauté et de l'excellence. Même avec un fort vent je fais des *kiss landing*[34], c'est-à-dire des atterrissages qui embrassent la piste.

34. Lever le nez de l'appareil afin de créer un coussin d'air sous les ailes.

Qu'est-ce que tu reconnais en toi-même, par toi-même qui te donne le goût de vivre ?

L'Amour de ma famille. L'Amour de mes enfants Helena, Rémi, Thomas et de mon épouse Natacha. L'Amour de ceux qui m'entourent. Pour me supporter dans mon travail et supporter mes exigences, il faut m'aimer, au sens noble du terme, je n'ai évidemment pas de relation Amoureuse avec mes équipes. C'est ce qui m'a conduit également en politique : l'Amour des autres. Lorsqu'on aime les gens et que l'on fait des choses pour eux au-delà du simple discours, les gens vous apprécient et vous le rendent bien. Au moment de l'élection, mais pas seulement. Lorsqu'on va à leur rencontre. Lorsqu'on les écoute. Lorsqu'on les protège et qu'on peut améliorer leur vie, tout simplement.

Face au difficile, n'est-ce pas souvent en s'ouvrant à tout autre chose que les solutions naissent ?

La règle de contourner l'obstacle est bien connue. Au lieu de détruire le mur, il faut passer au-dessus ou autour. Ce sont les difficultés et les mauvaises expériences qui font progresser. Cela s'appelle la résilience. Churchill a dit beaucoup de belles choses là-dessus : « Tombez, tombez souvent, mais relevez-vous toujours. Vous serez meilleur demain qu'hier. » La véritable réussite, c'est d'aller d'échec en échec, de rebondir, de recommencer et de se relever. Je l'applique. Un autre facteur personnel qui m'est cher est ce que j'appelle « le coup de pied dans les fesses ». Quand quelqu'un me dit : « Oublie cela, tu n'y arriveras jamais », ou : « tu ne l'auras jamais », c'est exactement le genre de remarque qui me fait rebondir et réussir. Cela a commencé à l'école pour le prix d'excellence, et plus tard au cours de ma vie pour recevoir telle ou telle décoration, puis pour remporter les élections : « Oublie, tu n'y arriveras pas. »

Est-ce un risque de chance d'être né Dassault en France ?

(Rire) J'aime bien cette expression « risque de chance ». Oui, c'est un risque de chance. Ce n'est certainement pas une malchance. Il y a une jolie devise sur le fronton de l'École de l'air, que j'ai faite mienne : « faire face ». Elle est du célèbre pilote Guynemer[35]. J'ai une autre devise, liée à mon nom – pour répondre à ta question. C'est « faire avec ». Tout ce que

35. Georges Guyemer, 1894-1917.

le nom peut m'apporter, je le prends. Tout ce qu'il m'interdit, je le laisse au vestiaire. C'est vrai dans le domaine artistique. Mon nom a commencé par me fermer des portes avant d'en ouvrir. Dans d'autres domaines, il en ouvre. Je pense qu'il y a plus d'avantages que d'inconvénients.

Est-ce un risque de chance de présider le groupe de parlementaires Génération Entreprises Entrepreneurs associés pour la croissance et l'emploi en France ?

C'est une chance. C'est une passerelle entre le monde politique et le monde économique, que nous avons voulue avec Jean-Michel Fourgous et Hervé Novelli au départ, avant que ce dernier ne devienne ministre. C'est la possibilité de faire des propositions, des rapports, d'écrire des livres blancs et de faire en sorte que ces propositions soient universelles. Comme disait Tony Blair, qu'elles ne soient ni de gauche ni de droite. Il n'y a pas de politique économique de gauche ou de droite. Il y a une bonne politique, c'est tout. C'est celle-là qui m'intéresse. Ce groupe que j'ai recréé en 2002 est aujourd'hui le premier groupe d'études et d'amitié de l'Assemblée nationale. Nous sommes 160 parlementaires, 140 députés et une vingtaine de sénateurs. Nous sommes de toutes obédiences, hors extrêmes, ni Rassemblement national ni Insoumis. Nous avons toutes les composantes de la droite républicaine, des Républicains aux Marcheurs en passant par Agir, le Modem, etc.

Est-ce un risque de chance d'être élu politique, entrepreneur, photographe, musicien et de dévorer plusieurs vies à la fois ?

Il faut avoir une bonne santé. Savoir se ressourcer dans la journée après une nuit un peu courte parce que l'on a travaillé tard. Depuis tout petit, je ne peux pas m'endormir ou me coucher si je n'ai pas fait tous mes devoirs. Cela continue aujourd'hui, avec les parapheurs qui me viennent des différents bureaux du groupe familial, de l'Assemblée ou de l'équipe artistique. On peut faire plusieurs choses quand on a une bonne équipe. C'est le nerf de la guerre. La bonne équipe se forme au cours des années. Elle ne naît pas tout de suite. On peut se tromper de personnes, de collaborateurs. Aujourd'hui, je pense pouvoir dire que j'ai l'une des meilleures équipes de l'Assemblée nationale, une équipe artistique extraordinaire dirigée par Chantal (Dusserre-Bresson), qui est avec moi depuis plus de trente ans, et un secrétariat hors pair avec Colette (Hego) qui a été la secrétaire de mon parrain le général de Bénouville[36]. C'est le général de Bénouville qui m'a mis le pied à l'étrier en politique et m'a aidé à devenir conseiller de Paris en 1977. Ce fut ma première élection avant de tenter la grande élection au Parlement.

Sans te passer de la pommade - ce qui n'est pas mon genre, tu le sais -, est-ce un risque de chance d'être simple et bon quand on est très riche ?

(Rire) La simplicité est quelque chose que l'on a en soi. On ne la gagne pas au profit des années. Au contraire, plus on monte dans les échelons de la société, plus on pourrait avoir tendance à devenir arrogant. La simplicité, je l'ai apprise dans ma famille. Mes parents étaient très simples. Mon grand-père était très simple et très bon aussi. C'est une qualité que j'ai héritée de lui, comme de mon père. Cette bonté n'est pas liée à la richesse. Il y a des gens plus riches que moi qui sont certainement moins généreux. Jacques Delille[37] a dit une très jolie chose : « Le bonheur appartient à qui fait des heureux. » C'est une phrase tellement simple et tellement belle. Je suis très heureux dans ma vie en général et dans ma vie politique notamment, car ce qui m'intéresse et ce qui me plaît est de faire des heureux.

Est-ce un risque d'être sollicité, voire admiré et même courtisé par sa position ? Excuse-moi l'expression, mais tu as du même coup un certain nombre de « lèches-cul » autour de toi.

(Rire) Oui, il faut savoir les reconnaître et les différencier de ceux qui vous font des compliments désintéressés. On ne peut pas empêcher l'intérêt, parfois inconscient. Moi-même, j'en mettais certainement un peu dans l'affection profonde que je portais à mon grand-père et à mes parents. Quand on est bon et généreux, on est forcément quelque part un peu naïf. Je n'aurai ni la forfanterie ni la prétention de dire que j'arrive à détecter tout de suite celui qui me fera un compliment par intérêt ou celui qui est même un escroc en puissance. J'en ai rencontré, j'en ai croisé. Là aussi, comme le disait Churchill, les mauvaises expériences m'ont fait devenir meilleur. Un peu plus prudent. Pas tellement, néanmoins, car le rêve que l'on veut aider à réaliser chez les autres est forcément un peu ancré en soi aussi.

---

36. Pierre de Bénouville 1914-2001 résistant, homme politique et écrivain français.
37. Jacques Delille, poète, 1738-1813.

Est-ce un risque ou une chance, de se libérer du réalisme et de redonner naissance à l'abstraction de la matière, langage photographique qui te distingue ?

C'est le style qui est mien, dans lequel je progresse et perdure. La chance du photographe par rapport au peintre est de vivre plusieurs vies. La rapidité de création est telle que la rapidité d'évolution est beaucoup plus grande. Un peintre aura plusieurs périodes tout au long de sa vie. Un photographe peut multiplier par trois ou quatre ces périodes. Sauf s'il s'enracine dans ce qu'il considère être sa signature définitive ou si un agent, une galerie lui demandent de ne pas changer de style. Au début, je faisais des photos un peu impressionnistes, ensuite surréalistes, puis symboliques, plus tard encore hyperréalistes. Un jour, quelqu'un m'a dit : « C'est très beau ce que vous faites, mais il faut qu'il y ait un style Dassault, un style Olivier, il faut que l'on vous reconnaisse. Aujourd'hui, vous avez trop de styles mélangés. » J'ai répondu que c'était lié à ma sensibilité et fait pour étonner. Lorsqu'on expose, on s'expose. Pour ma première exposition, un critique du Figaro m'a descendu en flammes : « Olivier ferait mieux de retourner à ses avions. » Je l'ai rencontré, je lui ai expliqué pourquoi j'aimais et faisais de la photographie. À 23 ans, mon travail ne pouvait pas être abouti, mais j'espérais faire des progrès. Et je lui ai demandé de revenir à une de mes expositions pour écrire autre chose. Il est revenu deux ans plus tard, et il a écrit autre chose. C'est le coup de pied dans les fesses du « il est nul » qui permet de démontrer que non, on ne l'est pas. Mais il y a des caractères différents. Certains s'effondrent face à un tel jugement. Je fais donc très attention, avec mes enfants, de ne pas leur dire qu'ils sont nuls si je trouve que ce qu'ils font n'est pas bien. J'essaie plutôt de les encourager.

Pourquoi conserves-tu un trèfle à quatre feuilles dans ta poche ?

Pas par superstition. C'est le talisman de ma famille, de mon grand-père. J'aime avoir sur moi ce trèfle à quatre feuilles. Mais le plus beau trèfle est celui qu'un enfant de l'Oise est venu m'apporter dans un buvard, sachant que j'aimais les trèfles à quatre feuilles. C'était un très, très joli cadeau.

Est-ce un risque de chance d'être chasseur par nature ?

C'est une jolie expression : « chasseur par nature ». Je suis chasseur par nature parce que je suis d'abord chasseur d'images. Chasseur, je l'ai été quand j'étais jeune. Coureur de jupons et de jolies jeunes filles même. J'ai eu la chance de travailler dans le cinéma aux côtés de mon grand-père pour *Jours de France*. Cela m'a aidé. Cela fait partie des avantages. Je suis devenu par la suite chasseur de petit gibier, d'oiseaux, de plumes comme on le dit, avant d'être chasseur de gros gibier, de poils. De sangliers ou de buffles en Afrique : ils vous donnent des émotions assez fortes ! La chasse est une éthique. Elle est liée à l'équilibre de la nature. Il faut prélever un certain nombre d'animaux pour qu'il n'y ait pas de risques de maladies. La nature est très cruelle, plus cruelle que le chasseur. La nature décime par le biais d'une épidémie, lorsqu'il y a trop de concentration d'animaux. Ce qui est important, c'est la capacité de reconnaître l'animal, pour ne pas tirer sur n'importe quoi n'importe quand. Savoir identifier un vieux mâle pour la beauté du trophée, qu'il s'agisse des bois sur la tête d'un chevreuil ou des dents de la mâchoire d'un sanglier, mais surtout pour ne pas le faire souffrir. Ne jamais tirer dans de mauvaises conditions et ne jamais prendre le risque de blesser.

Qui es-tu comme magicien et que fais-tu en tant que magicien dans ce monde ?

Qui suis-je comme magicien ? (Rire) Magicien, cela rime avec bien. Donc, comme je l'ai évoqué, j'essaie d'aider des jeunes dans leur carrière, dans leur présent et dans leur futur. Cette question me rappelle une jolie expérience que je vis souvent le week-end dans ma circonscription. J'aime faire plaisir aux doyens et aux doyennes des assemblées. La tradition veut que la commune – donc le maire – offre un bouquet de fleurs à la doyenne et une bouteille de champagne au doyen. Moi, je fais différemment. J'offre à la doyenne des fleurs éternelles. J'offre une broche ou un joli collier fantaisie que j'ai acheté au fil de mes voyages ou dans des brocantes. Là où intervient le magicien, c'est dans ce que je dis en les offrant : « Chère Paulette, le député ne peut pas faire de miracle, mais sachez qu'ici vous avez la chance d'avoir un député un peu magicien. » Je sors alors un collier dans les tons de la robe qu'elle porte. « Vous aimez bien le turquoise, alors je vous ai apporté un collier de perles turquoise. »

Que voudrais-tu voir se réaliser dans le monde au travers de toi et au-delà de toi ?

Au travers de moi, la pérennité de notre entreprise, de ce groupe familial qui construit et fabrique les plus beaux avions du monde, qu'il s'agisse aujourd'hui du Rafale ou des Falcon. Mais également avec Dassault Systèmes, leader mondial de la conception 3D assistée par ordinateur. Pas simplement dans l'industrie automobile, ferroviaire, aéronautique, maritime, mais également dans le textile avec les vêtements, le sens du vent dans une ville, l'optimisation de la circulation, la construction d'un barrage, etc. comme à Singapour et ailleurs. Au-delà de moi, que l'on se souvienne que j'étais quelqu'un de bon qui aimait faire le bien. Et dans un domaine plus modeste, mais qui me tient tant à cœur, que mes photographies, qui le sont déjà un peu, soient révélées au grand public dans des musées.

Partages-tu la vision de Jean Vanier : « Toute personne est une histoire sacrée » ?

Oui, c'est très beau. Il a raison. Chaque personne peut aider et changer la vie d'une autre personne. C'est vrai dans un couple. C'est le principe de l'Amour, de la vie d'un couple et de la création d'une famille. C'est vrai aussi lorsque l'on aide une personne handicapée, qu'on adopte un enfant, ou qu'on accompagne un chômeur dans sa recherche de travail. Le sacré naît de la bonne action.

As-tu un défaut dont tu souffres ?

(Rire) J'ai un défaut, oui. Une qualité poussée à l'extrême qui est le perfectionnisme. Quand on est perfectionniste, on a le souci des détails et l'on veut que ceux qui vous entourent soient aussi perfectionnistes que vous. Qu'ils ne commettent pas d'oublis, qu'ils ne fassent pas de fautes. C'est certainement un de mes principaux défauts. Il est lié à mon éducation, issu aussi de ma formation de pilote. Si l'on veut faire un bel atterrissage, il faut être très perfectionniste et obtenir, au km/h près, la bonne vitesse.

Quelle est l'intention positive qui se cache derrière ce défaut ?

C'est de vouloir être meilleur que l'on n'est. Un jour, à l'âge de 10 ans, mon fils m'a dit en pleurant : « Papa, tu es trop exigeant et tu voudrais que je sois meilleur que je ne suis. » Cette très, très jolie phrase m'avait marqué et j'ai été ensuite un petit peu moins exigeant, rigoureux avec lui. Je lui ai dit : « Si je suis comme cela, c'est parce que tu ne sais pas encore au fond de toi combien effectivement tu peux être meilleur que tu ne l'es. »

Est-ce que tu as des mentors et quels messages te portent-ils ?

Je n'ai pas de mentors véritablement célèbres. Mes mentors sont mes amis proches depuis 40, 50 ans – donc un demi-siècle pour certains – et avec qui j'ai partagé des tranches de vie. Ils n'ont pas peur de me dire la vérité, de me mettre dans le droit chemin si je m'égare, de me critiquer si je fais quelque chose de « pas bien » ou de m'encourager à poursuivre dans une certaine direction si je fais quelque chose de bien et que j'hésite à le poursuivre.

Ta vie est-elle un stage d'Amour comme la mienne ici-bas ?

(Étonnement) Un stage, comme un stagiaire ? Un stage d'Amour ? Je n'emploierai pas ce mot. Ma vie est un pacte d'Amour.

Faut-il tout oser demander dans la vie ?

Cela dépend à qui et comment on le demande. Il faut tout oser tenter. En dehors de l'adage « Qui ne tente rien n'a rien », tant que l'on n'a pas essayé on ne sait pas réellement si l'on peut y arriver ou non. Énormément de choses que j'ai réussies, je ne les pensais pas possibles. À 10 ou 11 ans, dans les petites classes en gymnastique, j'avais peur de l'élastique. J'étais incapable de sauter plus haut que 50 cm. Je ne sautais pas en ciseaux, je sautais comme ça (geste des doigts). Un jour, je suis allé trouver le professeur de gym pour lui demander : « Pourrais-je avoir un petit cours pour apprendre à sauter en hauteur ? Je ne suis pas handicapé et il n'y a aucune raison que je n'arrive pas à sauter en hauteur ». Il m'a demandé : « Avez-vous déjà tenté le saut en rouleau ? » Je ne connaissais pas ce type de saut, mais il me l'a appris. Je me suis entraîné et encore entraîné. Les niveaux ont grimpé, grimpé. À force de travail, un petit miracle se produit ou pas. Là, le miracle, c'est qu'en enroulant le fil, ma deuxième jambe me donnait un déclic dans le mouvement qui me faisait gagner encore quelques centimètres. Les camarades de classe se moquaient de moi : « Eh ! Décolle, Dassault, t'arrives pas à t'envoler ! » Je n'étais pas le plus grand de la classe, mais je suis devenu le premier en saut en hauteur. C'est resté ancré en moi. Cela m'a vraiment montré que l'on peut atteindre des sommets que l'on n'imaginerait pas, si on en a la volonté, si l'on est prêt à y consacrer le temps nécessaire et… à travailler un tout petit peu.

Pourquoi as-tu accepté ma demande de témoignage ?

(Éclat de rire) Je pourrais dire : « Parce que tu es mon pote ». Tu es quelqu'un qui me plaît. Qui nous a accompagnés bénévolement dans certaines de nos entreprises parce que tu y croyais. Tu es quelqu'un qui m'a remonté le moral à des moments où il pouvait me faire défaut. Et puis, j'adore tes lunettes orange. (Rire)

Donc, quel est pour toi le plus beau risque dans la vie, en un mot ?

En un mot ? C'est d'essayer de se dépasser. Et surtout, le jour où l'on pense avoir atteint un sommet, d'aider les autres à gravir la montagne.

Le mien aura été de partager ce moment avec toi aujourd'hui... Merci du fond du cœur. Tu l'as dit : tu vas m'aider à réaliser mon rêve avec tous les autres grands témoins. Réaliser ce Risque de chance pour adresser ce message aux jeunes : « Rien ne peut empêcher ta contribution au monde. Mais quelle est-elle ? Le sais-tu ? », et les aider à atteindre leur étoile. As-tu une question ?

Quand le livre sortira-t-il ?

C'est une bonne question. Je dois bientôt voir mon éditeur.

Le temps importe peu. Merci à toi.

Risque de détachement, par Gonzague de Blignières

« Le plus beau risque de ma vie a été de me retrouver seul avec moi-même. »

Témoignage Risque de chance, le 16/04/2019 à Paris, de Gonzague de Blignières, cofondateur de Raise et du Mouvement pour une Économie Bienveillante, ex-fondateur de Barclays Private Equity France qui deviendra Equistone, investisseur depuis 40 ans.

Peux-tu me dire, s'il te plaît, quel est le plus beau risque dans la vie?

Le plus beau risque dans la vie? Spontanément, j'ai envie de dire que c'est la vie elle-même. Le plus beau risque dans la vie, c'est de l'accepter, de la donner, de la perdre. Ça, c'est un risque que j'ai vécu il n'y a pas longtemps. C'est la vie dans son ensemble. C'est de s'accepter tel qu'on est, accepter les autres tel qu'on les reçoit, accepter ses enfants, ses parents, sa femme, ses amis, s'accepter soi-même. Peut-être s'accepter soi-même avant tout le monde ! Reconnaître que nous ne sommes que des passeurs. Le plus beau risque dans la vie, oui, c'est la vie elle-même.

As-tu un exemple vécu de ce beau risque, et qu'est-ce qui était vraiment important pour toi, voire pour plus grand que toi dans ce risque ?

Cela va te paraître complètement anecdotique. Il se trouve que je ne suis jamais parti seul. Or j'ai pris un risque il y a peu, c'est de partir deux jours tout seul au Mont-Saint-Michel. Risque de le dire. Risque de ne pas être compris. Risque de me trouver seul face à moi-même. J'ai 62 ans. Eh bien, c'est bizarre, mais j'ai l'impression que c'est le plus gros risque que j'ai pris dans ma vie. C'était l'année dernière, et après avoir éprouvé un petit sentiment de culpabilité, j'ai eu une formidable sensation de découverte. J'ai passé une heure et demie en compagnie d'une mouette qui faisait des allers-retours. Incroyable ! Le Mont-Saint-Michel se remplit et se vide comme les marées, donc après 18 h 30 il n'y a plus grand monde. J'ai donc commencé par ressentir une impression de grand vide, de grande peur, de grand vertige, avant d'être comblé. C'est un petit peu comme dans la vallée Blanche. Au début, tu passes sur une crête où tu as le vide à droite, le vide à gauche, il faut que tu la passes. Mais ensuite, tu éprouves un vrai sentiment de plénitude. Ce n'est pas un risque physique ni un risque psychologique, ce n'est pas non plus un risque matériel, c'est un risque en quelque sorte spirituel.

Le deuxième risque que j'ai pris, c'est celui du retour. J'ai eu à faire face à beaucoup de questions, car mes proches ne m'imaginent pas en ermite – même provisoire ou transitoire. Quand ils m'ont vu revenir, j'ai eu droit à : « Mais ça va, t'es sûr ? Qu'est-ce que tu as vu là-bas ? Qui as-tu rencontré ? » J'ai répondu : « Ben… moi ! On était deux, c'était sympa. » On m'a alors demandé : « Mais t'es sûr que ça va bien ? » J'ai dit : « Oui. » Petit risque du retour. Le troisième risque est d'avoir envie d'y retourner. En fait, on n'est pas obligé de partir loin pour se retrouver seul avec soi-même.

Quelle est ta contribution au monde, ta mission, ta vocation ?

Je vais rester très modeste. Je ne connais pas ma contribution au monde, je ne connais pas ma mission. Je prends conscience, au fur et à mesure de l'écoulement du temps, que je suis un passeur. Comme tout le monde, j'ai reçu des talents. Ma petite contribution – ou ma contribution tout court, car il n'y a pas de petite ni de grande contribution, et si mes parents étaient encore là, ils me diraient « Arrête de dire petite et grande, car ça n'existe pas » –, c'est sans doute de démontrer aux gens que la notion de partage, surtout quand on a eu comme moi la chance d'avoir de l'argent, est une notion fondamentale. Il faut considérer l'argent comme une énergie. Si l'on accepte de partager son énergie ou de demander à l'autre son énergie, on peut faire des millions de choses. Que ce soit dans le monde associatif, celui des fondations, des ONG, ou dans le monde des entreprises, j'ai toujours considéré l'argent comme une énergie. Pas plus. À travers l'entreprise que nous avons créée avec Clara (Gaymard) et qui s'appelle Raise, l'argent est vu dans cette logique. J'étais très content dans mes boulots d'avant, mais j'ai vraiment l'impression, maintenant, d'être dans mon axe. Peut-être ma mission est-elle de démontrer que le monde tel qu'il est construit considère trop l'argent comme de l'argent, alors qu'il faut le considérer comme de l'énergie. Ce partage de l'énergie est véritablement magique quand il est sincère.

Qu'est-ce que tu reconnais en toi-même, par toi-même qui te donne le goût de vivre ?

Quand je vois tes yeux, j'ai envie de continuer à respirer ! Ma quête de joie est une quête très profonde. Arrivés à nos âges, nous sommes passés par des moments excitants, exaltants, avec des journées entières occupées à beaucoup de choses autres que nous-mêmes, à construire, reconstruire, maintenir, élever, éduquer, soigner. Nous n'avons fait que ça, que ça, que ça. Mais où se trouve la joie profonde ? Quand tu éprouves un sentiment d'Amour plein et entier à l'intérieur de toi, qui te remplit complètement, il te détache de ce qui t'entoure. Cela ne veut pas dire qu'il t'éloigne de tes amis, de ceux que tu aimes, mais il te détache. Le détachement mène à l'Amour parfait et à la joie. Si je disais cela aux miens, je pense qu'ils ne me comprendraient pas. Ils diraient : « Mais tu ne nous aimes plus, ou tu ne t'intéresses plus à nous. » Ce n'est pas du tout cela. Cette joie intense que j'ai, que j'espère, à laquelle j'aspire, car il n'est pas toujours facile de l'avoir en soi, est liée à l'Amour. L'Amour de Dieu, l'Amour pour soi, que l'on fait vivre intérieurement comme un foyer. Cet Amour vous détache d'un rapport superficiel aux autres et vous permet de porter un regard beaucoup plus bienveillant, beaucoup plus pur sur l'autre. Ce n'est pas facile à expliquer, mais c'est ce qui me porte.

Face au difficile, n'est-ce pas souvent en s'ouvrant à tout autre chose que les solutions naissent?

Là, j'ai deux réponses. La réponse de l'entrepreneur, d'abord. L'entrepreneur est quelqu'un qui aime les difficultés – il aime les combattre et les surmonter. C'est ce que j'aime chez Raise. La gestion des gens passe par une empathie qui fait qu'on réussit à les emmener en haut de la montagne. Ensuite, il y a les difficultés à résoudre. Or résoudre une difficulté, il n'y a rien de plus magique. Je ne pense pas que la bonne formule soit de se détourner devant l'obstacle. Je vis avec les membres de mon entreprise et ils me font vivre, donc je les connais bien. Ce sont des gens qui aiment l'obstacle, qui aiment résoudre des emmerdes. C'est un peu mon rôle, d'ailleurs, de les y aider, outre la gestion du management; et à titre personnel j'aime bien affronter des problèmes. Voilà donc la vision de l'entrepreneur.

Ma deuxième réponse concerne les difficultés intérieures. Là, c'est plus complexe. Nous avons tous des zones d'ombre, des moments où l'on sent qu'on est dans une impasse, qu'on est faux, qu'on n'est pas vrai. L'échappatoire qui consiste à se concentrer sur autre chose n'est pas non plus ici la bonne formule. La bonne formule, je l'ai exercée moi-même pour un sujet qui m'est très personnel. À partir du moment où tu as, non pas la lampe électrique, mais le projecteur qui illumine ta zone d'ombre et la met face à toi, que tu en prends conscience, que tu te dis : « Oui, c'est ma zone d'ombre, oui, j'ai pris le mauvais chemin, oui, je me suis mis dans une impasse, oui, j'ai un regard faux, oui, j'ai fait une connerie… », à partir de ce moment-là… Attention, il faut arriver à en avoir la pleine conscience, car autant il est facile d'avoir la pleine conscience de l'Amour d'un autre ou de l'Amour de soi-même, de l'amitié, du beau, du vrai, autant la pleine conscience du mal, du mauvais, de l'erreur, de l'échec, est quelque chose de terrible. Mais à partir du moment où tu as la pleine conscience de cela, trois ingrédients te sauvent : l'espérance, la providence, la confiance. Mais il faut passer par la pleine conscience, aller par le fond et là, ça fait mal. J'ai eu à prendre pleine conscience d'un événement négatif et cela a été dur, mais grâce à cette lucidité je me suis retrouvé dans mon axe. Encore une fois, il est facile d'avoir une pleine conscience du beau, du bon, du vrai, il est beaucoup plus difficile d'avoir une pleine conscience du mauvais, du laid et du faux.

Est-ce un risque de chance d'être un financier bienveillant dans ce monde ?

Je te connais, tu aimes bien les titres accrocheurs. Risque de chance… C'est une chance incroyable d'être un financier bienveillant dans ce monde. J'ai la chance d'avoir dans mes tripes l'envie de faire de mon outil, de cette énergie qui est l'argent, quelque chose de bienveillant et de bon. Mais c'est aussi un risque, parce que le regard du monde sur l'argent est épouvantable. Non pas en raison du monde qui le regarde, mais en raison de la manière dont les gens l'utilisent. Pour revenir à ta question sur mon rôle sur cette terre, j'ai un tas de choses à faire, y compris dans ma famille bien sûr, mais mon rôle est de démontrer que le capitalisme tel qu'on l'a construit ne marche plus. On a considéré l'argent dans une logique qui n'était pas la bonne. La bonne logique, c'est de l'utiliser pour mieux vivre ensemble. Il est inimaginable, je dis bien inimaginable, que l'on puisse mettre dans un autobus les quarante personnes qui font la moitié de la richesse de la planète. La moitié de la richesse de la planète ! Est-ce un risque de chance que je sois Gonzague, financier, qui a monté cette entreprise pas comme les autres avec Clara ? Oui, je pense que c'est une chance incroyable d'avoir ce regard, l'envie de partager cette énergie et l'énergie pour y parvenir. Je sais que c'est de la chance, je te regarde dans les yeux, je suis très conscient de ma chance. Mais c'est un risque aussi, car il faut discerner, être exemplaire, accepter d'être obligé de dire non, ce qui est extrêmement difficile. Quand on te fait une demande, tu ne peux pas tout. Nous ne sommes pas un puits sans fond, on a envie d'aider tout le monde, mais on ne peut pas, on a envie de changer très vite les choses, mais on ne peut pas. Nos pairs dans la finance nous balancent d'énormes zones d'ombre dont le résultat est de noyer ce que nous faisons dans un magma merdique. Oui, ce n'est pas facile. Mais dans le risque de chance où je suis, le mot CHANCE est en majuscules et le mot risque en minuscules.

Qui es-tu comme magicien et que fais-tu en tant que magicien dans ce monde ?

Je ne suis pas du tout magicien. Les magiciens n'existent pas. Les illusionnistes existent. Je crois beaucoup plus aux illusionnistes qu'aux magiciens, dans le sens où tu l'entends. J'ai la chance d'avoir une espérance chevillée au corps. Cela m'a peut-être été transmis par mes parents, ma famille et par un ADN qui s'est construit avec le temps. Devant les épreuves, les tristesses, les échecs, j'ai toujours le sentiment que le rebond est possible et que finalement ce qui m'arrive doit me faire grandir. Donc je ne suis magicien de rien. Je ne suis surtout pas un illusionniste, je ne l'espère pas, car ce serait la pire des choses si, arrivé là-haut, on me disait : « Écoute, Gonzague, ce n'est pas mal ce que tu as fait, mais finalement tu l'as fait pourquoi, pour qui ? Un peu pour toi ! Donc, c'est bien, mais ce n'est pas admirable. » J'espère être quelqu'un en vérité. Si je reviens à mon petit passage au Mont-Saint-Michel pendant deux jours, je ne veux pas tricher avec moi-même. Je ne sais pas qui disait : « Ce n'est pas le chemin qui est difficile, c'est le difficile qui est le chemin. »

C'est le philosophe danois Kierkegaard. On prête aussi cette phrase à Simone Weil, la philosophe, qui a voulu partager la condition ouvrière, puis les privations des siens pendant la guerre. Elle savait de quoi elle parlait.

Oui, elle savait de quoi elle parlait et je ne suis pas du tout dans ce trip-là, mais je comprends. Souvent le matin, après la disparition de maman – ma mère est morte il y a deux mois –, je partais le matin et j'avais la chance de voir l'étoile du Berger. On la voit soit le matin, soit le soir. Donc, quand je partais sur mon scooter je la voyais et je me suis dit finalement : « C'est cela que je dois viser. » Oublie le magicien, oublie l'illusionniste. Je suis quelqu'un qui a disposé au départ d'un sac à dos merveilleux, un peu lourd parfois à certains endroits, et qui a pris conscience un peu tard de tout ce qu'il avait dans son sac. Mais avec tout ce qu'il y avait dedans, j'ai pu faire des choses merveilleuses – du moins à mes yeux.

Avec ce sac à dos bien plein, qu'est-ce que tu voudrais voir se réaliser dans le monde à travers toi et au-delà de toi ? Bien sûr, voir la cathédrale Notre Dame de Paris reconstruite, après le terrible incendie de cette nuit[38] ?

Parlons de Notre Dame de Paris qui a brûlé hier soir, en partie seulement, heureusement. J'ai des échanges de mails avec Changer par le don, où l'on se demande si l'on ne devrait pas être exemplaire et démontrer que l'on est capable d'être généreux. Certains disent : « Il faut le faire, mais pas le dire. » Non, à mon sens, il faut le dire. Partager, c'est bien, mais il faut aussi partager ce que l'on partage. Il est fondamental de démontrer que

38. 15 avril 2019.

celui qui a la chance d'être riche utilise sa richesse à bon escient. C'est l'utilisation de la richesse qui pose problème, ce n'est pas la richesse en elle-même. De grands patrons ont été décriés parce qu'ils n'ont pas été de grands donateurs. S'ils avaient été admirés pour avoir créé une fondation exemplaire, je pense qu'on n'aurait pas porté le même regard sur eux. Mon souhait, c'est que l'argent soit mieux partagé. Je crois profondément au mouvement pour une économie bienveillante (MEB) que nous avons lancé avec Clara et qui ne nous appartient plus. Dans la Bible, il y a un manteau coupé en deux et partagé. Cela aurait pu être une baguette de pain, un billet de dix euros, deux billets de dix euros, etc. Il faut absolument redonner des valeurs à cet argent qui n'est rien d'autre qu'une énergie. Il faut démontrer que c'est finalement en partageant davantage que l'on peut mieux vivre ensemble.

Partages-tu la vision de Jean Vanier : « Toute personne est une histoire sacrée » ?

À mille pour cent. J'ai eu la chance de voir Jean Vanier ici, car il a remis sa décoration à Frédérique Bedos. Oui, chaque personne est une histoire sacrée. Je parle avec le cœur. Que je voie un grand patron, Cyr-Igaël en face de moi ou Francis, SDF depuis quatre ans dans ma rue, ce sont les mêmes. Peut-être pas aux yeux des passants, de ceux que tu rencontres, mais aux yeux du Grand patron ce sont les mêmes. Ils ont tous une histoire sacrée à leur manière. Francis, qui est SDF rue de Prony, fait du bien au quartier. Il m'a dit un jour : « Je ne sers à rien. » Je lui ai répondu : « Mais pas du tout. Tu te goures. » Mes petits-enfants discutent avec lui et ils ont découvert que c'était un ancien légionnaire. Nous avons tous quelque chose à transmettre, d'où que nous venions et quel que soit le sac à dos – lourd, léger, riche, pauvre –, dont nous avons été dotés. Oui, chaque homme a une histoire sacrée. Si l'on garde cette phrase à l'esprit et qu'on regarde les yeux de ceux qui nous entourent, au boulot, dans la rue, en voyage, en famille, je pense que l'on porte sur eux un regard bien différent. Tout en gardant le détachement, qui n'est pas un manque d'Amour.

Qu'est-ce que tu vis dans ta vie que tu souhaiterais voir continuer ?

Après ma mort ?

Non, aujourd'hui, ou oui après ta mort, comme tu veux.

L'Amour et la joie. Voir l'Amour et la joie grandir en moi. Ce n'est absolument pas une démarche égoïste, car je rencontre des gens imbibés de cela au point de me donner la chair de poule quand je les vois et les entends. J'aimerais voir grandir en moi la pureté, la simplicité de l'Amour et de la joie. La joie est la conséquence de l'Amour. Je suis profondément croyant et je sens qu'il y a des moments où je n'ouvre pas assez mes portes au Bon Dieu. J'ai le sentiment que tout nous pousse, sur terre, à nous replier sur nous-mêmes. Donc il faut retrouver des valeurs simples, des sentiments simples et laisser entrer la lumière chez soi. J'aimerais qu'on dise : « Il était joyeux », et j'espère qu'on pourra le dire.

As-tu un défaut dont tu souffres ?

Oui, un énorme défaut : j'aime bien qu'on m'aime. Je travaille à me corriger de ce défaut, mais il est très pervers. J'ai besoin qu'on m'aime, besoin que l'on m'admire. Ce défaut, je le combats d'une manière assez simple, grâce à quelqu'un qui m'a aidé avec ces mots : « Commence par t'aimer toi-même, et ensuite tu auras peu besoin de l'Amour des autres. » C'est un gros défaut que le besoin d'être aimé : ainsi, maintenant, tandis que je te parle, j'ai envie que tu trouves mes réponses belles. Or, ce n'est pas le sujet. Le sujet, c'est que ce soient mes vraies réponses. J'espère avoir été sincère, du fond de mon cœur.

Quelle est l'intention positive qui se cache derrière ce défaut, à ton avis ?

Peut-être l'intention d'un Gonzague bienveillant. Je ne sais pas.

Est-ce que tu as des mentors et quels messages te portent-ils ?

Oui, j'ai des mentors. J'ai un ami moine, que je ne joins pas souvent, mais quand je le joins nos échanges sont intenses, nourris et tellement vrais ! Ce genre de mentor a les clés pour rouvrir les portes de la lumière à l'intérieur de toi-même. J'ai eu quelques mentors professionnels, mais ce n'est plus le sujet. Non que je n'en aie pas besoin, mais aujourd'hui ce sont plutôt des mentors personnels. Le mot « mentor » n'est pas forcément le bon mot, d'ailleurs. L'accompagnateur, peut-être ? Le parrain n'est pas le bon mot non plus. En fait, c'est celui qui te donne la main au moment où tu en as besoin. Mon père avait une main incroyablement douce, chaude et chaleureuse et à l'instant j'ai le souvenir des moments où il me donnait la main quand j'étais petit. Ce copain moine, c'est un peu ça. La discussion que j'ai avec lui, c'est la main chaude. Tu es comme une maison où toutes les portes ne sont pas ouvertes ; il y a des pièces qu'on n'a pas envie d'ouvrir parce que c'est un peu le bordel à l'intérieur, et voilà qu'il te les ouvre et que la lumière rentre. J'ai des ami(e)s qui m'aident fondamentalement à aller vers le « s'aimer soi-même ». J'ai beaucoup de chance, car j'ai beaucoup de gens autour de moi qui m'accompagnent dans des recherches, des discussions – j'espère que je leur rends le même service. Cet ami moine a mon âge, il a eu un pépin de santé et s'en est sorti. Nous étions élèves à Sainte-Croix ensemble et nous sommes restés assez proches, même si nous ne nous parlons pas souvent. Il me secoue, car je sais qu'il a les clés des fenêtres des chambres que je ne veux pas ouvrir en moi. Il s'appelle Bertrand.

Ta vie est-elle un stage d'Amour comme la mienne ici-bas ?

Oui. J'ai été inondé d'Amour. Quand je t'entends le dire, toi, alors que je connais un peu ta vie, je trouve ça admirable, mais moi j'ai été inondé d'Amour. Avec des parents qui m'aimaient, qui sont partis sans souffrir, en m'aidant presque. Papa est mort en 2013 doucement, sans souffrir. Maman est morte dans mes bras, autonome jusqu'à la fin de ses jours à 94 ans. Je n'ai pas eu de drame, j'ai été inondé d'Amour. J'ai des enfants qui m'adorent. Quand j'y pense, je me dis : « Peut-être n'ai-je pas fait ce qu'il faut de tout cela, ou peut-être ai-je encore du boulot. » La coupe est bien, bien pleine.

En conclusion, faut-il tout oser demander dans la vie ?

Ma phrase mythique est : « Ne pas oser, c'est déjà perdre. » Cela m'a beaucoup aidé et servi. Mais « tout oser demander », cela dépend pour quoi. Si c'est tout oser demander pour grandir, faire davantage, aller plus loin, etc., pourquoi pas ? Si c'est tout oser demander pour ressentir l'Amour, la joie, l'espérance, la vérité, être dans son axe, être heureux, rendre heureux, etc., c'est sans doute plus difficile, mais il ne faut pas hésiter. Le réflexe, dans l'Église catholique, est de demander pour les autres et non pas pour soi-même, mais il ne faut pas hésiter à demander aussi pour soi-même. C'est aussi ce que j'ai découvert en rencontrant un prêtre lors de mon passage au Mont-Saint-Michel.

Pourquoi as-tu accepté ma demande d'interview ?

Parce que, même si nous ne nous connaissons pas depuis très longtemps, à chaque fois que nous parlons, ce n'est pas d'abord sur des sujets de business. Parce que tu as vraiment une bonne bouille. Et puis parce que le monde a besoin de ça. Si ces messages passent (je ne sais pas où), j'espère qu'ils seront entendus et compris pour ce qu'ils sont. Pas comme un signe d'arrogance devant la vie, mais plutôt comme un grand merci à la vie. Tu as eu des difficultés, mais tu as eu aussi beaucoup de chance. Ta chance, c'est ton talent à révéler le cœur chez les gens. Quand on te voit, on n'a pas envie de parler business, on a envie de parler du cœur. Ne pas répondre positivement à ta demande n'aurait pas été sympa, et ce n'aurait pas été bien.

Donc, quel est le plus beau risque dans la vie en un mot, s'il te plaît ?

Recevoir Cyr-Igaël et répondre à ses questions. (Éclat de rire)

Je le répète, c'est la vie elle-même. C'est la prendre telle quelle, tracer sa route, s'accepter tel qu'on est dans ce monde. Notre Dame de Paris a brûlé hier, la France a tous les problèmes que l'on sait, la planète brûle d'un point de vue écologique… OK, mais il faut s'accepter soi-même, se reconnaître tel que l'on est. C'est le plus beau risque de la vie. Et quand on arrive à le faire, ou du moins à s'en approcher, on est beaucoup plus efficace dans son passage sur cette terre.

Mon risque aura été de partager ce moment avec toi aujourd'hui... Merci du fond du cœur, Gonzague.

Tu es un chic type. Je t'aime. Putain, on est dans l'intime !

Risque de colère, par Aude de Thuin

« Le plus beau risque dans la vie est de la réussir, en prenant conscience de ses différences. »

Témoignage Risque de chance d'Aude de Thuin, le 01/10/2019 à Paris. Entrepreneure, créatrice de la Semaine du marketing direct, du Salon de l'art du jardin, du Women's Forum, du Women In Africa et de la manifestation Osons la France.

À découvrir en ligne sur le site www.risquedechance.com ou en vidéo avec le QR code suivant :

Risque de mariage, par Pascal Demurger

« Le plus beau risque de ma vie est de faire confiance à l'Autre et de m'engager. »

Témoignage Risque de chance, le 19/05/2020 à Paris, de Pascal Demurger, voleur de mobylettes, énarque et directeur général du Groupe MAIF.

À découvrir en ligne sur le site www.risquedechance.com ou en vidéo avec le QR code suivant :

Risque de holon, par Robert Dilts

« Le plus beau risque dans la vie est d'être soi-même et de vivre en identifiant les différences qui font la différence. Être un holon, dans ce sens-là, est probablement le plus grand risque de chance. »

Témoignage Risque de chance de Robert Dilts, le 29/10/2019 à Fontenay-sous-Bois. Américain, écrivain, coach, consultant, entraîneur, chercheur, entrepreneur de renommée internationale, Robert Dilts est depuis les années 1975 un des principaux chercheurs et développeurs de la programmation neurolinguistique (PNL) et de ses applications aux domaines de la santé, de l'éducation et des affaires. Ses recherches techniques sur les stratégies, les systèmes de croyances, la PNL « systémique », le Réimprinting, l'Intégration des croyances en conflit, « Sleight of Mouth Patterns », et son modèle des niveaux logiques ont connu une large diffusion. Ses derniers travaux sur la PNL de 3e génération concernent la communication, l'apprentissage et le changement au niveau de l'identité, de la mission et de la vision. Les applications en sont génératives et systémiques et s'adressent autant à la croissance des individus qu'à celle des organisations. La traduction simultanée du témoignage en anglais de Robert est réalisée par son épouse Deborah Bacon Dilts, formatrice, traductrice et danseuse (danse des 5 rythmes). Elle coanime des stages de formation avec son mari, alliant la PNL et des approches corporelles et humanistes.

Bonjour Deborah, et merci de ta présence pour traduire le témoignage de Robert. Bonjour, Robert, et merci de nous offrir ton témoignage. Je te propose de commencer par l'état coach que tu m'as enseigné, pour ouvrir le passage et libérer l'expression unique que tu vas offrir à tous et notamment aux jeunes à travers ton témoignage. On peut le faire avec les gestes.

Je suis Centré ici et maintenant.

Je suis Ouvert à mon champ de conscience.

Je suis Alerte et attentif autour de moi.

Je suis Connecté au holon de ressources plus grandes que moi.

Je suis en Hospitalité et en accueil des possibles. Je suis prêt.

En tant qu'homme, époux, chercheur, coach, écrivain, entrepreneur, j'arrête là la liste, peux-tu me dire, s'il te plaît, quel est le plus beau risque dans la vie ?

Être soi-même et vivre sa propre vie. Cela demande de prendre un grand risque : celui de se dire : « Je vais prendre mon chemin et je vais vivre ma vie sans avoir besoin d'imiter les autres. Je peux être moi-même authentiquement. »

As-tu un exemple vécu de ce beau risque ?

J'ai de nombreux exemples, mais le plus simple est le choix de suivre mon chemin au niveau de ma carrière. Il n'y avait pas de formateur en PNL. Ce que je fais aujourd'hui n'existait même pas quand j'ai commencé. Je me souviens que ce fut une décision importante de me dire : « OK, je vais orienter ma vie dans ce sens-là. » Pendant les premières années, même s'ils me soutenaient, mes parents ne pouvaient s'empêcher de me poser de temps en temps la question : « Quand vas-tu trouver un vrai travail ? » C'était un risque de suivre mon cœur, de suivre ce qui était vraiment important pour moi-même, sans aucune garantie de pouvoir gagner ma vie avec.

Comment l'as-tu vécu, et qu'est-ce qui était vraiment important pour toi, voire pour plus grand que toi ?

Au début, le plus important était vraiment d'accepter le risque, d'épouser le risque. Par exemple, il y a des gens qui prennent des risques parce qu'ils sont naïfs, rêveurs et ne voient même pas le risque qu'ils sont en train de prendre. Moi, je sentais le danger. Je contemplais ce danger. Je pouvais ne pas gagner d'argent, gaspiller du temps. Il y a eu un moment intéressant. Je n'avais plus d'argent. Je ne pouvais même pas payer le loyer de la maison. J'étais face à la question : « Est-ce que je continue, ou est-ce que je fais autre chose ? » Le jour même, j'ai reçu par la poste un chèque de 150 $, ce qui était suffisant pour que je puisse continuer. Encore aujourd'hui, je ne sais pas qui m'a envoyé ce chèque. Mais je me suis dit : « Quelque chose de plus grand que moi doit avoir envie que je continue. » Ma motivation pour faire ce que je faisais n'était pas seulement tournée vers moi. J'ai vu qu'en faisant cela, je pouvais apporter une contribution utile.

À propos de contribution, quelle est ta contribution au monde, ta mission, ta vocation ?

Si je regarde ce que j'apporte, je vois que j'ai la capacité d'identifier des schémas, des différences qui font la différence. L'idée est de modéliser des gens qui font les choses de façon efficace. Chez des génies reconnus comme Einstein, Léonard de Vinci, Disney ou d'autres, j'identifie ce qui, dans leur façon d'agir, leur permet de réussir et d'être créatifs. Je mets ce qu'ils font dans des modèles, afin de créer des outils qui permettent à d'autres d'apprendre, de réussir ou d'être créatifs dans leur propre vie. Ma mission fondamentale, je la résumerai d'un mot qui est difficile à traduire en français : *empower*. Permettre aux autres de trouver leur propre puissance. Révéler le potentiel de chacun, son propre pouvoir. Ainsi, je leur montre comment faire, comment penser, comment se servir de leur corps, ce qu'il faut faire pour trouver leur chemin. Tous mes livres et toutes mes formations portent là-dessus.

Je peux en témoigner, car j'en ai profité, et j'en profite encore.

Je suis plein de gratitude pour cela, Cyr-Igaël.

Qu'est-ce que tu reconnais en toi-même, par toi-même qui te donne le goût de vivre ?

Au bout du compte, une qualité d'énergie. On pourrait l'appeler une passion. Ce que je reconnais en moi, c'est une passion et un désir de continuer à découvrir, donc une curiosité, suivie par un engagement. Je vois cela en moi. Je vois la passion de ce que je fais et le désir de partager cette passion avec d'autres.

Face au difficile, n'est-ce pas souvent en s'ouvrant à tout autre chose que les solutions naissent ?

Oui, j'adhère tout à fait à ce que dit Einstein : « On ne peut pas résoudre un problème avec le même type de pensée que celui qui a créé le problème ». C'est très important, et c'est la raison pour laquelle je parle, dans mon enseignement, de multiples intelligences. Mais comme tu le dis, quand je me confronte à mes difficultés les plus importantes, j'ai tendance à me relier à quelque chose de plus grand que moi. Je ne reste pas simplement en moi-même. Plus grand que moi ? Il peut s'agir de mes enseignants, mais aussi de la nature. C'est une des raisons pour lesquelles je cours tous les jours dans la nature. Dans les moments où je rencontre des difficultés les plus importantes, j'ai vraiment envie d'être dans le contexte de la nature. Et de m'ouvrir à quelque chose de plus grand que moi, au-delà de moi – comme tu le dis très bien.

Est-ce un risque de chance d'être né américain ?

(Rire) Oui, c'est un facteur de chance. Non seulement je suis né américain, mais je suis né homme mâle en Californie. Je suis californien. Je me revois enfant, vers l'âge de 10 ou 11 ans. À l'époque, j'avais déjà conscience que grandir dans cette région, autour de la baie de San Francisco, était une chance énorme par rapport à tant d'autres personnes dans le monde. Et donc, déjà à cet âge-là, je me suis rendu compte que j'avais énormément à donner en retour. Aujourd'hui, je voyage un peu partout dans le monde, car je parle anglais, comme tu le vois. Si j'ai cette aisance, c'est parce que je suis né américain. Le risque sous-jacent, c'est de ne pas être conscient de ce qui se passe dans la vie des autres. D'être coupé du monde. Il peut y avoir une sorte d'arrogance, d'inconscience. C'est aussi pour cette raison que j'ai poursuivi un grand nombre d'activités dans ma vie. Pour ne pas m'enfermer dans une perspective limitée.

Est-ce un risque de chance d'être un holon ?

C'est probablement le plus grand risque de chance, dans le sens que tu donnes à cette expression. L'idée du holon est que nous sommes chacun un tout. Sur le plan physique on a un cerveau qui est un tout, un cœur qui est un tout, un ventre, etc., chacun de ces éléments étant un tout en soi. Chacune de ces parties sont constituées d'autres « touts ». Jusqu'aux cellules, molécules, atomes. Et, en même temps, nous faisons partie de « touts » successifs qui sont de plus en plus grands : un couple, une famille, une communauté, une profession, une planète. La grande chance, c'est que chaque « tout » contienne tant de ressources. C'est en cela que nous touchons le sens de la vie, la beauté, un sentiment d'émerveillement, un sentiment d'appartenance. Le risque, c'est la déconnexion. Si nous nous déconnectons du holon de notre corps, nous pouvons tomber malade. Si nous nous focalisons seulement sur une partie du holon, les autres parties vont en pâtir. Notre capacité d'émerveillement et de sagesse vient du fait que nous pouvons nous connecter à toutes les parties du holon, à toute l'holarchie à ses divers niveaux. Pour résumer, la chance vient quand on est connecté et le risque advient lorsqu'on est déconnecté.

Est-ce un risque de préparer les jeunes à devenir des leaders conscients des défis de demain? Je m'inclus encore dans les jeunes, si tu me le permets, Robert.

(Éclat de rire) Dans notre holon, nous avons tous une partie de nous qui reste jeune. C'est un risque de chance et c'est absolument nécessaire. Si nous ne menons pas à bien cette préparation aux défis de demain, ce que nous mettons en danger c'est l'avenir tout entier. J'estime que c'est le rôle des gens qui sont dans des positions comme la mienne de soutenir les jeunes leaders. De les aider, surtout, à être plus conscients. Le risque à courir tient dans cette question : est-ce que nous pouvons le faire assez rapidement et assez complètement? Si nous ne le faisons pas, nous allons vraiment nous trouver devant des problèmes importants.

Peux-tu préciser en quelques mots ce qu'est un leader conscient s'il te plaît?

L'idée de conscience nous ramène à notre conversation sur le holon. À mon sens, ce qui mesure la conscience, c'est l'envergure du holon que je suis capable de garder à l'esprit dans les moments où je prends des décisions. Un leader inconscient se focalise sur une seule chose. Un grand nombre des problèmes auxquels nous sommes confrontés aujourd'hui ont été créés par des leaders cantonnés dans une vision de court terme. Ils se focalisent sur quelque chose comme l'argent, et restent indifférents aux impacts et aux conséquences que leurs décisions peuvent avoir sur l'environnement et sur l'avenir. On peut donc dire qu'un grand nombre de problèmes d'aujourd'hui sont le résultat d'un leadership inconscient, de leaders inconscients. À l'inverse, un leader conscient va mesurer l'impact de ses décisions sur le temps et sur la globalité des parties prenantes affectées par ces mêmes décisions. Je suis très encouragé aujourd'hui par un certain nombre de jeunes leaders bien plus préoccupés par la prise en compte de l'environnement que beaucoup de nos leaders plus âgés.

Tu m'as interpellé un jour au sujet des arbres, quand ton père allait mourir, car mon père était exploitant forestier. Est-ce un risque de chance d'avoir des arbres auprès desquels tu peux te ressourcer face aux décisions importantes de ta vie ?

(Rire) C'est bien là où je vais quand j'ai des décisions importantes à prendre ! Si nous vivons ici à Fontenay-sous-Bois, juste à côté du bois de Vincennes, c'est parce qu'ainsi je peux aller sous les arbres. En Californie, nous avons l'immense chance de vivre juste à côté des séquoias. Les grands arbres sont à mon sens des holons. Ils sont très accordés au holon, très branchés sur les holons. Il y a beaucoup de preuves du fait que les arbres peuvent communiquer entre eux, pour se protéger des insectes et d'autres choses. Nous avons beaucoup à apprendre des arbres. Un proverbe dit : « On reconnaît une civilisation quand les anciens plantent des arbres qui donneront l'ombre sous laquelle ils ne pourront jamais s'asseoir. » C'est-à-dire qu'ils regardent, au-delà d'eux-mêmes, vers les générations à venir. Il y a quelque chose de très archétypal dans le fait de planter des arbres.

Qui es-tu comme magicien et que fais-tu en tant que magicien dans ce monde ?

La réponse la plus simple, c'est que j'enseigne la structure de la magie. *La Structure de la magie*[39] était le titre du premier livre fondateur de la PNL. L'idée est que si nous pouvons regarder et découvrir comment des gens font de la magie, alors nous aussi nous pouvons en faire. Donc, en tant que magicien je me donnerai le titre de « métamagicien ». Un magicien mentor d'autres magiciens, qui les aide à découvrir leur propre magie et à libérer la magie chez les autres.

39. Bandler, Richard, Grinder, John, *La Structure de la magie. Le livre fondateur de la PNL*, InterEdition, 2015.

Partages-tu la vision de Jean Vanier, fondateur de l'Arche : « Toute personne est une histoire sacrée » ?

Oui. Réponse toute simple. Mais c'est une belle vision et une belle façon de l'exprimer. Alors, il est facile de dire oui.

Qu'est-ce que tu vis dans ta vie que tu souhaiterais voir continuer ?

Rappelons-nous l'histoire de Gandhi. Il participait à une retraite, engagé au silence. Il était confronté aux turbulences des journalistes qui tentaient de lui faire dire quelque chose. S'étant engagé à rester dans le silence, il ne pouvait pas leur répondre. Les journalistes l'ont poursuivi jusqu'à la fin, jusqu'à son train en criant : « Quel est votre message ? » Il a alors écrit sur un papier, qu'il a affiché à travers la vitre du train : « Ma vie est mon message. » Quand je me demande ce que j'aimerais continuer à vivre, le message qui me vient à l'esprit est celui-ci : « Tu peux vivre ta vie. En étant authentique et conscient, tu peux créer et mener une vie meilleure pour toi et pour les autres. »

As-tu un défaut dont tu souffres ?

(Rire) Nous avons tous des défauts. J'en ai de nombreux. Mon défaut principal, c'est de ne pas toujours dire ce que je pense vraiment, ce que je pense être le mieux pour moi-même et pour les autres, de peur de déranger ou de faire monter à la surface des sentiments difficiles. De ne pas agir parfois quand je le devrais, par peur que ce soit trop dérangeant, trop perturbant. Cela crée une incongruence à l'intérieur de moi et je ne suis plus authentique. C'est un risque à courir, d'être authentique, car cela peut aussi créer de la déception chez les autres. C'est ainsi que l'on peut commencer à se cacher.

Est-ce que l'intention positive qui se cache derrière ce défaut est le respect de l'Autre ?

Oui, le respect des autres est un des éléments, mais il y a aussi la protection de soi-même. Protection des autres et protection de soi. Cela devient un défaut quand cette attitude n'est reliée qu'à une partie du holon. Il s'agit alors, probablement, d'une forme d'autoprotection. La question est alors de reconnaître ce fait et de se connecter à quelque chose au-delà de cela.

Ta vie est-elle un stage d'Amour comme la mienne ici-bas ?

C'est une question très intéressante. Il y a bien des années, je me suis familiarisé avec un livre intitulé : *A course in miracles – Un cours en miracles*[40]. Le message de base est que tout est issu soit de l'Amour, soit de la peur. Toutes les émotions positives, le potentiel de la guérison, tout cela vient de l'Amour. La violence et les choses négatives viennent de la peur. Nous sommes donc ramenés à la première question. Est-ce que je suis au service de l'Amour ou de la peur ? Moi, j'ai toujours voulu faire le choix de l'Amour. Dans la période la plus difficile de ma vie, j'ai imprimé une phrase sur des feuilles de papier que j'ai affichées à différents endroits de la maison. La question inscrite sur ces feuilles était : « Qu'est-ce que l'Amour me demande ? » Dans les moments difficiles, c'est toujours ma question : « Qu'est-ce que l'Amour me demande ? »

Faut-il tout oser demander dans la vie ?

Oui. C'est une autre question à laquelle je répondrai oui. Quelle est la conséquence si nous ne le faisons pas ? Le grand scénariste, philosophe et écrivain George Bernard Shaw[41] a dit : « La plupart des êtres humains vont jusqu'à leur tombe avec leur musique à l'intérieur d'eux. » Il faut laisser sortir cette musique pendant qu'on le peut. Donc, tout demander de la vie.

Pourquoi as-tu accepté ma demande de témoignage ?

Parce que je crois en toi (rire bienveillant). Parce que je vois que ce que tu fais est « au service ». Parce qu'il y a une résonance en moi avec toi dans cette vision et cette mission ; je sais donc que cela fera une différence. Enfin parce que c'était de ta part une demande qui venait du cœur. C'était un risque. J'ai pu voir facilement que c'était une contribution. Je vois que c'est comme cela que tu as vécu ta vie.

Alors, pour conclure, peux-tu me dire en un mot, s'il te plaît, quel le plus beau risque dans la vie ?

Vivre ! Comme tu l'as dit : aller vraiment jusqu'au bout. Il y a l'Amour, le danger, l'opportunité. Quand on peut tout étreindre, alors on peut regarder en arrière sa propre vie et dire : « C'était bien. Pas de regret. »

---

40. Schucman, Helen, Thetford, Bill, *A course in miracles*, 1972, Pocket Edition, 2014.
41. Georges Bernard Shaw, 1856-1950.

Mon beau risque aura été de partager ce moment avec Deborah et toi aujourd'hui... Merci du fond du cœur. As-tu une question ?

Quel est le prochain pas pour toi dans cette mission qui est la tienne ?

Rencontrer mon éditeur pour faire naître le livre. Et pourquoi pas réaliser un film, monter une chaîne vidéo sur les réseaux sociaux et créer un mouvement Risque de chance, avec des conférences dans les écoles, dans les universités, dans les entreprises comme me l'ont suggéré Fadela Amara ou Alexandre Bompard ? Il s'agirait de diffuser ce message : « Rien ne peut empêcher ta contribution au monde, mais quelle est-elle ? Le sais-tu ? » Bien sûr, en holarchie avec vous tous, car c'est vous tous qui allez m'aider à faire naître ce mouvement en Risque de chance.

Merci, Cyr-Igaël, pour ces belles questions. Elles sont vraiment belles.

Risque d'ignorance, par Pierre Dubuc

« Le plus beau risque est de se donner à fond pour une mission, pour les autres. Dans mon cas la mission, c'est de rendre l'éducation accessible. »

Témoignage Risque de chance, le 09/06/2020 à Paris en visioconférence, de Pierre Dubuc, ingénieur, entrepreneur à 11 ans, cofondateur de la plateforme Open Classrooms pour rendre l'éducation accessible à tous et donner un emploi aux gens. Cette plateforme forme 3 millions de personnes par mois dans plus de 140 pays. Pierre Dubuc a été désigné par Forbes, dans son classement « 30 under 30 », comme l'un des trente jeunes meilleurs innovateurs, entrepreneurs et dirigeants européens en 2016.

À découvrir en ligne sur le site www.risquedechance.com ou en vidéo avec le QR code suivant :

Risque de l'Autre, par Xavier Emmanuelli

« Le plus beau risque dans la vie c'est de risquer sa vie, c'est évident. »

Témoignage Risque de chance, les 04/01/2017 et 09/04/2019 au SAMU social à Paris, de Xavier Emmanuelli, médecin fondateur de Médecins sans Frontières et du SAMU social. Conclusion par le Docteur Suzanne Tartière, médecin urgentiste du SAMU de Paris, ancienne directrice médicale du SAMU social, auteur de *En cas d'urgence faites le 15*[42].

À découvrir en ligne sur le site www.risquedechance.com ou en vidéo avec le QR code suivant :

42. EMMANUELLI, Xavier, TARTIÈRE, Suzanne, *En cas d'urgence, faites le 15*, Albin Michel, 2015.

Risque d'aimer contre tout, par Delphine Ernotte Cunci

« Le plus beau risque dans la vie est d'expérimenter la perte totale, c'est ce qui rend forte, et de ne pas se sentir à sa place de droit, ce qui rend prête à apprendre. »

Témoignage Risque de chance de Delphine Ernotte Cunci, le 26/09/2019 à Paris. Après avoir fait toute sa carrière à France Telecom, devenue Orange, où elle a occupé des postes de direction, elle est depuis le 22 août 2015 la présidente de France Télévisions, après avoir été nommée par le Conseil supérieur de l'audiovisuel (CSA), le 23 avril 2015. Elle est également depuis le 1er janvier 2021 la présidente de l'Union européenne de radio-télévision.

En tant que maman, épouse et femme dirigeante de l'audiovisuel français, peux-tu me dire, s'il te plaît, quel est le plus beau risque dans la vie ?

Le plus beau risque dans la vie, c'est d'aimer contre tout. Aimer quelqu'un alors même que cela peut poser problème dans la famille, dans la vie, pour des tas de raisons.

As-tu un exemple vécu de ce beau risque ?

Oui. C'est prendre le risque de se lier à des gens qui ne font pas naturellement partie de votre environnement proche. Ce sont les rencontres, en fait. Oui, bien sûr, j'ai des exemples à donner. Je pense que mon mari, avec lequel je vis depuis 30 ans, n'est pas du tout l'homme qu'imaginaient mes parents pour moi. Et pourtant j'ai fait le bon choix.

Comment l'as-tu vécu et qu'est-ce qui était vraiment important pour toi, voire pour plus grand que toi ?

C'est dur d'apprécier cela, car on se demande toujours si l'on est en rébellion ou pas. Quelle est la vérité profonde des choses ? Il faut réussir à retrouver le sentiment pur. Se débarrasser de toutes les scories qui peuvent perturber le sentiment.

Quelle est ta contribution au monde, ta mission, ta vocation ?

Tu m'as dit : « À la télé, on fait du faux. » Mais il faut voir qu'à la télé, on fait du faux pour faire du vrai. (Rire) Je vais te dire pourquoi la télévision est importante pour moi : on entre chez les gens, on est déjà dans la vie. Donc, ma mission présente, c'est de faire en sorte que nous apportions quelque chose aux gens. Ce quelque chose peut être simplement un lien quotidien, un rendez-vous pour certaines personnes qui vivent seules. Il y a beaucoup de gens qui vivent seuls et n'ont pas grand-chose à mettre dans leur agenda. Un rendez-vous avec un animateur, une émission, un jeu, un JT, peu importe, ce rendez-vous que l'on a dans la tête aide à vivre et à combattre la solitude, qui représente pour moi le pire des maux. Une télévision qui combat la solitude tout en apportant quelque chose de positif, comme de l'information, un regard sur le monde, une fenêtre pour découvrir ce que l'on ne connaît pas, cette télévision-là est une belle chose.

Donc peut-on dire que ta mission est de combattre la solitude ?

Oui, je crois que l'on peut dire ça.

Qu'est-ce que tu reconnais en toi-même, par toi-même qui te donne le goût de vivre ?

Ah, c'est une bonne question ! Ma famille, mes enfants, mon mari, les liens. Le fait de compter à leurs yeux.

Face au difficile, n'est-ce pas souvent en s'ouvrant à tout autre chose que les solutions naissent ?

Je ne sais pas. Il y faut une disposition de caractère. Dans la nouvelle *Dangereuse* de Joséphine Hart, qui raconte une histoire d'Amour, adaptée au cinéma dans le film *Fatale* de Louis Malle, l'acteur Jérémy Irons dit à propos du personnage joué par Juliette Binoche : « Les gens qui ont tout perdu, qui sont déjà morts une fois, sont très dangereux. » Je pense que pour faire face à une situation difficile, il faut déjà, d'une certaine manière, avoir expérimenté la perte totale. C'est ce qui vous rend fort.

Si je comprends bien, ils sont très dangereux parce qu'ils sont invincibles.

Exactement.

Est-ce un risque de chance d'être d'origine corse, la petite-fille d'un grand résistant ancien maire de Bayonne (Jean-Pierre Brana) et la fille de deux médecins basques ?

Ma mère était basque, mon père était corse. Mon père aussi a été résistant. J'ai beaucoup baigné dans ses récits de guerre. Mon grand-père a connu la Première Guerre mondiale, il était invalide de guerre. Mon père, à 15 ans, a vécu la Seconde Guerre mondiale. J'ai donc moi-même vécu dans l'idée que tout peut basculer. Même si mon père et mon grand-père étaient résistants, ils ont toujours raconté que la guerre était une ignominie, qu'elle avilissait l'homme, que c'était laid. Cela a beaucoup compté dans les récits que j'ai entendus dans mon enfance. Je ne ressens donc pas la période dans laquelle nous vivons comme quelque chose de normal. Une période de paix aussi longue est au contraire une expérience inédite dans l'histoire de la France et de l'Europe. C'est précieux, très précieux. Donc oui, c'est une chance.

Est-ce un risque de chance d'être leader féministe, engagée pour l'égalité professionnelle homme-femme ?

(Rire) C'est typiquement quelque chose que je ne fais pas pour moi. Parfois, je suis découragée. Mais l'idée de me dire que lorsqu'on est une femme chef d'entreprise on ouvre la voie aux autres me requinque de temps en temps. Je me dis : « Si tu ne le fais pas pour toi, au moins fais-le pour les autres. Allez, ce n'est pas grave, on continue. »

Est-ce un risque d'être confrontée à la question sensible des suicides, comme j'y ai été confronté avec mon père ?

Oui. Ce fut une période très difficile dans ma vie. J'étais chez Orange et j'ai pris des responsabilités quand le patron actuel, Stéphane Richard, est arrivé. Nous étions en pleine crise des suicides et il fallait réparer tout cela. Je crois que cela a été ma période professionnelle la plus dure. Car, même si le management avait changé, les suicides ont continué. Par nature, on ne comprend pas un suicide. C'est très agressif pour l'entourage, très dur. On ne trouve jamais les explications. Car beaucoup d'éléments s'entremêlent. Il est impossible de dire que ce n'est pas ceci ou que ce n'est pas cela, ou, inversement, que c'est ceci ou cela. Au fond, on n'en sait rien, on n'en saura jamais rien. C'est sans doute un mélange de beaucoup de choses.

Cette période a néanmoins été une chance dans ma vie professionnelle, parce que j'ai réalisé deux choses. D'abord, le fait que les gens sont beaucoup plus fragiles qu'on ne l'imagine. Ensuite, que les gens sont aussi beaucoup plus forts qu'on ne l'imagine. Les deux en même temps. Donc, il faut faire très attention. Bien écouter, être présent, être près des gens pour entendre ce qu'ils disent, écouter les organisations syndicales quand elles lancent des alertes. Il faut avoir les oreilles grandes ouvertes et pas seulement les oreilles, mais tout. En fait, il faut être disponible, car ce genre de drame peut arriver n'importe où et n'importe quand. On ne sait pas. On ne le voit pas venir chez l'Autre. Pas toujours, en tout cas. Il faut être attentif aux signes, en parler autour de soi. C'est très compliqué. Cette période a été une chance, au sens où tout cela m'a changée. Je ne suis pas du tout la même après qu'avant.

Qu'est-ce que cela a changé ?

La conception que j'ai du rôle d'un dirigeant. Non pas sa responsabilité – car ça, intellectuellement on le sait –, mais l'attention qu'il doit porter à la santé de chacun et de tous. Ce n'est pas quelque chose en plus, c'est un point absolument fondamental. Si à travers certains signes on perçoit qu'il y a une angoisse qui monte, des gens qui ne vont pas bien, ce mal-être doit être un sujet prioritaire pour le dirigeant. Ce n'est pas une question secondaire.

Le dirigeant est-il engagé jusqu'au point de vie et de mort ?

Qu'est-ce que ça veut dire : « engagé jusqu'au point de vie et de mort ? » Non, on ne peut pas attendre de qui que ce soit de prévoir une telle issue, ni d'ailleurs de l'empêcher. C'est impossible. En revanche, faire en sorte que tout ce qui peut être empêché le soit, oui.

Est-ce un risque de chance d'être la première présidente d'une télévision d'hommes blancs de plus de 50 ans, et d'ailleurs, cette situation a-t-elle changé ?

Oui, elle a changé, et je m'y emploie. (Éclat de rire). Les antennes se sont féminisées. Bien sûr que les choses changent. Pour le premier de cordée, ce n'est pas drôle. C'est lui qui casse la glace pour passer. C'est pour cela que je disais tout à l'heure : « De temps en temps, cela me fatigue. » J'ai toujours été dans une minorité et faire partie d'une minorité est très fatigant. Il suffit de demander son avis à n'importe quel autre représentant d'une minorité pour qu'il vous dise, lui aussi, que c'est épuisant. C'est d'ailleurs ce qui me fatigue le plus dans mon travail. Cela peut me pomper 50 % de mon énergie. Mais c'est utile. Quand les gens regardent la télé, il est utile qu'ils voient des femmes expertes et pas seulement des experts masculins. Que les gens aient une autre représentation de ce que sont les femmes – de ce que sont les hommes aussi, d'ailleurs – et au-delà de la mixité, de façon plus générale, qu'ils aient une autre représentation de la diversité est quelque chose d'absolument fondamental. Donc c'est fatigant, mais utile. (Rire)

Est-ce un risque de chance de mettre en scène Sceptick, une pièce de théâtre écrite par ton mari comédien Marc Ernotte ?

Ah oui ! Ce fut un très beau moment. Il y a beaucoup de points communs entre la mise en scène et le fait de diriger. D'ailleurs, on parle de « direction d'acteurs ». Le metteur en scène est quelqu'un qui doit faire la synthèse de nombreux éléments avant de prendre des décisions. J'y pense souvent dans ma vie professionnelle. Évidemment, j'écoute mes équipes ;

or de temps en temps, l'on entend quelque chose qui sonne parfaitement juste et qu'il faut être capable de repérer. Dans la mise en scène, c'est la même chose. Je me souviens d'un jour où l'on répétait, répétait... Ce n'était pas exactement cela et puis tout d'un coup, paf, on y était. C'est quelque chose qu'il faut entendre, comme du son – en fait, ce n'est pas du son, mais cela ressemble à une pièce qui entre parfaitement dans un moule. Je pense à la chanson de Carla Bruni-Sarkozy qui parle d'un tailleur – ou de je ne sais plus quel vêtement – qui « tombait comme un Saint-Laurent ». Voilà, c'est comme un vêtement qui tombe parfaitement sur le corps. Cette notion-là, très importante dans la mise en scène, est également très importante quand on exerce une fonction de direction. Il faut savoir repérer. Souvent, les idées sont construites à plusieurs, il y a une idée ici, une autre enrichie là, et tout d'un coup il faut ramasser l'objet. C'est ma fonction principale.

Est-ce un risque de chance de ne pas être archéologue pour ramasser d'autres objets ?

(Sourire) Je me suis souvent dit, et pendant très longtemps, que je n'étais pas à ma place. D'ailleurs, je ne suis jamais à ma place. J'ai toujours eu envie d'un autre métier, d'autres choses. Mais au bout du compte, je me dis que je suis bien là où je suis et que ne pas se sentir à sa place est finalement une bonne chose dans la vie. Quand on se sent trop en adéquation avec tout, on perd sa vigilance, son écoute. Le fait de ne pas se sentir de droit quelque part vous rend plus aiguisé, plus aigu, plus attentif aux autres, plus disposé à apprendre.

Est-ce un risque de chance de voir la vie en photographie ?

(Rire) Oui, c'est une chance magnifique. Je préside le conseil d'administration de l'École nationale supérieure de la photographie d'Arles. Je ne connaissais rien du tout à la photographie quand on m'a proposé cette fonction, qui n'est pas opérationnelle, heureusement. Depuis, grâce au directeur de l'École, je me suis un tout petit peu initié à cet art-là. L'art, de façon générale, est une chance. La photo aussi, mais pas seulement. Aller voir des expositions de très grands artistes, de très grands photographes, cela nourrit. Cela nourrit l'âme.

Est-ce un risque ou une chance d'être Amoureuse des chats ?

C'est une chance. Mes enfants ont quitté la maison; alors, je fais un transfert total sur le chat. C'est en quelque sorte un chat-enfant. Finalement, s'occuper d'un animal, le chérir un tout petit peu comme l'on chérit ses enfants, c'est un bonheur.

Qui es-tu comme magicienne et que fais-tu en tant que magicienne dans ce monde ?

En tant que magicienne je transforme de la terre glaise en objet.

Donc tu sculptes, tu pétris la vie ?

Oui.

Que voudrais-tu voir se réaliser dans le monde au travers de toi et au-delà de toi ?

Ah ! Au travers de moi, dans ma fonction actuelle, aider à lutter contre les complotismes, les manipulations d'informations qui pullulent. J'espère qu'on le fait, évidemment, mais je voudrais qu'on le fasse encore davantage. Apporter aux gens du plaisir intelligent, de l'imaginaire de qualité. Quand c'est le cas, je me dis : « Nous n'avons pas perdu notre journée. »

Partages-tu la vision de Jean Vanier : « Toute personne est une histoire sacrée » ?

Oui, bien sûr. C'est une formule magnifique. C'est la beauté de la vie. « Sacrée », en fait, je ne sais pas. C'est le mot « sacrée » qui m'interpelle, parce que je ne sais pas ce qui est vraiment sacré. La vie, c'est sûr. Mais je ne suis pas croyante, donc j'ai un rapport au sacré qui est compliqué. Par quoi remplace-t-on la foi ? Qu'est-ce qui est sacré ? Je n'ai pas résolu cette question. Il faut toute une vie, peut-être, pour la résoudre et je n'ai pas encore fini la mienne.

Toute une vie... ou plusieurs ?

Oui : ou plusieurs.

Qu'est-ce que tu vis dans ta vie - qui n'est pas finie, je l'ai bien compris -, que tu souhaiterais voir continuer ?

Tout. J'aime tout dans ma vie.

As-tu un défaut dont tu souffres ?

Je suis susceptible. Et ça ne sert à rien. (Rire partagé). Pas toujours, mais parfois, je suis susceptible.

Quelle est l'intention positive qui se cache derrière ce défaut ?

C'est une réaction au fait que je sois sans arrêt en train de négocier ma place. De temps en temps, il faut que je pose mes valises et que je reste calmement là où je suis. Mais je ne sais pas comment le dire.

C'est une petite alerte sympa ?

Oui, c'est une petite alerte. Cela veut dire : repose-toi, prends du recul, tout cela est stupide. Parfois aussi c'est une alerte justifiée, car si quelque chose me met en colère, c'est qu'il y a un problème. Les sentiments sont très importants pour comprendre ce qui se joue. La colère est une très bonne information, un bon signal, il ne faut pas la négliger.

C'est ton petit Jiminy Cricket ?

Oui.

Est-ce que tu as des mentors et quels messages te portent-ils ?

Oui, j'ai beaucoup de mentors. Des patrons notamment qui m'ont aidée, des femmes aussi. Le message principal dont je leur sais gré est qu'ils ne correspondent pas du tout aux stéréotypes des patrons. Ils sont beaucoup plus complexes, beaucoup plus humains, beaucoup plus profonds qu'on ne l'imagine. Et cela, quelle que soit la détestation ou la vénération que l'on porte de manière générale aux gens qui dirigent. Les femmes en particulier sont maltraitées. On n'aime pas les femmes au pouvoir. On n'aime pas les femmes qui ont des responsabilités. Donc, avoir des modèles féminins qui soient totalement elles-mêmes, complètement étranges, parfois fantasques et qui en même temps mènent leur carrière formidablement bien, cela fait du bien.

Veux-tu en citer une ?

Tout à l'heure, nous parlions de Mercedes Erra. Mercedes a une personnalité très forte. Cela ne l'empêche pas d'être une patronne brillante, bien au contraire. Elle est comme elle est et cela fait du bien aux autres. On se dit : « Après tout je suis différente, mais je suis comme je suis. » On en a le droit.

Ta vie est-elle un stage d'Amour comme la mienne ici-bas ?

Qu'est-ce que c'est, ton stage d'Amour ?

Eh bien, je veux dire que j'ai encore du boulot pour parvenir à aimer correctement.

Ah, un stage pour apprendre l'Amour ?

Oui, pour moi faire un stage c'est avoir l'occasion d'apprendre ; en tout cas, dans mes stages, j'ai beaucoup appris.

Oui bien sûr, on n'en finit pas d'apprendre sur ce sujet-là. J'ai progressé. À mon âge, à 53 ans, je suis plus heureuse, j'en déduis que j'aime mieux qu'à 20 ans. C'est très bien de vieillir. Je le dis aux autres femmes qui ont toujours peur d'avoir des rides. Bon, j'ai des rides, mais on est tellement mieux que cet équilibre-là vaut bien quelques rides. (Rire)

Faut-il tout oser demander dans la vie ?

Je ne sais pas si demander est le bon mot. Je ne pense pas qu'il faille demander, dans la vie. Il faut s'autoriser. Il faut tout s'autoriser. Ce qui n'est pas la même chose que demander.

Oui, mais si je n'avais pas demandé à te rencontrer, je ne t'aurais pas vue, je pense.

C'est vrai, tu as raison. Il faut oser, je suis d'accord. Mais c'est le « demander » qui me dérange. Il ne faut pas demander à la vie de vous apporter ceci ou cela. Il faut s'autoriser à avoir son chemin comme on le ressent. S'autoriser à appeler Untel alors qu'on ne le connaît pas. S'autoriser à demander une audition… etc. S'autoriser plutôt que demander.

Pourquoi as-tu accepté ma demande d'interview ?

Parce que tu venais de la part de Clara Gaymard, que j'aime beaucoup, en qui j'ai confiance d'abord. Et puis parce que parfois, c'est dur d'être une femme dirigeante. Or ce qui est remonté à mes oreilles de ton initiative me donne à penser que ça peut servir aux autres. Comme ton livre sera fait pour la transmission, pour soutenir des gens plus jeunes, des femmes plus jeunes, des hommes plus jeunes aussi, je me dis qu'il vaut la peine de passer un peu de temps à cela.

Donc, en un mot s'il te plaît, quel est le plus beau risque dans la vie ?

Tu m'as déjà posé la question. Tu veux que je te répète la réponse ! Le plus beau risque, je persiste, c'est d'aimer. Je maintiens. (Éclat de rire)

Le mien aura été de partager ce moment avec toi aujourd'hui… Merci du fond du cœur. As-tu une question ?

Oui, quels sont les plus beaux risques que tu as découverts, dans les portraits que tu as déjà réalisés ?

Je ne vais pas te délivrer le contenu de chaque témoignage, mais ce sont des risques très profonds. Par exemple le risque de rupture, d'audace, de détachement, et bien sûr le risque d'aimer, le plus évident pour moi et le plus ambitieux.

Oui, le plus risqué, par ailleurs.

... Ou des risques liés à un handicap. Vaincre sa timidité quand on est un homme public, sa prise de parole quand on est bègue et grand dirigeant, son art quand on n'a plus tous ses membres. Nous ne nous rendons pas compte de notre chance, tous les deux. Pour nous, tout va bien. Nous avons à peu près tout. Des yeux, des oreilles, de quoi bouffer, une tête pour penser, des gens que nous aimons, des gens qui nous aiment. On est très maladroit au milieu de tout ça, mais on a tout ça. C'est pourquoi je tiens à ce que le message que nous porterons tous aux jeunes dans ce mouvement Risque de chance, soit simplement : « Ose! » Au début de cette aventure et du livre, je me disais comme beaucoup : « Mais personne ne va accepter de me voir, je ne suis rien. » Ce n'est pas vrai. Si tu es habité et que tu portes réellement un message – moi je dis : « ma foi », toi tu dirais : « ma passion » –, les gens le sentent. Ils ne sont pas idiots. C'est cela aussi le message important : « Fais-toi confiance et les autres te feront confiance. » Le pape dont tu parlais a dit : « N'ayez pas peur. » Le plus gros Risque de chance est peut-être là : cesser d'avoir peur.

Oui, mais la peur est un sentiment, donc tu ne peux pas l'arrêter. Alors, comment t'en tires-tu? Quand tu as peur, tu as peur!

Oui, bravo, la solution, c'est d'apprendre à vivre avec. Tu peux faire de ta peur une amie, comme de ta colère en Jiminy Cricket qui t'alerte. Merci beaucoup, beaucoup Delphine.

Je t'en prie.

Risque d'immigrer, par Mercedes Erra

« Le plus beau risque de ma vie a été de construire et d'agir pour ce à quoi je crois, en ayant toujours très envie d'avancer. »

Témoignage Risque de chance, le 26/06/2019 à Paris, de Mercedes Erra, femme d'affaires française, présidente exécutive d'Havas Worldwide et cofondatrice de BETC, agence de publicité internationale de l'année selon *Adweek* 2019. Membre fondatrice du Women's Forum for the Economy and Society. Présidente du conseil d'administration de la Cité nationale de l'histoire de l'immigration.

Peux-tu me dire, s'il te plaît, quel est le plus beau risque dans la vie ?

Oh, c'est trop compliqué. Je n'en sais rien. Le risque de ne pas se sentir bien ; le risque d'être malheureux ; des risques très intimes finalement, qui font que tout d'un coup on a du mal-être. C'est probablement le plus gros risque dans la vie. Ce n'est pas de chance d'avoir du mal-être. Quand on se lève le matin et que l'on est triste, ce n'est pas de chance. Les plus gros risques, à mon avis, sont ceux qui font que l'on se sent mal par rapport au monde, à la vie.

As-tu un exemple vécu de ce genre de risque ?

J'ai connu une période de dépression, pas longue, mais bien réelle. Je ne comprenais pas pourquoi dès le matin ça n'allait pas. Cette sensation allait tellement à l'encontre de ce que je suis ! C'était difficile à vivre, mais c'était passionnant, aussi, parce que ce n'était pas ma nature. Cette expérience m'a permis de comprendre que c'était une chance que ce ne soit pas ma nature. Quand vous êtes dépressif, vous avez l'impression, à travers ce que vous racontent les autres, que le monde est entouré de bonheur, mais que ce bonheur-là n'est pas pour vous. Que vous, vous n'avez pas le droit d'entrer par cette porte-là. Que vous êtes médiocre, que vous êtes moyen, que vous n'y arriverez pas. Vous avez une vision de vous-même extrêmement négative.

Quelle est ta contribution au monde, ta mission, ta vocation ?

Je ne réfléchis jamais en ces termes. Je fais ce que je veux. Dans « ce que je veux », il y a le besoin de construire. « Construire » est peut-être le mot le plus important pour moi : qu'est-ce que je fais tous les jours, qu'est-ce que je construis ? Ensuite, j'ai besoin de croire en certaines choses que je défends. Comme je suis plutôt active que contemplative, cela revient à agir pour ce à quoi je crois. C'est assez simple. En fait, j'essaie d'être heureuse. Donc, je fais ce qui me va bien, et ce qui me va bien c'est souvent de construire quelque chose et d'agir pour ce à quoi je crois.

Qu'est-ce qui était vraiment important pour toi, voire plus grand que toi dans ce risque ? Tu fais des choses extraordinaires.

Oui, mais je n'y pense pas trop. Ne pas y penser me repose. Je suis assez simple. Quand je me lève le matin, j'ai envie que mon agence aille mieux, que l'on soit plus brillant, que l'on soit davantage dans la qualité. Ensuite, j'ai envie que les femmes avancent, que les droits humains soient respectés, donc je « fais ». D'abord, je fais mon job ; ensuite, quand les gens viennent me voir pour me proposer d'entreprendre des choses auxquelles je crois et qu'il faut se battre pour ça, j'y mets de la générosité. La générosité, pour moi, c'est de ne pas avoir peur de perdre une heure. Avoir la capacité de ne pas faire des comptes d'apothicaires pour aller se reposer. Bien sûr, je finis par aller me reposer, mais toujours très tard. Je me dis : « Je peux encore faire cela. Je peux apporter mon aide à cela, même s'il est tard, ce n'est pas grave. » Après, je suis un peu débordée ! Mon assistante perd le nord, moi aussi, mais c'est ainsi.

Qu'est-ce que tu reconnais en toi-même, par toi-même qui te donne le goût de vivre ?

Je ne sais même pas. Le temps de la courte dépression que j'ai connue, je sais très bien l'analyser. J'étais en hypokhâgne. J'avais été habituée à être une très, très bonne élève, mais à m'élever toute seule. Mes parents venaient d'un autre pays. Ils ne savaient rien de ce qu'il fallait apprendre à l'école. J'ai accompli un parcours exceptionnel, toute seule, en bricolant. Personne ne me disait : « Tiens, ça c'est bien pour entrer en prépa ensuite. » J'avais une envie absolue de connaissances. Utiles ou moins utiles, peu importe, j'engrangeais. Mais arrivée en hypokhâgne, je me retrouve à Fénelon, entourée de gens dont les milieux les avaient préparés à Normale Sup, etc. Je sentais qu'il y avait des choses qui me manquaient. De plus, j'étais habituée à n'avoir que de bonnes notes. Or les professeurs de prépa ne mettent que de mauvaises notes. Je raisonnais au premier degré, donc je me disais : « C'est parce que tu es nulle. » Je prenais tout au sérieux. Si bien qu'à force… de fragilité et de sentiment d'échec, je suis tombée dans la dépression. Mais je suis courageuse, alors je bossais quand même tout le temps.

Ma dépression a été courte. Enfin, courte… Une dépression, ça dure, on arrive vite à six mois. Mais j'en suis revenue. Quand le matin vous vous levez et que vous êtes gaie, cela veut dire que vous en êtes revenue. C'est hyper simple. Mais pourquoi suis-je gaie le matin quand je me lève ? Je n'en sais rien ! Ma tendance naturelle, même quand il y a des drames, c'est d'être gaie. Peut-être est-ce à cause de ma maman, peut-être à cause de mon papa, ou de mes gènes ou de ce que j'ai vécu, je n'en sais strictement rien. J'ai eu quatre garçons, dont des jumeaux. À la naissance, un des jumeaux faisait la gueule, et l'autre souriait tout le temps. Eh bien, à 25 ans, il y en a toujours un qui fait la gueule – avec du charme, mais n'empêche qu'il fait la gueule –, et l'autre qui sourit tout le temps. Pourtant, ce sont des jumeaux ! En ce qui me concerne, je suis née avec l'appétit d'agir et l'énergie qui va avec. Mais d'où ça vient, je n'en sais rien. On peut dire que c'est une chance.

Face au difficile, n'est-ce pas souvent en s'ouvrant à tout autre chose que les solutions naissent ?

J'aime assez cette idée. En tout cas, il ne faut pas être radin dans la façon dont on explore le monde. D'ailleurs, je le sens chez mes clients. Parfois, je leur dis : « Venez, on va parler des gens. Nous avons réalisé des études formidables sur l'état de la confiance. » Ils ont tendance à privilégier ce qui est concret, ce qui semble donner des résultats immédiats. Mais les résultats immédiats n'ont aucun intérêt, ce qui compte, ce sont des résultats profonds. Or cet écart dans les attentes, ce temps passé à comprendre les gens, vous fait grandir de façon extraordinaire. Les pas de côté sont toujours porteurs de choses intéressantes. Je suis mal à l'aise dans la construction d'un temps efficace tout le temps. Être efficace, qu'est-ce que c'est ? C'est finalement ôter de votre chemin tous les gens qui ne pourront pas vous être utiles immédiatement. Cette façon de voir ne me correspond pas. Ça ne m'intéresse pas. Je ne veux pas de ce temps efficace là, parce que je pense qu'en vérité il n'est pas efficace. En tout cas, il ne me rend pas heureuse, donc je le balaie.

Est-ce qu'immigrer est un risque de chance ?

Sans aucun doute. Pour moi, l'immigration a été une chance. Il faut dire que je n'ai pas traversé la Méditerranée en barque et qu'on n'est pas venu me repêcher ! Quand je suis arrivée en France, mon père est venu me récupérer avec une voiture. J'ai eu froid, parce qu'il n'avait pas compris comment marchait le chauffage, et je croyais que j'étais arrivée en Laponie, mais enfin j'avais mon papa et ma maman. C'était normal. Cette immigration-là a été une chance, parce qu'elle a été une ouverture. Elle a été tout de suite l'indication d'un relativisme nécessaire. Lorsque vous quittez un lieu pour aller vivre dans un autre, vous comparez les lieux ; vous percevez que tout n'est pas équivalent, qu'il y a des espaces de différence. Tout cela est extrêmement intéressant. Ensuite, vous vous battez. Je ne veux pas exagérer mon propos, mais je voudrais dire quand même que disposer de trop de confort, ce n'est pas si facile que cela pour construire. Qu'est-ce que vous construisez quand vous n'avez pas faim, quand vous n'avez jamais faim ? Moi, j'avais faim. Je mangeais tout ce que je voulais, mais j'avais faim d'apprendre le français, je voulais que personne ne se moque de moi, je voulais parler français mieux que les autres, être la meilleure de la classe en français. J'avais faim d'intégrer vraiment tout cela. La pression a été positive pour moi, parce que j'étais bien construite pour l'assumer. Elle m'a fait du bien.

Qui es-tu comme magicienne et que fais-tu en tant que magicienne dans ce monde ?

Je mets des pierres. Je mets des pierres les unes avec les autres. Je ne suis pas sûre d'aimer la magie. J'aime les constructeurs. Par exemple, je n'aime pas les sous qui se gagnent à la Bourse comme si c'était magique. Cela ne m'intéresse pas. J'aime bien les maçons qui construisent des murs, les jardiniers qui soignent le jardin, nous-mêmes qui faisons marcher une agence. J'aime bien… mon associé dirait le *craft*, moi je dirais : la production. J'aime bien les idées, j'aime beaucoup les idées, mais j'aime aussi que les idées s'incarnent, qu'elles deviennent des réalités et que la réalité les secoue. Ce que je trouve magique, c'est le fait de pouvoir bâtir, de passer à l'application. Je serais angoissée que tout advienne par magie. Oh lala ! Ce doit être terriblement ennuyeux. La seule chose que je trouve magique, c'est de penser à quelque chose et de faire en sorte que cela devienne réel. Parfois, je fais des rêves et ils se réalisent. Ça, c'est sympa. Je crois beaucoup aux objectifs. On dit ce que l'on veut obtenir, on y met les moyens et on parvient à ce qu'on veut. C'est assez simple et j'aime cela. Mais jouer au loto, même pour gagner plein de sous, ce n'est pas mon rêve.

Avec mes enfants, ce n'est pas toujours facile ; être parent n'est pas toujours facile. Comme je ne me suis jamais occupée de moi, j'aimerais bien le faire un peu, mais pas sans avoir une utilité, ni en arrêtant de réaliser des choses. Je ne crois pas aux bienfaits de la retraite. J'ai été impressionnée par l'étude d'un démographe génial qui s'est spécialisé dans les « zones bleues ». Il avait un feutre bleu, alors il entourait les zones dans le monde qui avaient la particularité de permettre aux gens de vieillir, d'atteindre un âge très avancé – les zones qui avaient de beaux vieux. Il cherchait le secret de cette capacité de vieillir et de cette préservation à la limite de la jeunesse. Il avait indiqué que bien sûr, dans ces zones, l'alimentation était un élément clé, ainsi que le fait de marcher, de bouger, etc. Mais il avait trouvé une troisième explication.

Dans les civilisations que ce démographe était allé approfondir, il n'existait pas de retraite. En France non plus, jadis, il n'y avait pas de système de retraite. Vous étiez vieux, mais vous essayiez de faire jusqu'au bout quelque chose. On ne vous disait pas : « À 65 ans il ne faut plus rien faire. C'est trop risqué. » De fait, on a besoin d'agir. Quand on vieillit, on peut changer des choses dans sa façon de vivre, mais il faut continuer à avoir des projets. Se lever le matin pour quelque chose. Regardez les chômeurs : ils n'aiment pas les vacances. Ils n'y comprennent rien. Le concept de vacances est passionnant lorsqu'on travaille. Si vous ne travaillez pas et donc que vous êtes tout le temps en vacances, je ne suis pas sûre que vous considériez cette situation comme des vacances.

Que voudrais-tu voir se réaliser dans le monde au travers de toi ou au-delà de toi ?

Le respect des droits humains. C'est une folie de faire croire qu'il existerait des régions du monde qui n'auraient pas les mêmes droits humains que les autres. Certes, il existe des droits humains propres à certains pays. Par exemple, il y a des pays dans le monde où traiter les femmes comme des animaux, et même moins bien que les animaux, correspond à leur droit à eux. Mais pour moi, les droits humains sont universels. Tout ce qui va à l'encontre de ces droits universels est faux ; cela a été inventé par les hommes, mais sûrement pas par quelqu'un qui a du bon sens et qui est un Dieu positif. La situation des femmes dans le monde m'importe beaucoup. L'état de non-droit où elles se trouvent encore en divers endroits, ce sentiment que l'on a finalement de ne pas être à égalité, je voudrais que cela change. De façon globale, je voudrais que soient respectés les droits humains, pas seulement les droits pour les femmes. Je pense que ce ne sera pas réalisé quand je partirai, mais je ferai tout pour passer la main dans de bonnes conditions quand ce moment viendra. Il faut que les projets perdurent au-delà des personnes.

Partages-tu la vision de Jean Vanier : « Toute personne est une histoire sacrée » ?

Je ne sais pas, parce que je ne sais pas ce que veut dire le mot « sacré ». En tout cas, c'est une histoire que l'on se doit de respecter. Mais « sacrée » ? C'est appliquer un mot du religieux à du profane, donc je ne sais pas. En tout cas, chaque personne a droit au respect. Chaque personne a des droits. Quelle qu'elle soit.

Le mot « sacré » a une dimension divine, mais je le comprends aussi comme le titre du film Intouchables *: l'expression d'une dimension respectable.*

Tout le monde est respectable, mais beaucoup de gens font de grosses conneries. En ce cas, il faut sévir. On ne peut pas tout accepter. On ne peut pas laisser impuni ce que j'appelle les « douleurs du monde ». La tyrannie, par exemple. On ne peut pas laisser les tyrans impunis, parce que cela voudrait dire que l'on considère que tous les hommes se valent. Je ne considère pas que tous les hommes se valent. Ils se valent en termes de droits fondamentaux, mais ensuite chacun fait son chemin. D'ailleurs, ce n'est pas parce qu'on a un passé de merde qu'on est obligé de faire un chemin de merde. Il y a des gens qui ont vécu des moments très difficiles et qui, ensuite, sont merveilleux. Mais il y a des gens qui ne réussissent pas à sortir de ces moments très difficiles. Moi, j'aime la résilience. Et j'aime les gens qui avancent.

Qu'est-ce que tu vis dans ta vie que tu souhaiterais voir continuer ?

Beaucoup de choses. Mais pas les difficultés de mon dernier gamin.

C'est-à-dire ?

Il est fragile, donc c'est difficile. On a envie qu'il trouve vraiment sa route et qu'il soit heureux, mais il n'a pas l'air très heureux.

C'est pour cela que tu t'es exprimée sur le livre de la psy qui l'a accompagné en disant : « Elle a sauvé mon fils » ?

Oui, sauf qu'elle n'a pas du tout sauvé mon fils. C'est un titre pour lequel le magazine *Elle* s'est fait réprimander. Je déteste ce qui est racolage dans la vie et cette psy n'a pas du tout sauvé mon fils, mais elle m'a aidée. J'ai été un peu scandalisée par le monde de la psychologie, de la psychiatrie. C'est n'importe quoi, comme dans une boîte noire. Nous sommes faits pour être intelligents, il faut donc nous parler de façon intelligente. Le mystère du bonheur des gens, les difficultés des êtres humains, ce sont des sujets vraiment difficiles. Or il y a des gens qui se permettent d'être arrogants, sans arriver pour autant à sauver votre enfant ou l'être que vous aimez. Ce sont des situations complexes. Il y a des chapelles qui se font la guerre, avec des gens qui pensent qu'ils ont raison en appliquant telle ou telle méthode. Je n'appelle pas cela l'intelligence.

As-tu un défaut dont tu souffres ?

J'en ai beaucoup. Je suis très spontanée, donc parfois je laisse échapper certaines choses et je pense ensuite que je devrais me calmer. Mais rien ne me calme. Donc voilà, je suis spontanée, je dis la vérité – ma vérité, en tout cas. Parfois, ce n'est pas très intelligent, même si ça fait du bien de parler. Par ailleurs, je suis très exigeante à l'égard de moi-même. Je ne sais pas ce qu'est le divertissement. Si je le savais, ma vie serait peut-être plus reposante, mais je ne fais pas de grandes théories : pour être heureuse, il faut que je sois exigeante ; donc il arrive un moment où je simplifie. Par exemple, je range tout. Chez moi, je range comme je respire – les jouets pour enfants et tout le reste. Cela ne sert peut-être à rien, mais il semble que ce soit un passage obligé pour mon propre équilibre. Est-ce une qualité, est-ce un défaut ? En échange, je sais aussi me dire, à propos des autres, qu'ils ont des forces extraordinaires et que je n'ai pas à me fixer sur leurs faiblesses. Autour de moi, des gens me font remarquer : « Untel a tel défaut. » Je réponds : « Mais as-tu vu ce qu'il a fait, là ? C'est quand même génial. » C'est aux actions géniales que je m'arrête. Il n'y a pas tant de gens qui sont capables d'en faire, donc il ne faut pas craindre de s'emballer. J'aime bien éprouver un emballement. Je n'ai sûrement pas les mêmes emballements que tout le monde, à chacun ses enthousiasmes, mais il faut s'enthousiasmer pour telle ou telle personne. Avec ses forces et ses fragilités.

Quelle est l'intention positive qui se cache derrière ta spontanéité et ton exigence ?

Je n'aime pas la mièvrerie, le manque de courage, l'absence d'authenticité. Je suis un peu militante de naissance. L'intention positive, c'est le désir de bien faire. Je n'aime pas les gens satisfaits, et je ne suis pas satisfaite de mon petit chemin. Je n'y pense pas beaucoup, je ne me flagelle pas du tout, mais j'ai envie d'avancer. Toujours.

Est-ce que tu as des mentors et quels messages te portent-ils ?

Je n'ai pas tellement de mentors. J'ai des gens que j'aime. Enfant, j'étais assez désobéissante. Je n'ai pas eu besoin de mentors, ni hommes ni femmes d'ailleurs. Souvent, on me pose la question du côté des femmes parce que je suis féministe. J'aimais bien Colette[43] quand j'étais petite, car au moins elle s'est révoltée contre son mari Willy[44] qui la faisait écrire tel un nègre et qui signait avec son nom à lui. Cette révolte me faisait du bien. Je pensais que Colette ne manquait pas de culot. Comme les filles en manquent souvent, je trouvais que c'était bien. Il y a donc des exemples que j'aime bien, que j'ai bien aimés, mais pas au point d'en faire des mentors. Jeune, j'étais très indépendante. Très tôt, j'ai aidé mes parents, très vite je me suis occupée de mon frère et de ma sœur. Je n'avais pas d'exemple à suivre. Ma mère était désordonnée, frivole, hyper-marrante, mais ce n'était pas totalement un exemple. Mon père avait d'autres défauts. Je les aimais beaucoup et je les aime toujours beaucoup, mais j'ai l'impression que je me suis forgé moi-même un chemin.

Quand j'ai commencé à travailler dans la communication, mon patron n'était pas souvent là. Je me suis dit : « C'est génial, comme ça tu as beaucoup de place. » Ensuite, je suis tombée sur des patrons nettement plus présents. À chaque fois, je me suis dit : « C'est génial, il a des trucs à t'apprendre. » Mais je n'ai pas un respect immense pour les patrons. En règle générale, j'ai plus de facilité à respecter les gens qui sont en dessous de moi que ceux qui sont au-dessus. Avec ceux qui sont au-dessus, je ne suis pas toujours sage. La classe, d'ailleurs, c'est de ne pas avoir peur du pouvoir, ce n'est pas de fayoter auprès des puissants. L'élégance, c'est de traiter correctement les gens qui dépendent de toi, qui font des petites choses que personne ne regarde et qui gagnent tellement moins que nous. Mais aller dire à un patron : « Vous êtes merveilleux », ce n'est pas la grande classe ! Je n'y arrive pas bien. De temps en temps, je suis impertinente, je fais même parfois peur à mes patrons, sur le thème : « Oh là là, qu'est-ce qu'elle va dire ? » Je dis ce que j'ai envie de dire. Je prends davantage de précautions avec les gens fragiles.

43. Colette, femme de lettres, 1873-1954.
44. Henry Gauthier-Villars, romancier, 1859-1931.

Dans mon petit village en Baie de Somme, au Crotoy, il y a une maison de Colette, où elle a vécu et écrit - ou pas, d'après ce que tu me dis.

Si, bien sûr, elle a écrit. Willy avait bien compris qu'elle avait une « patte » peu ordinaire, il l'a donc fait écrire dès les premiers *Claudine*, qu'il signait. Mais à un moment donné, elle a dit à Willy à peu près ceci : « Tu sais quoi ? Je vais rester toute seule peinarde avec mes chats pour écrire et signer Colette. » C'est ainsi que les *Claudine* ont d'abord été signés Willy, puis Willy et Colette et enfin Colette. Mais c'était toujours elle qui écrivait.

La légende dit qu'elle n'était pas si culottée que ça, mais souvent déculottée, puisqu'elle galopait nue à croupe sur la plage, créant un émoi chez les pêcheurs locaux.

Je comprends. Je pense qu'elle a été très libre. Les femmes ont souvent eu un problème avec l'expression de leur sensualité, de leur sensibilité. Je pense qu'elle a voulu agir à l'envers. Elle a raconté le bonheur des plantes, de sa maman, de la relation d'Amour qu'elle a eue avec sa maman, le goût des confitures, son attirance pour les chats. Elle s'est donné l'autorisation d'en parler avec une sensualité inhabituelle. Elle s'est autorisée aussi à aimer les femmes, elle s'est autorisé beaucoup de choses.

Ta vie est-elle un stage d'Amour comme la mienne ici-bas ?

Je ne crois pas complètement que ce soit un stage d'Amour. Il n'y a pas que de l'Amour dans ma vie. L'Amour, c'est important, mais il y a aussi l'action. La construction, ce n'est pas que de l'Amour. Moi, j'ai besoin d'agir. Quand j'étais gamine, je me souviens que lorsqu'on allait en boum et qu'il fallait plaire aux garçons, ça me fatiguait. On devait sortir un peu de soi-même, sans arrêt, pour aller séduire et cela me fatiguait. Je pense que j'ai reçu beaucoup d'Amour, et j'aime très facilement les gens qui m'entourent. On me dit : « Il ne faut pas établir de relations affectives avec les gens avec qui tu travailles. » Mais je les aime tous, donc l'affaire est réglée. Et je ne suis pas en manque d'Amour, je n'ai pas l'impression que les gens ne m'aiment pas. Mais je ne peux pas vivre d'Amour et d'eau fraîche. J'ai besoin de me donner à un combat qui me dépasse.

C'est peut-être cela, l'Amour ?

Peut-être. Mais il y a des gens qui adorent parler d'eux-mêmes, de leur psychologie, etc. Moi, pas du tout. J'ai une amie psychologue, Jeanne Siaud-Facchin, celle avec qui a été écrit le bouquin que tu évoquais tout à l'heure. Elle m'est très proche, j'ai beaucoup d'empathie pour elle et pour ce qu'elle fait, c'est intelligent, j'aime beaucoup discuter avec elle. Mais quand elle me demande : « Et toi, comment vas-tu ? », je ne refuse pas de lui répondre, mais mon résumé est toujours très rapide. Cela ne me passionne pas. La psychologie ne m'a passionnée que pour l'appliquer à mes enfants, pour qu'ils aillent bien.

Faut-il tout oser demander dans la vie ?

Oui ! En tout cas, il faut demander ce que l'on a envie d'avoir. Pas tout, donc, car tu n'as pas envie de tout. Mais pour ce que l'on a envie d'avoir, il faut oser, bien sûr. Il faut faire ce qui vous rend confortable, ce qui fait que vous vous sentez bien. Les filles doivent demander davantage que les garçons, puisqu'elles ne demandent rien. De l'argent pour agir, de la considération, de l'espace. Il faut qu'elles osent demander.

Pourquoi as-tu accepté ma demande d'interview ?

Parce que nous nous connaissons et que ce que tu vas faire peut être utile à des gens. Cela prend trois quarts d'heure, une heure de mon temps, ce n'est pas un drame. Si tu en as besoin, pourquoi pas ? Et puis, autant je ne suis pas passionnée par ma petite personne, autant j'aime bien les histoires des autres. C'est passionnant. On me sollicite beaucoup comme modèle féminin. Si cela peut aider d'autres êtres humains, cela vaut sûrement la peine.

Quel est le plus beau risque dans la vie, en un mot s'il te plaît ?

Le plus gros risque, c'est de se rater soi-même. C'est-à-dire ne pas se trouver. Ne pas savoir à quel moment l'on est bien. Je ne parle pas de ce pour quoi on est fait, c'est déjà trop compliqué. Simplement de savoir quand on est bien. Par exemple, je dis aux gens : « Vous êtes en train de valoriser la stratégie, parce qu'on vous a dit que la stratégie, c'était génial. Mais attendez ! Vous n'êtes pas bon dans ce domaine et nous allons nous heurter au mur dix fois parce que votre seule idée, c'est que la stratégie, c'est très chic. Eh bien non. On se moque que ce soit chic, puisque cela ne vous convient pas, à vous. À vous de trouver ce qui est chic pour vous. Cessez d'écouter les autres. Ne jouez pas à être l'Autre. Soyez vous-même. »

Je reviens d'une conférence à Bordeaux avec un couple de jeunes, dont la jeune fille est en stage avec moi et à qui j'ai dit : « Viens, cela va t'intéresser. » Son copain a fait Science Po. Eh bien, c'est décidé, il va devenir cuisinier. C'est génial ! Ils nous ont offert un livre de cuisine pour nous remercier et nous essayons maintenant d'appliquer les recettes pour leur faire plaisir. Sympa, le parcours de ce garçon ! Heureusement, en ce moment, on observe un retour à des choses différentes, plus simples. On n'imagine pas qu'un cuisinier est quelqu'un d'idiot. Et heureusement ! Car il faut être très intelligent pour exercer ce métier. Il faut d'ailleurs être très intelligent pour beaucoup de choses de la vie. Je trouvais beau que ce garçon ait si vite trouvé sa voie. Il m'a précisé : « Non, j'avais fait un stage, mais je me suis ennuyé. » Ma maman disait : « Quand on est fatigué, il faut aller se reposer. » Eh bien, quand on s'ennuie, il faut changer d'activité. Il a eu raison de le faire.

Mon risque aura été de partager ce moment avec toi aujourd'hui… Merci du fond du cœur.

Merci. Maintenant que tu m'as raconté ta vie passionnante et complexe, j'espère que tu t'es enregistré aussi en train de répondre à ton questionnaire. Ton histoire est intéressante. C'est intéressant, les gens qui ont eu des fragilités.

Non, je ne l'ai pas fait, mais c'est une très belle idée. Merci du double cadeau, Mercedes.

Risque de secours, par Gérard Feldzer

« Le plus beau risque de ma vie a été de porter secours à quelqu'un qui n'avait pas beaucoup d'issues. »

Témoignage Risque de chance, le 13/04/2019 à Paris, de Gérard Feldzer, pupille de la nation, pilote, consultant médias et vulgarisateur en aéronautique et en transports, membre de l'Académie de l'air et de l'espace depuis 2000. Président honoraire de l'Aéro-club de France, fondateur de l'association Les ailes dans la ville, président d'Aviation sans Frontières, vice-président de l'école d'ingénieurs Estaca.

À découvrir en ligne sur le site www.risquedechance.com ou en vidéo avec le QR code suivant :

Risque de rencontre, par Xavier Fontanet

> *« Le plus beau risque dans la vie est le choix du mariage. C'est le choix de l'épouse. Je crois beaucoup à la famille, à la stabilité de la famille. La deuxième chose très importante pour moi est de rencontrer les autres. Il ne faut pas rester enfermé. Après la famille, ce qui a beaucoup compté, ce sont les gens que j'ai rencontrés. J'ai toujours choisi les personnes, jamais les métiers. »*

Témoignage Risque de chance de Xavier Fontanet le 16/10/2019 à Paris. Chef d'entreprise français, ex-dirigeant du BCG, d'Eurest, de Bénéteau et d'Essilor, professeur associé de stratégie à HEC Paris, chroniqueur aux *Échos* et à BFM Business, auteur.

À découvrir en ligne sur le site www.risquedechance.com ou en vidéo avec le QR code suivant :

Risque de mourir, par Maud Fontenoy

« Le plus beau risque dans la vie est de prendre tous les risques par Amour pour la vie. »

Témoignage Risque de chance de Maud Fontenoy, le 02/12/2019. Navigatrice, première femme à avoir réalisé la traversée de l'océan Atlantique Nord à la rame, en solitaire et sans assistance dans le sens ouest-est en 2003, puis de l'océan Pacifique Sud d'est en ouest entre le Pérou et les îles Marquises en 2005, le tour de l'hémisphère sud à la voile à contre-courant en 2007. Présidente de la Maud Fontenoy Fondation pour préserver les océans, vice-présidente du conseil régional de Provence-Alpes-Côte d'Azur, en charge du développement durable, de l'énergie et de la mer, porte-parole de la Commission océanographique de l'UNESCO, mère de famille.

En tant que maman, navigatrice et femme engagée dans la cité, peux-tu me dire, s'il te plaît, quel est le plus beau risque dans la vie?

Prendre tous les risques par Amour pour la vie. Dans mes aventures personnelles à la rame, à la voile, j'affrontais souvent la même remarque : « Mais c'est risqué! Vous ne vous rendez pas compte, c'est risqué, ce que vous faites. » J'ai peur de la mort. C'est quelque chose qui est très ancré chez moi depuis le temps où j'étais petite. J'ai peur de la mort, car j'ai peur de l'absence de vie. J'ai peur qu'à un moment donné tout s'arrête et que l'on me dise : « Ça y est, ton temps est écoulé, tu as assez fait, maintenant il faut laisser la place à d'autres. » Alors, quand j'avouais cette crainte, on avait beau jeu de me répondre : « Mais cela ne va pas du tout ensemble ! Vous partez dans des aventures très risquées et vous avez peur de mourir. Il y a un côté un peu maso. » En vérité, c'est le contraire : j'aime tellement la vie que j'ai envie de tout risquer pour elle, jusqu'à l'extrême limite. Certains diront que c'est pour se sentir vivant, mais c'est surtout pour se sentir en possession de tous ses moyens, dans le contrôle de son existence, pour essayer de faire taire les évidences. J'aime bien l'idée de faire un choix.

Par exemple, quand je suis partie à la rame, j'ai fait le choix d'un tout petit bateau avec un minimum de moyens, de la nourriture lyophilisée à l'arrière, deux ou trois vêtements, un habitacle cercueil faisant à peine 1 m^3 et dans lequel il n'y a plus d'oxygène au bout de vingt minutes. Ramer huit à dix heures par jour, être seule sans accompagnant, rien. J'ai fait le choix de me déposséder de tout, de me libérer de toutes les contraintes et d'accepter ce qui allait se dresser devant moi. Finalement, de me sentir riche de cette dépossession et de construire coup de rame après coup de rame, jour après jour. On se révèle face aux obstacles, dans la difficulté. J'aime bien cette notion-là. J'aime l'idée que le bonheur n'est pas forcément confortable. Nous courons tous après le bonheur, or, finalement il y a du plaisir dans le dépassement de soi, dans le combat à mener, dans l'objectif difficile, dans le fait de se redresser. Je prends souvent cet exemple, quand je parle à la jeunesse, dans les classes ou aux étudiants : si l'on te remet quelque chose clé en main, un diplôme ou autre chose, sans qu'il y ait eu d'efforts de ta part pour l'obtenir, il n'y a plus d'intérêt. L'intérêt de la vie est de construire, de modeler son existence comme une pâte avec les embûches, l'eau, tout ce qui la modèle et qui fait que cela prend du sens. Sans ces aléas, sans ce travail-là, nous ne sommes pas les mêmes. C'est pour cette raison que j'ai fait le choix de chemins qui ne sont pas gagnés d'avance, des chemins qui t'amènent à te dépasser et à être fier de ta condition humaine. Il faut savoir se mettre en difficulté pour se dépasser et peut-être pour remplacer ceux qui sont partis trop tôt. Tous ceux qui rêveraient d'être – ou qui auraient pu être – des Chopin, de grands artistes, mais qui sont nés ailleurs et n'auront pas eu cette chance, ou qui sont morts encore dans l'enfance. J'essaie de faire de chaque jour un défi, un dépassement de soi, j'essaie de prendre des risques pour assumer la chance que l'on a mise dans mes mains. De bonifier au maximum ce qui m'a été donné.

Tu nous livres ici un bel exemple de risque de chance. Comment l'as-tu vécu et qu'est-ce qui était vraiment important pour toi, voire pour plus grand que toi ?

La question est intéressante, car lorsque je reviens sur mes traversées à la rame, mon tour du monde, avec le mât qui tombe, l'urine à boire, je m'aperçois que je suis malgré tout en train de parler de la réalisation d'un rêve. C'était mon rêve, que de réaliser ce qui n'avait jamais été fait par aucune femme, de me retrouver seule au milieu de cet océan, perdue sur cette immense carte bleue. Coup de rame après coup de rame, volonté après volonté, détermination après préparation, je suis enfin là où j'ai rêvé d'être, à cet instant-là précis. J'expérimente cette réalité que l'homme est capable de vivre des rêves plus grands que lui. Ces objectifs étaient inconcevables. C'était pour moi comme une immense montagne dont le sommet était naturellement dans les nuages. Quand on se lance des objectifs ambitieux, il est évident qu'ils paraissent difficilement cernables. Ils sont même inquiétants, car il suffit d'avoir deux neurones connectés pour voir que c'est compliqué, que cela peut être dangereux, que tu prends des risques. Mais cet objectif, qui est dans les nuages au départ, va s'éclaircir étape après étape, jour après jour, morceau après morceau. Cette immense montagne face à toi devient alors un peu plus digeste.

Quand je ramais huit à dix heures par jour, je me disais : « Quoi qu'il en soit, je suis chaque jour un peu plus près du but. » Il faut se satisfaire de la victoire du quotidien. Bien sûr, il faut avoir des objectifs très ambitieux, sans avoir peur de se fixer quelque chose de très lointain, mais il faut aussi lâcher du lest pour voir où est la sortie du labyrinthe. Lâcher certaines idéologies, certaines habitudes pour y voir un peu plus clair, car on change d'altitude. S'armer de courage, toujours étape après étape, coup de rame après coup de rame. Le plus important n'est pas l'acquisition. On l'atteint quand on traverse un jour la ligne d'arrivée, mais ce qui compte, ce n'est pas l'acquisition de la médaille que l'on te met autour du cou. Très vite, tu enlèves la médaille et tu la ranges dans un tiroir parce que tu comprends que ce n'est pas l'acquisition, mais la concrétisation jour après jour qui te donne du plaisir. Te confronter aux difficultés te met face à toi-même, te renforce, te révèle et finalement donne du sens, ce qui est peut-être ce que nous cherchons tous. Savoir quel est le sens de notre existence.

Justement, en termes de sens, quelle est ta contribution au monde, ta mission, ta vocation ? Pourquoi es-tu là ?

Ce qui me rend heureuse, ce sont mes enfants. J'ai quatre enfants et j'espère peut-être en avoir un jour un cinquième. J'aime cette transmission-là. J'ai vécu mes aventures avant d'avoir des enfants, parce que j'aime cette idée de transmettre. Faire passer une certaine émotion et essayer de montrer par l'exemple. Ma mission sur Terre a sûrement été jusqu'à aujourd'hui de mettre à exécution les belles paroles qui ont été les miennes. C'est-à-dire ne jamais baisser les bras, ce que j'essaie de montrer quand le mât de 32 m de mon bateau se casse la figure et que je décide de ne pas abandonner, mais de réparer. Ne laisser personne vous dire que c'est impossible. Jeune femme avec du rimmel, j'ai décidé un jour d'aller voir un partenaire financier pour lui expliquer que j'allais traverser un océan à la rame, puis un autre et que j'allais être la première femme à le faire. Ne pas se plaindre, aller au bout coûte que coûte, quel que soit le temps que cela prend. Rassembler une équipe derrière soi. Le faire en lien avec la planète, car l'Amour de ma vie est ce lien avec l'environnement.

J'ai passé la moitié de ma vie sur les océans, donc plus de temps que sur la terre. J'ai un lien indéfectible avec l'univers naturel. J'aime être à 20 cm de la surface de l'eau sur mes bateaux et mettre la main dans l'eau pour être en contact avec les baleines, les dauphins, les poissons volants, les tortues. J'aime mettre la main sous l'eau d'un robinet comme j'ai besoin de voir le ciel, de toucher les arbres pour comprendre le lien indissociable entre l'homme et son environnement. Nous faisons partie de cette nature. Je l'ai ressenti de façon très forte au large de l'Antarctique, aux confins du monde, au milieu de la banquise, de la glace, des icebergs, dans la blancheur de la beauté bleutée. Se rendre compte que dans cet univers qui peut aller jusqu'à -89° on se sent presque à sa place, étonnamment. Modestement, je peux dire que j'ai une vie de résistance et de résilience.

Qu'est-ce que tu reconnais en toi-même, par toi-même qui te donne le goût de vivre ?

Ce qui me donne le goût de vivre ? (Silence) C'est l'Amour du dépassement de soi. J'aime vraiment l'idée de se dépasser en tout.

Tu as parlé du difficile. Face au difficile, n'est-ce pas souvent en s'ouvrant à tout autre chose que les solutions naissent ?

C'est ce que je voulais dire en parlant de larguer certaines choses. Quand on lâche du lest du ballon, que l'on regarde et que l'on se rend compte que la solution était à portée de main… Nous sommes tous confrontés parfois à des moments de difficulté, de mélancolie ou d'épreuves. Il faut alors savoir se poser et se demander concrètement : « Qu'est-ce qui nous ferait du bien ? Pourquoi ressent-on cela ? » Il faut se poser ces questions de manière très honnête, ce que j'ai pu faire avant de m'aventurer sur les océans. Je savais exactement ce que je pouvais perdre et ce que je pouvais gagner ; quelles étaient les failles qui pouvaient me pousser à faire certaines choses et pas d'autres. Se poser ces questions en vérité vous ouvre des chemins, vous rouvre des portes. La chose la plus difficile est d'être vraiment honnête avec soi-même. Ne pas se mentir ouvre des portes et déverrouille les cadenas.

Est-ce un risque de chance de passer les quinze premières années de sa vie au large ?

C'est une immense chance. Mes parents m'ont montré que l'on pouvait avoir un rêve et partir pour le réaliser, même si ce n'était pas l'avis de tous, encore moins de la société et en l'occurrence pas de mes grands-parents. C'est une chance également parce que c'est une vie proche de la nature. Nous avons vécu de rien, mes frères et moi. De la pêche sous-marine de mon père, du simple poisson, des quelques légumes du marché… Une vie très simple, ce qui fait que je suis adaptable partout. Je peux être bien dans un petit bateau à rames de 1 m^3 en mangeant de la nourriture lyophilisée. On peut me poser devant un bureau face à mon ordinateur, et je n'aurai pas bougé 48 h plus tard. Il faut apprendre à nos enfants l'adaptabilité ; apprendre aussi à se satisfaire avec plaisir de ce que l'on a. On dit qu'il faut faire le choix de s'enchaîner soi-même. On peut faire le choix de se confronter aux difficultés et quand on a choisi, ne jamais se laisser imposer autre chose. C'est une façon de voir. Refuser que l'on vous impose quoi que ce soit, donc retourner le problème pour faire en sorte d'être meneur et décideur de la situation.

Est-ce un risque de chance de traverser les océans à la rame d'ouest en est, puis d'est en ouest, pour finir à contre-courant à la voile ?

Avec le recul, quand je repense à mes différentes expériences maritimes, je me rends compte que j'ai grandi avec elles, aussi. J'ai été différente à la première, à la suivante et à la suivante encore. Le fait de me mettre en situation de risque a été une chance pour moi parce que cela m'a révélée, renforcée, endurcie, rassurée, confortée. Aujourd'hui, je suis bien dans mes baskets et je sais pourquoi je suis là. Quelquefois, il faut aller jusqu'au bout du mur pour voir le mur.

Est-ce un risque de chance de préserver les océans ?

Les océans sont l'avenir de l'humanité. On parle de la planète ou de la forêt amazonienne, mais en vérité la mer représente la moitié de l'oxygène que l'on respire. Il y a 4 milliards d'années, la vie est née dans la profondeur des océans. Donc la source de la vie, c'est la mer, ce sont les océans. L'eau qui coule dans nos corps a la même particularité chimique que l'eau de la mer. Ces océans régulent le climat aujourd'hui. Un poumon sur deux ne respire que grâce aux océans. Ils représentent 22 000 médicaments, donc c'est notre avenir en termes de santé. Sans la mer, la moitié de la population mondiale ne mangerait pas de protéines. C'est également une source d'énergie. La France est la deuxième puissance maritime avec une richesse patrimoniale maritime indispensable. Le comprendre devient maintenant urgent. Les océans ont été les grands oubliés, on y a rejeté inlassablement les déchets. Aujourd'hui, près de 10 millions de tonnes de déchets sont rejetées à la mer chaque année. Il est temps de réagir et de comprendre que tout ce que l'on a rejeté à la mer influence notre petite planète bleue – qui est une exception dans le système planétaire –, et dégrade sa plus grande part c'est-à-dire le bleu, ce qui revient dans notre vie quotidienne et notamment dans notre assiette de sushis. Les fibres polyester de nos vêtements ou la pollution des marées blanches de médicaments reviennent dans le corps de nos poissons. C'est presque par égoïsme qu'il va falloir aujourd'hui préserver l'environnement : il y a un risque pour notre avenir. Ce fut une chance pour moi de côtoyer les océans d'aussi près ; cela me permet de voir à quel point il est temps, aujourd'hui, de tirer le signal d'alarme.

Est-ce un risque d'être solitaire ?

Il faut savoir prendre des décisions seul. On ne peut pas toujours dépendre des autres. Il est bien sûr très important de travailler en équipe. Je suis une communicante, j'aime partager, j'aime donner de l'énergie ou l'échanger. Mais il faut aussi savoir assumer d'être isolé devant une décision, comme un chef d'entreprise ou comme tout un chacun dans la vie quotidienne. À un moment donné, personne ne saura mieux que vous-même ce qu'il y a à l'intérieur de vous. On a tendance parfois à se dessaisir de cette responsabilité, en pensant que d'autres vont penser pour soi, assurer pour soi, avec toujours un filet au cas où vous tomberiez. J'aime, au contraire, l'idée d'un sans filet où l'on ne dépend que de soi-même. Être en responsabilité face au bien le plus précieux qui est sa propre vie. Le fait d'être bien en solitaire permet d'être encore mieux avec les autres.

Est-ce un risque ou une chance d'être jugée par certains comme une « femme de paradoxes » ?

Je ne sais pas si je suis une femme de paradoxes. Il faut avoir le courage d'assumer des opinions différentes du commun des mortels. C'est vraiment ce que j'essaie d'apprendre à mes enfants. Quand vous avez deux portes fermées, souvent l'une s'ouvre et la foule s'y engouffre sans qu'un seul être humain tente d'ouvrir la deuxième. Il faut garder son libre arbitre. Rien ne doit vous dominer. Ne jamais sauvegarder cette indépendance par la violence, par une attitude autoritaire, par défi personnel ou par esprit de revanche ; mais, très humblement et très gentiment, avoir le courage d'assumer des positions qui ne sont pas celles de tout le monde, qu'elles soient avant-gardistes ou tout simplement liées à ce que vous inspirent votre histoire personnelle et votre expérience.

Qui es-tu comme magicienne et que fais-tu en tant que magicienne dans ce monde ?

Je répondrai par mon travail au sein de ma fondation[45] pour l'éducation à l'environnement. Ma part de magie, c'est de faire briller les yeux des enfants quand je leur parle de bio mimétisme, bio inspiration. Un exemple : la peau des requins va inspirer nos chercheurs pour recouvrir l'intérieur de nos hôpitaux. La peau des requins est particulière, avec une structure

45. Maud Fontenoy Fondation.

alvéolaire de denticules qui évite l'adhérence des bactéries. On va donc créer une surface qui empêchera l'adhérence des bactéries dans les centres médicaux, dans les salles d'opération, et qui évitera ainsi la prolifération des maladies nosocomiales. Ça, c'est fascinant et c'est sous nos pieds. En même temps, 120 millions de requins sont tués chaque année pour leurs ailerons en raison de croyances qui ne sont pas raisonnables.

La nature est fascinante. Je pense par exemple à ce petit ver arénicole sur le bord de nos littoraux, que l'on écrase ou que l'on ignore, mais qui a une hémoglobine 40 fois plus oxygénante que l'hémoglobine humaine et qui va révolutionner la médecine. Il y a déjà un brevet déposé par un Français. On va obtenir un sang lyophilisé, donc transportable, transmissible à l'ensemble des groupes sanguins. Cette nature fascinante est devant nous comme une immense bibliothèque, dont nous savons que les livres peuvent potentiellement brûler pour fournir un peu d'énergie et de chaleur, mais dont nous ne savons pas qu'ils peuvent nous apporter tellement plus de richesses si nous choisissons de les lire !

Partages-tu la vision de Jean Vanier : « Toute personne est une histoire sacrée » ?

J'aime l'humain. J'aime les gens dans leurs failles, leurs parcours personnels, leurs contradictions. J'aime profondément l'humanité. J'aime la différence, et chacun d'entre nous doit avoir le courage d'assumer ses différences. Ne pas être comme l'Autre, mais s'entendre tout en gardant nos différences. C'est le plus gros défi que l'on ait à affronter à travers le monde : vivre tous, humains, sur cette petite planète tout en gardant nos différences et en nous respectant les uns les autres. J'essaie de révéler ce grand défi à mes enfants.

As-tu un défaut dont tu souffres ?

Oui, une trop grande envie de bien faire qui me pousse à être une grande angoissée. À prendre tout le temps les choses trop à cœur. Une trop grande sensibilité. Derrière une grande capacité de résistance et une très grande capacité à supporter la douleur, même physiquement, se cache en fait une très grande émotivité sur l'humain. Finalement, j'en souffre chaque jour, car chaque jour la vie est difficile.

Quelle est l'intention positive qui se cache derrière cette trop grande émotivité ?

Par principe, je vois toujours le côté positif de chaque personne. Le verre à moitié plein plutôt que le verre à moitié vide. C'est pour cette raison que pour moi, il n'y a pas de contrainte. Même si ce que l'on fait est difficile, même si l'on n'a pas envie de le faire, même si ce n'est pas le bon jour, on peut en tirer quelque chose de positif. La grande sensibilité est une énorme chance, car elle permet d'être en connexion spontanée avec d'autres et de mieux ressentir les émotions. Jamais de ma vie je ne changerais cette disposition. Jamais je ne voudrais être plus dure, comme une espèce de robot. Certaines personnes, qui sont moins touchées par les gens, avancent peut-être plus vite. Mais je ne regrette rien. Ma sensibilité fait aussi de moi une bonne maman.

Est-ce que tu as des mentors et quels messages te portent-ils ?

Je ne sais pas s'il faut avoir des mentors, mais il faut prendre quelque chose de positif dans chaque chose et dans chaque journée. Se dire chaque soir quand on se couche : j'ai tiré tel élément positif des personnes que j'ai pu croiser, du livre que j'ai pu lire, de l'image ou objet que j'ai pu voir. Par exemple ce soir, quand je me coucherai, je repenserai à cette interview et je me dirai : « Cela m'a forcée à m'arrêter, à me poser ces questions-là, à revenir à l'essentiel, à faire une petite parenthèse dans une journée pleine de rendez-vous. »

... Et à offrir un message aux jeunes.

Oui, de croire en eux. De se battre pour y arriver. De faire taire l'évidence, trop facile.

Ta vie est-elle un stage d'Amour comme la mienne ici-bas ?

(Silence) Je trouve prétentieux de dire que l'on est dans l'Amour. Toute ma vie, j'ai eu des gens autour de moi qui ont essayé de m'apprendre à me protéger de cet Amour-là, justement. Parce que, malheureusement, tout n'est pas qu'Amour. J'ai eu une vie très privilégiée parce que j'ai été coupée du monde, élevée sur un bateau à travers les océans du globe, dans une famille très aimante, très protectrice, avec un cadre très précis. Du coup, ensuite, j'ai débarqué dans une fourmilière. Après avoir suivi toute ma scolarité par correspondance, j'ai débarqué à l'école en terminale : tu imagines le choc que cela représente. Je peux comprendre celui qui ne se sent pas forcément à sa place... Quand tu n'as pas appris les codes, que tu n'as pas mis les barrières qu'il fallait, quand tu n'as pas acquis la carapace nécessaire, tu te sens un peu nue dans un monde plutôt cruel. Il faut faire ces apprentissages. Garder une part d'émotivité, d'insouciance, de sensibilité, d'Amour, tout en apprenant à ne pas être naïf. Cela n'en sera que plus beau, d'ailleurs. Apprendre avec Marc-Aurèle, par exemple, dans un livre qui m'a accompagnée au cours de mes traversées. Comprendre que le pommier ne fera rien d'autre que des pommes. Arriver à accepter cela aussi. Aimer le monde en connaissant ses désordres, ses injustices, en essayant d'être au-dessus de cela. Perdre une certaine naïveté et développer son Amour.

Faut-il tout oser demander dans la vie ?

Oui. Il n'y a pas une journée qui passe sans que je fasse exactement ce que je souhaitais faire. Tu peux tout faire tout en respectant l'Autre. En agissant avec douceur, avec intelligence, autant que possible avec délicatesse, comme si c'était le dernier jour. Il faut utiliser au maximum la période restreinte où nous sommes sur Terre. De l'audace, encore de l'audace, toujours de l'audace, c'est vraiment indispensable.

Pourquoi as-tu accepté ma demande de témoignage ?

Parce que Clara Gaymard me l'a conseillé. J'adore le lien entre les uns qui font confiance à d'autres, qui feront à leur tour confiance à d'autres – ces liens qui se nouent sans cesse. D'autre part, j'aime l'idée de prendre des risques, d'oser, de ne pas en rester à ce que l'on vous donne, de toujours voir loin, plus grand. Tout est toujours risqué. On prend un risque si l'on traverse la route sans regarder à gauche ou à droite. Le risque est partout. C'est à nous d'être plus rigoureux, plus déterminés et mieux préparés pour l'amadouer. Sinon, l'on ne ferait rien. J'ai essayé de le prouver dans mes aventures. L'homme est capable de faire de grandes choses, mais nous n'utilisons que 10 % de notre potentiel. Donc, prenons des risques.

Alors, quel est le plus beau risque dans la vie, en un mot s'il te plaît ?

L'audace.

Le mien aura été de partager ce moment avec toi aujourd'hui... Merci du fond du cœur. As-tu une question ?

Oui. Est-ce que pour toi c'était risqué de venir m'interviewer aujourd'hui ?

C'est une très belle question. Chaque rencontre est risquée. Mais dans chaque rencontre, la lumière naît de ma passion partagée. Je sais ce que je veux et je suis aligné avec ce que je vous demande. C'est le message que je veux faire passer à travers un livre, un film, une chaîne vidéo, un mouvement que l'on va construire ensemble. C'est une chaîne incroyable. Je ne suis rien, simplement un sage-homme (masculin inexistant de sage-femme), comme celui qui t'a accouchée à l'île de la Réunion. Je ne peux ni concevoir le bébé ni accoucher pour toi, mais je peux t'aider à naître. J'ai l'intuition qu'il faut aider les jeunes à se poser cette question : « Rien ne peut empêcher ta contribution au monde. Mais quelle est-elle ? Le sais-tu ? » C'est dans ce sens-là que je suis inspiré par Jean Vanier et que je considère toute personne comme « une histoire sacrée ». Chacun a une contribution à offrir au monde. Aujourd'hui, je rencontre trop de jeunes, d'adultes ou de malades à l'hôpital qui soit ne savent pas quelle est leur contribution, soit se disent que c'est trop tard, qu'ils sont passés à côté. Donc, oui bien sûr, je risque ma chance à chaque rencontre – comme avec toi aujourd'hui –, mais il est extraordinaire que vous puissiez tous me dire oui et nourrir à ce point ce message pour les jeunes grâce au petit accouchement que je pratique sur vous-mêmes. Objectivement, l'aventure Risque de chance est merveilleuse.

Merci à toi.

Risque d'alchimiste, par Nicolas Gaume

« Le plus beau risque est de rêver assez grand pour en être effrayé. »

Témoignage Risque de chance, le 15/11/2019 à Paris, de Nicolas Gaume, entrepreneur français, fondateur de neuf start-up, dont la dernière, Space Cargo Unlimited, a lancé en orbite la mission scientifique Wise le 2 novembre 2019 avec la Nasa. Global Sales, Marketing & Operations HQ, Office of the Executive Vice President et président de Microsoft, créateur de jeuxvidéo.com, ex-PDG de Mimesis Republic, ex-président du Syndicat national du jeu vidéo de 2009 à 2014, ex-directeur Mobile Games chez Lagardère Interactive, puis ex-fondateur de la société Kalisto Entertainment de 1990 à 2002. Young leader French-American Foundation 1999.

À découvrir en ligne sur le site www.risquedechance.com ou en vidéo avec le QR code suivant :

Risque de désir, par Clara Gaymard

« Le plus beau risque de ma vie a été de toujours suivre mon désir. »

Témoignage Risque de chance, le 16/04/2019 à Paris, de Clara Gaymard, écrivain, haut fonctionnaire, cofondatrice de Raise, société d'investissement et fondation pour une économie bienveillante, ex-présidente de GE France & VP GE International, ex-présidente du Women's Forum et membre fondateur de la Fondation Jérôme-Lejeune, qui poursuit l'œuvre scientifique et médicale de son père.

Peux-tu me dire, Clara, s'il te plaît, quel est le plus beau risque dans la vie ?

De Vivre avec un grand V. Il y a beaucoup de gens qui vivent, et il y a ceux qui sont vivants. Il y a les passagers du train et ceux qui décident de diriger leur propre train. Il n'y a pas de héros, de gens extraordinaires, il y a des gens qui décident de rendre leur vie intéressante, qui ont envie de vivre une vie intéressante. Donc, le plus grand défi dans l'existence, c'est tout simplement de Vivre avec un grand V.

As-tu un exemple vécu de ce beau risque ?

Il y en a plein, des exemples vécus ! Tu vois ici la maquette du bateau d'Éric Bellion, *Comme un seul homme*. Eric Bellion est parti faire la course du Vendée Globe pour défendre la cause de la différence ; il repart aujourd'hui avec un nouveau bateau et sa compagne pour parler de l'harmonie dans l'existence. Je viens de terminer la lecture du livre de Sonia et Alexandre Poussin, *Afrika trek*[46]. Ils sont allés faire l'Afrika trek sans assistance, sans argent et sans sponsor, depuis le cap de Bonne Espérance jusqu'au lac de Tibériade. Ils sont aujourd'hui dans une charrue avec des bœufs et leurs enfants à Madagascar. Matthieu Tordeur est le plus jeune membre de la Société des explorateurs français. Il a exploré le Pôle Sud tout seul ! Je te cite des explorateurs de la nature, mais on peut aussi être explorateur de sa propre vie ou de la vie des autres. Des gens comme Jean Vanier ont dédié leur cœur aux « plus petits d'entre les miens »[47]. La liste est longue. Au fond, il existe beaucoup de héros ordinaires, qui n'ont pas forcément accompli des actes hors du commun, mais dont l'intensité rend leur vie dense et vivante. Quand on demandait à un moine bouddhiste dont j'ai oublié le nom pourquoi il était toujours radieux et souriant, il répondait : « Parce que quand je mange, je mange, quand je marche, je marche, quand je dors, je dors, quand j'écris, j'écris. »

Et toi, dans ta vie, as-tu un exemple vécu du « Vivre avec un grand V » ?

Je n'ai pas d'exemples flagrants qui me viennent à l'esprit parce que j'ai toujours essayé, non pas de faire ce qui était « bien vu » aux yeux des autres, mais ce dont j'avais envie. Le grand risque que j'ai pris dans ma vie a été de toujours suivre mon désir, même s'il ne plaisait pas aux autres. Le premier risque que j'ai pris, qui s'est construit sur un certain nombre d'années, c'est d'avoir beaucoup d'enfants et de continuer à travailler. Au quotidien ce n'est pas facile, mais c'était un choix assumé. Le risque que j'ai pris, c'est de ne jamais me sentir coupable. Cela ne veut pas dire que je faisais bien les choses, mais en tout cas je les faisais du mieux que je pouvais, en rayant les mots « culpabilité » et « perfection » de mon vocabulaire.

Qu'est-ce qui était vraiment important pour toi, voire pour plus grand que toi, dans ce risque ?

L'important pour moi, c'est de vivre des choses plus grandes que moi, justement. Ne pas rester dans ce que je maîtrise, mais aller vers l'ailleurs, vers l'inconnu. Quand j'ai quitté la fonction publique pour aller chez General

---

46. Poussin, Alexandre, Poussin, Sonia, *Afrika Trek. 14 000 kilomètres dans les pas de l'homme*, éditions Robert Laffont, 2004.
47. Parole du Christ dans l'Évangile.

Electric par exemple, cela pouvait sembler un mouvement professionnel un peu risqué, mais ce qui me plaisait c'était l'aventure. J'arrivais dans un groupe américain dont je ne connaissais pas la culture, je n'avais jamais travaillé dans le privé. J'aime bien les sauts dans le vide. Ce ne sont bien entendu pas des sauts dans le vide non calculés. N'empêche que lorsque nous avons créé Raise[48] avec Gonzague (de Blignières), nous sommes partis d'une page blanche et nous ne savions pas du tout si cela allait marcher. Ce n'était pas le sujet, d'ailleurs, de savoir si ça allait marcher. Le sujet, c'était de faire ce que nous pensions avoir envie d'accomplir. Placer l'envie avant la raison est souvent une façon assez simple de résoudre les problèmes.

Quelle est ta contribution au monde, ta mission, ta vocation ?

Je n'en sais rien du tout. Souvent, on impose aux jeunes dès l'âge de 18 ans de savoir quelle est leur vocation, on leur demande : « Qu'est-ce que tu veux faire ? » Certains jeunes ont la chance de savoir qu'ils ont une vocation sacerdotale, musicale, médicale, etc. Deux de mes filles savent qu'elles veulent être artistes, elles ont ça dans le ventre sans savoir encore comment cela va se réaliser, ce qui est une autre question. Elles voudraient pouvoir consacrer toute leur vie à l'écriture. Mais la plupart des gens ne savent pas ce qu'ils veulent faire, au départ dans la vie. En tout cas, moi, je disais toujours que je ne savais pas ce que j'allais faire quand je serai grande. Quand nous avons créé Raise, avec Gonzague, nous avons réalisé un rêve, mais ensuite il y en aura peut-être un autre. Nous sommes en train d'investir dans une maison de ressourcement, c'est un autre projet, un autre rêve. Si je devais résumer ce qui m'anime et me fait vibrer, c'est l'idée d'aider les autres à grandir.

Qu'est-ce que tu reconnais en toi-même, par toi-même qui te donne le goût de vivre ?

La vie. L'Amour. L'Amour sous toutes ses formes. Le reste est de l'agitation.

Face au difficile, n'est-ce pas souvent en s'ouvrant à tout autre chose que les solutions naissent ?

Quand tu es face à quelque chose de difficile, le dérivatif est en effet un très bon moyen de t'en sortir. J'ai fait cette expérience toute petite, j'avais 6

48. Fonds d'investissement bienveillant qui réconcilie finance et philanthropie.

ou 7 ans. Enfant, j'étais très sujette aux otites. Un dimanche, j'étais dans mon lit, seule, malheureuse comme les pierres. J'avais très, très mal à l'oreille et ma famille était partie à la messe. Quand ils sont rentrés, ma sœur aînée, qui avait 14 ans, nous a appris à jouer au bridge – elle venait elle-même d'apprendre à y jouer. Pendant deux heures, j'avais toujours mal à l'oreille, mais je n'y pensais plus. Je me suis rendu compte de la force du dérivatif : tu te concentres sur autre chose, qui te fait oublier ta douleur. Je te donne un autre exemple. Comme tous les enfants du monde, j'ai appris petite à faire du vélo. C'était au Danemark, sur une promenade qui mène à un magasin de bonbons, objet de toutes les convoitises quand nous étions enfants. Juste avant, il y avait un champ d'orties. Quand maman me donnait 50 centimes pour m'acheter des bonbons, je partais très fière sur la promenade, mais j'avais tellement peur de ce champ d'orties que j'y tombais systématiquement, ressortant dévorée de piqûres et pleurant. Je suis tombée trois fois dedans, si bien que je n'arrivais jamais à acheter mon bonbon ou ma glace. Alors, mon père m'a dit : « Clara, fais comme si le champ n'existait pas et ne le regarde pas. » Cela rejoint la légende d'une photo qui est ici, dans nos couloirs : « Quand tu regardes l'obstacle, il devient ton but. » Quelquefois, ignorer les obstacles permet de les contourner, de rester rivé à son but, à sa destination. Il ne faut surtout pas contempler les obstacles. Bien sûr, tu ne dois pas être inconscient, mais les obstacles ne sont pas ton but.

Est-ce un risque de chance de vivre en résonance dans ce monde, Clara ? Je t'ai entendu parler de Résonance[49] *selon Hartmut Rosa.*

Cela dépend comment tu écris le mot résonance. Si tu utilises ton mental dans tout ce que tu fais, tu peux avoir une vie très bonne, mais limitée à ton mental. Si tu te laisses emporter par la vie, si tu acceptes d'être conduit par un chemin qui n'est pas forcément celui que tu comprends, mais celui qui t'anime, complètement différent, tu es emporté par le torrent de l'existence. Pour cela, il faut être en résonance, c'est-à-dire accepter de se désencombrer. Le désencombrement ne consiste pas à dire : « Un jour, je fais le grand ménage chez moi ! » Cela consiste à s'en remettre tous les matins, quand on est croyant à Dieu, quand on n'est pas croyant à la vie, parce que c'est la même chose. Aujourd'hui, je suis disponible à ce jour qui se lève, cette journée qui commence, à la personne que je rencontre, à ce qui va arriver. C'est cela la résonance, la disponibilité, cette ouverture

49. Rosa, Hartmut, *Résonance. Une sociologie de la relation au monde*, La Découverte, 2018.

toute simple, et pourtant si compliquée à réaliser, car on a l'esprit tout le temps occupé. Du coup adviennent des choses auxquelles tu n'aurais pas pensé, que tu n'aurais pas imaginées, qui t'emmènent sur des territoires nouveaux et te permettent d'explorer des univers en toi et avec les autres, qui sont absolument infinis. C'est exactement comme quand tu t'es posé quelque part et que tu attends quelqu'un. Tu as trois attitudes possibles : la première, c'est l'agacement : « Je m'ennuie, il est en retard, il m'a oublié, il me déconsidère, je suis là à poireauter. » La deuxième, c'est : « Je vais regarder mon smartphone et en profiter pour rédiger mes mails et avancer dans mon travail. » La troisième est de se dire : « Ce temps est gratuit, je peux en profiter pour respirer, observer l'oiseau qui passe, l'abeille à laquelle je n'avais jamais prêté attention, regarder cette personne, à quelques pas, qui est bouleversante, cet enfant qui se jette dans les bras de son père, etc. » Tout simplement, vivre. Tu as un espace de temps qui va durer deux minutes, cinq minutes, qui n'était pas prévu et que tu as simplement à vivre. On est créateur de sa vie à tous les instants. Pas forcément des circonstances de la vie, mais de la façon dont on la vit. Vivre sa vie en disponibilité t'offre des cadeaux dont il ne faut surtout pas se priver, ce qui ne veut pas dire qu'il ne faut pas rédiger ses mails en urgence ou se calmer si l'on est en colère !

Qui es-tu comme magicienne et que fais-tu en tant que magicienne dans ce monde, Clara ?

J'adore cette idée de magie. Quand j'étais jeune, je faisais beaucoup de travaux manuels et de couture. J'aime bien utiliser mes mains et la plupart de mes enfants ont hérité de ce don, ce goût en tout cas. Je trouve cela formidable, car ils fabriquent plein de choses eux-mêmes. Ce qui est extraordinaire quand tu fabriques quelque chose, c'est que tu pars d'un petit bout de tissu et grâce à ta créativité et ta méthode, ton apprentissage, car il faut les deux, tu vas créer un objet qui n'existait pas auparavant. C'est exactement la même chose quand tu appliques une recette de cuisine. Tu as des ingrédients divers dans le frigo, une tomate, une courgette, un oignon… et selon la façon dont tu vas les composer, tu n'obtiendras pas le même plat. C'est une magie quotidienne qui t'est offerte. Tu peux, à chaque instant de ton existence, mettre une certaine forme de créativité. Je ne sais pas si c'est magique, mais c'est absolument fascinant de se dire qu'il nous est donné à chaque instant de notre vie de pouvoir la réinventer, dans les choses les plus simples du quotidien comme dans les choses les plus grandes.

Que voudrais-tu voir se réaliser dans le monde au travers de toi, voire au-delà de toi ?

Franchement, je ne me suis jamais posé la question et c'est une question qui ne m'intéresse pas. J'ai le sentiment d'être un instrument, je ne sais pas très bien où il me mène. L'important pour moi est d'être sur la route, mais où me mène la route ? Bien sûr, à l'Amour, mais une fois que tu as dit ça tu ne sais toujours pas où cela va te mener. D'ailleurs, si tu regardes mon parcours, il est tellement diversifié, j'ai fait des choses tellement différentes qu'il est clair que je n'avais pas de ligne directrice. Je n'ai pas le rêve d'être le plus grand chef d'orchestre, le meilleur musicien, etc. Ce sont des rêves que je respecte infiniment, mais ce ne sont pas les miens. Moi, je suis une nomade de la vie. Je vais là où le vent souffle, je respire le monde. Je n'ai aucune ambition de laisser mes traces de pas sur le sable. Je comprends que certains en aient envie et se disent : « Quand je mourrai, je voudrais laisser cela. » En ce qui me concerne, je laisse déjà neuf enfants et si l'on m'a oubliée le lendemain de ma mort, ça n'a aucune importance.

Qu'est-ce que tu aimerais mettre à la place du difficile dans notre monde, Clara ?

Simone Weil, je crois, a écrit cette fameuse phrase : « Ce n'est pas le chemin qui est difficile, c'est le difficile qui est le chemin. »[50] Je pense que quand tu as des choix à faire, choisir le plus exigeant, le plus ardu est souvent le meilleur. Pourquoi ? Tout simplement parce qu'il te permet de t'apprendre toi-même. Quand tu es dans un confort absolu, il est plus compliqué d'aller aux confins de ta personne et de tes possibilités. Cela peut se faire, mais ça demande une énergie, un courage que l'on n'a pas toujours. Alors que, si tu choisis un chemin dont tu ne connais pas les contours et que tu pars un peu à l'aventure, tu découvres des éléments du monde, des autres, des gens, mais tu apprends aussi beaucoup de choses sur toi-même. Quand tu es un explorateur, il y a toujours des choses difficiles à affronter, mais ce n'est pas le difficile qui t'intéresse, c'est l'exploration. Je ne connais pas de vie facile.

On me dit souvent : « Mais comment as-tu fait ? Tu as eu neuf enfants, tu as travaillé, tu as assumé de grosses responsabilités, etc. » Je ne me suis jamais posé la question de savoir si c'était difficile. J'ai adoré explorer et j'ai adoré vivre avec mes enfants. J'ai aimé les instants que la vie m'a donné.

50. Cette citation, souvent attribuée à Simone Weil, est en réalité de l'écrivian, théologien et philosophe danois Sören Kierkegaard (1813-1855).

Cela ne veut pas dire qu'à certains moments je n'étais pas triste, épuisée, mais j'avais une route et des gens que j'aimais. C'est comme quand tu pars pour une marche en montagne, tu vois le sommet et tu sais que tu veux aller là-haut, mais tu sais aussi que tu vas avoir cinq ou six heures de route, tant de dénivelé, etc. Si tu t'arrêtes au dénivelé en te disant : « Je vais suer sang et eau », la marche va être épouvantable ! Or quand tu montes, certes c'est dur, mais tu fais un pas après l'autre et pas à pas tu y arrives. J'ai eu des moments dans ma vie où j'étais très fatiguée, car mes enfants se réveillaient la nuit et j'avais des journées professionnelles chargées. Quand j'étais enceinte, je me réveillais parfois le matin avec mal au cœur, et quand tu as mal au cœur tu as envie de mourir, tu n'as plus d'énergie. Mais je savais que si je restais dans mon lit, j'allais passer une journée toute seule à pleurer sur mon sort parce que j'étais fatiguée, mal, et que je n'y arrivais pas, alors que si j'allais travailler, les autres me donneraient de l'énergie et j'aurais besoin de prendre des décisions. Donc, je prenais le parti de faire un pas après l'autre, comme pour les sauts d'obstacles. De penser seulement à l'heure d'après. Il y a des matins où j'allais au bureau en me disant : « Peut-être que je n'arriverai pas à tenir jusqu'à midi, ou peut-être que je tiendrai juste pour ce rendez-vous et qu'après je rentrerai chez moi. » En fait, la journée de travail se déroulait, et le soir j'étais ravie parce que j'avais rencontré des gens et surmonté cet obstacle de la fatigue – et j'étais heureuse de retrouver mes enfants.

Je n'ai jamais été gravement malade. Quand tu es gravement malade, il y a des moments où c'est l'inverse, tu dois accepter ta maladie. Il y a eu des moments où j'ai été opérée pour de grosses entorses ou des accidents analogues, ce n'était pas grave, mais il fallait tout de même l'accepter. Tu apprends à vivre en étant diminué physiquement. C'est une autre exploration, mais c'est toujours une exploration. Un moyen de découvrir que, pendant que tu crois que tu es diminué, il y a d'autres champs qui se développent. Je ne sais pas si tu as fait l'expérience de marcher longtemps les yeux fermés… Je l'ai refaite au Mexique cet été, puis avec mon mari à Potsdam où nous marchions dans une très grande allée. Je lui ai dit : « On marche les yeux fermés chacun à notre tour. » Quand tu marches les yeux fermés, les dix premiers pas tu les fais droits ; puis au bout d'un moment, tu vas de travers, et comme tu sais que tu as l'Autre auprès de toi tu continues. Mais même si tu sais que tu as l'Autre, il y a un moment où tu as peur de tomber sur quelque chose, et tu ouvres les yeux. Tu prends conscience alors des limites de ta confiance. L'autre est à côté, et pourtant tu ouvres quand même les yeux. C'est un apprentissage extraordinaire de te dire que quand tu es aveugle, tu entends tout beaucoup plus fort, tu dois faire confiance à l'Autre, à tous tes autres paramètres, et que tu développes des savoirs inconnus à celui qui voit.

Partages-tu la vision de Jean Vanier « Toute personne est une histoire sacrée » ?

Chaque personne est une humanité. Dans chaque personne il y a une humanité tout entière. Je suis partie marcher dans le désert, il n'y a pas très longtemps. Quand tu marches dans le désert, tu es obligé de partir en groupe, notamment dans le désert mauritanien, car tu as besoin d'une infrastructure, de chameaux et d'un guide. Moi qui suis une grande sauvage, je voyage en général seule ou avec quelqu'un que j'aime, mais je n'aime pas beaucoup partir dans un convoi. On a commencé le voyage avec une quinzaine de personnes. Certains chantaient des chansons paillardes dans le désert. On peut avoir le sentiment que l'on ne partage pas le même désir ! Mais au bout de deux ou trois jours, tu te mets à aimer profondément ces compagnons de voyage, car tu vois leur humanité. Tu parles avec eux, ils te racontent leur vie, leur destin et tu entrevois la magnifique humanité qui est en eux. Tu ne vois pas ce qui, dans la vie courante, pourrait te contrarier. Le fait de marcher à côté d'eux, d'avoir du temps, fait que tu te rends compte qu'il n'y a pas une personne meilleure que l'Autre, plus haute que l'Autre. Nous sommes tous des humanités à part entière. Oui, dans chaque personne il y a à la fois le fini, les limites, l'infini et l'infini sacré, comme le dit Jean Vanier.

Robert Dilts, expert de la PNL, m'a appris le concept d'holarchie, qui désigne la hiérarchie des holons, c'est-à-dire d'éléments qui sont à la fois un tout en eux-mêmes et une partie d'un système plus vaste. En chacun de nous il y a le moi qui représente l'ego, mais aussi le holon, qui est la partie de nous qui participe au tout. Le mot fait référence à l'hologramme, dont un petit morceau permet de reconstituer toute l'image, car chacune des parties comporte le tout. Comment puis-je avancer en étant un et partie du tout ? C'est le principe de l'ADN. Si l'on prend un de tes cheveux, on connaît parfaitement la totalité de ton ADN, Clara.

Qu'est-ce que tu vis dans ta vie que tu souhaiterais voir continuer ?

Respirer le monde. J'ai eu cette chance d'avoir une vie qui m'a permis de voyager, d'aller ailleurs, de comprendre d'autres cultures et d'appartenir moi-même à une double culture puisque j'ai une mère danoise, ce qui m'a appris très tôt qu'il n'y a pas de vérité absolue. Il y a des mœurs, des coutumes qui sont différentes d'un pays à l'autre. Quand mes enfants étaient petits et que l'on allait chez ma belle-mère, pour passer à table il fallait s'habiller. Quand on va au Danemark chez ma mère, comme on est au bord de l'eau on se déshabille pour ne pas salir ses affaires, car il n'y a pas de machine à laver. On va se laver le corps dans l'eau de mer et l'on ne salit pas son tee-shirt. Les deux façons de faire sont bien ! La seule chose qui compte est de respecter les coutumes et les usages et de prendre en considération ce qui est important pour l'Autre.

J'aimerais que le reste de ma vie me permette non pas d'être une exploratrice et de faire des choses que les gens n'ont jamais faites, en mettant mon nom sur un défi – je comprends bien cette ambition, mais ce n'est pas du tout la mienne –, mais de respirer le monde. Je veux le sentir, le vivre, communier avec lui, même si je n'en suis qu'une minuscule partie et même si je suis assise quelque part. Ce que j'adore dans les voyages, c'est que quand j'arrive quelque part je suis entièrement moi, Clara, mais personne ne sait qui je suis, ni mon statut, ni comment je m'appelle, ni ce que j'ai pu accomplir. Ce dont je suis profondément convaincue, c'est que ce que tu as accompli dans le monde, tu le lui donnes, mais cela ne te définit pas plus que cela ne t'appartient. On dit souvent que l'on naît nu et qu'on meurt nu, mais en fait on vit tous les jours nu. Quand tu vis dans une société qui te connaît, tu viens avec tes attributs parce que c'est ce qui te permet de réaliser des choses. Tu viens avec un statut social, une représentation que les autres se font de toi, mais moi j'ai ce sentiment brûlant que la représentation que les autres ont de moi n'est pas moi. J'accepte ce jeu d'images parce que nous vivons dans un monde de représentations, donc il est inévitable que les gens projettent sur toi des réalités que tu n'as pas du tout l'impression d'incarner. Mais très tôt et pendant très longtemps, j'ai vécu avec le sentiment d'être une imposture. Si les gens pouvaient entrer dans ma tête, jamais ils ne me regarderaient en me disant : « Tu es un rôle model. » Mais jamais ! Le désert de ma tête est tellement affligeant que jamais ils n'auraient cette idée-là. Maintenant, j'ai compris qu'au fond cela n'avait pas d'importance. Ce qui est extraordinaire dans les voyages c'est, comme je te le disais, que tu n'as pas de représentation sociale et que tu es quand même pleinement toi. Du coup, tu peux être totalement en liberté et voir un nouveau chemin se tracer. Évidemment, tu vis avec ton expérience, ta carte de crédit, tu n'es pas perdu terrorisé dans la cambrousse… Encore une fois, je ne suis pas une audacieuse, je ne cours pas après le risque, mais je cherche la découverte, ce qui n'est pas la même chose.

As-tu un défaut dont tu souffres, Clara ?

J'ai beaucoup de défauts dont je souffre. Le premier, c'est de souvent partir dans mes rêves et donc de ne pas vivre assez dans le réel, en étant présente à ce que je vis. Je peux marcher dans la rue, croiser des gens qui me connaissent et ne pas les voir. Apparemment, je suis indifférente, mais c'est simplement parce que je suis plongée dans mes rêves. Du coup, je suis extrêmement distraite, je perds toutes mes affaires, je suis tout le temps en train de les chercher, mais j'essaie de me discipliner, je m'éduque ! Comme tout le monde, j'ai une grande part d'égoïsme. J'aime bien mon petit confort et j'ai toujours en moi cette ambivalence qui fait que j'ai la flemme.

Quelle est l'intention positive qui se cache derrière ces défauts, à ton avis ?

Je ne sais pas s'il y a une intention positive. Peut-être la part d'enfance. Je suis toujours la petite fille de 8 ans qui vivait dans ses rêves. Quand tu es enfant, tu es assez égoïste et tu vis dans ton univers à toi. J'ai un univers intérieur très présent, qui quelquefois prend beaucoup trop de place, si bien que je ne suis pas assez disponible aux autres.

Est-ce que tu as des mentors et quels messages te portent-ils ?

Non, je n'ai pas de mentor au sens de la personne à qui je vais confier tous mes secrets. Il y a beaucoup de personnes que j'admire, dont j'apprends beaucoup, mais je n'ai jamais essayé de leur ressembler. Peut-être aussi parce que je suis une femme et que les mentors qu'on nous présentait dans notre enfance étaient principalement des hommes. Bien sûr, il y avait Mère Teresa ou sainte Thérèse, mais les mentors étaient tout de même principalement des hommes, il était donc impossible pour moi de faire une transposition de leur vie dans la mienne. Et puis, il y a toujours une part dans leur vie qui ne me plaît pas, que je n'ai pas envie de vivre. Même si je trouve qu'il existe des destins fabuleux, totalement héroïques, et qu'il y a beaucoup à apprendre d'eux, c'est leur vie, ce n'est pas la mienne. Je n'ai pas de mentor au sens strict, mais beaucoup de gens m'inspirent, ce qui n'est pas du tout la même chose.

Ta vie est-elle un stage d'Amour comme la mienne ici-bas ?

Je n'emploierais pas le mot stage, car le mot stage suppose une limite dans le temps. Tu fais par exemple des stages successifs dans des entreprises différentes. Je préfère parler d'un apprentissage renouvelé au quotidien. La magie de la vie, c'est que toutes les erreurs que tu fais te permettent d'apprendre. Gonzague (de Blignières) cite souvent Nelson Mandela : « Je ne perds jamais ; soit je gagne, soit j'apprends. » Ce qui est sûr, c'est que ce qui guide ma vie, c'est l'Amour et rien d'autre. En réalité, rien d'autre ne m'intéresse. Mais il y a plein de choses qui m'intéressent parce que j'y mets de l'Amour et que je peux me passionner. Par exemple, je suis partie en Afrique et j'ai découvert les oiseaux. J'étais le long d'une rivière où des milliers d'oiseaux viennent nicher, avec un guide qui me nommait les oiseaux. Maintenant, j'ai envie de me passionner pour les oiseaux, car ce guide m'a donné l'Amour de les comprendre. On parle souvent du désir et du devoir, et dans notre religion catholique on a beaucoup trop mis le devoir en avant. Une vie guidée par le devoir est une vie très ennuyeuse, très contraignante et qui rend amer. Une vie guidée par le désir est une vie qui rend joyeux, qui donne envie d'aller de l'avant. Cela ne veut pas dire que l'on ne doit pas respecter les contraintes ou certains chemins difficiles, mais quand tu as la lumière au bout tu peux aller au bout du monde.

Donc, faut-il tout oser demander dans la vie ?

Oui, bien sûr. Il faut tout essayer, et quand cela ne marche pas, la bonne question à se poser est celle-ci : « Est-ce que j'en ai autant envie que ça ? » Si ce n'est pas le cas, on renonce ; mais si l'on en a vraiment envie, eh bien, on remet l'ouvrage sur le chantier. Au fond, l'échec te permet de savoir si ce que tu désires, tu le désires vraiment. Il y a des choses que tu as envie d'avoir, mais que tu n'obtiens pas, car tu ne te bats pas pour les avoir. Tu croyais que c'était ton objectif, mais tu as caché ton véritable objectif derrière un autre désir. Dans ces cas-là, il ne sert à rien d'insister par frustration, par orgueil ou par le sentiment d'être victime d'une injustice. Si cela ne s'est pas produit, c'est qu'en fait ce n'était pas pour toi.

Il faut donc oser demander et oser d'abord se demander à soi-même avant de demander aux autres. J'en ai envie, j'y vais. C'est peut-être une connerie, mais après tout qu'est-ce que je risque, sinon de regretter de ne pas avoir essayé ? Je répète tout le temps à mes enfants : « Faites exactement ce que vous voulez, mais faites-le bien et faites-le beaucoup. » C'est ainsi que l'on comprend ce que l'on veut vraiment : en agissant sans attendre. Si tu as un grand rêve, comme d'aller dans l'espace, tu peux attendre d'avoir 50 ans et te rendre compte à cet âge-là que ce n'était pas du tout ton rêve. Franchement, choisis-toi plutôt des petits désirs quotidiens et concrétise-les. Vas-y sans te demander si c'est raisonnable ni comment l'on va te regarder, te juger. Je suis impressionnée par le nombre de gens qui vivent à travers le regard des autres et se déterminent en fonction de ce que ceux-ci vont penser d'eux. D'abord, c'est de l'orgueil, car les autres n'en ont rien à faire de nous. Pas ceux qui vous aiment, bien sûr, mais en général les gens sont plutôt préoccupés par eux-mêmes que par l'Autre. De toute façon, tu trouveras toujours des personnes pour critiquer : « C'est bien, c'est mal, tu aurais dû faire comme ci, comme ça. » Il faut prendre ces jugements comme des informations qui peuvent t'aider à avancer, mais en ayant bien conscience qu'elles ne traduisent que leur regard sur toi et non ce que tu es vraiment. C'est un frein énorme de se dire avant d'agir : « Je ne peux pas faire ceci, car l'Autre va penser cela. » D'ailleurs, ce ne sont que des suppositions, mieux vaut poser la question directement. Je vais te donner un exemple dans ma vie.

En 2013, j'étais très investie dans ma vie professionnelle, les enfants grandissaient et nous avions une maison en Savoie qui était devenue très agréable après que nous y avions effectué des travaux. Nous habitions à Paris dans un appartement où mon mari et moi avions une chambre qui était un peu un lieu de passage, avec deux tiroirs à moi où les enfants n'arrêtaient pas de fouiller, pour prendre du scotch ou je ne sais quelles autres fournitures. Hervé partait en Savoie toutes les semaines et le jeudi, le vendredi et le samedi il était tranquille dans une très belle maison. Dans notre appartement parisien, les enfants avaient tous leur chambre, où je n'allais jamais fouiller, et j'avais le sentiment d'avoir travaillé pour pouvoir créer tout cet univers agréable, mais de n'avoir moi-même aucune intimité. Il se trouve que j'ai eu la chance, une année, de recevoir une prime importante, et une de mes amies m'a dit alors : « Il faut que tu t'achètes un lieu à toi, car tu ne pourras pas garder une vie intérieure si tu n'as pas un endroit bien à toi. » Ce n'était objectivement pas possible dans notre appartement, car nous avions encore beaucoup d'enfants à la maison. J'ai donc surmonté ma peur; je suis allée voir mon mari et mes enfants pour leur dire : « Je vais m'acheter un petit endroit à moi. » Je craignais qu'ils le prennent mal. En fait, ils l'ont très bien pris, ils ont parfaitement compris. J'ai dit à Hervé : « Quand tu vas en Savoie, tu peux regarder des films, bouquiner, faire ce que tu veux, moi je n'ai pas d'endroit où me poser. » C'est ainsi que j'ai acheté cet appartement où je vais le jeudi et le vendredi. Et si je n'y vais pas, mes enfants et mon mari me disent : « Mais pourquoi n'y es-tu pas allée? Vas-y, ça te fait du bien. » Ils n'ont pas du tout considéré cette décision comme un acte d'abandon ou d'égoïsme, au contraire. Ils étaient heureux que je prenne mon autonomie par rapport à eux et que j'accepte l'idée d'avoir besoin, moi aussi, d'un lieu de silence qui soit à moi, qui n'appartienne pas à tout le monde. Je ne considère pas cette décision comme un acte de courage, mais cette démarche a tout de même exigé de moi de surmonter la peur du regard de l'Autre, alors que j'en avais vraiment envie. Si je n'avais pas eu cette amie qui m'a dit : « Fais-le », j'aurais pensé : « Cet argent doit servir à la famille, aux enfants, mais pas à moi. » Or il est très important pour mon mari et mes enfants que je me sente bien, et j'ai besoin de ce lieu pour me ressourcer. Je ne l'ai pas appelé Risque de chance, mais ça a été ma chance.

Pourquoi as-tu accepté ma demande d'interview ?

Parce que tu me l'as demandé et qu'il faut mettre les priorités là où elles doivent être. Je vais te répondre indirectement, en te parlant d'une autre chose qui dirige ma vie. Quand tu as un emploi du temps mangé par le quotidien et les « responsabilités », comme on dit, les choix sont cornéliens. J'ai résolu cette difficulté en décidant que lorsqu'un de mes amis perd son père ou sa mère, même si je ne les connaissais pas, du moment que cet ami m'est cher et que je sais qu'il est important pour lui que je sois là, j'y vais. Je me dis : « Est-ce que dans six mois je me souviendrai de la raison qui m'a empêchée d'aller à cet enterrement ? » Je me souviendrai que je ne suis pas allée à l'enterrement ou au mariage ou à tel événement qui était important pour cet ami, mais je ne me souviendrai des raisons de mon absence. Si je sais que je ne m'en souviendrai pas, eh bien, j'y vais. Pour l'entretien avec toi, c'est pareil. C'est un moment hors du temps où tu es dans une quête de l'homme, de l'âme, du sens. Passer une heure avec toi est un moment très agréable, alors, pourquoi se refuser des moments agréables ? C'est un temps suspendu qui appartient à Dieu, donc c'est bien de le lui donner.

Donc, quel est le plus beau risque dans la vie, en un mot, s'il te plaît ?

Vivre avec un grand V. Être vivant à chaque instant de ta vie et savoir que tu es créateur de ta vie à chaque instant. Te le rappeler toujours. Cette interview aurait pu ne pas avoir lieu, parce que je t'aurais dit : « Je n'ai pas le temps », ou bien elle aurait pu prendre une tournure tout à fait différente parce que tu ne m'aurais pas posé les mêmes questions, ou je n'aurais pas répondu de la même façon. Au fond, nous avons créé une sorte de petit moment unique, de petit chef-d'œuvre, et l'on peut faire de sa vie un chef-d'œuvre à chaque instant. Je prie à vélo et je souris aux gens que je croise. À cent pour cent, les gens me rendent le sourire, ce qui change le trajet ! Dans la vie, c'est pareil, si tu souris à la vie, si tu la prends comme elle vient, elle est beaucoup plus gaie, quelles que soient les épreuves, les moments durs. Le chagrin n'empêche pas le sourire et la joie profonde d'être vivant. Tu peux être profondément triste, avoir un très profond chagrin, comme quand j'ai perdu mon père, mais la joie est toujours là.

Si tu réfléchis bien, nous sommes animés par deux sentiments qui gouvernent notre vie : l'Amour et la peur. Le problème de notre monde contemporain, c'est qu'il nous gouverne par la peur. La peur de ne pas y arriver, de tomber, de tomber malade, de subir la guerre, etc. Tous les sentiments comme la jalousie, la tristesse, les regrets sont des sentiments nourris par la peur. Peur de ne pas être aimé, de ne pas être reconnu, d'avoir mal fait. Et si l'on en finissait avec la peur ? Cela ne veut pas dire l'éradiquer, mais ne jamais la mettre devant soi. La peur doit être comme une valise que tu tiens à côté de toi et qui te force à faire attention quand tu traverses la rue. Tu vas regarder à droite et à gauche, car tu n'as pas envie de te faire écraser, mais tu vas traverser la rue. La peur est une compagne. C'est notre compagne de vie, l'instrument de notre vigilance, un garde-fou. Mais il ne faut jamais qu'elle devienne ton destin. Aujourd'hui, nous vivons dans une civilisation de la peur. Donc il faut remettre l'Amour devant, car c'est la seule chose qui fait avancer.

Mon risque aura été de partager ce moment avec toi aujourd'hui... Merci du fond du cœur.

Merci à toi, c'était un joli moment.

Risque de prier et d'aimer, par le Père Guy Gilbert

« Le plus beau risque est de se demander : "Qui a créé l'Amour ?" »

Témoignage Risque de chance du Père Guy Gilbert le 17/06/2020 à Faucon en visioconférence. Prêtre catholique français, dit « curé des loubards », éducateur spécialisé et écrivain spirituel. Issu d'une famille ouvrière de quinze enfants, il désire être prêtre et entre à l'âge de 13 ans au petit séminaire, qu'il achève à Alger, où il est prêtre de 1965 à 1970. Il est le fondateur de la Bergerie de Faucon où, avec une équipe d'éducateurs, il aide des jeunes en difficulté par le travail et le lien avec les animaux. Le 7 décembre 2018, il est fait chanoine de la cathédrale Notre-Dame de Paris.

À découvrir en ligne sur le site www.risquedechance.com ou en vidéo avec le QR code suivant :

Risque d'oser, par Nicolas Hulot

« Le plus beau risque est celui de décider de transmettre la vie. Une marque de confiance en l'avenir et notre raison d'être. »

Témoignage Risque de chance, le 02/06/2019 à Saint-Lunaire en visio, de Nicolas Hulot, ex-ministre d'État, ministre de l'Écologie et de la Solidarité, journaliste, animateur et producteur de TV, notamment de l'émission Ushuaïa, fondateur de la Fondation pour la Nature et l'Homme, écrivain.

Dans ton parcours engagé de papa, d'homme, d'homme d'affaires, d'homme politique, de fondateur de ta Fondation pour la Nature et l'Homme, de journaliste, d'animateur, de producteur de télévision, de militant écologique et d'écrivain, peux-tu me dire, s'il te plaît, quel est le plus beau risque dans la vie ?

(Silence et grand souffle) C'est une question difficile, car elle appelle une réponse difficile. Isoler un seul choix, parmi tous ceux que la vie t'offre et qui sont par définition aléatoires, c'est difficile. Un choix est une décision, une décision est un risque et un risque est effectivement une chance. Le plus beau risque est celui de décider de transmettre la vie. C'est une marque de confiance en l'avenir. C'est probablement intimement, biologiquement, génétiquement notre raison d'être. Le plus beau risque est donc de décider de transmettre la vie, c'est-à-dire d'avoir des enfants, dans un monde où parfois la question peut se poser : « Est-ce un choix égoïste ou un choix généreux ? » Je considère aujourd'hui que c'est le plus beau des risques. C'est sur ce risque-là que j'ai développé mon engagement. À partir du moment où j'ai fait le choix de transmettre la vie et décidé que d'autres êtres allaient naître sur Terre, il fallait que je contribue, à ma mesure, à l'accueil bienveillant de cette petite Terre pour eux. Donc, quand je me bats pour les générations futures, comme d'autres l'ont fait avant moi, je me bats aussi pour mes propres enfants. Je ne veux pas les précipiter dans un monde chaotique. La décision de mon épouse et de moi-même de leur venue ne doit pas simplement satisfaire un cadre familial. C'est une responsabilité qui nous engage et un risque à prendre en compte. Il faut tout faire pour que ce risque soit une chance et non un danger.

As-tu un exemple vécu de ce risque de vivre ?

Je te l'ai dit : mes enfants.

Comment l'as-tu vécu et qu'est-ce qui était vraiment important pour toi, voire pour plus grand que toi ?

Cette notion de risque, dans sa première lecture et sa première écoute, suscite plutôt une impression de danger que de chance. Quand on nous dit : « Vous prenez des risques », on sous-entend plutôt le côté négatif. L'autre risque que j'ai pris dans ma vie et que je ne regrette pas, alors que certains le voyaient davantage comme un danger que comme une chance, c'est d'avoir décidé du chemin que je voulais emprunter. Le premier livre que j'ai écrit s'appelait *Les Chemins de traverse*[51], car c'étaient les chemins de traverse qui m'inspiraient et non pas ceux que l'on me suggérait. À partir de là, tu prends ton destin en main. Quand la société te suggère, te guide dans une trajectoire, mais que tu décides d'en emprunter une autre, tu fais l'expérience de la solitude. En cas d'échec, on te rappellera que tu n'avais qu'à prendre le chemin suggéré ou indiqué. Mais la vraie liberté est là : s'affranchir de tout conditionnement. C'est un risque, mais en ce qui me concerne c'est une chance incroyable. Depuis que j'ai emprunté ce chemin de traverse, aucune journée de mon existence ne m'a semblé banale.

---

51. Hulot, Nicolas, *Les Chemins de traverse*, Jean-Claude Lattès, 1989.

Quelle est ta contribution au monde, ta mission, ta vocation ?

Ma mission consiste déjà à distribuer au quotidien de la bonne humeur, du rêve, de l'amitié et de l'affection dans mon environnement familial, amical et au-delà. J'essaie de faire en sorte qu'au-delà des drames, des souffrances, des incertitudes, il y ait toujours au quotidien de la place pour le rire, la bonne humeur, l'échange et la connaissance. Ne pas se résigner à ce que la vie soit un long chemin pénible, quelles que soient les difficultés qu'elle peut mettre sur notre chemin. Ma deuxième contribution au monde s'est précisée au fur et à mesure de mon émancipation, mon évolution, ma prise de conscience. Cette contribution consiste à ne pas sacrifier l'avenir au présent. Préserver des conditions d'existence favorables pour toutes celles et ceux qui nous succéderont. C'est ma contribution et celle de nombreuses femmes et nombreux hommes avant moi, avec moi et après moi. C'est ce qui a donné du sens à mon existence.

Qu'est-ce que tu reconnais en toi-même, par toi-même qui te donne le goût de vivre ?

(Silence) Il y a énormément de choses qui me procurent des joies indicibles. Les rencontres humaines, la connaissance, la transmission de la connaissance, la nature pourvoyeuse infinie d'émotions et de pépites de bonheur, la contemplation et la compréhension de la nature. J'aime la vie par-dessus tout. Évidemment, quand on me demande : « Est-ce que tu es heureux ? », je réponds : « Je suis heureux entre les gouttes. » La convergence d'épreuves ne te permet plus, parfois, d'apprécier des choses simples. Il faut ouvrir ses sens et les rendre disponibles. Cloisonner les divers temps de l'existence, et ne pas toujours cultiver les moments pénibles. C'est un état d'esprit. Nous avons tous plus ou moins vécu des drames et l'on peut s'en servir comme d'un ressort plutôt que de les traîner comme un boulet. On les a en soi, mais ils nous construisent, nous éveillent, nous font apprécier ces moments de répit. Quand on ouvre les yeux, à tous les sens du terme, chaque jour peut vous apporter son petit lot de bien-être, de satisfactions, de petites joies simples. Un regard, une phrase dans un article ou un livre, les facéties d'une famille qui joue sur la plage, l'aller-retour d'un petit passereau pour construire son nid. Quand on sait regarder, on peut s'émerveiller au quotidien.

Face au difficile, n'est-ce pas souvent en s'ouvrant à tout autre chose que les solutions naissent ?

Par définition, une solution doit se chercher sur des chemins inhabituels. Pour cela, il faut parfois prendre un risque. Dans mon expérience et notamment lors de mon expérience ministérielle, je n'ai cessé d'entendre : « On ne peut pas faire autrement. » À partir de cet *a priori*, il ne faut pas s'étonner de voir les maux et les épreuves que nous traversons se reproduire et s'amplifier ! Il faut parfois risquer le non-conformisme, au risque d'obtenir… une bonne surprise. Théodore Monod dit : « L'utopie n'est pas ce qui est irréalisable, mais ce qui est irréalisé. » Si je remonte le cours de ma vie, je crois qu'on pourrait me traiter d'utopiste du début jusqu'à la fin. La réalité est que j'ai suivi mes intuitions, emprunté des sentiers inhabituels, mais aussi des chemins plus conventionnels, l'idée n'étant pas d'être un rebelle à tout crin. J'ai seulement été intraitable avec la notion de libre arbitre. L'idée est que tous les choix que l'on fait soient bien pesés et décidés par soi-même, non pas par d'autres ou toutes autres formes d'influences. Ce n'est pas aux autres de vous fixer les critères de la réussite et du succès. C'est à soi-même de les établir. La réussite, c'est être bien dans sa peau et faire en sorte que chaque jour, chaque instant ait un sens. Ne pas se lier pieds et mains à des codes sociaux que d'autres ont érigés à votre insu.

Est-ce un risque de chance d'être le fils d'un chercheur d'or, confiseur et créateur de jardins, le petit-fils d'un architecte qui a inspiré, selon la légende, le personnage de Jacques Tati « Monsieur Hulot », et l'arrière-petit-fils d'un autre qui perdit au jeu son dernier fusil de chasse ?

Je n'en sais rien. J'ai un bagage génétique qui doit comporter des qualités, des défauts, des vertus et des vices appartenant à ces hommes et ces femmes qui m'ont précédé. Je leur dois mes instincts de voyageur et d'aventurier, cette chance de ne pas être un homme de routine. Quant à la partie moins vertueuse que peut comporter mon patrimoine génétique, c'est là que joue l'acquis. Chacun doit essayer en permanence de se remettre en cause et de faire son autocritique. Nous avons tous des défauts et des qualités. Il faut se battre au quotidien pour atténuer ses défauts et privilégier ses qualités. L'inné a été transmis, mais ensuite il y a l'acquis. Chacun doit se battre pour faire mentir une forme de déterminisme. Naître dans un milieu social aisé peut être un handicap, si l'on croit que tout va se transmettre et que votre sphère sociale et familiale vous accompagnera. Naître dans un milieu social en difficulté peut au contraire vous animer de beaucoup plus d'énergie et de volonté, car vous êtes conscient que personne ne sera là. Pour chacun, il y a un moment déterminant dans la jeunesse où il faut se prendre en charge. Il faut décider, oser, expérimenter, essayer, se planter, se casser la gueule, prendre quelques baffes, et garder à l'esprit ce que dit une de mes copines : « Plus je me plante, plus je pousse. » Cela fait partie de la vie. J'ai fait des dizaines de petits boulots, comme pour me payer ma première moto à 16 ans par exemple. Avec cette moto, j'ai pu voyager et accéder à la liberté. Profitez de ce que votre famille peut vous donner, mais si votre famille ne peut rien vous transmettre, n'attendez pas tout des autres et ne pleurez pas toujours sur votre sort.

Est-ce un risque de chance de perdre son papa à 15 ans comme j'ai perdu le mien à 2 ans ?

Ce n'est ni un risque ni une chance, c'est un fait. Ce fait m'oblige à tout faire auprès de mes enfants pour qu'ils ne vivent pas ce genre de situation. Ce drame m'a enseigné que la vie vaut tout et ne vaut rien en même temps. La vie est là comme subrepticement, et pendant qu'elle est là, il faut tout faire pour lui donner du sens. Je n'ai pas attendu de passer 60 ans pour apprendre à vivre. Dès lors que j'ai eu la démonstration que la vie était une étincelle et que j'ai perçu la fragilité de l'existence, j'ai décidé très rapidement de faire de chaque journée quelque chose d'exceptionnel. Quelque chose d'exceptionnel peut être en même temps quelque chose de très simple. Passer une journée ou une nuit dans la forêt de Rambouillet à entendre les cerfs bramer est un moment exceptionnel. Se plonger dans *Choses vues* de Victor Hugo est un moment exceptionnel. Découvrir ses premières Amours quand on a 14 ou 15 ans est un moment exceptionnel. Apprendre quelque chose à son enfant est un moment exceptionnel. C'est ça la vie. L'enseignement de mes épreuves et de la mort qui a rôdé très tôt autour de moi, c'est qu'il faut prendre ce que la vie vous donne au moment où elle le donne. Pour moi, le présent prime sur le futur.

Est-ce un risque de chance de préserver sa maman le soir de Noël face au suicide de ton frère, comme celui de mon père ?

Il est difficile de répondre. Cela s'est décidé spontanément, sans même y réfléchir, sans même se concerter. Le choc était trop brutal pour confronter ce moment de joie familiale avec un autre absolument morbide.

Des événements comme celui-là vous révèlent, ils libèrent en vous ce que vous êtes profondément.

Est-ce un risque de chance d'avoir navigué avec Éric Tabarly ?

Évidemment ! Je lui dois beaucoup sans qu'il l'ait su. À 21 ans, ma passion pour Tabarly m'a fait commettre mon premier livre, *Quarante-cinq ans de défis*[52]. Avec le recul, je me rends compte qu'à 21 ans j'étais encore presque un adolescent, mais ce livre m'a donné confiance en moi. Le fait que Tabarly m'autorise à écrire cette biographie, à monter à bord de Pen Duick VI, à venir au Cap en Afrique du Sud, c'était très important. Pour finir, je n'ai pas embarqué, mais tout s'est joué là. Mon chemin s'est tracé là. Je suis allé au Cap pour embarquer sans embarquer et je me suis retrouvé en plein apartheid. Mon regard s'est alors porté sur cette situation de ségrégation constitutionnelle que je connaissais à peine. C'est à partir de là que mon œil s'est intéressé à l'Afrique, aux Africains et à la géopolitique. Mon parcours de vie a véritablement démarré là. Cela dit, aller en Afrique du Sud pour embarquer sur Pen Duick VI sur une vague promesse, non pas de Tabarly, mais de l'un de ses équipiers, c'était risqué. Si j'avais réfléchi rationnellement, il fallait que je m'endette et que j'arrête mes études de médecine. Les probabilités que cela aboutisse à quelque chose de concret et de fructueux étaient réduites à leur plus simple expression. Il n'empêche que pour finir, c'est bien parce que j'ai pris ce risque que s'est effectué le démarrage de l'itinéraire d'un enfant gâté, pour paraphraser le film de Belmondo.

Est-ce un risque de chance de réfléchir avec lucidité au « monde d'après » à l'occasion de la crise du coronavirus qui bouscule le monde d'avant ?

C'est une chance. Il faut toujours se servir de la démonstration d'une réalité pour s'en éclairer. Cette crise sanitaire peut être une crise salutaire à partir du moment où l'on en tire les enseignements. Quels enseignements ? D'abord le fait que nous sommes vulnérables. Ensuite, qu'il y a une relation de cause à effet entre la destruction des écosystèmes et les conséquences sanitaires. Et aussi que, lorsqu'on se trouve face à un risque bien palpable, on est capable de prendre des mesures qui ne sont pas classiques, de sortir des sentiers battus et de certains dogmes. Une crise, par définition, c'est une leçon. Dans une leçon, par définition, on doit apprendre.

---

52. Hulot, Nicolas, *Tabarly : 45 ans de défi*, Pac, 1976.

Qui es-tu comme magicien et que fais-tu en tant que magicien dans ce monde ?

Au sens propre ou au sens figuré ? Est-ce que cette question fait référence à ma passion pour la magie ?

Je ne connaissais pas ta passion, Nicolas, mais pour répondre à ta question, cette notion de magicien fait référence au symbole de la baguette magique, que nous proposons aux personnes que nous coachons, face à une situation bloquée : « Et si tu avais une baguette magique, comment cela se passerait-il ? » C'est un outil très aidant, que je te recommande avec tes enfants.

Mon arme, qui vaut pour tout le monde, est l'humour, la dérision et l'autodérision. Où que je sois. Je ne peux pas passer plus d'une demi-heure sans dire une bêtise, faire un jeu de mots et souvent me moquer de moi-même. Quand j'ai exercé des fonctions soi-disant très sérieuses, il m'est arrivé de faire des blagues en Conseil des ministres. Par exemple, piquer les lunettes de mon voisin de droite pour qu'il soit embarrassé au moment de lire ses notes. Mon père était comme cela. Cela crée de la cohésion. Contrairement à ce que l'on croit, l'humour ne distrait pas, mais détend et permet de mieux se concentrer. Ce trait de ma personnalité n'est sans doute pas connu du grand public, mais ceux qui me connaissent bien l'ont expérimenté. Dans toute situation, on peut à un moment ou un autre déclencher du rire ou du sourire.

Partages-tu la vision de Jean Vanier : « Toute personne est une histoire sacrée » ?

(Silence) Cela vaut pour chaque individu, bien entendu. C'est ce qui fait la beauté du monde. Chaque être vivant – pas seulement les êtres humains – est une histoire exceptionnelle. Nous sommes tous le fruit d'un processus évolutif et génétique qui s'établit sur des centaines de millions d'années. Nous sommes tous exceptionnels. C'est cette diversité, et non l'uniformité, qui fait la beauté du monde. On peut être exceptionnellement mauvais ou exceptionnellement bon ; chaque être porte d'ailleurs en lui une forme d'ambiguïté entre le bon et le mauvais. Des tas de paramètres peuvent faire émerger le bon comme le mauvais. Notre rôle est d'essayer, autant que faire se peut, de faire émerger le bon côté de l'humain, au plan individuel comme à l'échelle collective. Pour cela, il faut être capable de flatter l'individu quand il agit, en voyant le bon côté des choses, au lieu de toujours souligner le mauvais. La personne doit pouvoir trouver une forme de satisfaction, de reconnaissance dans un monde qui a tendance à voir tout de suite ce que les gens ne font pas bien plutôt que de voir leurs efforts pour bien faire. Ce n'est pas une plainte que j'exprime, mais j'en fais tout de même régulièrement l'expérience. Le monde – et notamment le monde médiatique – ira toujours chercher la petite faille. L'être humain n'étant pas parfait, ce n'est pas compliqué. Tout le monde a des failles, des faiblesses, des contradictions.

As-tu un défaut dont tu souffres ?

Oui, enfin, dont je souffre… (Silence) L'impatience et l'insatisfaction de moi. Ce sont des qualités et des défauts. Je ne suis jamais content de ce que je fais. Pour les autres, c'est un peu casse-pieds, car il s'agit d'un travail collectif, alors ils ont l'impression que je ne suis jamais content de ce que nous avons réalisé ensemble. En même temps, l'autosatisfaction est une plaie. Cela s'appelle la suffisance.

Quelle est l'intention positive qui se cache derrière ces défauts d'impatience et d'insatisfaction ?

Faire les choses quand elles sont possibles et quand c'est le moment, car j'ai conscience que la vie est courte.

Est-ce que tu as des mentors et quels messages te portent-ils ?

J'ai une flopée de mentors. J'ai des mentors qui appartiennent au XIXe siècle, notamment Victor Hugo, dont tu peux apercevoir le portrait sur le tableau qui est derrière moi. C'est probablement l'homme de lettres qui m'a le plus aidé à construire ma pensée. Ensuite, j'ai des mentors contemporains comme Théodore Monod[53], Jean Dorst[54], Paul-Emile Victor[55], Pierre Rabhi[56] ou Nelson Mandela[57] que j'ai eu l'occasion de rencontrer. Tous ont

53. Théodore Monod, naturaliste biologiste, explorateur, 1902-2000.
54. Jean Dorst, ornithologue, 1924-2001.
55. Paul-Emile Victor, scientifique, explorateur polaire, 1907-1995.
56. Pierre Rabhi, fondateur du mouvement d'agroécologie Colibris.
57. Nelson Mandela, militant antiapartheid, puis président de la République d'Afrique du Sud, 1918-2013.

construit mes réflexions, mes pensées et m'ont structuré. J'en oublie, bien entendu. Sans aucune base universitaire, ces hommes-là ou des femmes comme Christiane Taubira[58] m'ont permis de construire les seules armes que sont mes mots, mes propres mots. Synthétiser et rendre compréhensible mes pensées, mes intuitions, mes convictions.

Ta vie est-elle un stage d'Amour comme la mienne ici-bas ?

La vie est une quête. À tous les sens du terme.

Faut-il tout oser demander dans la vie ?

Il faut parfois taire ses illusions, mais garder ses rêves.

Pourquoi as-tu accepté ma demande de témoignage ?

Pour deux raisons simples : le fait que ton livre se présente comme un message à la jeunesse, dont je comprends qu'elle puisse perdre pied dans les temps présents ; et la qualité des femmes et des hommes que tu avais déjà réunis.

Donc, quel est le plus beau risque dans la vie, en un mot s'il te plaît ?

Oser.

Le mien aura été de partager ce moment avec toi aujourd'hui… Merci du fond du cœur.

58. Christiane Taubira, ex-ministre de la Justice de 2012 à 2016.

Risque de faire, par Henri Lachmann

« Le plus beau risque dans la vie est de faire pour apprendre. »

Témoignage Risque de chance, le 24/06/2019 à Paris, de Henri Lachmann, président du Centre Chirurgical Marie-Lannelongue, président de l'Institut Télémaque, vice-président de l'Institut Montaigne, ex-PDG de Schneider Electric.

À découvrir en ligne sur le site www.risquedechance.com ou en vidéo avec le QR code suivant :

Risque de maternité, par Anne Lauvergeon

« Le plus beau risque de ma vie a été mes enfants. »

Témoignage Risque de chance, le 07/02/2019 à Paris, d'Anne Lauvergeon, fondatrice d'ALP SA, entrepreneure, ancienne sherpa de François Mitterrand et ancienne présidente d'Areva.

Peux-tu me dire, Anne, s'il te plaît, quel est le plus beau risque dans la vie ?

Je ne saurais pas répondre pour les autres. Pour moi, le plus beau risque de ma vie a été mes enfants. Non pas que je les aie perçus comme un risque, mais c'est la chose la plus fantastique et en même temps la plus surprenante, je pourrais même dire hasardeuse d'une certaine façon.

Qu'est-ce qui était vraiment important pour toi dans ce risque de chance des enfants ?

C'est un risque qui a été tardif. Je me suis sentie très longtemps la fille de mes parents plutôt que de songer à une transmission ultérieure. Peut-être parce que j'ai toujours été passionnée d'histoire et d'archéologie, ce qui est une façon de regarder derrière plutôt que de regarder devant.

Les enfants sont une découverte extraordinaire. Ce sont en effet des êtres très différents de soi et en même temps très proches de soi. Ils se transforment devant vous, ce qui vous rend très modeste sur les capacités que vous avez. Ils sont déjà ce qu'ils sont. Je trouve cela fascinant. Avoir des enfants est aussi une façon d'accepter sa propre finitude, ce qui n'était pas naturel chez moi. Quand je dis « pas naturel », c'est que je connais le raisonnement rationnel, mais il y a toujours quelque chose au-delà du rationnel. Là-dessus, les enfants me font changer de perspectives. Je te surprends peut-être, car tu te serais attendu à ce que je te parle de sujets professionnels.

Pas du tout, car le sens de la démarche Risque de chance est beaucoup plus systémique. Le risque des enfants et l'acceptation de sa propre finitude sont des sujets très importants. Qu'est-ce qui est plus grand que moi et en quoi puis-je grandir ? Ce sont des questions essentielles. À ce sujet, je souhaiterais te demander quelle est ta contribution au monde, ta mission, ta vocation.

J'ai toujours senti que j'étais là pour faire avancer le « Schmilblick ». Je ne sais pas si les jeunes générations connaissent le « Schmilblick » : c'était un jeu télévisé où il fallait deviner quelque chose, et un certain nombre de gens posaient une question, non pas pour vérifier qu'ils avaient deviné, mais simplement pour faire avancer la connaissance, être utiles à la résolution du jeu. Le sens, pour moi, est très important. Nous sommes tous pris entre l'être et l'avoir. L'avoir est un sujet, mais l'être est la motivation réelle.

Qu'est-ce que tu reconnais en toi-même, par toi-même qui te donne le goût de vivre ?

Je suis d'un naturel assez heureux. Le temps vous apprend à beaucoup mieux vous connaître et donc à beaucoup mieux vous supporter. Je ne suis pas tout à fait d'accord avec la croyance selon laquelle « 20 ans est le plus bel âge du monde ». Le cheminement, les expériences, les gens que l'on rencontre vous apportent, vous forgent, vous déconstruisent, vous reconstruisent, ce qui n'est pas linéaire du tout. Au fil du temps, on vit de mieux en mieux avec soi-même. Vivant mieux avec soi-même, sachant mieux ce que l'on peut apporter ou ne pas apporter, on est plus contributif. J'ai une curiosité gigantesque. Je suis curieuse de ce que je ne connais pas, curieuse aussi d'une connaissance plus approfondie des choses, en ayant conscience du fait que l'on n'a pas beaucoup de temps, donc qu'on ne pourra pas tout savoir. Cette recherche, cette curiosité continue à vous apporter. Si je n'avais pas cette curiosité en moi, je pense que je serais beaucoup moins heureuse. Je suis très curieuse des gens, de l'histoire, des civilisations, des sciences naturelles, des progrès de la physique.

Aujourd'hui, tout à fait gratuitement, j'aide des start-up à se développer. J'aide aussi des entreprises plus grosses. J'adore avoir une contribution positive et faire avancer les choses. Cette curiosité de l'Autre et des choses, qui suscite des rencontres parfois incroyablement bouleversantes, est un moteur extraordinaire. Je me souviens de François Mitterrand, très proche de sa fin, à qui l'on ne pouvait plus dire : « Aujourd'hui il ne fait pas beau », ou : « Il pleut. » Chaque minute de vie était à prendre et à savourer avec la vision du côté positif des choses. Je suis aussi quelqu'un de positif. Chez moi, les verres sont plutôt à moitié pleins qu'à moitié vides. C'est aussi une bonne façon de vivre avec soi-même et avec les autres, car quand on est optimiste la relation à l'Autre devient plus fraternelle, il vaut mieux cela que de lui imposer ses propres difficultés. Il y a une forme de politesse aussi, dans cette attitude.

J'ai dégusté tes livres, y compris ce que tu racontes des conseils de famille où ton père décidait de limiter la température de la maison à 19° pour protéger la planète et peut-être vos finances...

Non, il s'agissait pour mon père d'un élan de citoyenneté. C'était en 1973, au temps de la première crise pétrolière et des problématiques de fonctionnement du gaz de l'usine de Skikda en Algérie. Mon père nous a réunis en effet dans la cuisine pour nous dire : « Mes enfants, le temps de l'énergie facile est terminé. » J'ai été très marquée par cet épisode, car nous vivions dans une maison avec jardin et il a continué à expliquer que tout cela était basé sur un monde d'énergie pas chère, ce qui était tout à fait juste, mais que passé la première étape de 19°, la seconde serait peut-être de ne plus chauffer les chambres, comme l'on faisait autrefois. Si la situation devenait vraiment difficile, il faudrait peut-être même se regrouper. J'étais ado et je voyais le ciel me tomber sur la tête : « Ma chambre, mon monde, mes livres, comment ?!... » Je m'en souviens très, très bien. C'est amusant, et je suis contente d'avoir écrit cela dans *La Troisième Révolution énergétique*[59], en 2008 ou 2009, avant que ne sortent les livres traitant de la

59. Lauvergeon, Anne, *La Troisième Révolution énergétique*, Plon, 2008.

troisième révolution industrielle, etc. Je pensais que l'on était dans un monde en transition énergétique et transition écologique. Mes parents, à qui j'ai donné mon texte à lire bien avant la parution, m'ont dit : « Mais, Anne, tu n'exagères pas un peu ? Ai-je vraiment dit ça ? — Oui, Papa, tu as dit ça. »

Un autre de tes livres, La Femme qui résiste, *m'amène à la question : faut-il résister dans la vie, Anne ?*

Oui, trois fois oui. Fondamentalement, je pense qu'il y a des choses sur lesquelles on ne peut pas transiger. C'est mon côté nivernais, où j'ai des ascendances dans la ligne paternelle. Des gens très modestes. J'ai repris la maison de mes arrières-arrières-grands-parents, en indivision pendant quarante ans, donc avec un peu de travail à faire dedans. J'y vais très souvent, car j'y ai repris racine. On dit que les saumons remontent à la source ; eh bien, finalement, moi je suis nivernaise. Pendant longtemps je ne le savais pas. Clamecy est un village avec une très belle collégiale, seule église en France avec un drapeau bleu blanc rouge qui flotte au-dessus, car les gens se sont regroupés pour refuser le coup d'État de Napoléon III, en tant que républicains. Bien sûr, ça s'est très mal passé. Mais on ne peut pas tout accepter dans la vie. Il est vrai que dans les élites françaises, très souvent on s'accommode. Moi, je pense qu'il y a des choses avec lesquelles on ne doit pas s'accommoder. Cela ne veut pas dire que l'on doit résister sur tout dans la vie, et je ne suis pas une héroïne. D'ailleurs, je ne sais pas du tout comment je me serais comportée devant les Allemands pendant la Seconde Guerre mondiale. J'ai un petit côté maquisarde de salon, si je peux me moquer de moi-même.

En tant que maquisarde, qui es-tu également comme magicienne et que fais-tu en tant que magicienne dans ce monde ?

J'aimerais bien être magicienne ! Petite, je regardais *Ma sorcière bien aimée*, avec, je me souviens, l'actrice Elizabeth Montgomery. Quand elle bougeait le nez, un tas de choses se produisaient, comme dans *Mary Poppins*. Les magiciennes fonctionnent dans un monde matériel, mais pas forcément dans un monde spirituel, intellectuel, cérébral. Je ne me vois pas comme magicienne, j'aime bien être une bonne fée. Pouvoir faire ce que je peux pour améliorer les choses.

Que voudrais-tu voir se réaliser dans le monde au travers de toi en tant que bonne fée, et au-delà de toi ?

Il y a diverses étapes à considérer. La première, c'est que je ne peux pas voir quelqu'un qui vit dans la rue sans que ça me déchire personnellement. Je suis très fière, car ma fille m'a dit un jour, en rentrant à la maison : « Maman, j'ai très faim, car je n'ai rien mangé à midi, j'ai donné tout mon argent. » Nous avons les mêmes valeurs et ça me parle. En face du SDF, je ressens un rapport d'identité, de fraternité – de culpabilité aussi. Pourquoi elle ou lui sont-ils là, en face de moi ? Je vais te dire quelque chose que je n'ai jamais dit : c'était encore plus terrible quand j'étais à l'Élysée. La distance entre quelqu'un qui vit dans la rue et quelqu'un qui est à l'Élysée, c'est dur à supporter. Pas pour moi, mais pour les gens qui vivent dans la rue. J'ai cette sensibilité. Ma mère est assistante sociale et il y a, dans ma famille, une transmission entre générations pour l'attention portée à l'Autre qui va mal.

Partages-tu la vision de Jean Vanier : « Toute personne est une histoire sacrée » ?

Oui, chaque personne est sacrée. Je parlais de fraternité, et pour moi chaque personne est un autre moi-même. Enfin, non, car l'Autre est en même temps un territoire inconnu, mais moi aussi je suis un peu inconnue à moi-même ! Nous sommes des territoires connus et inconnus, à explorer. Ce que je trouve génial, dans le fait d'avoir du temps passé en moi, d'avoir connu des expériences, c'est le fait de comprendre beaucoup mieux qui je suis et un peu ce que sont les autres. Post-ado et jeune adulte, j'avais des moments sartriens où je voyais les autres comme un garçon de café, en pensant : « Mais c'est quoi, ça, c'est quoi moi, dans quel monde suis-je ? » J'ai de moins en moins ce sentiment-là, j'éprouve un sentiment beaucoup plus inclusif et donc beaucoup plus chaleureux. La relation à l'Autre passe aussi par l'expérience de la mort des autres, dont ceux qui vous sont très chers. Cela m'a beaucoup fait évoluer.

Qu'est-ce que tu vis dans ta vie que tu souhaiterais voir continuer ?

Beaucoup de choses. J'aime la continuité et suis heureuse dans ma vie. Je n'ai pas envie de changements brutaux.

As-tu un défaut dont tu souffres ?

J'ai beaucoup de défauts, mais avec le temps on se dévore moins avec et l'on essaie d'y remédier. Je les identifie, je les vois, je les cerne. Je ne sais pas si c'est un défaut ou une qualité, mais j'ai une forme d'indifférence profonde à tout ce qui est très négatif, ce qui peut être dangereux. Je ne me laisse pas atteindre par les êtres négatifs. J'étais très timide, je le suis moins, j'étais très sauvage, je le suis moins, j'avais très peur que l'on me change, j'ai moins peur, je me suis beaucoup ouverte et je progresse. C'est pour ces raisons que je n'ai pas du tout l'impression que le temps vous abîme. Ce qui est dommage, c'est que ça va s'arrêter avant que j'aie terminé la mue de la chenille.

Est-ce que tu as des mentors et quels messages te portent-ils ?

J'ai eu beaucoup de chance de rencontrer des gens qui m'ont énormément aidée et qui ont eu un regard bienveillant sur moi. Ce regard bienveillant, j'essaie de l'avoir sur d'autres que j'essaie d'aider à mon tour. Je pense que quelqu'un qui vous regarde de façon bienveillante et vous envoie le message : « C'est possible. Tu peux le faire. » est le plus gros cadeau qui puisse exister. J'ai eu beaucoup de chance, car des gens très différents m'ont fait ce cadeau et continuent à me le faire. Certains sont connus, comme Robert Pistre[60], Raymond Lévy[61], François Mitterrand[62], Serge Tchuruk[63]. J'ai eu beaucoup de chance, car c'étaient des gens très différents, qui n'étaient pas toujours spontanément bienveillants et qui pourtant ont cru en moi. C'est quelque chose qui me porte. En fonction de la façon dont on le regarde, dont on lui donne confiance en lui ou pas, un être humain va donner des choses totalement différentes. On le voit très bien aujourd'hui dans la différence de productivité entre certaines grandes entreprises et les entreprises plus petites, dont les start-up, où les gens se donnent totalement. Il faut qu'ils se donnent pour de bonnes raisons et que ça en vaille la peine.

60. Robert Pistre, ancien patron de Saint-Gobain et Areva.
61. Raymond Lévy, ancien patron d'Elf, Usinor, Renault.
62. François Mitterrand, ancien président de la République, 1944-1996.
63. Serge Tchuruk, ancien patron de Rhône-Poulenc, Total, Alcatel-Lucent.

En parlant de don, ta vie est-elle un stage d'Amour comme la mienne ici-bas ?

J'aimerais bien, mais je n'irai pas jusque-là. C'est bien ainsi que je rêve cette vie : Amour et connaissance. La connaissance est un sujet très important pour moi. La culture est un élément très important pour moi. Savoir, connaître, comprendre, analyser. Un monde où il n'y aurait rien à découvrir ni à apprendre serait un monde beaucoup moins intéressant.

En conclusion, faut-il tout oser demander dans la vie ?

Oui certainement, mais cela n'a pas du tout été ma démarche. J'étais pleine d'autocensure, de « Ce n'est pas possible », et même maintenant de doutes. J'ai encore beaucoup de doutes sur moi-même, mais c'est bien, cela m'évite de faire trop de bêtises.

Pourquoi as-tu accepté ma demande d'interview ?

Parce que je t'aime bien.

Donc, quel est pour toi le plus beau risque dans la vie, en un mot s'il te plaît ?

Le plus beau risque dans la vie, c'est la vie elle-même. La vie est un risque total. J'ai animé un think tank, « Expériences », où l'on étudiait comment transmettre son expérience pour aider, améliorer l'Autre, afin qu'il puisse aller plus vite, ne pas faire les mêmes erreurs que soi, comprendre un peu mieux. Or c'est très difficile. Le challenge le plus compliqué consiste à comprendre comment profiter de l'expérience des autres. Il faut écouter beaucoup plus. Écouter les signaux faibles, ce que l'on discerne. Avec le temps, mes oreilles se sont bien développées. Je comprends mieux ce qui m'est dit et ce qui peut m'apporter quelque chose. J'ai avancé dans la vie avec une capacité de compréhension certes scolaire au départ, mais je l'ai augmentée et j'espère continuer.

Mon risque aura été de partager ce moment avec toi aujourd'hui... Merci du fond du cœur.

Merci tout plein.

Risque de grandir, par Denis Machuel

« Le plus beau risque dans la vie est de faire grandir l'Autre. »

Témoignage Risque de chance, le 25/06/2020 à Paris, de Denis Machuel, directeur général de la Sodexo.

À découvrir en ligne sur le site www.risquedechance.com ou en vidéo avec le QR code suivant :

Risque de croissance en conscience, ou l'audace de durer, par Thierry Marx

« Prendre conscience d'une croissance à impact social et environnemental nous mettrait en bonne voie pour vivre sur cette planète. »

Témoignage Risque de chance le 23/09/2020 à Paris de Thierry Marx, chef étoilé, engagé en cuisine et dans bien d'autres domaines à forte valeur humaine ajoutée. À la tête du Mandarin oriental et du Jules Verne de la Tour Eiffel. Acteur du Centre français de l'innovation culinaire (CFIC). Fondateur du Thierry Marx Collège et initiateur des cursus « Cuisine Mode Emploi » et « Pass'Sport pour l'emploi », pour la reconversion et la réinsertion des jeunes et jeunes depuis plus longtemps, jusqu'en prison.

Bonjour Thierry. Dans ton parcours de papa, de cuisinier, de chef d'entreprise, d'éducateur, de star télé et de pratiquant des arts martiaux, peux-tu me dire, s'il te plaît, quel est le plus beau risque dans la vie ?

Le plus beau risque dans la vie, c'est d'avoir un projet. Il n'y a pas d'autre solution. Tant qu'il n'y a pas de projet, il n'y a pas de vie. Nimier[64] disait : « Un homme sans projet est un ennemi du genre humain, mais c'est surtout un ennemi pour lui-même. » Donc, il faut avoir un projet et tenir la tête droite, à la journée, à la semaine, au mois. Mais pour avoir la tête droite,

64. Roger Nimier, écrivain, chef de file du mouvement littéraire des hussards, 1925-1962.

il faut précisément avoir un projet, sinon l'on regarde la Terre comme si elle allait en faire jaillir un pour nous…

As-tu un exemple vécu de ce beau risque d'être soi-même ? Comment l'as-tu vécu et qu'est-ce qui était vraiment important pour toi, voire pour plus grand que toi ?

Oui, j'en vois constamment des exemples. Chaque fois que je me suis senti en situation d'échec, c'est la perspective d'un projet qui m'a propulsé à nouveau : le projet d'être le meilleur dans le sport que je pratiquais, ou dans mon métier. Ce sont nos projets qui nous font avancer sur la ligne droite. La vie se déroule entre l'ordre et le désordre, parfois l'on ne sait pas trop où l'on va, on est balayé par tous les vents. L'avantage d'avoir un projet est que tu peux garder solidement le cap et regarder devant toi, en rectifiant la trajectoire quand il faut la rectifier.

Comment as-tu vécu les projets de ta vie ?

L'important pour moi était de m'extirper de mon origine sociale, à laquelle on m'assignait en permanence. Je ne voyais pas pourquoi je ne pourrais pas faire telle ou telle chose sous prétexte que j'étais issu de tel quartier, que j'étais mauvais élève, etc. Je ne donnais à personne le droit de me dire : « Non, ça, ce n'est pas pour toi. » À un moment donné, j'ai considéré qu'il fallait savoir prendre sa vie en main et savoir être seul. Apprendre à être seul est une de choses les plus complexes à réaliser pour un être humain aujourd'hui. Cela ne signifie pas qu'on n'est pas solidaire, mais que la rectitude de nos choix se fait dans la verticalité. Dans la vie, il faut apprendre à se construire seul. Peut-être à l'image de la discipline et de la pratique des arts martiaux : j'ai constaté que les arts martiaux exigent la verticalité. Dans les arts martiaux, on ne se couche pas pour rien, on se couche parce qu'on est touché. Cela n'empêche d'ailleurs pas de se relever, si l'on n'est pas mort ! J'ai appris la nécessité et la pratique de cette verticalité qui m'a permis d'avancer, ce qui ne m'empêche pas d'être à angle droit, c'est-à-dire à la fois solitaire et solidaire. Solidaire pour développer mon métier, mon entreprise, avec un impact social s'il le faut – et je crois celui-ci absolument nécessaire de nos jours. Cette rectitude de la verticalité et cette horizontalité pour être solitaire et solidaire sont donc pour moi les deux éléments essentiels.

Quelle est ta contribution au monde, ta mission, ta vocation ?

La transmission ! En considérant que la transmission n'est pas la mise en conformité de quelqu'un d'autre, mais que cela consiste à donner envie à des gens qui sont en vie, pour éviter qu'ils ne se retrouvent sans projet.

Qu'est-ce que tu reconnais en toi-même, par toi-même qui te donne le goût de vivre ?

Ce qui me donne le goût de vivre est que j'aime la vie. J'aime voir le jour se lever et le jour se coucher. Entre-temps, entre le lever et le coucher du soleil, je ne veux pas de dérives qui m'empêchent de m'accomplir. La vie est une traînée de poudre. Il ne faut pas gâcher cette vie avec des choses négatives ou se contenter de ne rien faire. La solution est dans le mouvement, ce que disait déjà Léonard de Vinci.

Face au difficile, n'est-ce pas souvent en s'ouvrant à tout autre chose que les solutions naissent ?

Je suis complètement d'accord ! Les solutions naissent quand on se heurte à des difficultés, au doute, à la crainte, à la peur. Sans difficulté, il n'y a pas de progression. Il faut se heurter et j'ai un modèle simple, à cet égard, qui est la libellule. La libellule fait partie du bio mimétisme qui m'inspire. Elle affronte beaucoup de difficultés pour devenir un insecte merveilleux. Face à une difficulté, elle se stabilise, va à droite ou à gauche, monte ou descend, change d'axe cognitif, mais ne recule pas. Ne jamais reculer est magique pour un chef d'entreprise ou un manager. Il peut faire un pas de côté, monter ou descendre, mais à un moment donné il faut avancer. La libellule est un modèle, car si elle recule c'est pour se reproduire et mourir. Dans cette dynamique du vivant, il faut aller de l'avant et observer, si l'on se trouve en position stationnaire.

Quand j'étais dans un dojo japonais, on m'a recommandé et appris ceci : « Observe et tais-toi. Apprends et comprends. Ensuite, tu pourras innover. » Ces leçons m'accompagneront toute ma vie. La difficulté fait partie de la vie, sinon celle-ci est linéaire et sans réel intérêt. Il faut donc prendre la difficulté comme une opportunité. De la difficulté naît l'opportunité : c'est ce qu'exprime ton titre, *Risque de chance*, dans une traduction difficile entre les cultures chinoise ou asiatique et occidentale à base judéo-chrétienne. De la difficulté naissent les signaux faibles, si l'on a la capacité d'analyser ses échecs. Il faut savoir se poser et se stabiliser comme la libellule pour observer et analyser ce qui n'a pas fonctionné et le noter. On s'aperçoit alors que finalement ces moments difficiles sont des opportunités.

J'ai développé des signaux faibles pour aller chercher d'autres actions à mener. La vie est une espèce de fractale permanente, où il faut choisir des portes, comme la vie est également l'école du deuil. Nous l'avons oublié lors de cette crise sanitaire, mais les esclaves disaient aux généraux romains qui entraient dans Rome : *Memento mori*, « Souviens-toi que tu es mortel ». Donc, tant que tu es vivant, même si tout est difficile, tu avances. Je tiens cela de mon grand-père qui est devenu français avec la guerre de 1914. Il me disait toujours : « Ce n'est pas grave, tu n'es pas mort et si tu n'es pas mort, tu avances. » Il considérait que la mort était le seul arrêt définitif sur cette Terre – ce qu'il y a après, on en pense ce que l'on veut –, et que tant que nous n'étions pas morts nous devions trouver des opportunités et avancer. J'ai été biberonné avec cette notion, et elle ne m'a jamais quitté. Cela vous impose de ne pas chercher en permanence des boucs émissaires. « C'est la faute de l'État, c'est de la faute de mon patron, etc. » Quand j'étais apprenti, j'ai dit un jour : « Mon patron est un con. » Mon grand-père m'a interpellé : « Pourquoi travailles-tu avec un con ? Quitte-le ! » Je ne souhaitais pas le quitter. Mon grand-père a conclu : « Donc tu ne penses pas vraiment ce que tu as dit, tu crois qu'il peut encore t'apporter quelque chose, alors respecte ça. » Pour se construire en tant qu'homme et femme il est nécessaire d'apprendre cette verticalité, d'assumer la rectitude de ses choix et ne pas chercher des boucs émissaires qui vous dédouaneraient de vos non-engagements. C'est ce que je considère comme important aujourd'hui dans la transmission. Le reste, ce sont des détails.

Est-ce un risque de chance d'être petit-fils et fils d'une famille réfugiée juive polonaise communiste ?

Cela n'a été ni un avantage ni un inconvénient. Mon grand-père était très fier d'être français et aimait la République française. Il a été militant communiste, avant de quitter le parti communiste quand il a découvert ce qu'il était réellement, tout en restant très lié à ses camarades de combat connus pendant la guerre. Le parti communiste, à son époque, était un parti engagé, militant, proche du peuple, mais en même temps extrêmement respectueux. Cela n'a jamais été un problème. Mon grand-père m'a galvanisé. Il m'a appris à en découdre avec la vie et surtout à ne pas me laisser assigner à mon extraction sociale, à assumer mes choix et mes erreurs en ne m'en prenant qu'à moi-même. C'est plus fort que tout. Cette attitude n'a jamais été un frein, mais plutôt un avantage.

Est-ce un risque de chance d'être un jeune caïd et de déconner en bord de Marne avec la rage de ne pas être intégré ?

C'est une partie de ma vie qui est compliquée, complexe et ambiguë. Je n'étais pas attiré par la délinquance, mais je n'arrivais pas à m'intégrer au système scolaire, où il fallait apprendre pour faire. Moi je me sentais doué pour l'inverse : « faire pour apprendre ». Or j'ai constaté que dans le cadre éducatif du judo mon rôle de caïd ne servait strictement à rien, car il fallait en découdre avec des gens bien plus forts que moi. J'ai réalisé, alors, que je devais apprendre ces techniques. Si bien que je suis revenu au fameux : « Observe et tais-toi. Apprends et comprends. Ensuite, tu pourras innover. » Le cadre éducatif du sport m'a permis de me reconstruire et de redonner un cap à ma vie. J'ai simplement pris confiance en moi. J'ai pris conscience que je ne serais pas intégré à une filière sport-études, car ma scolarité n'était pas bonne, mais que les Compagnons du devoir seraient une rencontre fusionnelle où j'allais retrouver le « faire pour apprendre ».

Grâce à l'apprentissage, j'ai compris ce que j'apprenais. Pas le *comment*, mais le *pourquoi*. Si je n'apprenais pas à diviser les ingrédients d'une recette, je montais 10 fois trop de sacs de farine et c'était très lourd. Donc, j'ai compris que j'avais intérêt à apprendre. Tout a repris son sens grâce au pourquoi et non pas dans le comment. Pourquoi certains enfants ne vont-ils pas à l'école et pourquoi ne leur dit-on pas que c'est important ? Ma grand-mère avait des mots simples pour me persuader, quand je ne voulais pas aller à l'école primaire : « Si tu ne sais pas lire, écrire et compter on va te voler, car les riches ont le savoir, donc ils ont le pouvoir. » Je suis donc allé à l'école pour rançonner un savoir à l'État français, qui allait en fait me permettre de m'intégrer et de devenir un homme épanoui. Les Compagnons du devoir m'ont permis de suivre ce chemin-là. Je me sers encore de cet apprentissage. Le « faire pour apprendre », c'est le mimétisme, la mémoire, la maîtrise. Je regarde un geste, je le copie, je le fais entrer dans ma mémoire et j'en garde la maîtrise. Cela fait de moi un homme libre. C'est assez simple comme principe.

Est-ce un risque de chance de s'engager comme para coiffé d'un casque bleu pour la paix au Liban ?

Quarante ans après, ces engagements-là sont idéalisés. Les choses ne se sont pas du tout passées comme cela. Le service national n'était pas assez rémunéré, mais j'avais envie d'aventure, d'horizons lointains, et j'ai été séduit par le discours de l'époque : « Si tu veux voir du pays engage-toi ! », malgré l'antimilitarisme ambiant. Je ne voyais d'ailleurs pas comment un homme de ma famille n'aurait pas une histoire – fût-elle brève – avec l'armée, car j'avais le souvenir de mon grand-père dans la guerre de 14, de mon oncle qui avait connu la RC4 en Indochine, puis Suez et l'Algérie comme mon père. Quand je suis arrivé à l'armée, on m'a demandé : « Que faites-vous ? » J'ai répondu : « Je suis pâtissier. — Cela ne nous intéresse pas. — Oui, mais je suis aussi judoka. — Ah, cela nous intéresse. » J'ai donc intégré les troupes de Marine dans un régiment où je me sentais bien, et du coup il y a eu l'engagement au Liban, mais tout cela n'était pas programmé. C'est la magie de ce genre d'aventure.

Est-ce un risque de chance de cheminer depuis des postes de vigile, manutentionnaire, commis chez Robuchon, jusqu'aux quatre étoiles du Cheval Blanc face aux arènes de Nîmes, au titre de Cuisinier de l'année 2006, du top des chefs télévisés avec et sans Julie jusqu'au sommet de la Tour Eiffel avec Jules Verne ?

Le risque d'avoir été manut', convoyeur de fonds, etc. a été un risque alimentaire. Je sortais d'un parcours un peu rugueux dans les armées et l'on m'a proposé cela. J'ai accepté parce que c'était assez bien rémunéré, mais j'ai très vite senti le besoin de reprendre des études. Je me suis inscrit au brevet des collèges, puis au baccalauréat, que j'ai financés avec les salaires de ces boulots un peu musclés. C'était une opportunité. Le risque aurait été de me laisser enfermer dans l'appât du gain rapide et non durable. Les formules « cash » ne fonctionnent pas. Elles peuvent fonctionner une fois, parce qu'on a su saisir une bonne occasion, mais elles ne durent pas. Il faut toujours repartir sur l'axe du projet. Mon projet était d'utiliser ces boulots pour alimenter un compte de formation à la culture générale qui m'était absolument nécessaire. Je n'aurais pas d'évolution si à 25 ans je n'acquérais pas ce que j'avais rejeté à 14 ans. Pas d'avenir sans études de français, philosophie, anglais, mathématiques. J'étais très fortement conscient de cela.

Est-ce un risque de chance de mieux manger et de s'engager pour une transition alimentaire pour tous, comme l'affirme Carrefour par exemple, avec sécurité, responsabilité sociale et soin de l'environnement ?

Ce n'est pas un risque de chance, c'est une chance. Manger, c'est se restaurer, comme lorsqu'on restaure une maison pour qu'elle soit plus solide et plus belle. On mange pour être en bonne santé. Depuis l'Antiquité grecque, l'alimentation représente le plaisir, le bien-être et la santé. Si l'on enlève un élément de ce trépied, cela ne fonctionne plus. Même si les retours ne sont pas forcément ce qu'ils devaient être, mon engagement de fond est de redonner du sens à l'alimentation, à travers le circuit court ou le travail des sols vivants pour bien nourrir les animaux qui nous nourrissent à leur tour. Le prix n'est pas la valeur et il ne faut plus consommer bêtement du *low cost*. La valeur est ailleurs, ce qui ne veut pas dire qu'il faut surpayer. Il faut redonner du sens à notre consommation pour que l'on ne se consume pas, comme nous le révèle l'épidémie de Covid. Le biologiste Gilles Boeuf dit avec justesse : « Nous sommes prétentieux, arrogants et cupides. » Concernant la Covid il a raison : nous avons été arrogants et imprévoyants au début, puis cupides en envisageant de perpétuer la croissance, la consommation et l'appât du gain. Il faut défendre d'autres types de croissance, et notamment des croissances en conscience. Quand je parle d'alimentation, je parle du bon produit, qui peut prendre de multiples formes. Que l'on ne me fasse pas le coup du bio comme étant le seul bon produit, réservé à une élite qui peut le consommer. Il ne faut plus s'adresser au consommateur, mais au mangeur. Notre chance, dans cette crise, c'est qu'elle nous offre le moment historique d'un changement positif.

Est-ce un risque de chance de créer des émotions culinaires en trafiquant les molécules, comme tu le fais au Centre français d'innovation culinaire pour nourrir l'intelligence émotionnelle du monde ?

Le risque aurait été de ne pas le faire. Je me suis appuyé sur ce que disaient mes aînés, comme Auguste Escoffier dans son premier guide culinaire en 1903 : « La cuisine, sans cesser d'être un art, devra soumettre ses formules trop souvent empiriques à la science ». Dans les années 2000, la gastronomie moléculaire m'a fait découvrir que ce ne pouvait pas être une tendance de cuisine, car rien que le mot faisait fuir tout le monde. Mais c'était une boîte à outils de compréhension et de connaissances incroyable. À la création du Centre français d'innovation culinaire, Raphaël Haumont et moi avions conscience de n'être rien, Raphaël physico-chimiste et moi artisan pâtissier, cuisinier, boulanger. Notre projet était donc de créer un collectif de réflexion sur le thème : « Quelle gastronomie pour 2050 ? » Très vite, beaucoup de chercheurs autour de la table nous ont dit : « La gastronomie pour 2050, on s'en fout un peu ! La problématique pour 2050 est le stress hydrique, car nous allons manquer d'eau. Donc le sujet est : comment se réinventer, mieux et moins consommer, recycler, etc. ? » Dans les premières années, notre centre est devenu assez franc-tireur et il a été critiqué – durement critiqué, même.

Aujourd'hui, on nous demande des solutions sur beaucoup de sujets. Donc, ce centre français est une chance et une opportunité pour réfléchir sur l'alimentation en général et comprendre que la gastronomie n'est pas simplement une planète réservée aux chefs étoilés, mais un domaine élargi à mon boulanger, mon poissonnier, mon pêcheur qui ont tous une incidence forte sur l'écosystème, la société et l'environnement. Cela nous permet de travailler avec des gens comme Thomas Pesquet sur l'alimentation de demain ou de comprendre le sens des molécules pour les marier jusqu'à créer de nouvelles saveurs. Notre devise au CFIC est « Saveur et savoir, Savoir et saveur ». C'est ce qui nous fait agir. Nous ne sommes pas là pour trouver des coupables, mais pour démontrer qu'il y a des solutions dans la perspective d'une gastronomie durable. C'est la mission du CFIC. La science nous aide par moments, pas tout le temps. La nature nous aide beaucoup plus, par le biomimétisme. Quel joli contenant que l'enveloppe d'une tomate, et ce n'est pas du plastique ! La nature sait déjà le faire. Copier la nature pour faire un contenant biodégradable comme la peau d'une tomate serait extrêmement intéressant.

Est-ce un risque de chance d'offrir le mode d'emploi de la cuisine pour offrir un emploi dans la rue, en prison ou comme dans ton collège et tes écoles ?

C'est bien sûr un risque de chance, car cela permet à des personnes qui se croient privées de projets de retrouver un projet professionnel et de s'épanouir. On me dit souvent : « C'est formidable, 92 % de retour à l'emploi, 7 % de création d'entreprises, pour des gens qui étaient considérés comme en échec, ou ce qu'ils pensent être l'échec. » Oui, mais la mission de ces écoles est simple, c'est de faire les meilleurs voisins possible. La capacité de vivre ensemble passera par l'épanouissement de chacun et le respect de son projet. Si le projet de votre voisin est d'avoir une jolie maison avec un labrador, c'est son droit. Si vous voulez devenir un grand patron du CAC 40, c'est votre droit. Personne ne doit nuire à cela. Plus nous allons former les gens et travailler à faire le meilleur voisin possible, plus nous aurons de chances de vivre à 9,7 milliards d'humains sur cette planète.

Est-ce un risque de chance de faire immortaliser tes œuvres culinaires par le talent des images de Mathilde, grande photographe ?

C'était une rencontre. La magie d'un photographe qui sait figer les choses dans le temps et les placer dans leur contexte. Nous, cuisiniers, ne le faisons pas, il faut que le client revienne nous voir. La cuisine consiste à donner de la mémoire à de l'éphémère. La photo nous permet de bloquer l'instant d'un produit et de parler du vivant. Le travail de Mathilde de L'Ecotais est basé sur les mondes vivants à l'intérieur des ingrédients et la conceptualisation de tous ces univers extrêmement inspirants.

Est-ce un risque de chance d'être privé de l'Autre et de repenser en lucidité le basculement du monde d'avant le coronavirus ?

« Avant, c'était mieux » est un vieux phantasme. Je voudrais qu'il n'y ait pas de conflit entre la tradition et l'innovation. Face à l'évolution du monde, il faut une évolution des gens en conscience et non en opposition. Le monde est aujourd'hui beaucoup plus enrichissant qu'il ne l'a été, à condition d'en respecter un certain nombre de règles, à commencer par les règles environnementales. Il n'y a pas de conflit sérieux entre tradition et innovation, mais respectez cette planète, car elle n'a pas besoin de nous. Voilà ce que je tiens à dire et qui m'anime aujourd'hui.

Qui es-tu comme magicien, et que fais-tu en tant que magicien dans ce monde ?

Non, je ne suis pas magicien. Je sais entrevoir les fantômes quelquefois, mais je ne suis pas du tout magicien. Je suis très pratico-pratique, il n'y a pas la moindre magie là-dedans. Je ne suis pas le Houdini[65] de quoi que ce

65. Harry Houdini de son vrai nom Ehrich Weisz, illusionniste américain d'origine hongroise, 1874-1926.

soit. J'essaie de croire à un certain nombre de valeurs qui me permettent de rester droit sur cette route entre l'ordre et le désordre. Maintenir la tête droite sans tomber dans les névroses n'est pas de la magie. C'est savoir qui l'on est, où l'on va et quel est son projet. Certains pensent que d'autres sont doués de dons surnaturels, alors qu'il est assez simple de se connaître soi-même. Les pratiques des arts martiaux permettent de remettre du temps entre les émotions et les actions, ce qui offre l'avantage de ne pas confondre les choses. Souvent, nous confondons le malheur avec les petits ennuis du quotidien ; or ce n'est pas la même chose. Les malheurs, ce sont la disparition et le départ de quelqu'un, la maladie, la misère – sociale, matérielle, etc. Tout cela n'a rien à voir avec les petits tracas du quotidien. La volonté de regarder devant soi et de voir un peu plus loin que ses petits problèmes personnels vous fait passer pour un magicien, alors que vous n'en êtes pas un. Vous regardez simplement les choses en face et quand elles ne vous conviennent pas vous vous détournez et continuez votre chemin. Il est important de garder à l'esprit que l'on confond souvent malheur et petits tracas du quotidien.

Que voudrais-tu voir se réaliser dans le monde au travers de toi et au-delà de toi ?

Je ne crois ni à la décroissance ni à la croissance zéro. Celle-ci n'a jamais existé et n'existera probablement jamais. Même au temps des chasseurs et des cueilleurs, les gens vivaient dans un petit écosystème où l'un essayait toujours de devenir le chef du tout. Prendre conscience d'une croissance à impact social et environnemental nous mettrait en bonne voie pour vivre sur cette planète.

Partages-tu la vision de Jean Vanier : « Toute personne est une histoire sacrée » ?

Oui complètement. Vanier comme Gandhi considèrent que l'Autre a son importance dans l'écosystème, si grand, si petit ou si différent qu'il soit. Une société n'est riche que de sa diversité. Le côté monolithe d'une race unique est passé à la trappe en moins de dix ans. Si certains ont perdu de grandes guerres – je pense notamment à l'Allemagne –, c'est qu'ils se sont privés des talents des autres. Ainsi des juifs ashkénazes comme Fleming[66]. Il y a des gens qui ont trouvé des choses extraordinaires, et que l'on a chassés parce qu'ils étaient juifs. C'est une erreur. La société sans

66. Alexander Fleming médecin britannique, 1881-1955.

diversité est inodore, incolore, sans culture, sans intérêt, sans richesse, sans dynamisme. À l'inverse, une République est intéressante si elle pose sur cette diversité un cadre à l'intérieur duquel tout le monde se sent bien et en équité. L'égalité se réfère à la loi, l'équité se réfère à la fraternité. « Il est dans la difficulté, donc on va l'aider, c'est normal. » « Il n'arrive pas à voir la ligne d'horizon, donc on va le rehausser. »

J'ai beaucoup apprécié les homélies de Jean-Marie Petitclerc[67] que j'aime beaucoup, car il intervenait sur la dalle d'Argenteuil. Il montre comment remettre sur le chemin de l'épanouissement des gens très éloignés de l'emploi et de la consommation dite normale. Cela s'appelle l'équité. Cette équité n'a rien à voir avec l'égalité, qui peut être très injuste. La France a peut-être inventé l'égalité injuste en décrétant ce qui est juste ou injuste? Je pense par exemple à l'égalité des chances. Étant tous différents et inégaux face à la vie, où poser l'égalité des chances? En fonction de votre extraction sociale, vous ferez ou ne ferez pas telle ou telle école. Je récupère des apprenties de 15 ans qui à ma question « Pourquoi viens-tu en apprentissage? » répondent : « Je ne voulais pas, je veux faire une école de commerce. » Et moi de conclure : « Mais pourquoi te demande-t-on de faire un apprentissage de vendeuse alors? » La réalité, c'est que l'on considère, sans se poser de questions, que cette distorsion entre le désir de cette jeune fille et ce qu'on lui propose n'est pas grave : puisqu'elle est l'enfant d'une femme de ménage, il est préétabli qu'elle n'y arrivera pas. Dans le cheminement de l'égalité, on considère qu'elle va ralentir le système scolaire et que ce n'est pas bien, donc on la sort pour la confier aux entreprises. La France confond trop souvent égalité et équité, elle ne comprend plus la différence entre ces deux mots.

Qu'est-ce que tu vis dans ta vie que tu souhaiterais voir continuer?

La transmission. Les plus beaux chantiers de ma vie sont ceux de Cuisine mode d'emploi et de Pass'Sport pour l'emploi. Ce sont des chantiers durables qui me survivront, car les gens qui les ont mis en place avec moi sont capables de poursuivre l'accompagnement sans moi. Nous avons eu des modèles très inspirants comme l'abbé Pierre, Coluche, Julien Lauprêtre[68] et d'autres. Leurs engagements, comme les structures qu'ils ont créées, se poursuivent, s'améliorent, se diversifient au-delà de l'alimentaire, jusqu'au logement et à la réponse éducative.

67. Jean-Marie Petitclerc, prêtre catholique salésien, polytechnicien et éducateur spécialisé, expert des questions d'éducation dans les zones sensibles, fondateur de l'association Valdocco.
68. Julien Lauprêtre, ex-président du Secours populaire.

As-tu un défaut dont tu souffres ?

(Souffle long) Parler d'un seul défaut ne me paraît pas juste. J'ai plusieurs défauts. Je suis un peu jusqu'au-boutiste, ce qui peut être perçu comme le fait d'un individu borné et butor, car je ne lâche pas facilement le combat. Je suis également en état de veille permanent, on peut donc s'ennuyer vite avec moi. Je ne suis pas un homme de fête, de sortie, de dîner ou de surconsommation de quoi que ce soit. Je peux donc très rapidement devenir le type très emmerdant.

Quelle est l'intention positive qui se cache derrière ce jusqu'au-boutisme et cet état de veille permanent ?

Ce qui se cache derrière cela est la conviction qu'il n'y a pas de gens faits pour l'échec. Cela n'existe pas. Un quartier, une personne, une extraction sociale donnent l'impression qu'ils sont prédestinés à l'échec. C'est faux. Ce sont les systèmes qui sont à modifier. Personne n'est né pour dire : « Tiens, c'est formidable, demain je vais être en échec, tiens, c'est formidable, demain je vais retourner en prison, tiens c'est formidable, etc. » Je n'ai jamais connu quelqu'un qui ait été heureux de son assignation. Là, je parle de milieux sociaux défavorisés, mais c'est la même chose à l'autre bout de l'échelle. À une personne qui semblait aller très bien et que je ne voulais pas prendre dans mes écoles, je disais : « Non ! Tout va bien, vous venez d'une bonne famille et vous avez fait de bonnes études. » Or il s'est avéré que cette personne avait fait un burn-out, c'est-à-dire qu'il y avait en elle trop de « moi » et pas assez de « soi ». Elle m'a rétorqué : « Alors, si je comprends bien, parce que je viens d'une extraction sociale plus aisée, je n'ai pas droit à votre reconnaissance ! Pourtant vous dites que c'est une école pour tout le monde, qui exige rigueur, engagement et régularité. Et moi, je n'y ai pas droit. » Je me suis dit : « Elle a raison, nous accueillerons tout le monde. » De là l'idée de faire des petits groupes de huit personnes sans chercher à savoir qui venait d'où, des bacs plus 6, des bacs plus 10 ou des bacs moins moins, peu importe. C'est bon pour l'hybridation. Je crois et j'aime beaucoup la permaculture en jardinage. Or la société est une permaculture humaine. Si vous la déréglez, comme en agriculture où l'on utilise beaucoup d'implants chimiques, cela donne des produits assez morts qui ne devraient même pas nourrir des vivants. Donc la permaculture humaine est une science à travailler énormément.

Est-ce que tu as des mentors et quels messages te portent-ils ?

J'ai eu beaucoup de mentors. Des gens qui m'ont aidé et conseillé. Des professeurs de judo, des enseignants au Japon, des hommes dont j'ai croisé la route et qui m'ont donné un conseil ou une phrase que j'ai mis dans ma valise pour continuer mon voyage avec eux. J'ai croisé des gens extraordinaires. Je me souviens d'un plateau sur KTO avec le commandant Hélie Denoix de Saint-Marc[69]. Je me souviens également d'avoir travaillé pendant deux années avec José Gutman[70]. Il m'apprenait à ne pas mettre trop de pression sur les collaborateurs ou dans l'entreprise, grâce à un programme managérial extrêmement intéressant. Ces gens formidables m'ont apporté des connaissances et des compétences qui m'ont ouvert l'esprit. C'est aussi un ami libraire comme Denis Mollat qui m'a ouvert à la curiosité des grands auteurs et des grands philosophes en me tendant un livre et me disant « Tiens, lis cela ! » J'ai croisé la route de Michel Onfray[71] que j'avais lu dans *Le Ventre des philosophes. Critique de la raison diététique*[72] et je l'ai suivi dans son université à Argentan[73]. Ce sont de grands personnages inspirants, dont certains nous quittent trop tôt. J'aurais aimé rencontrer Pierre Bourdieu[74] que j'ai beaucoup lu et qui me passionne. Récemment, j'ai rencontré Jean Viard[75] que j'ai trouvé également passionnant, ou Claude Fischler[76] avec qui je travaille un petit peu actuellement. Ce ne sont pas des mentors, car le risque du mentor est de devenir un gourou. Miyamoto Musashi, grand sabreur japonais[77], disait « Si tu croises un gourou, tue-le » ! Il faut savoir quitter un gourou ou un mentor assez vite, pour s'émanciper de sa parole unique qui serait la parole du *mainstream*[78] . Donc, oui, il y a des dizaines de personnes qui ont été inspirantes pour moi, y compris dans ma famille.

---

69. Hélie Denoix de Saint-Marc, résistant, officier de l'armée française et commandant du 1er régiment étranger de parachutistes, 1922-2013.
70. José Gutman, ex AXA Millésime, décédé.
71. Michel Onfray, philosophe et essayiste français défendant une vision du monde hédoniste, épicurienne et athée.
72. Onfray, Michel, *Le Ventre des philosophes. Critique de la raison diététique*, Grasset, 1989.
73. Université populaire nomade.
74. Pierre Bourdieu, sociologue français considéré comme l'un des plus importants de la seconde moitié du xxe siècle, 1930-2002.
75. Jean Viard, sociologue, éditeur et homme politique français.
76. Claude Fischler, sociologue français, spécialiste notamment de l'alimentation humaine.
77. Miyamoto Musashi, 1584-1645.
78. Courant dominant.

Ta vie est-elle un stage d'Amour comme la mienne ici-bas ?

Je n'aime pas le mot « Amour », galvaudé. Je crois à la camaraderie et à l'amitié. L'Amour a été tellement tartiné et édulcoré. Nous employons parfois des paroles d'Amour dans la seule idée de trouver un cheminement, ce qui nous dédouane de dire exactement ce que nous pensons. Je ne suis pas la bonne personne pour parler d'Amour. Je crois à la fraternité. Je crains probablement l'Amour pour une raison simple : il peut nous faire tomber dans l'addiction. Pour avoir vu beaucoup de gens souffrir d'addiction, je m'en méfie beaucoup. Je suis toujours assez méfiant devant ce que le genre humain appelle l'« Amour ». C'est ma façon de voir. (Sourire)

Faut-il tout oser demander dans la vie ?

Non. Il faut parfois un peu de retenue. Nous pouvons demander conseil et avis, ce qui n'impose pas de tendre la main, mais de garder de la retenue dans la demande. Nous confondons le fait de ne pas tout demander et le manque d'audace. « Si tu ne demandes pas quelque chose, c'est que tu n'en as pas l'audace. » Non, l'audace est une autre chose, intéressante, qui prouve que vous avez mis en place ce qu'il faut pour demander un conseil ou une orientation, dont vous ferez ensuite ce que vous souhaitez. Il y a des choses que vous n'avez pas à demander. J'ai beaucoup de mal avec l'idée de quémander. Peut-être parce que je viens d'une famille où nous ne devions pas réclamer. C'est la raison pour laquelle je ne réclame pas grand-chose. Par exemple, je ne suis pas intéressé par la politique parce que je n'ai pas envie d'aller réclamer des voix. Il est difficile d'aller demander des voix et de vendre du rêve en sachant qu'une fois aux commandes vous aurez beaucoup de mal à réaliser vos promesses. Nous ne pouvons pas demander aux gens de s'abaisser, se réduire, s'humilier, ce qui est hélas trop souvent le cas dans ce monde, où les gens finissent par accepter l'inacceptable. Et, si je suis dans une position sociale qui me permet de tout demander, je pense que je me dois encore plus à cette humilité de ne pas tout demander.

Pourquoi as-tu accepté ma demande de témoignage ?

Parce que nous avons des amis communs et qu'il y avait beaucoup de bienveillance dans ta demande, donc pas de raison de se priver d'une conversation. Il y a un certain nombre de choses que j'ai l'impression de faire pour rien et qui, en même temps, m'enrichissent beaucoup. Certaines choses vous enrichissent de façon assez éphémère, en numéraire, alors que d'autres vous enrichissent intellectuellement, donc de façon plus durable. La monétisation des choses n'est parfois pas durable.

Donc, en un mot, quel est le plus beau risque dans la vie, s'il te plaît ?

Le plus beau risque dans la vie, c'est l'audace. (Silence) L'audace de durer.

Le mien aura été de partager ce moment avec toi aujourd'hui... Merci du fond du cœur.

Ce fut un plaisir !

Risque de bizarrerie, par Serge Moati

« Vivre, sans avoir l'Amour évident. Cette bizarrerie de cassages de gueule, de rebondissements, mille choses différentes. »

Témoignage Risque de chance, le 01/12/2016 à Paris, de Serge Moati, journaliste et documentariste.

Cher Serge, baigné par le succès de ton rêve d'Orient, peux-tu me dire, s'il te plaît, quel est le plus beau risque dans la vie ?

Vivre. Cette bizarrerie de cassages de gueule, de rebondissements, de mille choses différentes. En tout cas, vivre m'est apparu comme extraordinairement hasardeux depuis le début.

As-tu un exemple vécu de ce risque de vivre ?

La question me paraît posée à l'envers, je n'ai pas d'exemple. Si je prends le risque de vivre de mon père, c'est la déportation, un retour très inattendu de camp de concentration – et un retour héroïque, c'est-à-dire la participation à la Libération de Paris les armes à la main, après s'être évadé d'une prison en France et être sorti de ce camp qui n'était, Dieu merci, pas un camp d'extermination, mais un camp de concentration où il avait été envoyé en tant que résistant socialiste. Ils n'ont pas su qu'il était juif. Il aurait suffi qu'ils lui fassent baisser son froc. Risque de vie. Il en est sorti pour aller en prison à Paris... C'est très bizarre de sortir d'un camp de concentration ; risque de mort, risque de vie. Il s'est évadé ensuite de la prison où il était détenu, boulevard Mortier, dont les bâtiments sont devenus maintenant le siège de la DGSE, puis il a rejoint la Résistance à Paris et a remis les clés de Paris au Général de Gaulle au nom des journalistes de la Résistance, car mon père était un grand journaliste. Voilà. Je suis donc une sorte de survivant, un type qui ne devait pas naître. Risque de vie au départ. Je ne devais pas naître, car ils avaient tout fait pour que mon père ne puisse pas avoir d'enfant. J'ai été une sorte d'ange gardien. Je n'existais pas du tout, mais en lui une voix disait : « Ne va pas là, tu vas te faire arrêter ; ne prends pas cette rue, il y a du danger. Par contre, prends la rue Dufour (où j'habite), car trois immeubles plus loin il y a le Conseil National de la Résistance »… dans lequel il est entré. J'ai l'impression, évidemment fantasmatique, que j'ai été comme je voulais vivre, c'est-à-dire un ange gardien. Lui mort, je ne serais pas né. Donc : premier risque de vie.

Si je comprends bien, Serge, ta première contribution au monde, c'est d'être un ange gardien, et tu as commencé par t'occuper de ton père ?

J'ai commencé par mon père. Ensuite, je n'ai pas été un ange gardien tout le temps. J'ai été un type qui a essayé de s'en sortir, puisque mes parents sont morts quand j'avais onze ans, dans un pays, la France, que je ne connaissais pas, car je suis originaire de Tunisie. Pensionnaire, boursier et pauvre. Mon risque de chance, ce fut mon incroyable passion pour le cinoche. Un copain plus fortuné que moi, qui avait une petite caméra avec laquelle il filmait sa première communion ou je ne sais pas quoi, est devenu mon premier producteur. Je me suis mis à filmer, filmer, filmer. La rencontre avec la fiction, c'est-à-dire l'histoire inventée en images, a été salvatrice. Le deuxième risque de chance de ma vie a été ma rencontre avec François Truffaut, le grand cinéaste. Hasard d'une petite annonce dans *France Soir* : « Jeune cinéaste cherche jeunes enfants pour tournage. » C'était son premier film, *Les 400 coups*, en 1958 et j'ai été pris. Comme il a su que j'étais passionné de cinéma, que je lui ai avoué que je voulais être metteur en scène, et que c'était par ailleurs un type qui savait très bien ce qu'il voulait, il m'a fait assister à tout le tournage, alors que je n'avais qu'une scène à tourner. J'ai donc passé mes vacances de Noël avec lui et je suis resté en relation avec lui jusqu'à sa mort. C'était un type important et il m'a fait confiance, si bien que j'ai quitté le lycée à 17 ans, sans avoir mon bac, et que j'ai travaillé tout de suite. J'ai trouvé une place d'assistant-réalisateur en Afrique noire, où j'ai fait mes premières classes professionnelles, ce qui m'a permis de rentrer ensuite à l'ORTF.

Qu'est-ce que tu reconnais en toi-même, par toi-même qui te donne le goût de vivre ?

Je vais dire des conneries et des banalités : le goût de vivre, ce sont les femmes et les enfants. Mes trois enfants.

Les enfants sont des conneries, Serge ?

Non, bien sûr que non. Par conneries, je veux dire banalités : que tes enfants te donnent le goût de vivre, ce n'est pas très original. Mais c'est vrai. Je crois que j'ai évité à mes enfants ce que j'ai connu, c'est-à-dire l'insécurité, simplement parce que j'ai été présent – pas par génie. Moi, j'ai toujours été dans l'insécurité. Jamais on ne m'a dit : « C'est bien, ce que tu fais », puisque les parents n'étaient pas là. Jamais on ne m'a donné des conseils, quand j'étais puceau, sur comment être dépucelé. Mais j'ai pu assurer mes enfants. Je n'avais pas une flèche, mais j'ai réussi à leur payer des apparts, etc. Les trois exercent le même métier que moi. Je ne les ai pas pistonnés, mais je leur ai donné une sorte de sécurité : « Vas-y, n'aie pas peur. » Contrairement à ce qu'on peut croire de moi de l'extérieur, j'ai eu peur toute ma vie. Je ne suis pas du tout flambant, je suis quelqu'un que le coup de massue de l'orphelinat n'a pas quitté. J'ai même écrit un bouquin qui s'appelle *Le Vieil Orphelin*[79], car il n'y a pas d'âge pour être orphelin et l'on ne guérit pas de cette blessure. Pour moi, c'est arrivé à l'âge de 11 ans, mais il n'y a pas d'âge pour ce malheur. Je vois des orphelins de 70 ans aussi dépourvus que moi lorsque j'en avais 11.

Ni âge, ni échelle dans la souffrance.

Non, je ne crois pas, en effet.

Face au difficile, n'est-ce pas souvent en s'ouvrant à tout autre chose que les solutions naissent ?

C'est ce que j'ai fait avec le cinéma. Je n'avais aucune raison, ne connaissant personne dans ce métier, de m'intéresser à ça – et surtout, d'y arriver.

79. Moati, Serge, *Le Vieil Orphelin*, Flammarion, 2013.

Est-ce un risque d'être juif dans l'histoire, Serge, et faut-il riposter ?

Riposter, bien sûr, se bagarrer, casser la gueule, ce que j'ai fait à ma petite échelle. Il ne faut évidemment pas laisser les antisémites tenir le haut du pavé. Le risque, c'est le regard de l'Autre. Ce peut être simplement un regard qui marque la différence, et dans ce cas, après tout, que l'Autre aille se faire foutre mais quand cela devient plus violent il y a un risque. Je viens de terminer un bouquin intitulé *Juifs de France, pourquoi partir ?*[80] Ce livre parle de l'Alya, c'est-à-dire le départ des Juifs de France vers Israël parce qu'ils se sentent en insécurité. Ils ont été neuf mille en 2017, c'est effrayant ! Je ne trouve pas cela normal, mais je n'ai pas à les juger, car eux te diraient : « Oui, il y a un risque à être juif. » À moi, ils disent que je ne peux pas comprendre, parce que j'habite dans les beaux quartiers, j'ai du fric et je suis connu… En vérité, si, je peux comprendre. Mais effectivement, je n'habite pas dans une cité chaude où des mecs te font chier parce que tu portes une kippa. Je ne suis pas religieux, je ne fais partie d'aucune communauté, je ne vais jamais à la synagogue, donc ils me disent : « Tu ne peux pas ressentir et comprendre le risque. » Soit, je ne peux pas comprendre, mais je comprends quand même parce que je ne suis pas trop con. (Rires partagés)

Qui es-tu comme magicien et que fais-tu en tant que magicien dans ce monde ?

Qu'est-ce qui te fait dire que je suis un magicien ?

Premièrement, je suis chez toi dans un univers magique, je n'ai qu'à ouvrir les yeux pour m'en apercevoir ; deuxièmement, il y a ce que tu es ; et troisièmement, le fait que tu sois né avec la passion de l'image et que tu la transmettes à tes enfants et au monde par les mots et par les écrans, n'est-ce pas un peu magique ? Je crois que nous sommes tous magiciens.

Moi pas. J'ai eu avec les magiciens des rapports compliqués. Des rapports de peur d'abord, quand j'étais petit, avec les magiciens du bord de mer qui voulaient m'hypnotiser. J'étais ridiculisé, car dans les cafés sur la plage, parmi l'assistance de gamins chahuteurs que nous étions, ils me choisissaient toujours comme cobaye. Ils me faisaient croire qu'il y avait la mer sur la scène et que je devais me baigner. Paf, je tombais sur le truc et

80. Moati, Serge, *Juifs de France, pourquoi partir ?*, Stock, 2017.

j'avais peur. Ensuite, j'avais peur des magiciens qui devinaient les secrets des gens. Je n'osais pas dire que j'étais orphelin : en colonie de vacances, les autres gamins autour me faisaient tellement chier que je leur faisais croire que mes parents étaient en Tunisie et j'inventais des coups de fil. À la fin, ils me demandaient avec insistance : « Mais qui c'est, ton père ? » Alors j'ai inventé une histoire invraisemblable, pendant le Tour de France, en disant que mon papa était Poulidor. J'inventais donc aussi les coups de fil avec Poulidor : « Comment m'as-tu trouvé dans l'étape machin? ... » Je suis ainsi devenu une star de la colo. Or un jour, aussi invraisemblable que cela puisse paraître, voilà que des magiciens arrivent pour amuser la colo et me font monter sur la scène : ça recommence ! La foule des gamins scande : « Poulidor, Poulidor, Poulidor ». Le magicien demande : « Pourquoi crient-ils Poulidor? » Je réponds : « Parce que je m'appelle Poulidor. » Et le magicien de répondre : « Non, tu ne t'appelles pas Poulidor. » Alors, je me mets à pleurer et je quitte la scène en courant pour me réfugier dans un coin. Mon statut de star s'est évanoui aussi vite qu'il était venu. La seule magie que je peux m'accorder est d'avoir transformé tout cela en œuvre d'art, d'avoir tenté d'en faire de la fiction, du roman, des films. La magie a transformé ces malheurs-là en quelque chose d'autre. Risque de chance. Je ne me suis pas contenté de pleurer, mais cette petite histoire que je viens de te raconter, j'en ai fait un film et j'en parle souvent dans mes bouquins. Elle m'a fait grandir au lieu de me tuer, reste que sur le moment, la fin de cette colonie de vacances a été un cauchemar. Je suis devenu magicien par volonté de riposte.

Serge, qu'est-ce que tu aimerais mettre à la place du difficile de notre monde ?

Je ne peux pas répondre, c'est trop abstrait pour moi. Et puis, je n'ai pas envie de mettre quelque chose à la place du difficile.

Partages-tu la vision de Jean Vanier : « Toute personne est une histoire sacrée » ?

Évidemment. Toute personne est sacrée. S'il y a de la spiritualité chez moi, elle est là. Ce n'est pas une rencontre mystique sur un quelconque chemin de Damas, où l'on meurt beaucoup en ce moment. C'est le visage de l'Autre, le visage d'un enfant, une certaine lumière sur un visage qui m'a fait devenir un croyant. Cela ne va pas très loin dans la métaphysique, mais c'est ça. Le mot « sacré » signifie la chose la plus précieuse au monde. C'est cela qui nous rapproche de ce que moi j'appelle Dieu, et le reste ne m'importe pas. La religion, je m'en fou Étrangement, ce n'est pas dans les temples que je ressens le sacré, mais en descendant dans la rue. C'est aussi au fin fond de l'Inde, où j'ai beaucoup voyagé. Chaque fois c'est la même histoire, je rencontre des êtres humains et parfois il surgit une grâce quasiment surnaturelle. En fait, elle n'est pas surnaturelle, elle est inscrite dans l'humanité. Là, je suis absolument bouleversé. Alors, dans ma tête et dans mon cœur je prie. Sans connaître de prières rituelles, j'invente une prière.

Tu vois que tu es magicien, Serge.

Oui, de ce point de vue là.

Qu'est-ce que tu vis dans ta vie que tu souhaiterais voir continuer ?

Tout. Je vois bien ce que je devrais améliorer, mais je voudrais que tout continue. J'ai une femme que j'aime, des enfants que j'aime. Je ne suis pas riche, mais j'ai suffisamment de quoi vivre. Alors, je te réponds : tout.

As-tu un défaut dont tu souffres ?

La peur. La crainte de ne pas être celui que j'aurais aimé être. Cela va te paraître absurde, mais j'aurais aimé être le plus grand metteur en scène du monde et je ne suis qu'un bon artisan de la télévision française. Je ne m'y résous pas. J'aurais vraiment voulu changer le monde avec mes films. Je ne crois pas y avoir réussi (rire), donc cela me fait chier. J'ai fait ce que j'ai pu.

Pourquoi dis-tu « j'ai fait » ? Rien n'est trop tard !

Oui, mais j'ai 70 ans, tout de même. C'est un peu tard. On verra.

Est-ce que tu as des mentors et quels messages te portent-ils ?

Je n'ai pas de mentors au sens de guides spirituels. Truffaut, oui. François Mitterrand n'était pas un mentor, mais un type que j'admirais et qui m'a appris des choses sur les forces de l'esprit, précisément. J'aime bien les vaillants, mais je ne peux pas citer un mentor, je n'en ai pas.

Ta vie est-elle un stage d'Amour comme la mienne ici-bas ?

Une des rares chansons qui me fait pleurer est un poème d'Aragon chanté par Léo Ferré quand j'étais gamin et anarchiste. Il y avait une autre chanson, québécoise, plus populaire : *Qu'il est difficile d'aimer*. Je trouve que ce stage d'Amour permanent qu'est la vie continue à être difficile pour moi. Je n'ai pas l'Amour évident. « J'aime les gens » est facile à dire, mais ça ne me vient pas si naturellement. Je sais que lorsque je fais des émissions les gens sont contents, car ils ont l'impression d'avoir été aimés et écoutés. À travers tous les gens que je filme dans le monde, je reconnais des frères. Mais ce n'est pas évident. Parfois, quand je me réveille le matin, j'ai l'œil embrumé et je me demande ce qui va se passer dans la journée. Quand j'ai une caméra en main, une transfiguration s'effectue, comme si l'œil de la caméra était un œil Amoureux et empathique.

Donc, d'accord pour parler de stage d'Amour, car ce n'est jamais gagné. Il n'y a pas de diplôme de fin de stage, du style : « Monsieur Moati, stagiaire d'excellence, a gagné. » Non, non. Ce serait vaniteux et absurde de dire : « J'ai gagné, je suis un mec bien, Amoureux des autres. » Je ne suis pas capable de cela. Pour un stage d'Amour, il faut s'aimer soi-même et ce n'est pas mon cas. Je m'aime bien, mais en même temps je me trouve assez moyen, donc c'est toujours un apprentissage. Dans la franc-maçonnerie, que j'ai quittée il y a très longtemps, il y avait les trois grades premiers : apprenti, compagnon, maître. Je crois que je suis toujours resté apprenti, alors que ce n'était pas la réalité, j'avais avancé. C'est parce que j'ai avancé que je peux dire que je suis resté apprenti.

Faut-il tout oser demander dans la vie ?

Il le faudrait, honnêtement, il le faudrait. C'est ce que je me reproche de ne pas savoir faire. C'est ce que je fais quand je vais demander des financements pour un film, mais j'ai la trouille. Je m'emberlificote et j'emberlificote mon interlocuteur. Je m'y prends mal, je suis maladroit, je le fais rire au moment où il faudrait le faire pleurer. Il faudrait pouvoir oser. Je suis très content, car mes enfants sont beaucoup plus audacieux que moi. C'est ma fierté. Eux, ils osent, bravo ! Je trouve cela magnifique. Moi je n'ai pas osé, car l'orphelinat a créé en moi une sorte de culpabilité terrible. Comme je n'osais pas dire que j'étais orphelin, j'ai menti terriblement dans ma vie.

Avant que mes parents ne meurent, quand ils avaient cinq minutes de retard par exemple, je pensais qu'ils étaient morts. Si Papa disait : « Je serai là à 20 h », à 20 h 10 je commençais à appeler les hôpitaux. J'ai passé mon temps dans l'angoisse de les perdre. Comme ensuite je les ai perdus, je me suis dit : « C'est ma faute. À force d'y penser, j'ai créé l'événement. » Pensée magique. Cela m'a empêché d'oser demander. Je me sens coupable d'avoir été un enfant qui a tué ses parents. Je ne sais pas pour quelle obscure raison, mais je me sens capable et surtout coupable d'avoir fait cela. La petite statue que tu vois là-bas, c'est la reine Élisabeth d'Angleterre. C'est une petite figurine de quatre sous, qui bouge la main de temps en temps et que l'on achète dans les boutiques de souvenirs. Je l'avais prise comme mère de substitution, c'est quand même étrange ! Je m'étais dit : « J'ai une maman au Ciel, elle me protège. » En plus, c'est une reine, je n'ai pas pris n'importe qui. Je me suis donc créé une légende. Mes parents étant morts, j'avais une mère là-haut qui me protégeait en Angleterre. J'étais son fils naturel et elle m'avait confié à de braves gens, juifs tunisiens à Tunis, car elle avait fauté.

Un jour, j'étais patron de France 3, Mitterrand m'invite dans un voyage d'État en Angleterre, sans que je sache trop pourquoi. Nous traversons Londres en carrosse et je salue « mon peuple » sans que personne ne le sache. On me présente à la Reine aux côtés de François Mitterrand qui me dit sans bouger les lèvres : « Votre maman ». Je croyais que la reine – que j'ai failli appeler « *mum* » – allait me tomber dans les bras en reconnaissant son fils. Elle m'a demandé : « Comment marche la télévision régionale en France ? » et le grand chambellan, devant ma réponse trop longue, m'a vite poussé de côté. J'aimais François Mitterrand pour sa capacité à mettre en scène des trucs pareils uniquement pour nous faire rire, parce qu'il avait dû entendre mon histoire folle de mère reine inventée racontée par un copain.

Pourquoi as-tu accepté ma demande d'interview ?

Parce que tu m'as paru sympathique et honnête. Le thème du Risque de chance m'a plu.

Donc, quel est le plus beau risque dans la vie, en un mot s'il te plaît ?

Vivre.

Le mien aura été de partager ce moment avec toi aujourd'hui... Merci du fond du cœur. As-tu un secret à confier ?

Non, pardon.

As-tu une dernière question ?

Vais-je retrouver mes parents ?

Risque de rupture, par Vincent Montagne

« Le plus beau risque de ma vie a été la bonté. »

Témoignage Risque de chance, le 18/07/2019 à Paris, de Vincent Montagne, entrepreneur, PDG de Média Participations, président de l'association de la chaîne KTO, président du Syndicat national de l'édition.

Peux-tu me dire, s'il te plaît, quel est le plus beau risque dans la vie ?

S'il est un risque que je me suis attaché à prendre, pendant ces trente années d'édition, c'est de mettre chaque jour à profit pour faire des rencontres nouvelles. Mon métier m'y incite par définition. Un livre, c'est un prototype. Chaque livre est une histoire nouvelle. Personne ne peut savoir à l'avance si le livre convaincra son lecteur. Donc, ce sont d'abord des rencontres avec des auteurs, et notre métier d'éditeur est d'abord de provoquer la rencontre entre un auteur et ses lecteurs. Le résultat étant imprévisible, c'est une richesse qui conduit à l'humilité.

En tant que patron d'entreprise, vous devez faire des budgets avec vos éditeurs. La question est : « Comment les interroger dans leurs choix éditoriaux sans les déstabiliser ? » Car si, en tant que patron, vous émettez un doute sur leurs lancements de titres, c'est la catastrophe. Vous avez en face de vous quelqu'un qui ne sait pas à l'avance si son livre va réussir. Si, en plus, vous manifestez votre inquiétude, comment voulez-vous qu'il ne panique pas ? Donc, l'une des choses qui font la richesse de ce métier, c'est que la prise de risque y est totale, permanente, quotidienne. Je me souviens d'un éditeur important de littérature racheté par un nouvel entrant dans le secteur qui lui disait : « Faites-moi un budget précis. Je veux savoir les livres que l'on va publier en fin d'année. » L'éditeur mettait de faux titres, car il nous disait : « Je n'en sais rien. Je sais simplement que chaque année j'aurai trois ou quatre titres qui me permettront de réussir le budget de mon année. » Il évoluait donc dans un budget qui ne correspondait à rien sur les nouveautés. C'est typique de la littérature générale.

La problématique est un peu différente pour la bande dessinée. Quand on sort un Lucky Luke ou un Blake et Mortimer, on sait que l'on a un potentiel très important. En BD, on essaie de combattre les aléas par des phénomènes de série, de collection. Mais dans tous les cas la prise de risque est le caractère essentiel de notre métier, probablement plus que tout autre. La presse a une récurrence périodique, donc des variations qui sont très différentes. L'édition est un métier à risque qui conduit naturellement à l'humilité. Quand vous achetez un livre, neuf fois sur dix vous vous foutez complètement de l'éditeur. Vous regardez le titre et l'auteur. Et quand c'est de la bande dessinée, vous regardez le héros. Même l'auteur peut disparaître derrière son héros ! Cette vision-là vous fait comprendre que l'éditeur est un passeur. À coup sûr, s'il perdait cette logique artisanale, il disparaîtrait, parce qu'il sortirait de sa vocation. Sa vocation, c'est d'accueillir l'auteur avec le regard du professionnel qui peut être parfois dur et rigoureux. Comment permettre à un auteur d'être le meilleur ? Leïla Slimani, qui a publié chez Gallimard *Chanson douce*[81], raconte elle-même ce dialogue avec son éditeur : « Leïla, ton premier chapitre est formidable. — Ah, super ! Et la suite ? — Leïla, ton premier chapitre est formidable. » Elle comprend le message. Derrière, après avoir réécrit de nombreux passages, elle sera prix Goncourt. Un auteur a forcément des proches qui lui disent : « Écoute, laisse tomber, ce que tu fais n'est pas bon », ou au contraire : « C'est formidable vas-y, vas-y. » Le jugement le plus objectif vient du professionnel. Il ne peut être que dans l'humilité, l'accompagnement, le respect et aussi la vision long terme qui fera croître l'œuvre de son auteur. C'est ainsi qu'il fait naître en cet auteur un accomplissement. Tous les grands auteurs ont commencé avec un premier titre pour lequel un éditeur

81. Slimani, Leïla, *Chanson douce*, Gallimard, 2018, p.58.

a cru en eux. Cet accompagnement n'est pas mécanique. C'est parfois l'histoire d'une relation un peu fusionnelle.

Quelle est ta contribution au monde, ta mission, ta vocation? Dans cette mission d'éditeur dont tu parlais, ou peut-être au-delà ?

La culture est fantastique, mais c'est une plante fragile. Un livre, c'est fragile. Il y a le livre de toute une vie. Il y a un auteur qui va écrire un seul livre, alors que d'autres en publient trois ou quatre par an. Cela ne veut pas dire que celui qui a écrit un seul livre dans sa vie n'est pas intéressant. Prenez George Orwell et son *1984*[82]. C'est un livre qu'il a écrit en 1948, 84 étant 48 inversé. Or il est mort en 1951. Le livre qui l'a fait connaître de façon planétaire n'a été publié qu'après sa mort. Mais c'était l'aboutissement de toute sa vie de journaliste, des constats qu'il avait faits. Quand on lit son histoire, régulièrement on retrouve ces commentaires : « Bon, c'est très bien, continue tes articles, mais quant à écrire des livres, ce n'est pas très intéressant. » Même si on ne le lui disait pas, c'était le constat. Comment imaginer que Frédéric Mistral né dans un petit village provençal va devenir prix Nobel de littérature en 1904[83] ? Que se passe-t-il pour que ce petit garçon devienne un jour un auteur, puis une star? On peut poser les mêmes questions pour n'importe quel auteur. Nous avons aujourd'hui un auteur américain de moins de 50 ans qui a déjà publié à 200 millions d'exemplaires. Donc toute aventure est unique, mais elle s'inscrit dans le temps.

Il y a un chiffre qui me fascine. Il a été établi par le National Endowment for the arts, en analysant le vote des quatre dernières élections présidentielles américaines. Entre les gens qui lisent et ceux qui ne lisent pas, la différence dans l'exercice de leur droit de vote est de 30 %. Oui, il y a 30 points d'écart entre les lecteurs habituels et les autres pour se rendre aux urnes. Pourquoi ? Parce que la lecture, année après année, forge votre jugement, votre liberté intérieure, et vous donne la capacité de l'exprimer. C'est considérable. À la différence de l'image, qui peut davantage vous enfermer, vous enserrer dans un jugement préformaté, parce qu'elle s'impose à votre regard, la lecture sollicite votre propre imaginaire. En outre, cette puissance-là

82. Orwell, George, *1984*, Gallimard, 1948.
83. Frédéric Mistral reçoit le prix Nobel pour son livre *Mirèio (Mireille)*, écrit en langue provençale et publié par J. Roumanille en 1859.

s'inscrit dans le temps. Chacun a en tête un livre de son adolescence qui l'a marqué profondément et peut-être transformé. Ce phénomène est unique pour chaque personne. On publie des tas de livres. C'est un peu comme si l'on jetait des bouteilles à la mer… Et puis chacun va se saisir d'un livre, quelquefois seulement d'une phrase. Prenez ce livre qui a traversé les millénaires et qui est le plus vendu au monde, c'est-à-dire la Bible : vous avez beau avoir lu et relu des textes de l'Évangile, vous arrivez un jour à une phrase qui vous saute au visage et qui deviendra peut-être la phrase de votre vie. Vous trouverez des phrases chez Victor Hugo qui ont cet effet. La capacité d'un auteur de ciseler des phrases comme cela est phénoménale.

Il y a un test que je trouve toujours remarquable. Vous prenez un dictionnaire et si vous tournez les pages, vous avez une multitude de mots et vous pouvez vous y perdre. Quand vous tapez un mot sur internet, au bout de la cinquième lettre, grosso modo, le mot que vous vouliez est devant vous. Et si vous tapez trois mots, à 99 % vous tombez sur une expression unique dans l'histoire de l'humanité, quelle que soit la langue que vous employez. Cela vous fait comprendre la puissance de l'écrit, la richesse incroyable de cette prise en main par les mots qui vous donne une distance par rapport au monde. Vous êtes à mi-chemin entre les faits, la réalité qui résiste à notre analyse, mais qu'il faut prendre en considération, et la distance que permet la vision englobante de l'homme. Ce que Hegel appelle « l'esprit scientifique européen » par exemple – mais on pourrait en citer dans d'autres civilisations –, et qui vous donne cette distance par rapport aux faits. On dit souvent que « les faits sont têtus ». Cela veut dire que les faits sont au moins aussi forts que l'analyse que nous en faisons pour transformer le monde. Donc, toute notre vie est un va-et-vient entre le réel et la conscience que nous en avons. Le mot *crisis* illustre cela. Il n'y a pas de crise qui ne vous donne un diagnostic précis de ce qu'il faut faire, à condition d'accepter le réel. Si vous avez l'humilité de garder les pieds sur le sol et de regarder d'abord comment vous transformer vous-même !

Donc, Vincent, peut-on dire que votre mission est de publier la parole des autres ?

Oui, c'est assez bien résumé. Rares sont les éditeurs qui écrivent eux-mêmes. Être éditeur est un métier fantastique, que j'ai découvert petit à petit. Quand Joann Sfar vient nous voir pour nous dire : « J'ai une histoire extraordinaire à vous proposer. C'est l'histoire d'un chat qui parle, car il a avalé un perroquet. Il parle à un rabbin au xixe siècle en Algérie et cela va être fantastique. » L'éditeur se dit : « Ouais, c'est bien ton truc, mais j'ai du mal à voir le potentiel. » C'est la force de l'éditeur d'accepter de prendre le risque de le faire. Et cela donne *Le Chat du rabbin*[84], Prix d'Angoulême, et magnifique best-seller ! Ce qui compte, c'est ce que porte un auteur. Il a une parole, une puissance, une force qu'il faut savoir entendre.

Qu'est-ce que tu reconnais en toi-même, par toi-même qui te donne le goût de vivre ?

Je ne sais pas trop. C'est une question assez difficile, car chacun a son tempérament. Moi, j'ai un tempérament naturellement tourné vers les autres. Je n'y peux rien. C'est une qualité que j'ai, que j'ai su développer. J'ai la vitalité qu'il faut pour « faire ». J'ai toujours, toujours entrepris. Sincèrement, il faut rendre grâce. Je ne serai pas celui qui va creuser un sillon extrêmement profond, comme un chercheur, par exemple. Je suis un être à capteur. Un éditeur est quelqu'un qui est tourné vers les autres et qui s'intéresse à ce qui est changeant, innovant. Il ne peut pas fonctionner s'il n'aime pas les gens qu'il rencontre, les auteurs en particulier. Un auteur, c'est un peu le contraire : c'est quelqu'un qui a une idée, qui la creuse, qui la creuse de plus en plus. Il est capable de raconter une série en bande dessinée sur dix, vingt ou trente titres, d'aller puiser au fond de lui-même la ressource de construire des scénarii qu'il n'a pas forcément inventés au départ. Il a cela en lui et il le construit. Il faut lui faire confiance, et il faut qu'il trouve cette relation personnelle avec un éditeur.

J'ajouterai une chose. Je suis un éditeur, mais je suis surtout un patron de groupe d'entreprises. Ma principale tâche est de donner confiance aux gens pour qu'ils deviennent eux-mêmes des patrons. C'est vrai de tout le monde, pas uniquement des éditeurs. Chacun dans sa responsabilité personnelle immédiate, quotidienne, doit être un patron. Il doit avoir l'œil responsable. C'est-à-dire la passion de s'accomplir en accomplissant ce qu'on lui demande dans le cadre d'une entreprise. Si vous n'avez pas cette vision-là en tant que dirigeant, vous ne construisez pas l'épanouissement de chaque personne. Or chaque personne est unique. J'ai un bel exemple à l'esprit. Un jour, on embauche un directeur éditorial à Bruxelles. Il vient d'une école de commerce, donc pourquoi devenir éditeur ? Il pourrait être un bon gestionnaire. Mais voilà : il est passionné. En tant que directeur

84. Sfar, Joann, *Le Chat du rabbin*, Dargaud, 2015, p. 60.

éditorial, il s'intéresse aux plus grands auteurs de la maison et que va-t-il devenir ? Scénariste. Il y a en effet un moment où l'idée ne suffit plus et il va envoyer, sous un pseudonyme, un scénario pour les aventures de Blake et Mortimer. À qui l'envoie-t-il ? À l'auteur avec lequel il travaille, puisque cet auteur est scénariste. Et l'auteur de dire : « J'ai reçu un scénario... Ce type est un fou furieux, il faut qu'on le rencontre. » À partir de là, il est piégé. Il doit dévoiler son nom. C'est ainsi qu'Yves Sente est devenu un grand scénariste de Blake et Mortimer. Aujourd'hui il a quitté la maison, puisqu'il est d'abord et surtout un scénariste. Il s'est accompli dans l'entreprise avec sa propre vocation, mais l'entreprise doit laisser aussi émerger ces vocations-là. Si elle ne le fait pas, elle est castratrice.

Je suis très sensible à ton message. Toute ma mission de coach consiste à accompagner chacune et chacun vers une double étoile : celle de l'autonomie et celle de la responsabilité. Pourquoi ? Parce que plus tu es autonome et responsable, moins tu pèses sur les autres et sur la planète. Aujourd'hui il est de notre responsabilité de ne pas peser sur les autres et évidemment d'alléger la planète. Est-ce un risque de chance d'être le fils d'un résistant de la première heure en 1940 ?

Mon frère aîné a dix ans de plus que moi, il est né en 1950, donc seulement cinq ans après la fin de la guerre. Mais la guerre est finie et appartient déjà à l'histoire. Il y a une rupture. Nous ne sommes plus du tout de cette époque-là. Je suis né en 1959 et notre père ne nous a jamais vraiment parlé de la Résistance. La plupart des résistants n'avaient d'ailleurs aucune envie de revenir sur cette période. J'ai connu mon père surtout comme homme politique. Rémy Montagne était déjà député quand je suis né, puisqu'il a été élu en 1958. C'était une personnalité forte. Il a quitté la politique en 1981 et s'est lancé dans la construction d'un groupe d'édition. Je l'ai rejoint en 1986, au moment où il posait la première pierre de ce qui s'appelle aujourd'hui Média-Participations. J'ai beau avoir 26 ans à l'époque, je n'ai pas du tout la même formation que lui. Il était avocat, moi je suis plutôt gestionnaire formé à Dauphine. Or non seulement nous nous sommes très bien entendus, le décalage d'âge étant important, mais à aucun moment je n'ai été écrasé ou impressionné. Mon père était un juriste très cultivé, très européen. Comme tous les résistants, il avait conscience de ce que son expérience de guerre avait apporté : la volonté déterminée de construire l'Europe. Sans aucun état d'âme, je dois dire que je suis particulièrement attaché à cette volonté. Il y a autant de haine potentielle entre deux villages français un peu reculés qu'entre deux pays européens. Je connais un village de Savoie où, encore aujourd'hui, si un garçon épouse une fille de l'autre village, c'est perçu comme une trahison. Or nous sommes en France ! L'étranger n'est jamais loin ! Il faut avoir en tête cette notion de crainte, et a contrario la volonté de paix. L'Europe est une formidable chance pour tous les peuples qui y vivent, mais elle doit reposer sur la culture et non pas uniquement sur l'économie. Avec les programmes Erasmus, il naît aujourd'hui une jeunesse européenne. La population âgée de plus de 60 ans a du mal à le voir. C'est pourtant une réalité. Il faut aller plus loin dans la logique d'apprivoisement de la culture européenne.

Est-ce un risque de chance de diffuser la parole chrétienne ?

Dans l'exercice de mes responsabilités, c'est extrêmement utile. Je suis sensible à l'analyse de Max Weber sur l'esprit du capitalisme et l'éthique du protestantisme. La culture chrétienne du chef d'entreprise est la culture de l'humilité par la remise en cause permanente qu'elle engendre. Si l'on ne se remet pas en cause en permanence, si l'on ne voit pas les conséquences de ses actes à court et à long terme, on ne peut pas progresser. Dans les racines chrétiennes se trouvent tous les fondamentaux qui permettent de construire une civilisation, dans le respect de chaque personne quel que soit son niveau. Ne pas le faire conduit à ne plus considérer que les paramètres financiers, ce qui est destructeur. Il suffit de lire saint Paul aux Galates. « Il n'y a plus ni juif ni grec. Il n'y a plus ni esclave ni homme libre. Il n'y a plus l'homme et la femme, car tous vous ne faites plus qu'un. » La logique de l'homme libre centré sur le Christ vous donne cette incroyable liberté de vous remettre en cause et de vivre dans l'entreprise un certain nombre de valeurs essentielles. J'en prendrai une seule, le pardon. Le pardon, dans l'entreprise, se vit à tous les niveaux. C'est le patron qui se plante et à qui personne n'ose le dire. C'est déjà un problème. Cela veut dire qu'on sait qu'il ne sera pas capable de pardonner ou de demander pardon. Dès lors, tout est vicié : on va contourner les problèmes. Dans une réunion, quand vous êtes dans la logique de ne pas perdre la face – chose que l'on peut comprendre, mais qui vous amène à ne pas dire la vérité –, c'est foutu. Bien sûr, il faut la dire avec beaucoup de respect des personnes, et d'abord par rapport aux faits, au réel. Mais il faut la dire : un fait bien analysé vous permet d'évoluer. Et la logique du pardon vous permet souvent d'apaiser les relations, parce qu'elle est totalement libératrice.

C'est vrai aussi dans les familles, pas uniquement dans les entreprises ! Mais c'est bien difficile, car c'est encore plus difficile avec les proches. C'est pour cela que dans l'Évangile il est dit : « Aimer son prochain comme soi-même. » Son prochain, ce sont les proches, c'est d'abord la famille et c'est là où c'est le plus dur. Mais je reviens à l'entreprise. Aimer les gens qui sont à des encablures, c'est facile, car il n'y a pas la dimension puissante et affective qui existe dans une entreprise. Chaque personne étant unique avec un parcours unique, si vous arrivez à voir la dimension divine de la personne – je dis « divine », car la dimension unique de la personne touche à la transcendance – eh bien, vous écrasez la hiérarchie. En réalité, dans l'entreprise, chacun apporte à peu près la même capacité de création, si vous savez vous y prendre. Cela n'empêche pas un éditeur génial, un auteur génial, de se détacher du lot, mais chacun apporte en fonction de ce qu'il a reçu et des épreuves qu'il a traversées. Les épreuves, elles aussi, sont formatrices, ce n'est pas vous qui me direz le contraire.

En ce qui me concerne, je ne peux pas dire que j'ai souffert, mais j'ai vécu des moments, dans les premières années du groupe, où je dormais sur la moquette de mon bureau entre 3 h et 5 h du matin, car il fallait que je termine les documents à présenter aux banquiers dans la matinée. Nous avons tous vécu des moments durs et ces moments-là, nous nous les rappelons tous comme ayant été des moments fondateurs. Il y a la fameuse phrase du Christ : « Rendez à César ce qui est à César et à Dieu ce qui est à Dieu. » C'est une phrase très importante, car elle est à la racine de l'éthique, de la façon dont on se comporte. On ne peut pas faire n'importe quoi avec l'argent et l'on ne peut pas faire n'importe quoi non plus avec les personnes que l'on a sous sa responsabilité. Les jeunes que vous cherchez à embaucher – je dis bien : « que vous cherchez », car ce sont des jeunes à potentiel –, une fois que l'on a parlé du job, vous disent tout de go : « Votre entreprise est bien, elle est sympa, mais qu'est-ce que vous faites pour sauver la planète ? »

Lors d'une intervention à Sciences-Po, l'année dernière, je disais aux étudiants : « Vous êtes aujourd'hui les premiers responsables de cette dimension transcendantale que vous apportez à nouveau dans le monde. Notre génération était davantage focalisée sur les performances et sur davantage de profit. Toujours plus. C'étaient les chiffres qu'il fallait respecter. Nous faisions bien notre job, avec le plus possible de respect des personnes, selon les entreprises. Ce n'était pas vrai partout, mais j'atteste qu'il y a beaucoup d'entreprises qui fonctionnent avec une vraie dimension humaine. Mais vous, vous apportez une dimension supplémentaire. Le monde est fini, au sens où il a des limites. Vous voyagez dans un monde qui est un village. Il est un peu énervant de voir les mêmes marques aux quatre coins de la planète, mais nous faisons aussi des rencontres qui nous montrent que chaque personne est différente et aspire pourtant à l'universel. » Cette relation est possible en s'appuyant, beaucoup plus qu'on ne le pense, sur des valeurs de transcendance, parce que chaque personne a envie d'être reconnue pour ce qu'elle est, et pas seulement pour ce qu'elle apporte économiquement. Dans cette relation très personnelle, vous avez une force immense. Une fois que vous avez pris conscience que le monde est un village, vous avez pris conscience que votre frère, qu'il soit proche physiquement ou qu'il soit à l'autre bout de la planète, vit les mêmes risques, les mêmes problèmes que vous et va les vivre de plus en plus. Alors, oui, vous prenez conscience de la fragilité de la planète et vous vous dites : « Mais pourquoi cette planète existe-t-elle ? » Aucun scientifique ne peut affirmer qu'il en existe une autre dans les mêmes conditions. Les facteurs conjugués pour qu'il y ait la vie sur terre, huit ou neuf de mémoire, sont très contraignants. Jusque-là, nous n'avons rien trouvé d'autre. Pourquoi notre planète existe-t-elle ? Je n'ai pas la réponse autrement que dans le domaine de la foi, mais je pose la question, car se la poser c'est déjà entrer dans la transcendance. La religion, c'est autre chose. La transcendance est une dimension que tout honnête homme doit reconnaître.

Qui es-tu comme magicien et que fais-tu en tant que magicien dans ce monde ?

La création culturelle est entre les mains de l'homme. La création tout court est entre les mains de l'homme. C'est une réalité. Nous sommes cocréateurs avec Dieu. D'abord par notre capacité à engendrer. C'est une réalité que j'ai souvent rappelée à mes enfants : « Votre liberté est immense, parce que vous êtes au moins autant créés à l'image de Dieu qu'à celle de vos parents. » Donc, le caractère indicible et unique de chaque personne est à reconnaître en permanence. On ne le voit pas forcément, mais il faut en prendre acte, car c'est ce qui donne la liberté personnelle. Cette liberté donne à son tour une sacrée responsabilité à chacun. On ne peut pas toujours dire : « C'est la faute des autres, de la société. » Non, non, non ! Nous avons chacun une responsabilité importante qui nous interdit de rester dans notre bulle. C'est pour cela qu'il faut observer. C'est un mot que j'aime bien, « observer ». C'est-à-dire regarder le monde tel qu'il est, avec ses défauts et ses qualités. Ce n'est pas virtuel. Cette observation conduit à des constats, à une lucidité sur soi-même (ce qui est sûrement le plus dur), puis sur ses collaborateurs, sur les autres. Être magicien, c'est faire émerger des personnalités. Voir les gens se transformer en trente ans et se déployer est enthousiasmant.

Qu'est-ce que tu aimerais mettre à la place du difficile dans notre monde ?

Je ne comprends pas votre question.

C'est une bonne réponse.

Partages-tu la vision de Jean Vanier : « Toute personne est une histoire sacrée » ?

Je mets d'abord le caractère sacré de chaque personne dans la fragilité, c'est-à-dire dans la reconnaissance de sa fragilité. Un robot, c'est un robot. L'intelligence artificielle donnera le meilleur de l'homme dans le mimétisme. Dans chaque personne, il y a la nécessité du mimétisme, mais aussi celle de la rupture. Le mimétisme est fondamental. Si l'on ne regarde pas comment marchent les autres, on ne marchera pas. Si l'on ne se nourrit pas, on meurt. Tout est construit comme cela dans l'éducation. Un bébé qui hurle, c'est insupportable, vous êtes obligé de le nourrir. Un bébé qui souffre, vous êtes perdu, c'est effroyable. Tout est construit dans la nature – pas seulement dans la nature humaine – pour qu'il y ait une forme de croissance par mimétisme. Mais le propre de l'homme est la logique de rupture, et c'est fondamental. Il faut les deux : le mimétisme et la rupture.

Ce que je crains, concernant l'intelligence artificielle par exemple, c'est que le mimétisme qu'elle va produire conduise à des prolongements d'une puissance extraordinaire, et que l'homme laisse faire ce mimétisme. L'homme est un peu paresseux par nature. Il a la nostalgie d'un âge d'or, d'un âge d'abondance dans lequel il n'aurait rien à faire. Or il ne faut surtout pas tuer cet esprit de rupture, qui est le plus difficile à mettre en œuvre, et qui s'appelle la création. La création, c'est le regard neuf que l'on pose sur les gens. Comment les fait-on grandir ? Comment imagine-t-on la transformation d'une personne ? Logiquement, une mère de famille n'a d'yeux que pour ses enfants, et elle va voir le potentiel de chacun de ses enfants là où aucun professeur, aucun psychologue n'est capable de le voir. Il existe des milliers d'exemples de jeunes arrivés à l'âge adulte dont nul ne pariait sur leurs capacités. La seule qui y a cru est leur mère. C'est comme ça. C'est sans doute parce qu'elle les a mis au monde, ce qui est un acte de cocréation considérable. Le sens, le goût de la création est probablement ce qu'il faut le plus faire naître dans le cœur de chacun, dans les décennies à venir. C'est d'abord un acte d'Amour. L'auteur crée souvent dans la douleur et la contrainte, mais dans la douleur et la contrainte il y a une forme d'Amour. D'ailleurs, un accouchement sans douleur, ça n'existe pas.

Qu'est-ce que tu vis dans ta vie que tu souhaiterais voir continuer ?

Rien. C'est un peu provocant, mais c'est ce que j'ai envie de vous répondre. Parce que c'est précisément là que la rupture est nécessaire. La création doit se nourrir des acquis, mais elle doit être force de rupture.

As-tu un défaut dont tu souffres ?

Oui, le bégaiement. C'est certainement quelque chose dont je n'aurais jamais parlé il y a quelques années, mais si j'en parle, c'est parce que je l'ai assumé. C'est un défaut qui vous bloque dans une prise de parole, alors que vous pourriez dire des phrases vraiment adaptées et puissantes. L'émotion est telle que vous n'allez pas les dire. On peut aussi considérer cela en positif : quelquefois, j'ai été contraint de me taire et c'était plutôt une bonne idée !

Quelle est l'intention positive qui se cache derrière ce défaut à ton avis ? Si l'on peut considérer le bégaiement comme un défaut.

Ce qu'il y a de très positif, c'est que je vois tout de suite les gens qui portent attention à ce que je dis. C'est très, très mécanique. Il y a des moments où je me sens très à l'aise pour parler, en fonction de la qualité de la réceptivité de la personne en face. C'est ce défaut qui m'a le plus marqué dans ma vie. Maintenant, si vous êtes entrepreneur et que vous aimez le risque, ce n'est pas une chose qui vous freine pour faire ce que vous avez à faire. Cela ne m'a jamais freiné.

Est-ce que tu as des mentors et quels messages te portent-ils ?

Il est difficile de ne pas avoir de mentors. En même temps, je ne peux pas vous citer, de but en blanc, une personne en particulier. J'écoute beaucoup, j'aime bien butiner. Beaucoup de gens disent des choses très sensées, très puissantes et c'est à nous de faire notre miel de ce qu'ils nous apportent. On s'enrichit de leur profondeur, de leurs sentiments, mais il faut rester libre.

Ta vie est-elle un stage d'Amour comme la mienne ici-bas ?

(Rire) Un stage ? J'aime bien l'expression. Je pense que l'éternité est déjà commencée et que le passage de l'autre côté n'est donc qu'une marche. Donc, d'une certaine façon, ne pas voir cette continuité, c'est se priver de la communion des saints, se priver de tout ce qui fait la puissance de verticalité en chacun de nous. Nous parlions de transcendance. Cette dimension-là, je la rencontre dans toutes les civilisations que je croise, on peut toujours la rencontrer, à condition de dépasser le discours convenu et d'avoir envie de s'intéresser à la personne.

Faut-il tout oser demander dans la vie ?

Oui. Mais pour cela, je ne suis pas bon. J'ai probablement été élevé avec trop de réserve. J'ai l'esprit d'escalier, souvent je me dis : « J'aurais dû lui demander ceci », ou : « J'aurais dû faire cela. » Avec le temps, on finit par oser. L'expérience fait que l'on vous écoute davantage, donc on peut davantage s'exprimer. J'ai raté des opportunités de parler avec des personnalités qui se seraient pourtant bien prêtées au jeu. C'est mon défaut, c'est un autre défaut.

Pourquoi as-tu accepté ma demande d'interview ?

Parce que la vie engendre des rencontres, et quand quelqu'un que vous aimez bien vous sollicite pour recevoir une de ses connaissances, ma porte est toujours ouverte. Chef d'entreprise depuis trente ans, je me suis toujours dit : « Oh là là, si un jour j'étais au chômage… » Je n'ai jamais refusé de recevoir une personne au chômage. Même si je n'en ai pas vraiment le temps, il faut le faire, car je sais à quel point la privation du travail est destructrice de la personnalité. Donc, que quelqu'un puisse dire : « J'ai été bien reçu par telle personne, elle m'a donné du temps, et ce n'était pas simplement cinq minutes », c'est très important. Je pourrais dire que c'est mon côté généreux, mais en réalité je reçois toujours beaucoup à chaque rencontre, évidemment. On le sait bien.

Donc, quel est le plus beau risque dans la vie, en un mot s'il te plaît ?

La bienveillance.

Mon risque aura été de partager ce moment avec toi, pardon, vous, aujourd'hui… Merci du fond du cœur

Avez-vous une question ?

On peut peut-être finir justement sur le tutoiement ? Je te remercie.

C'est adorable, merci beaucoup, beaucoup. C'est très fort.

Risque de gentillesse, par François Morinière

« Le plus beau risque dans la vie est la gentillesse, qui te fait recevoir de grandes récompenses. J'assume ce risque. »

Témoignage Risque de chance, le 10/07/2019 à Paris, de François Morinière, homme d'affaires. Président des Entretiens de Valpré, administrateur du Collège des Bernardins et du comité d'organisation des Jeux olympiques de Paris 2024. Il est président du Directoire du groupe Labruyère-Eberlé et a été dirigeant chez Oneo, Groupe Amaury, L'Equipe, CBS Outdoor, Scotts, Monsanto, Skis Rossignol, Giraudy. Il est le père de Sophie Morinière et l'auteur avec sa femme et trois de ses enfants du livre *Et le ciel devient familier*[85], qui relate le décès accidentel de Sophie à l'âge de 21 ans, en Guyane, lors des JMJ de Rio en juillet 2013.

Cher François, dans ton parcours d'homme, de père et d'entrepreneur peux-tu me dire, s'il te plaît, quel est le plus beau risque dans la vie ?

Le plus beau risque dans la vie ? Ce n'est pas forcément le même selon que j'envisage l'homme, le père ou l'entrepreneur. La première réponse qui me vient à l'esprit est celle de l'entrepreneur. Son plus beau risque est la délégation. Quand tu prends de plus en plus de responsabilités, tu acquiers des compétences, au départ universitaires, théoriques, et ensuite pratiques,

85. MORINIÈRE, Béatrice, MORINIÈRE, François, *Et le ciel devient familier*, Le Passeur éditeur, 2019.

parce que la direction des hommes te fait emmagasiner de l'expérience. Tu prends des risques dans des affaires, des risques d'investissements importants. Mais le plus grand risque que tu prends, c'est celui de la délégation. C'est aussi le plus beau. Tu acceptes de donner les commandes à l'Autre. Bien sûr, selon des règles ; mais tu confies à l'Autre des parts importantes de tes responsabilités, parce que tu penses que les choses vont être mieux faites ainsi, parce que tu penses que tu n'es pas un surhomme et que c'est la force des autres qui te fera progresser. Un patron m'avait dit : « On est fort avec des gens forts ». Mais pour que les gens déploient leur force, il faut accepter de leur donner les clés. Je pense que c'est le plus grand risque que peut courir un chef d'entreprise.

Ensuite, le plus grand risque de l'homme, c'est probablement la question de ce qui se passera à la fin de la vie. Est-ce qu'on prend le pari, le risque de dire qu'il n'y a rien ? Est-ce qu'on prend le pari et le risque de penser qu'il y a quelque chose après ? Cela ne signifie pas que, selon la réponse, les comportements vont être totalement différents. Il y a des gens exceptionnels qui sont incroyants et des gens exécrables qui sont croyants. Mais cette prise de risque par rapport à la fin ultime, aux fins dernières est la seule grande question pour laquelle l'être humain doit se déterminer. Enfin, le risque de père, c'est celui d'avoir des enfants. C'est-à-dire que je ne maîtrise rien, je ne sais pas ce qui va se passer, mais je sais que donner la vie, c'est le plus beau cadeau que l'on m'a fait, j'ai donc envie de le transmettre à quelqu'un d'autre. Il est vrai que si l'on refait le film *a posteriori,* ou si l'on imaginait, au moment où l'on pense à devenir père, tous les risques inhérents à la vie, on ne ferait jamais rien. Donc il y a en même temps une sorte d'aveuglement, probablement, ou au moins d'inconscience. C'est justement là que le risque est beau. On ne sait rien de l'avenir. Mais on y va quand même. On fait confiance à la nature humaine, on fait confiance à son conjoint ou à sa conjointe pour construire à deux. Et puis, l'on fait confiance à la Providence, parce que moi je suis croyant. C'est une des vocations de l'homme sur Terre que de donner la vie, même si certains font le choix de ne pas la donner pour différentes raisons. Mais pour la majorité d'entre nous, c'est quand même notre vocation. Voilà la façon dont je perçois ces trois grands risques en fonction de la personne à qui tu parles en moi.

Dans les risques de délégation, de passage à un autre monde et de paternité, qu'est-ce qui est vraiment important pour toi, voire pour plus grand que toi ?

Si on ordonne les choses, la dimension spirituelle l'emporte sur le reste, évidemment. C'est la clé de voûte, *in fine*, de tout ce que tu vas faire. C'est ce qui donne du sens à ta vie professionnelle, c'est ce qui donne du sens à ta vie de famille. Donc, c'est bien le fait d'ordonner ta vie par rapport à une notion transcendantale qui te dépasse, qui te fait comprendre que ce que tu mets en œuvre est ordonné à cela : la construction d'un monde meilleur, l'Amour du prochain, la création d'une économie plus juste. Tout cela découle du principe fondateur, qui est en toi ou pas, en fonction du fait que tu aies reçu la foi ou pas – que tu l'aies eue, que tu l'aies cherchée, que tu l'aies acquise ou qu'on te l'ait transmise. C'est bien cela, au bout du compte, qui ordonne les actions que tu mènes. Même si, évidemment, toute la difficulté consiste à créer de la cohérence.

Cela aussi, c'est le grand risque. Le grand risque de proclamer ta foi. Le grand risque de décider qu'il y a un Dieu, qui t'est supérieur et qui ordonne en dernier ressort le bien du monde. Du coup, tu peux te trouver en porte à faux par rapport à cette grandeur qui te dépasse, cette transcendance, parce que, bien sûr, tu n'es qu'un homme et donc tu avances avec toutes tes faiblesses. Voilà, le sujet, c'est le risque de la cohérence. Ce n'est pas un risque d'ailleurs, c'est une réalité. Ovide écrivait dans *Les Métamorphoses* : « *Video meliora proboque deteriora sequor* », « Je vois le bien, je l'aime et je fais le mal ». C'est une vision très pessimiste. N'empêche que, si l'on est honnête avec soi-même – sauf si l'on marche sur l'eau ou que l'on est un saint, évidemment –, il y a des tensions constantes entre nos principes et la réalité de que nous sommes. C'est cette tension-là qui est parfois dure à vivre et qui fait que l'on nous critique. C'est le risque de croire et d'être pris à revers par les autres qui vont dire : « Finalement, ils sont comme les autres. » Bien sûr. Comme si la croyance pouvait modifier intrinsèquement la nature humaine ! Évidemment que non. On est exactement le même. Simplement, on a cette lumière en soi comme un phare qui vous aide à vous diriger.

Quelle est ta contribution au monde, ta mission, ta vocation ?

Grande question qui me dépasse et à laquelle ma réponse ne peut être que modeste. (Rire) On en revient au sujet de la réalité *versus* la théorie. Je pense, en tout cas, que ma mission, c'est de servir. Si je reviens à mes fonctions de dirigeant d'entreprise, je pense que, plus que d'autres, le dirigeant qui est amené à prendre les commandes, à assumer des responsabilités, doit être habité par un très grand esprit de service. Manager, c'est servir. À de multiples égards. Servir ses collaborateurs pour qu'ils soient épanouis, qu'ils grandissent, qu'ils contribuent positivement à l'objectif commun de l'entreprise. Servir ceux pour qui nous fabriquons, produisons, vendons, pour leur apporter du plaisir, une amélioration dans leur vie, une réponse à une difficulté, une solution à des problèmes. Servir l'environnement dans lequel on exécute ses missions. Est-ce qu'on le fait en abîmant l'environnement au sens propre du terme, c'est-à-dire tout ce qui est autour de nous ? Est-ce qu'on laisse une trace neutre ou une trace positive ? Est-ce qu'on fait du mal aux autres ? Est-ce qu'on fait du mal à la nature ? Est-ce qu'on fait du mal à tout l'écosystème ? Ou est-ce qu'on agit en préservant les autres et la nature autour de nous ? C'est un sujet très délicat. On en revient au vieux principe : « Ne fais pas aux autres ce que tu n'aimerais pas que l'on te fasse. » C'est une exigence intrinsèque à la mission du manager. Cette notion de service, je ne sais pas si j'y arrive, mais c'est mon but. C'est cela qui m'aide. J'essaie de le mettre en pratique dans ma vie. Il s'agit de servir l'entreprise qui m'emploie, mais aussi de servir des sujets de société civile, des engagements parallèles. De manière peut-être plus gratuite, dans la vie de tous les jours, on rend service, on aide, on contribue. Heureusement, parfois l'expérience est valorisée et les gens sont heureux d'avoir des conseils, une contribution, une action. C'est aussi ce que j'essaie de faire.

Veux-tu citer un exemple ?

Oui, bien sûr. Par exemple, je suis administrateur depuis cinq ans au Collège des Bernardins à Paris, un très, très bel endroit dans le 5e arrondissement. C'était un collège monastique au XIIe siècle, qui a été abandonné après la Révolution et qui a servi de caserne de pompiers jusqu'à il y a vingt ans. Le cardinal Lustiger l'a complètement transformé pour en faire un lieu de rencontre entre l'Église et le monde. C'est un lieu de partage, d'échanges, d'ouverture, où l'Église se donne les moyens de dialoguer avec le monde. Sur de nombreux sujets, la science, la bioéthique, l'économie, les médias, le numérique, les autres religions, l'art. C'est un très beau carrefour de convergence. Je suis donc administrateur, et nous nous réunissons tous les deux mois pour essayer d'aider le collège en apportant, dans mon cas, un regard d'entrepreneur. Un regard de chef d'entreprise, donc pas forcément de théologien, ou de chercheur ou d'universitaire. Un regard peut-être plus matériel. Par exemple, pour s'assurer que les moyens humains sont en adéquation avec les objectifs fixés. Dans ces belles maisons, il y a beaucoup de bénévoles, qui donnent beaucoup, si bien qu'à un moment une certaine surchauffe est possible. J'apporte donc la vision d'un manager. Voilà un engagement que j'ai depuis cinq ans en parallèle de mon travail et qui m'apporte beaucoup.

Et les Entretiens de Valpré ?

C'est une autre activité que j'exerce en parallèle de mon travail. Depuis trois ans, je m'occupe de cet événement qui a lieu à Lyon tous les ans. Il réunit pendant un jour et demi cinq cents chefs d'entreprises, dirigeants, cadres, etc. À travers des colloques, des conférences, des échanges, on essaie de traiter un sujet qui croise l'économie, l'entreprise et la personne humaine. Par exemple, il y a deux ans, on a traité le problème du temps. L'année dernière, le problème de la confiance. Cette année, on parle du thème de la responsabilité. Nous choisissons des thèmes assez larges, afin de pouvoir les aborder sous de nombreux angles. Ce que l'on cherche à apporter aux chefs d'entreprise et aux personnes qui assistent aux échanges, c'est une richesse d'éclairages, afin que dans leur vie quotidienne, leurs responsabilités, leurs engagements, ils trouvent des solutions, des idées, etc. Tout cela s'éclaire à la lumière de la pensée sociale chrétienne.

S'il y a bien un sujet où l'Église est légitime, c'est celui de l'économie au sens large. Ce n'est pas nouveau, puisque dès la fin du IIe siècle l'Église a beaucoup contribué à apporter sa vision de l'organisation du monde économique. Ce sont des sujets qui sont repris aujourd'hui par beaucoup de gens partout sur la Terre. À travers des événements comme nos Entretiens, l'Église a des choses à dire. Elle a aussi besoin de s'enrichir par le dialogue. C'est un moment qui n'est pas réservé aux chrétiens, bien sûr. C'est un moment très ouvert et très tolérant, mais on ne se cache pas non plus qu'il y a, par exemple, des théologiens qui interviennent pour apporter un éclairage philosophique sur tel ou tel point de l'économie. Quand on parle de la notion de responsabilité, on pense tout de suite à la notion de subsidiarité, qui est l'autre mot pour désigner la délégation dont nous parlions tout à l'heure. C'est un sujet que l'Église a abordé dans ses grands textes sociaux, dès 1890. Comment confier des tâches à ceux qui sont au plus près des choses, pour les faire exécuter de la meilleure façon possible ? À l'époque, c'était impensable. Aujourd'hui, cela va de soi. En tout cas, ce sont des thèmes qui sont communément admis. Voilà par exemple un sujet sur lequel nous réfléchissons de façon approfondie. Les Entretiens de Valpré, c'est cela. Ce sont de très beaux moments. Bien sûr, pour moi, c'est une source d'enrichissement, de rencontres avec des gens exceptionnels qui viennent prendre la parole, que je n'ai jamais eu l'occasion de rencontrer auparavant et qui viennent me nourrir. J'espère que cela nourrit aussi le public !

En tant qu'ancien patron du journal L'Équipe *– je vois que tu as de beaux skis derrière toi –, que fais-tu au comité d'organisation des Jeux olympiques 2024 à Paris ?*

J'y ai mis un doigt de pied, puisqu'on m'a demandé d'entrer au comité d'audit, c'est-à-dire la structure de surveillance de la bonne gestion : respect des normes comptables, des procédures d'appels d'offres, des règles d'équité. En bref, tout ce qui va faire que cet événement si important se déroule dans les conditions économiques et sociales les plus justes possible et dans le respect d'un budget. Je suis très heureux de faire partie de ce comité, car les JO 2024 vont constituer un magnifique événement pour la France. C'est dans cinq ans, on n'y pense donc pas encore beaucoup, si l'on excepte les travaux et les inconvénients dans Paris en ce moment, mais ce sera un moment très fort de l'histoire du pays. Comme effectivement j'ai été à *L'Équipe*, on m'a sollicité et je suis très content de participer. C'est une petite activité qui va aller grandissant, et si je peux aider modestement, je le ferai très volontiers. J'ajoute, car c'est un sujet qui me touche personnellement, que malheureusement la France n'est pas un pays sportif. Certains vont rétorquer : « Mais si, ça commence à venir. » En tout cas, dans les grands pays de l'Europe du Nord et les pays anglo-saxons, Angleterre, États-Unis, Allemagne, le sport est partie intrinsèque du développement de la personne dans l'éducation. La construction de la personne passe autant par le sport que par la pédagogie et le savoir académique. Ce qui n'est pas le cas de la France, puisque le sport à l'école représente une ou deux heures par semaine maximum.

Les Jeux olympiques sont probablement la dernière occasion de transformer en profondeur la pratique du sport en France et de faire passer ce message : un monde équilibré gagne à s'appuyer sur la construction par le sport. Malheureusement, nous souffrons un peu de notre insuffisance actuelle. J'espère que ces Jeux olympiques seront un catalyseur, un accélérateur de la pratique du sport pour les jeunes, mais pas seulement pour eux. Beaucoup de sports se développent aujourd'hui, avec un gros travail d'éducation : le vélo, la marche à pied, etc. Mais ce travail n'est accompli qu'une fois que l'on a été élevé, que l'on a grandi et que l'on commence à avoir des activités professionnelles. On se dit alors : « Il faut que je fasse du sport ! » Dans ma génération, on ne nous a pas mis le sport dans la peau. Je ne me souviens pas qu'à l'entrée à HEC ou ailleurs la note de sport ait beaucoup compté. Alors que pour entrer dans une université américaine, si. Si vous êtes bien classé en tennis ou bon basketteur, vous entrez dans de très bonnes universités. J'espère que cette olympiade nous donnera aussi cette chance-là.

Qu'est-ce que tu reconnais en toi-même, par toi-même qui te donne le goût de vivre ?

Essentiellement le rapport aux autres. Le besoin de vivre avec l'Autre. D'échanger, de se nourrir. De recevoir de l'Autre. C'est mon moteur numéro un. Mon deuxième moteur est la curiosité. J'ai eu la chance d'avoir des parents qui étaient curieux de tout, notamment mon père. C'était une espèce de pic de la Mirandole, à son niveau ; il s'intéressait à énormément de choses. Il m'a donné ce goût de l'éclectisme et la curiosité qui me nourrit. J'adore découvrir. Cela me fascine. Mes deux points d'équilibre sont l'envie de vivre avec l'Autre et la curiosité intellectuelle.

Face au difficile, n'est-ce pas souvent en s'ouvrant à tout autre chose que les solutions naissent ?

Ce n'est pas toujours un réflexe naturel. L'ouverture aux autres est plus facile et naturelle quand tout va bien. On est moins défensif, on est d'une humeur plus agréable, on se sent en confiance et la confiance en l'Autre dépend d'abord de la confiance en soi. J'évoquais précédemment le thème de la confiance, abordé à Valpré. S'il n'y pas de confiance en soi, impossible de donner de la confiance aux autres. Donc, dans un cycle positif de réussites, l'ouverture à l'Autre, le besoin de l'Autre, le conseil de l'Autre sont faciles. Dans une situation compliquée, ou en cas d'échec, ce n'est pas un réflexe naturel. Or c'est là, en vérité, que le déclic se fait. C'est vrai sur le plan professionnel, mais cela a été encore plus vrai sur le plan personnel.

J'ai vécu le malheur de la mort de ma fille aînée. Elle est décédée il y a six ans en se rendant aux Journées mondiales de la jeunesse à Rio pour voir le pape. Elle a eu un accident de car sur la route en Guyane. Je peux témoigner que sans l'Autre, je ne serais pas là aujourd'hui. Je ne sais pas où je serais, certainement pas devant toi pour parler. C'est évidemment le rapport à l'Autre qui m'a sauvé. Pas seulement cela, car ma foi aussi m'a sauvé, bien sûr, mais ma foi vécue à travers les autres. Ma foi dans le fait d'accepter l'abandon dans les mains de Dieu, mais aussi la foi incarnée par des hommes croyants ou des femmes croyantes autour de moi, qui m'ont apporté beaucoup de soutien et beaucoup d'humanité. Je ne voudrais surtout pas que mes propos soient vus comme une méthode ou un *vade-mecum* de ce qu'il faut faire face au deuil. Malheureusement, quelquefois, ce qui s'est passé pour moi n'est pas possible. L'échec, la mort, l'absence de l'Autre créent assez naturellement un réflexe de repli sur soi. Il faut arriver à combattre cela. Se laisser fissurer face à cette douleur par le regard de l'Autre, pour se faire réalimenter. Je peux témoigner que dans mon cas c'était vital. Sans cela, je ne sais pas où je serais, en tout cas ni dans la situation, ni dans la forme où je suis aujourd'hui.

Puisque tu as la confiance, la gentillesse, la bonté, je ne sais quel mot employer, de nous parler du départ de ta fille Sophie, qui a un rayonnement encore énorme pour ceux qui la connaissaient ou qui l'on connut à cette occasion, puis-je te demander si c'est un risque de chance d'avoir des enfants engagés jusqu'au bout ?

Je ne veux pas apparaître comme un vieux *has been*, mais la génération de nos enfants – les 15-30 ans aujourd'hui – a une générosité et une capacité d'engagement bien supérieures à celles de ma génération. Je suis émerveillé par ce que font mes enfants et les enfants de mes amis. À notre époque, nous étions moins comme cela. Mon propos n'est pas scientifique et peut-être ne suis-je pas objectif, mais je vois une énergie se dégager de cette jeunesse. Son envie de rendre service au monde, son désir de rendre service aux autres, son besoin de trouver un équilibre dans le don sont plus forts qu'avant. Ce risque qu'ils prennent, eux, est une grande chance pour nous. C'est la chance d'être édifié par ses enfants. Il n'y a pas de plus beau sentiment pour un parent que d'être édifié par ses enfants. Être surpris. Parfois dérangé, car ce n'est pas forcément de tout repos d'avoir des enfants qui s'engagent et reviennent vers vous avec des questions parfois dérangeantes. Il faut l'accepter. C'est une chance incroyable. C'est le paradoxe pour des parents. Arrive un moment où nous nous faisons élever par nos enfants. Élever au sens de grandir. Il faut l'accepter, car ce n'est pas toujours facile. Je ne dis pas qu'il ou elle vous fait la leçon, mais que par son exemple, son engagement, ses actions, vous vous posez vous-même des questions.

C'est quelque chose que j'ai vécu avec ma fille Sophie, puisque tu en parles. Il s'est produit un renversement intérieur qui fait qu'aujourd'hui, par exemple dans le domaine de la foi, Sophie m'élève. Elle rend ma foi plus intelligible, plus profonde. Du Ciel, elle joue un rôle bien évidemment différent du rôle qu'elle jouait sur Terre. Au début, c'est un peu surprenant. Tu me connais, je suis un gars qui a les pieds sur terre, je ne suis pas un mystique, je n'ai ni hallucinations ni illuminations. Je suis un type simple et pragmatique, mais c'est ce que je ressens et c'est également une réalité pour d'autres autour de moi. Bien sûr, il s'agit ici d'un cas très particulier, mais de façon générale, cette jeunesse s'engage aujourd'hui. Il est évident que quand Sophie est partie pour les JMJ, elle ne pensait pas mourir. La jeunesse, c'est aussi l'insouciance. Il y a des jeunes aujourd'hui qui prennent des risques importants dans une forme d'insouciance, mais l'énergie est là et ils avancent. Parfois, il y a des sacrifices importants, mais sans aller jusque-là, cet engagement des jeunes est une grande chance pour nous.

Est-ce un risque de chance de donner la parole au sport ?

Le sport, c'est un combat maîtrisé. Un combat pour repousser ou hausser les limites de soi-même. C'est le cas des sports dits individuels, dans lesquels on se mesure à soi-même, dans une forme d'expansion des capacités du corps. C'est donc une quête pour grandir. Étendre sa capacité à courir dans le temps, à courir plus vite, à nager, etc. Utiliser son corps pour faire plus. C'est un combat contre nos limites, pour les repousser. Dans le sport dit de rapports, il s'agit de maîtriser la violence ou l'envie de domination de l'Autre. La juguler, l'organiser dans un rapport de forces, ou autres, défini par des règles à respecter pour décider qui sera le meilleur. Donc, c'est un outil de socialisation très important. L'esprit des premiers Jeux olympiques, en 700 et quelques avant Jésus-Christ, c'était cela. Permettre à des pays ou des cités, à l'époque, de se mesurer à la loyale, en respectant les règles. Canaliser cette violence. C'est donc un sujet très important.

Donner la parole au sport, pour répondre à ta question, c'est accepter le rôle du sport comme élément de socialisation et de rapport à l'Autre. C'est pour cela que la tension autour du sport est si forte. Il reste au fond de l'être humain une envie de dominer l'Autre, de s'imposer. D'imposer un rapport de force qui fait qu'on le domine et que l'on devient le meilleur. La nature humaine étant ce qu'elle est, on essaie de tricher, on se dope. Il y a cette envie irrépressible d'être le meilleur. Mais le sport a aussi un rôle de pacification important à jouer. Il ne faut pas le voir comme un abrutissement, mais dans la possibilité d'éducation qu'il représente, même si les rapports de force restent toujours là, car le sport s'adresse à des masses très importantes. S'il y a tant de dérives, ce n'est pas parce que le sport serait mauvais intrinsèquement, mais parce qu'il est un exutoire, un mode d'expression de la domination de l'homme. Des supporters vont se battre, s'insulter, car la violence est inhérente à l'homme. Pourtant, comme d'autres choses, le sport essaie de rendre l'homme meilleur. Il faut que cela soit exprimé. Ce n'est pas pour rien si depuis trente ans un pape comme Jean-Paul II ou un pape comme François parlent beaucoup du sport. Eux-mêmes l'ont pratiqué et ont compris sa valeur pédagogique. C'est l'expression d'un rapport de fraternité à l'Autre. C'est un rapport que Dieu nous demande. Cette théologie du sport n'existait pas naguère ; je trouve très beau qu'aujourd'hui le pape François parle de football, reçoive des équipes et leur explique la gratuité de l'affrontement, leur dise qu'il faut savoir respecter l'amateurisme, etc. C'est ma conviction personnelle, et même si l'on regarde cela sans dimension surnaturelle ou théologique, le sport reste très important. En donnant la parole au sport, on le rend très visible, et donc, par la force des médias, on met une loupe grossissante sur ces rapports humains, avec tous les excès, les défauts qu'ils comportent. Il y a très peu d'événements où la nature humaine se montre en direct et sans filtre. Cela crée un éclairage très particulier.

Qui es-tu comme magicien et que fais-tu en tant que magicien dans ce monde ?

Je suis très mauvais magicien. Je n'ai jamais su faire de tour de magie. Tu ne tombes pas sur le bon talent qui dort en moi. Ma magie, c'est probablement d'essayer de voir en l'Autre un fils ou une fille de Dieu. Je m'intéresse à l'Autre comme quelqu'un qui a beaucoup de prix. Il n'a pas forcément beaucoup de prix pour moi, mais il a forcément beaucoup de prix pour Celui qui est au-dessus. Le minimum qu'il me demande est donc d'essayer de faire un petit quelque chose pour le découvrir.

Que voudrais-tu voir se réaliser dans le monde au travers de toi et au-delà de toi?

Tu sais, ma contribution est modeste. Toute petite. Je voudrais que les gens se sentent aimés. Que l'on ait cette quête, cette curiosité de trouver en l'Autre la pépite, la lumière, le trésor caché. Il y a toujours un trésor chez quelqu'un. Il est vrai qu'il peut être caché, que l'on se protège, que les gens ont mauvais caractère, etc. C'est difficile. Parfois, les gens ne se laissent pas découvrir, mais il y a toujours une pépite à trouver, quelque chose en l'Autre qui est incroyable. Comme un chercheur d'or, il faut creuser.

Qu'est-ce que tu aimerais mettre à la place du difficile de notre monde?

Un peu de paix. On en a tant besoin. C'est ce qui nous manque.

Partages-tu la vision de Jean Vanier : « Toute personne est une histoire sacrée »?

J'ai parlé de pépite en chacun. Jean Vanier y met la dimension divine. Pourquoi « personne sacrée »? Parce que faite à l'image de Dieu. Chaque personne a été voulue par Dieu. Si l'on croit que Dieu est le créateur du monde et le moteur qui fait qu'aujourd'hui nous sommes là tous les deux pour parler, il y a dans chacun la trace divine. Jean Vanier veut dire que toute personne porte cette trace-là. D'ailleurs, par la radicalité de son engagement, il a pris ce mot à la lettre. La dernière des personnes handicapées, des petits, des sans-abri, le clochard, l'abandonné est une personne sacrée, au moins autant que toi ou moi. Pourtant, personne ne le voit. Cette affirmation, ce coup de poing traduit dans sa vie personnelle, produit un effet incroyable. Ça chamboule tout! Car ce n'est pas simplement un propos de charité. Beaucoup font énormément de choses pour l'Autre, l'accueillir, l'aider, le soigner, etc. Mais dans ce que dit Jean Vanier il y a autre chose. Il y a l'image de Dieu. Si, tout d'un coup, on réalise qu'il y a dans l'Autre l'image de Dieu, alors ça change tout.

Qu'est-ce que tu vis dans ta vie que tu souhaiterais voir continuer ?

La fidélité de mes amis, tout simplement, et la découverte régulière de personnes que je ne connais pas qui sont exceptionnelles. Garder fidèlement ceux que j'aime et en trouver d'autres qui vont encore m'enrichir.

As-tu un défaut dont tu souffres ?

Il paraît que je suis trop gentil; je veux bien l'admettre. Comme toujours, on a du mal à accepter ses défauts, donc on trouve une pirouette. La gentillesse n'est pas la naïveté. Le risque de la gentillesse te fait recevoir de grandes récompenses. Tu peux donner ta confiance, en accordant beaucoup à l'Autre, et tu peux être trompé. Il m'est arrivé de me faire abuser. Mais en face de cela, la confiance et la gentillesse donnée à d'autres qui vous la rendent au centuple font que le risque vaut d'être pris. J'assume ce risque. Plus je vieillis, plus je l'assume. Il faut semer pour récolter !

Quelle est l'intention positive qui se cache derrière ce défaut, à ton avis ?

Donner pour recevoir. L'autre a besoin de toi. Je n'ai pas un carnet dans lequel je noterais : « Lui, je lui ai donné rendez-vous, lui je l'ai invité à faire ça, etc. Il ne m'a pas renvoyé l'ascenseur, donc croix sur X. » Pas du tout. Je n'y pense jamais. La gratuité est une chance. C'est l'espoir de te dire : « À un moment, il va se passer quelque chose qui me rendra infiniment heureux, et que je n'avais pas imaginé. » D'autres fois, ça ne marche pas. C'est la vie. S'il fallait mesurer à chaque fois les risques que l'on prend avec l'Autre, ce serait trop compliqué.

Est-ce que tu as des mentors et quels messages te portent-ils ?

Oui, notamment mon ancien patron Cacouault, malheureusement décédé. Il me disait : « Aie confiance en toi. » Il me poussait à agir sans peur. Je suis quelqu'un d'assez émotif et parfois les émotions peuvent vous brider. Lui me disait : « Non, vas-y, fonce ! Ne t'arrête pas, n'aie pas peur. » Il m'a beaucoup apporté. Un vrai bon mentor. J'ai eu plusieurs patrons qui m'ont inspiré. Un autre patron me disait toujours : « Qu'est-ce qui est le plus important pour toi ? Réordonne tout ce que tu fais à l'aune de tes priorités. »

Car je peux avoir tendance à me disperser. Il m'aidait. L'homme dont je parle, c'est Jerry Knock, qui a créé une boîte de coaching, mais qui était mon patron chez Monsanto. Le coaching n'était pas du tout son métier, mais il avait ce don en lui qu'il a su révéler plus tard. Je le vois régulièrement tous les ans, comme un phare qui m'éclaire.

Ta vie est-elle un stage d'Amour, comme la mienne ici-bas ?

Un stage avant le job final ?

Open

C'est un apprentissage. C'est l'alternance avant le grand jour. Il faut se préparer. Je pense que nous aurons beaucoup de lumières dans les yeux et que nous serons totalement dépassés. Pour arriver là, il faut avoir un petit peu d'entraînement. Il faut s'échauffer, car je pense que ça va secouer, Là-haut.

Faut-il tout oser demander dans la vie ?

Il y a un côté tête brûlée dans cette formulation. Oser beaucoup, oui, c'est sûr. Faire ce pour quoi on a une inclination forte. Quand on dit « avoir envie », on a l'impression qu'on est simplement un je men foutiste ou qu'on papillonne. Mais il faut oser ce que l'on a vraiment, fondamentalement envie de faire. Il y a tellement de barrières, de freins sur tout. On est tellement bridé par les contraintes, peut-être par les autres, par des faiblesses physiques, par le manque de moyens, etc. Il y a tellement de choses qui peuvent nous freiner que si l'on n'a pas, dès le départ, cet engagement dans l'énergie, un engagement « définitif », on va vite s'épuiser. En ce sens, il faut oser. Mais comme dans le sport, il y faut de l'entraînement. Quand on s'entraîne à oser, à mobiliser son énergie, ça coûte moins. Tu oses plus souvent, parce que tu as moins peur et tu prends confiance en toi. Même si tu prends des gamelles, tu te relèves, car la petite mécanique en toi s'est dégrippée. Il faut aider l'Autre à le faire. Toute la question, c'est de tendre la main.

Pourquoi as-tu accepté ma demande d'interview ?

Pour toi. Parce que tu es mon ami. Ce n'est pas plus compliqué que ça. Je te fais confiance.

Donc, quel est le plus beau risque dans la vie, en un mot, s'il te plaît ?

De croire en Dieu.

Le mien aura été de partager ce moment avec toi aujourd'hui... Merci du fond du cœur.

Merci à toi.

Risque de se perdre, par Olivier Noblecourt

« Le plus beau risque dans la vie est d'accepter de se perdre au service des autres. »

Témoignage Risque de chance, le 03/09/2019 à Paris, de Olivier Noblecourt, ex-délégué Interministériel à la prévention et la lutte contre la pauvreté des enfants et des jeunes, ex-directeur de cabinet du maire de Grenoble, de la ministre Najat Vallaud-Belkacem, d'abord aux Droits des femmes, puis à l'Éducation, président du centre communal d'action sociale de Grenoble, tête du groupe de travail de Terra Nova dédié à la rédaction du rapport « La lutte contre les inégalités commence dans les crèches », en 2014.

À découvrir en ligne sur le site www.risquedechance.com ou en vidéo avec le QR code suivant :

Risque de soigner le monde, par Denis Olivennes

« Le plus beau risque dans la vie est de soigner le monde, soigner ce qui ne va pas. Pour moi, ce sont les entreprises. Risquer la joie, le plaisir, l'incroyable diversité, l'enthousiasme que génère la vie. »

Témoignage Risque de chance de Denis Olivennes, le 17/01/2020 à Paris. Haut fonctionnaire et chef d'entreprise français, né le 18 octobre 1960, Normale Sup, Science Po, ENA. Directeur général de *Libération*, ex-président du Conseil de surveillance du groupe de médias CMI France, ex-dirigeant d'Air France, Canal+, PPR distribution, La Fnac, *Nouvel Obs*, Europe1 et du pôle info du groupe Lagardère (*Paris Match*, *Psychologies*, *Télé 7 Jours*, *Elle*...). Son Rapport Olivennes, sous la présidence de Nicolas Sarkozy en 2007, est à l'origine du projet de loi Hadopi en 2009 (protection de la création sur internet).

En tant qu'homme, père et chef d'entreprise engagé, pouvez-vous me dire, s'il vous plaît, quel est le plus beau risque dans la vie ?

Le plus beau risque dans la vie ? Je crois que c'est de vivre ! D'assumer l'ensemble des vicissitudes et des joies de l'existence. On peut passer à côté pour tout un tas de raisons. D'abord, certains y mettent un terme, mais même sans y mettre un terme on peut vivre petitement, pas du tout à la hauteur de ce que l'on a en soi, parce qu'on se dit que c'est trop dur. D'ailleurs, on a souvent bien raison de penser que c'est dur. Donc le principal risque dans l'existence, ou la principale chance… C'est quoi, votre question, le risque, ou la chance ?

Risque de chance, au sens danger et opportunité mêlés.

Risque de chance ! C'est de risquer la joie, le plaisir, l'incroyable diversité, l'enthousiasme que génère la vie.

Avez-vous un exemple vécu de ce beau risque ?

J'ai un exemple familial. C'est presque gênant de parler de soi, cela paraît immodeste. Ma famille, la famille de mon père a fui l'Allemagne nazie en 1938. Ils étaient juifs, donc menacés d'être assassinés. C'était très tard, mais ils ont réussi à passer entre les gouttes. Mon père a vécu caché. Ils ont vécu des années épouvantables, puis ils se sont retrouvés immigrés en France à la Libération. Ils ne parlaient pas français. C'était l'époque des Trente glorieuses, donc l'économie était plutôt prospère, mais c'était très dur pour mes grands-parents et très dur pour leurs enfants, arrivés à l'école en retard et parlant mal français. Pourtant, ils ont pris cette vie à bras le corps. Ils n'ont pas effacé le passé, mais ils se sont dit : « Nous n'allons pas être alourdis définitivement par l'expérience atroce que nous venons de vivre. Au contraire. Nous allons nous propulser, aller de l'avant. » Et ils l'ont fait ! Deux générations après, mes frères et moi avons des vies absolument magnifiques en France. Nos enfants ont fait des études, ils sont heureux, ils sont profondément français. Les miens sont pourtant partis d'une situation atroce, un drame comme on les voit aujourd'hui à travers l'exil, la persécution, le danger, l'immigration. Je ne sais pas si l'on se rend compte de ce que cela représente. J'y pense chaque fois que l'on parle des réfugiés, arrachés à leurs racines, obligés de changer de pays à 40 ou 45 ans. Souvent, je pense : « Si demain matin il fallait que je change de pays, comment je ferais, moi ? » Les miens l'ont fait. Merci à la France. Ils ont été accueillis par un pays fantastique. Ils l'ont compris et ont tiré un avantage de ce traumatisme incroyable, plutôt qu'un inconvénient.

Quelle est votre contribution au monde, votre mission, votre vocation ?

Ah ! À supposer que je l'aie trouvée, j'y ai mis du temps. Quand j'étais jeune, j'étais révolutionnaire. À l'âge de 11 ou 12 ans, peut-être même 10 et peut-être même avant, j'étais habité par l'idée que l'injustice était insupportable. Je me suis donc engagé très jeune dans les mouvements d'extrême gauche, avec une incroyable conviction. Quand je repense aux conneries que je disais, pensais, et quand je vois le drame que cela aurait été si nous avions réussi notre coup… Mais l'élan qui me poussait ainsi que tous mes amis, mes copains était vraiment un élan de justice : faire que le monde soit moins injuste. Ensuite, je me suis calmé et, sans doute de manière égoïste, beaucoup plus intéressé à moi-même. Professionnellement, je me demandais quoi faire. Être avocat ? J'aurais pu être médecin, car mes parents étaient médecins et je trouve que c'est le plus beau métier du monde, car les effets sont immédiats, vous constatez tout de suite l'utilité de votre action. Mais comme c'étaient mes parents et que j'étais con et rebelle, il ne fallait pas que je fasse la même chose. J'ai pensé que je serais avocat, et finalement je me retrouve chef d'entreprise.

C'est bizarre. Si l'on m'avait dit, à 14 ans, que je serais chef d'entreprise, je ne l'aurais pas cru. J'ai dit un jour : « Je pense que le jeune homme que j'ai été n'aurait pas serré la main de l'adulte que je suis. » Mais c'est aussi parce que le jeune homme était un peu con. Quand je réfléchis fondamentalement aux raisons pour lesquelles je suis chef d'entreprise, je pense que c'est parce que j'ai l'impression qu'en étant chef d'entreprise on peut changer le monde. Sans doute dans un univers restreint : quand je dis « changer le monde », ce n'est pas changer tout le monde, ni changer la France, ni changer la société, mais c'est tout de même changer les entreprises. Je me suis spécialisé dans les entreprises qui vont mal, afin de les transformer en entreprises qui vont bien. Cela ne marche pas toujours. Et quand ça marche, ce n'est jamais le fruit de mes seuls efforts, bien immodeste est celui qui penserait cela. C'est le travail d'une équipe et de tout un groupe social. J'ai finalement compris que ma vocation, c'était de faire ce que faisaient mes parents par d'autres moyens, c'est-à-dire soigner le monde, soigner ce qui ne va pas. Pour moi, ce sont les entreprises. Quand je dis les entreprises, ce n'est pas abstrait, le mot recouvre des centaines et des centaines de salariés dont l'emploi est menacé et que l'on sauve, en transformant l'entreprise et en la sauvant. Voilà, c'est ça ma vocation !

Qu'est-ce que vous reconnaissez en vous-même, par vous-même qui vous donne le goût de vivre ?

L'enthousiasme pour autrui. Ce qui me donne le goût de vivre, c'est la curiosité pour autrui. Cela peut paraître étrange, car j'écris des bouquins, je fais des télés, je fais des tas de choses : on pourrait croire que je m'aime moi-même. Eh bien, en fait, pas du tout. Même s'il doit y avoir une dose de narcissisme qui me pousse, ce qui me motive vraiment, fondamentalement, ce sont les autres. Je vais vous dire quelle va être la chose la plus merveilleuse pour moi dans une semaine : de rencontrer quelqu'un que je ne connaissais pas et que je trouve époustouflant. Pas forcément parce qu'il peut être brillant ou parce que sa contribution au monde peut être essentielle, mais parce que, humainement, c'est un personnage hors-norme. Chaque être humain et chaque chef d'entreprise a un agenda contraint, des tas de choses chiantes à faire. Mon rayon de soleil, ce qui change ma journée, ma semaine, ce sont des rencontres avec des gens que je trouve enthousiasmants.

Face au difficile, n'est-ce pas souvent en s'ouvrant à tout autre chose que les solutions naissent ?

Si, toujours ! On prête à François Mitterrand, qui n'est pas mon modèle, la formule suivante : « Quand les cartes sont mauvaises, il faut renverser la table. » Il y a une histoire que je raconte parfois à mes collaborateurs, quand on bosse dans les équipes : j'habitais un immeuble avec un minuscule ascenseur, dans lequel on ne pouvait tenir que seul. Même quand vous n'êtes pas claustrophobe, c'est une épreuve. Un jour, j'avais un rendez-vous très important et il fallait que j'aille prendre quelque chose chez moi pour repartir ensuite. Paf ! L'ascenseur tombe en panne entre deux étages. J'appelle Otis par l'interphone, et le mec me répond gentiment : « Oui, on va vous envoyer un dépanneur, mais, désolé, nous ne serons pas là avant deux heures. Prenez votre mal en patience. » C'était impossible pour deux raisons. La première, c'est que j'avais des choses urgentes à faire, et la seconde, c'est que je ne voyais pas comment j'allais pouvoir passer 2 h dans ce truc confiné. Mais je ne voyais pas de solution. Je ne pouvais pas pousser !

Je me suis dit tout de même : « Je ne peux pas attendre. Ce n'est pas possible. » Donc, je me concentre. Je rappelle le gars d'Otis par le bouton d'urgence et lui demande de téléphoner à l'hôtel en face et de me passer le réceptionniste dans le micro de l'ascenseur, car mon téléphone ne marchait pas. Et je dis au réceptionniste de l'hôtel : « Je suis votre voisin coincé dans l'ascenseur. Pouvez-vous passer une seconde? J'ai quelque chose à vous demander. » Je le connaissais pour le croiser régulièrement dans la rue, il vient très gentiment et je lui explique : « Je ne pouvais pas le dire devant le mec d'Otis, mais je suis sûr que vous avez la clé, le croisillon pour ouvrir cette porte. Est-ce que vous voulez bien me l'ouvrir? » Il est retourné dans son hôtel pour prendre son croisillon, il a ouvert ma porte et je suis sorti. Un quart d'heure plus tard, tout était terminé. C'est exactement ce que vous dites. Il n'y a pas de solution, donc il faut faire autre chose, sinon vous êtes mort.

Est-ce un risque de chance d'être le fils d'une psychanalyste et d'un poète psychiatre de grands esprits?

C'est une chance immense. Il y a une inégalité folle dans le capital et l'héritage culturel de chacun. Oui, c'est une chance de naître dans une famille qui a ce capital. Ma famille n'était pas fortunée. C'étaient des gens qui avaient choisi l'hôpital public. Dans ma famille paternelle, on venait vraiment des couches défavorisées. Ils avaient fait des études, mais ils n'avaient pas du tout choisi la médecine lucrative. Ils avaient choisi la médecine altruiste, hospitalière. Il n'y avait pas d'argent chez nous. Ce n'est pas l'héritage de l'argent, mais l'héritage culturel qui est une chance fantastique. En même temps, mes parents étaient soixante-huitards, très étranges et un peu perchés. J'ai été élevé dans des conditions qui ne ressemblent absolument pas aux conditions normales. Mes parents se sont séparés quand j'avais 8 ans. Mon père est parti vivre à la campagne pour un retour à la terre dans une maison sans eau et sans électricité. Mon père était un hippie. Ma mère était féministe dans les débuts du féminisme, elle considérait qu'elle ne devait pas être l'esclave de ses enfants. Donc, nous vivions dans un autre appartement qu'elle. C'était l'atmosphère de *Libres enfants de Summerhill*[86] ! Nous nous sommes élevés seuls. Évidemment, on fait à ma mère le reproche de ne pas avoir été la mère bourgeoise conventionnelle, mais cela dit, est-ce que le résultat est mauvais? Il y a eu risque et chance. Risque de chance. Ils ont pris le risque, eux, de nous mettre en autonomie très, très jeunes. Je ne dis pas que cela n'a que des avantages. Peut-être est-ce votre cas? Le fait d'avoir été autonome très jeune produit en vous un grand sens de la responsabilité, mais cela crée aussi une forme d'anxiété. Les deux vont de pair. Je bénis les cieux des conditions dans lesquelles j'ai grandi.

86. Neill, Alexander-Shuterland, *Libres enfants de Summerhill*, La Découverte, 2004. Best-seller de l'aventure d'une école autogérée fondée en 1921 dans la région de Londres par le psychanalyste A.S Neill.

Est-ce un risque de chance d'avoir été jeune – ou « jeune con », c'est vous qui l'avez dit – proche de la LCR (Ligue communiste révolutionnaire) ?

Fantastique. C'est fantastique d'avoir été un jeune militant révolutionnaire. D'abord, c'était ce que je voulais. C'était enthousiasmant de se consacrer à une cause. Ces années ont été parmi les plus belles de ma vie, et par ailleurs j'ai appris beaucoup de choses. J'ai fait beaucoup d'études et si c'était à refaire, je ne le referais pas. On me demande parfois : « Quand vous étiez à Normale Sup, quand vous avez préparé l'Agrég, quand vous avez fait Sciences Po, quand vous étiez à l'ENA, qu'est-ce qui a été le plus formateur pour vous ? » Je réponds : « Les comités rouges de la Ligue communiste révolutionnaire ! » On apprend à faire l'interface avec autrui, à gérer une relation humaine, éventuellement un rapport de force ; on apprend la vie en groupe, en équipe, on apprend que ce n'est pas tout seul que l'on fait les choses, mais ensemble. C'est comme au rugby, quoi. C'est le contraire de l'école. À l'école, on vous apprend à être un génie solitaire, à écraser les autres et à faire que votre ambition l'emporte sur toute autre chose. À la Ligue on apprenait l'inverse, on découvrait que tout ça n'est pas vrai. Si vous ne travaillez pas avec les autres, rien n'avance.

Est-ce un risque d'avoir été le témoin de la descente aux enfers de Pierre Bérégovoy en tant que conseiller du Premier ministre à Matignon ?

Être le conseiller de Bérégovoy a été une expérience géniale, car c'était un homme hors pair. Avoir vécu à côté de lui des moments très difficiles et des moments heureux m'a beaucoup appris. À la fin, ma thèse est que Bérégovoy s'est suicidé parce qu'il éprouvait un sentiment d'échec face à une accusation absolument infondée et injuste, insupportable pour lui. Cette affaire m'a vacciné contre les inquisiteurs. À supposer que je les aie jamais supportés, depuis ce moment-là je ne supporte plus les gens dont la passion est de juger et d'accuser, alors qu'ils ne sont ni juge ni flic. Alors, chaque fois qu'un mec est accusé, je commence par me méfier. Hurler avec les loups m'est insupportable. J'ai une tentation naturelle à défendre ce que la foule montre du doigt.

Bérégovoy était un *self-made-man*. C'est le seul ouvrier qui ait été un grand dirigeant de la gauche ou des partis politiques contemporains. C'est le seul ouvrier qui ait été Premier ministre. Son histoire est absolument incroyable. Il n'avait pas d'autres étais. Sa trajectoire était son honneur. Donc, quand cette trajectoire a été mise en cause, ce qui était en cause était bien plus qu'une trajectoire. Sa réussite, son bien le plus précieux, c'était lui-même. Remettre en cause son honneur et sa dignité – il était par ailleurs membre du Conseil d'État et avait bien d'autres titres à son actif –, c'était le remettre en cause, lui. Je pense que c'est cela qui a été le facteur décisif de sa profonde dépression et de son suicide. Ce drame m'a fait voir la politique tout autrement. À cette époque, je la voyais encore comme un idéal pour lequel on milite. Là, j'ai compris que ce n'était pas cela. Ce que je dis n'est pas une attaque contre les politiques, car il y en a de très grands. Mais la politique est quand même un monde de carrières professionnelles d'une grande cruauté. À titre personnel, la mort de Bérégovoy m'a complètement éloigné de ce monde-là.

Est-ce un risque de chance d'avoir l'image d'un mercenaire du management au contact, et d'ailleurs cette image est-elle vraie ?

Je ne suis pas du tout un mercenaire, en fait. Nous vivons dans un monde d'images et de faux-semblants. On ne raconte que des conneries et pas seulement sur moi, sur tout le monde. Je ne crois plus aux réputations, c'est du bidon. La Rochefoucauld a dit que le monde préfère les apparences de la réussite à la réussite elle-même, ou les apparences de la réalité à la réalité elle-même, je ne sais plus quelle est sa formule exacte, mais nous vivons dans un monde d'apparences. Donc, quand je vois la différence entre ce que l'on dit de moi et ce que je suis vraiment, je l'applique aux autres. Je ne suis pas du tout un mercenaire. J'ai été motivé à chaque fois par des projets dont l'enjeu était de faire aller mieux une entreprise qui allait mal. Une fois que vous avez fait l'opération qui consiste à retourner l'entreprise, il est très difficile d'être aussi celui qui mène l'étape d'après. Pourquoi ? Parce qu'il s'est passé tant de choses tellement intenses pendant ce moment-là que vous n'êtes pas forcément le mieux placé pour gérer la suite. C'est ainsi que je l'ai vécu.

Prenons le cas d'Air France. Quand j'y étais en 1993, l'entreprise était en dépôt de bilan. Regardez ce qui s'est passé. Aujourd'hui, malgré ses difficultés, l'entreprise est toujours là. Quand j'étais à Canal +, on disait que Canal était foutu, que TPS allait la manger. TPS a disparu, Canal est toujours là. Quand j'étais à la Fnac, on a dit : « Virgin, c'est *trendy*, la Fnac, c'est vieillot, Darty est solide et la Fnac est fragile. » Virgin a disparu et Darty a été absorbé par la Fnac. J'ai été dans des entreprises considérées comme en danger de mort et qui aujourd'hui sont toujours là. C'est donc tout, sauf du mercenariat. Ce que j'aime et ce que l'on me demande de faire, c'est de prendre en main des entreprises qui vont très mal et de faire en sorte qu'elles survivent au destin qu'on leur promet. Je ne me sens donc pas du tout un mercenaire. Le contact ? Si vous voulez dire le contact direct avec les gens, oui. Mais si le contact, c'est la brutalité, alors non. Tout cela, ce sont des légendes urbaines. Je suis hostile à la brutalité dans l'entreprise. L'entreprise est un compromis social entre la direction et les salariés. On trouve le meilleur compromis possible entre les intérêts légitimes des salariés et la poursuite de l'entreprise. Je ne pense pas que l'on dirige une entreprise à la schlague. On la dirige de telle manière que tout le monde ait la même vue sur son destin.

Est-ce un risque de chance d'œuvrer pour un journalisme rigoureux, face aux dérives d'une démocratie d'opinion et des fake news ?

C'est fantastique de faire cela. Tout à l'heure, je vous ai dit que ma vocation était de participer à soigner le monde en soignant des entreprises qui y contribuent. Eh bien, le faire dans des entreprises qui ont des contenus, c'est encore plus enthousiasmant. Si j'aime travailler dans les médias, ce n'est pas parce que les médias sont brillants, mais parce qu'ils apportent une contribution utile au monde. Mais à deux conditions. D'abord, il faut qu'ils travaillent rigoureusement, sérieusement, professionnellement. Je suis un grand défenseur des journalistes en tant qu'instruments rigoureux de la manifestation de la vérité. Mais il faut qu'ils le fassent avec le sens de la responsabilité. La liberté de la presse n'est pas la liberté de raconter n'importe quoi. C'est l'obligation d'une approche honnête des faits, du réel. Qu'est-ce que l'honnêteté ? Il est difficile de la définir. L'honnêteté, c'est d'abord le désir d'être honnête. Si vous abordez un sujet avec une thèse préétablie, par exemple pour démontrer que Bérégovoy est coupable, vous n'êtes pas honnête. Si vous abordez ce sujet en vous disant : « Je vais essayer de savoir vraiment, sans aucun *a priori* ou en oubliant mes *a priori*, si Bérégovoy a fait quelque chose de bien ou de mal », là vous êtes honnête. Vous pouvez ne pas réussir, mais il faut que l'intention soit honnête. Donc fabriquer une presse qui soit rigoureuse, indépendante, libre d'un côté et honnête de l'autre, quel pied !

Est-ce un risque de chance d'être partagé entre l'élan de l'action et celui de la réflexion ?

C'est vital, vital ! Un jour, je discutais avec un chef d'entreprise que j'aimais beaucoup, pour lequel j'avais du respect, et il m'a demandé, à propos de quelqu'un dont je tairai le nom : « Pourquoi a-t-il échoué en tant que chef d'entreprise dans la boîte où il était ? » Je lui ai répondu : « Peut-être parce qu'il est trop intelligent. — Ah bon, m'a-t-il dit, mais pourquoi trop intelligent ? — Parce qu'à force de faire la liste des plus et des moins d'une décision, il n'arrive pas à la prendre. Il y a trop de paramètres, son esprit analytique l'empêche de trancher. » À ce moment-là, ce type m'a dit une chose qui m'a paru extrêmement profonde : « Vous vous trompez, Denis, on n'est jamais assez intelligent pour diriger une entreprise, jamais trop intelligent. Ce n'est pas parce qu'il est trop intelligent qu'il n'arrive pas à décider, ce n'est pas parce qu'il fait la liste des plus et des moins qu'il n'y parvient pas. C'est parce qu'il n'arrive pas à décider qu'il fait la liste des plus et des moins. Donc, ce n'est pas l'intelligence qui est excessive en lui, c'est le caractère qui fait défaut. » Si vous dirigez une entreprise sans réfléchir au monde, sans intelligence, sans compas large, vous la plantez, c'est certain.

Qui êtes-vous comme magicien et que faites-vous en tant que magicien dans ce monde ?

Qu'est-ce que vous voulez dire par là, en tant que magicien ?

Les coachs utilisent un outil que l'on nomme la baguette magique, quand les gens sont coincés face à une situation ou face à eux-mêmes. On leur propose : « Si tu prends une baguette magique, qu'est-ce que tu veux faire avec, qu'est-ce qui se passe ? » L'idée est bien entendu de sortir de la contrainte.

Donc la question c'est : si j'en avais la faculté, qu'est-ce que je ferais ?

Oui, ou si vous vous sentez magicien à certains moments, comme tout à l'heure dans l'ascenseur.

Je ne me sens pas tellement magicien. Je vais vous dire pourquoi. Je ne crois pas du tout au manager charismatique. Il y a deux types de managers. Les managers charismatiques, personnalités hautes en couleur qui arrivent à transformer les entreprises par la puissance de leur volonté singulière. Mais je crois que ce n'est pas durable. Cela peut marcher un temps, mais ce n'est pas durable. Et puis, il y a les managers que j'estime et auxquels j'aimerais ressembler. Ils sont modestes, au service d'une équipe, et ils essaient de faire triompher ensemble cette équipe. Ils ne mettent pas leur ego avant leur entreprise, ils mettent leur entreprise avant leur ego. Ils ne mettent pas leur ego avant leurs collaborateurs, ils mettent l'équipe avant leur ego. Je me reconnais dans ce second modèle. Pour moi, le magicien est celui qui réussit à s'effacer pour donner de la puissance au jeu collectif.

Que voudriez-vous voir se réaliser dans le monde au travers de vous et au-delà de vous ?

Je vais vous dire de grosses banalités. Je voudrais un monde plus juste, plus humain. Un philosophe allemand, Hans Jonas, est guidé dans toute sa méditation et sa pensée par ce qui s'est passé avec l'Allemagne pendant la guerre. Il a été probablement le premier penseur de l'écologie. Il a révisé ce que l'on appelle l'impératif catégorique[87]. Quel est l'impératif moral absolu ? Hans Jonas avait cette formule que je vous donne approximativement : « Fais en sorte de rendre le monde toujours plus humain. » (NDLR. « Agis de façon que les effets de ton action soient compatibles avec la permanence d'une vie authentiquement humaine sur Terre. »[88]) Je crois que l'on doit songer à cela presque matin, midi et soir. Dans son attitude quotidienne, dans ses rapports professionnels, dans sa vie familiale, dans la rue, dans ses rapports avec autrui. Faire en sorte que le monde soit plus humain. Humain au sens de l'humanisme, de l'idée d'humanité. Si vous faites cela, vous changez le monde.

Partagez-vous la vision de Jean Vanier : « Toute personne est une histoire sacrée » ?

Oui. Il y a parfois des personnes qui sont de sacrées histoires. Il y a des personnes qui ont des histoires épouvantables. Il y a aussi des personnes qui, du fait sans doute de leur histoire et d'autres facteurs, sont elles-mêmes épouvantables. Mais je partage évidemment cette vue que Toute personne est une histoire sacrée. D'ailleurs, vous pouvez faire cette expérience. Il n'y a pas une personne avec qui vous discutez, si vous l'interrogez sur sa

87. L'impératif catégorique de Kant : « Agis comme si la maxime de ton action devait être érigée par ta volonté en loi universelle de la nature. »
88. Jonas, Hans, *Le Principe responsabilité*, coll. « Champs », Flammarion, 1979, p. 30.

trajectoire, sur sa vie personnelle, qui n'apparaisse comme étant le héros d'un roman. Pas forcément un roman grandiose, mais une vie incroyable !

Qu'est-ce que vous vivez dans votre vie que vous souhaiteriez voir continuer ?

Continuer après moi, ou continuer en général ? Je touche du bois. J'ai une joie incroyable dans ma vie personnelle. J'ai un bonheur familial, la grâce de mes enfants. Je vis un rêve du point de vue de ma vie familiale, et donc je donnerais tout pour que ça ne bouge pas.

Avez-vous un défaut dont vous souffrez ?

C'est drôle, quand on demande cela aux gens, ils transforment leurs défauts en qualités. Ils vous disent par exemple : « J'ai le défaut de m'intéresser trop à autrui ! » J'ai plein de défauts, des centaines de défauts, des milliers de défauts. Je suis épouvantablement impatient, il m'arrive de m'énerver pour des conneries, de gâcher des minutes importantes par de la mauvaise humeur. Si je vous faisais la liste de mes défauts, il faudrait refaire l'interview, tellement ils sont nombreux. Mais le principal défaut, celui que je me reproche le plus, c'est par moments de ne pas distinguer l'arbre de la forêt, d'être prisonnier d'un détail qui m'énerve. Vous êtes dans un restaurant avec des gens que vous aimez, le plaisir d'être avec eux est fantastique et puis il arrive je ne sais quoi, le service traîne, la table n'est pas prête… et vous vous énervez, vous gâchez bêtement le moment. Tous les efforts de ma vie tendent à tempérer mon impatience, mes énervements, pour jouir du moment présent. Ma compagne a une formule que j'adore : « Le secret du bonheur, c'est de ne pas transformer les menues adversités de la vie quotidienne en grandes tragédies. » Mon sujet principal est d'arriver à bien hiérarchiser les petits emmerdements qui n'ont aucune importance et le reste. J'ai une grand-mère qui a vécu 70 ans avec mon grand-père, une longue vie d'Amour. J'étais très jeune, j'avais 20 ans et je venais de me séparer d'une jeune fille. L'expérience de ma grand-mère m'intéressait, je lui ai demandé : « Mais quel est le secret ? Comment fais-tu, toi, pour être depuis si longtemps avec ton mari ? C'est quoi, le secret pour durer ? » Elle m'a répondu : « C'est très simple : ne te préoccupe jamais des détails. Laisse tomber les détails. » Donc, ma recommandation principale, c'est : « Denis, laisse tomber les détails. Ne gâche pas la forêt avec l'arbre. Jouis du moment présent en te fichant des petites imperfections de la vie quotidienne. »

Quelle est l'intention positive qui se cache derrière ce défaut ?

Le perfectionnisme. Mon défaut principal, c'est de ne pas accepter. Une sorte d'insatisfaction dont la contrepartie est le désir de la perfection. Il est vrai que j'ai envie que les choses soient parfaitement faites, mais il faut accepter qu'elles ne le soient pas. Le monde n'est pas parfait. Je ne suis pas parfait, et les gens avec qui je suis ne sont pas parfaits.

Bienvenue au club. (Rire)

Est-ce que vous avez des mentors et quels messages vous portent-ils ?

J'ai eu des mentors très importants pour moi. J'ai vécu avec un père qui était un type merveilleux, mais tellement fantasque que toute ma vie j'ai cherché d'autres pères que lui. C'est dur pour lui de dire cela, car c'était quelqu'un de merveilleux et maintenant qu'il n'est plus là, je repense très souvent à lui en me disant : « Je suis passé à côté de lui… » Mais j'ai eu beaucoup de pères successifs, avec qui j'ai énormément appris. Mon prof de philo en terminale, par exemple, sans lequel je n'aurais pas fait d'études et je me serais engagé dans l'armée. C'est vous dire à quel point j'étais parti ailleurs. Il m'a rattrapé de justesse et m'a fait goûter les joies de l'esprit. Ensuite j'ai rencontré sur mon chemin le père de mon meilleur ami, qui s'appelle Simon Nora[89], haut-fonctionnaire fantastique qui a travaillé avec Mendès France et Chaban-Delmas. Vraiment un type merveilleux. Il m'a orienté et convaincu de servir l'État d'abord. En me donnant cette réorientation, il a changé radicalement ma vie. Il a d'ailleurs fait bien davantage. Je vous l'ai dit, mes parents étaient des fils d'immigrés et en l'observant, lui, j'ai appris les manières du monde, pas au sens mondain bien sûr, mais les codes de la société française. Puis j'ai croisé un grand historien, François Furet[90], qui m'a éclairé sur le plan intellectuel. J'étais très lié à Jorge Semprún[91], qui était comme mon père et grâce à qui j'ai énormément mûri. Mon père n'étant pas là, j'ai eu un oncle qui a joué un rôle décisif. J'ai aspiré ce qu'il me donnait.

Chaque fois que j'ai pu croiser quelqu'un qui m'inspirait, je l'ai aspiré. Cela ne veut pas dire que j'ai un cœur d'artichaut, car ce sont des gens avec

89. Simon Nora, conseiller politique et directeur de l'ENA, 1921-2006.

90. François Furet, historien français, spécialiste de la Révolution française et de son héritage idéologique, 1927 -1997.

91. Jorge Semprún, écrivain, scénariste et homme politique espagnol dont l'essentiel de l'œuvre littéraire est rédigé en français, 1923-2011.

qui je suis resté très lié, mais il y a eu comme une suite de passages de relais, comme si je grandissais d'un être à un autre. Maintenant, j'ai bientôt 60 ans et je me dis : « Denis, tu vas faire l'inverse. Maintenant, tu rends. » J'ai un tas de petits gars qui viennent me solliciter, et chaque fois qu'un jeune homme ou une jeune femme vient me demander conseil ou appui, je le lui donne. J'ai écrit un bouquin avec un jeune avocat de l'âge de mes enfants, qui est venu me trouver un jour en me disant : « Tu devrais faire ceci… patati, patata. » Je lui ai répondu : « Puisque tu as des idées, faisons cela ensemble. » Maintenant, l'heure de rendre est venue.

Votre vie est-elle un stage d'Amour comme la mienne ici-bas ?

Un stage d'Amour ? Oui, je peux dire ça. Cela a commencé par un stage, ensuite j'ai eu un CDD, maintenant je suis en CDI. J'ai énormément progressé dans la carrière. Pas simplement de l'Amour reçu, mais aussi de l'Amour donné. J'aime bien les petites formules reçues de mes parents. Mon père n'aimait pas que l'on se comporte de façon mesquine et nous disait : « La vie est trop courte pour être petite. Ne te comporte jamais petitement. » Il y a aussi la formule que j'ai donnée à mes enfants et que je les vois appliquer depuis qu'ils sont petits : « Plus agréable que recevoir, donner. » Donc, oui, stage d'Amour, mais stage intensif dans l'Amour donné autant que dans l'Amour reçu.

Faut-il tout oser demander dans la vie ?

Tout oser demander ? Non, je ne dirais pas ça. Par exemple, en ce moment, on parle des pédophiles. Il y a une très jolie chanson de Brassens qui s'appelle *La princesse et le croque-note*. C'est un chanteur qui dit qu'une petite fille de 13 ou 14 ans est venue le séduire et qu'il s'est refusé à elle en lui disant : « Mais non, tu es trop jeune. » Ce n'est pas que cette petite fille ne pouvait pas être attirante pour lui, mais il s'est dit : « Non, ça ne se fait pas. » Donc, non, on ne peut pas oser tout demander. Il faut oser demander des choses qui sont moralement acceptables.

Pourquoi avez-vous accepté ma demande de témoignage ?

Parce qu'elle était sympa. Parce que j'ai senti que vous étiez sympa. Cela ne me paraissait pas bidon. Puis je me suis dit que ça allait vous rendre service, d'après la façon dont vous l'avez présenté. C'est aussi simple que cela. Je suis tout à fait naturel. Je reçois un mail de quelqu'un, il me paraît vrai et sincère, je réponds. S'il ne me paraît pas sincère, je réponds, car je suis poli, mais je ne fais les choses que lorsqu'elles sont sincères.

J'espère que cela servira surtout aux jeunes à qui s'adressent ces messages.
En un mot s'il vous plaît, quel est le plus beau risque dans la vie?

C'est la vie, je vous l'ai dit.

Le mien aura été de partager ce moment avec vous aujourd'hui... Merci du fond du cœur, vous avez rendu ma journée plus humaine.

(Rire)
Merci beaucoup vous aussi.

Avez-vous une question?

Non, je vous remercie. Ce qui doit être intéressant, c'est la diversité des réponses de tout le monde. Bonne chance et bonne route.

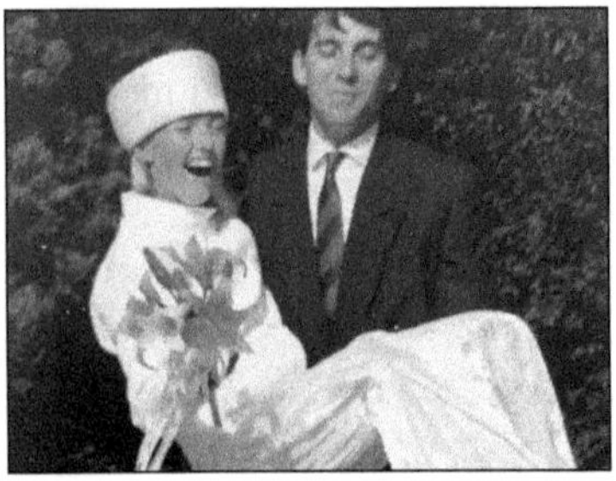

Risque de fidélité, par Cyr-Igaël Rondot

« Le plus beau risque dans la vie est d'être fidèle à soi, à l'Autre, à la vie. »

Témoignage Risque de chance de Cyr-Igaël Rondot, à l'initiative de Mercedes Erra, le 30/10/2019 à Paris. Initiateur du livre, film, mouvement Risque de chance. Entrepreneur, Executive Coach, choriste, bénévole ouvert sur les autres et sur le monde.

À ton tour de parler! En tant qu'homme, époux, papa, entrepreneur, coach, bénévole et initiateur de ce projet Risque de chance, peux-tu me dire, s'il te plaît, quel est le plus beau risque dans la vie?

C'est d'être fidèle.

As-tu un exemple vécu de ce beau risque?

Oui, avant tout celui de mon couple. J'ai été très heurté un jour par un homme qui m'interpellait sur ma difficulté à me confesser. Je lui ai expliqué que, plus jeune, j'avais été trahi par des adultes et que ma confiance en avait souffert, ce qui expliquait ma difficulté à me confier. « C'est un paradoxe, lui dis-je, car je n'ai strictement rien à cacher et vis en pleine vérité avec moi-même comme avec les autres, ce qui m'expose d'ailleurs parfois plus que souhaité et souhaitable. » En fait, je suis trop spontané. Or cet homme m'a coupé net pour me dire tout de go : « Si vous avez du mal à vous confesser, c'est parce que vous n'osez pas dire que vous trompez votre femme. » Eh bien non, je suis fidèle. Non pas que je sois parfait ou que je juge ceux qui ne le sont pas, mais ma femme et moi, nous avons cette chance, ce don d'avoir la force de nous respecter et de respecter le sacrement de mariage qui nous unit. Je peux rassurer cet homme et le remercier, car je me suis confessé depuis !

Mais en quoi est-ce un risque de chance d'être fidèle ? Bien entendu, la vie de couple n'étant pas toujours un long fleuve tranquille et les tentations de la beauté étant grandes, je suis confronté au risque. Le héros que je ne suis pas s'est toujours laissé guider par le bon sens. La chance, c'est celle de l'évitement – de la fuite, diront certains. Je me souviens particulièrement d'un soir, lors d'un événement sportif dont j'étais l'organisateur. L'ambiance était chaleureuse, mais j'ai rapidement senti que des fées bien présentes soulevaient un vent chaud dans une proximité étrange. Je n'ai pas eu l'ombre d'une hésitation, je me suis levé et j'ai salué l'assemblée embuée en prétextant que j'étais fatigué. C'était en partie faux et en partie vrai, car je savais quelle était ma fée, loin avec nos filles ce jour-là. J'ai toujours eu la même fidélité vis-à-vis de moi-même. Très jeune, je faisais les marchés avec ma mère. Le rituel de clôture était souvent de se réunir en rond entre forains et de faire tourner de la marijuana en guise d'alliance. Lorsque mon tour arrivait, mon voisin ou ma voisine, pourtant adulte, me proposait le Graal. J'ai toujours refusé par un simple « Non merci. » Je ne peux pas expliquer pourquoi. Sans doute par fidélité à la vie et à ma sœur « Babe », morte poudrée par ce diable, comme je l'ai déjà évoqué.

Comment as-tu vécu ce risque et qu'est-ce qui était vraiment important pour toi, voire pour plus grand que toi ?

C'est la cohérence. La congruence, diront certains. Par exemple, j'ai malheureusement été obligé de voler enfant. J'avais faim. Ce n'étaient pas de gros larcins : des légumes ou du fromage chez mes voisins, un bout de viande à la coop locale ou un vêtement pour ma petite sœur, comme je l'ai raconté au début de ce livre. J'étais conscient que ces gestes me rendaient infidèle à mes valeurs, mais l'appel du ventre était le plus fort. Longtemps j'ai porté l'amertume de cette « infidélité », jusqu'au jour où mon père spirituel, à qui je dois tant, m'a dit : « Cyr-Igaël, sais-tu que voler quand on a faim n'est pas considéré comme un péché par l'Église ? » J'ai compris que l'Église était peut-être plus intelligente qu'il ne paraît, et ma fidélité était retrouvée. Voler un œuf n'est donc pas toujours voler un bœuf. Tu peux rester fidèle tout en déviant du fait de la force inversée du monde. En tant qu'adulte, les choix de fidélité sont plus difficiles. J'ai souffert d'un combat aigu professionnellement, par exemple.

Nommé à la direction d'une filiale d'un groupe américain avec la panoplie qui l'accompagne, moquette épaisse, voiture de fonction, parachute dit « doré » et lot de soucis, j'ai vite déchanté. Quelques semaines après mon arrivée, un client alcoolier me convoqua en pestant contre notre prestation. J'ai demandé qu'il précise sa demande et sa réponse fut cinglante : « Ce n'est quand même pas difficile de comprendre notre demande : comment piquer les jeunes le plus tôt possible pour qu'ils restent accros à vie ? Ce n'est pas difficile à comprendre, ça, non ? » J'étais pétrifié et j'ai dû quitter l'entreprise. Un ami m'a dit alors : « Ce n'est pas bien d'être parti, Cyr-Igaël. » J'étais à nouveau pétrifié. J'ai tenté de me défendre : « Mais je ne vais pas pactiser avec le diable ? » Sa réponse était peut-être la plus fidèle : « Non, pas pactiser, mais résister et lutter. Si tu quittes le navire face au fléau de l'alcoolisation des jeunes, qui le défendra ? » J'étais médusé : il avait tellement raison ! J'ai gardé le silence un moment puis j'ai conclu : « Tu as raison et moi aussi, car je ne suis pas taillé pour ce combat. Les miens étaient alcooliques. Chacun doit être à sa juste place. J'ai été fidèle à ma limite. »

Quelle est ta contribution au monde, ta mission, ta vocation ?

Ma vocation est d'aider à faire naître celles des autres. C'est Anne Garnier qui me l'a révélée.

Qu'est-ce que tu reconnais en toi-même, par toi-même qui te donne le goût de vivre ?

Mon épouse, nos filles. L'amour et l'aménité. La foi. La prière et mon chemin d'oraison. Les exercices spirituels selon Saint Ignace de Loyola et le reste. Le lien. La visite des soignés à l'hôpital – j'aime bien parler des « soignés » plutôt que des « souffrants » ou des malades, car c'est plus juste et tellement plus enthousiasmant. La nature. Le kite surf. Pêcher, photographier, bêcher, récolter. Les câlins, le bon vin, le whisky et les cigares. La musique, le chant, le silence. Mon double métier d'apporteur d'idées et de sage-homme (masculin inexistant de sage-femme et pourtant bien réel en maternité) pour faire naître celles et ceux que j'accompagne à ce qu'ils sont.

Cette question du goût de vivre est profonde, mais je la ressens comme fort inégale. Es-tu programmé avec ou sans ? Tu nous as fait toucher du doigt ce problème, Mercedes, avec tes jumeaux d'humeur si différente. On a beau tout avoir, ou presque, on peut pourtant ne plus ressentir le goût de vivre. Et là, attention, car il y a le risque de suicide, comme pour mon père. Je ne prétends donner ni leçon ni solution, mais je crois en l'étoile. Si tu « accroches ta vie à une étoile », pour paraphraser le titre d'un livre de Stan Rougier[92], tu éloignes le risque de tomber, même s'il était quasi programmé. J'ai été très malade en bateau à cause du mal de mer, mais j'ai rarement vu des marins renoncer et sombrer alors qu'ils avaient leur cap en vue. Le goût de vivre est l'éclat de ton phare. Ce qui me donne le goût de vivre, c'est Dieu, ma famille, les autres, la nature, mais surtout mon étoile : « aider chacune et chacun à devenir ce qu'elle/il est », en risque de chance. Le reste suivra ou pas, car je me suis toujours senti prêt à vivre plus haut. Peut-être que je ferai moins le malin le jour J.

Face au difficile, n'est-ce pas souvent en s'ouvrant à tout autre chose que les solutions naissent ?

Sûrement. Je l'ai vécu instinctivement plutôt que de façon réfléchie. Quand l'épreuve et le traumatisme sont trop forts, tu commences par faire face, puis tu regardes ailleurs. La plus belle source de solutions que j'ai trouvée est « la petite voix intérieure » que décrit Jean Vanier. C'est mon Jiminy Cricket. Illuminé ? Peut-être, mais efficace. Comme Robert Dilts se rend au milieu des arbres, je me rends au milieu de la baie de Somme pour me ressourcer au bon endroit.

Est-ce un risque de chance d'être papa de trois filles ?

Immense. La paternité est un risque abyssal. Tu ne maîtrises rien de rien et dès avant le début. Nous avons mis cinq ans avant de recevoir le cadeau de notre première fille. Parcours des pompes à hormones et autre diagnostic de spermatozoïdes à mobilité réduite, pour renforcer ta virilité.

92. ROUGIER, Stan, *Accroche ta vie à une étoile*, Albin Michel, 1996, p. 103.

Risque de chance ou pas, c'est le jour où nous avons tout laissé tomber que Mathilde est apparue. Mais ce n'était pas fini. La sage-femme m'appela « papa » le jour de la naissance. Le monde s'est effondré sous mes pas. C'était la première fois que j'identifiais ce mot inconnu. « Papa. » C'était quoi, un papa ? Comment est-on papa ? Panique à bord, cystite (symbolique selon Freud) et hospitalisation à l'étage en dessous de ma chère et de notre tendre bébé. Je m'habillais et montais les voir avec des bouteilles d'eau, en prétextant qu'il faisait très chaud dehors, mais que tout se passait très bien à la maison. La catastrophe. Dur, dur d'être un « papa » quand tu ne sais pas. Le chemin de la famille et de l'éducation est aussi merveilleux que casse-cou. Je n'adhère pas à l'adage « tu fais ce que tu peux » en matière d'éducation. Tu fais le maximum, le meilleur, le plus juste que tu peux. Le reste suit ou pas, mais en te bouleversant, car tu as donné le meilleur de toi à une enfant qui est partie de toi. Donc risque, oui. Chance également, car vivre avec quatre femmes est une chance. Une exigence aussi, mais avant tout une chance. Je préfère les femmes aux hommes. Pourquoi ? Intelligence, vitesse, perspicacité, courage, alignement des valeurs, finesse. Pour revenir au sujet, oui c'est un risque de chance d'être papa et encore plus de trois jeunes femmes, aujourd'hui. Je suis éduqué par nos enfants dans la voie de la maternité, la plus sacrée de toutes.

Est-ce un risque de chance d'être orphelin ?

Non. La seule chance, c'est d'être toi-même plus vite. Goethe dit quelque chose du genre : « Être adulte, c'est avoir compris ses parents et leur avoir pardonné. » Eh bien moi, je n'ai rien compris et j'essaie de pardonner, mais j'étais d'emblée adulte. C'est peut-être ce qui explique que je m'ennuyais avec les gens de ma génération, de mon âge, et c'est encore vrai cinquante ans après, sauf avec certains et surtout certaines femmes. L'autre chance est de ne pas porter tes parents en dépendance au pays d'Alzheimer. Sous la présidence de Nicolas Sarkozy, j'ai travaillé pour la coordinatrice du Plan Alzheimer en France et la responsable d'une fondation sur le sujet. Je retiens deux choses. Premièrement, j'ai été heureux de le faire avec ces deux femmes, seules capables de dire vrai et d'agir. Deuxièmement, je bénis mes parents d'être morts à l'abri de cette maladie. En fait, ce n'est pas une maladie, ce sont de multiples causes de dégénérescence dues au vieillissement. Il y a donc deux problèmes : comme l'humanité vieillit, ces pathologies galopent, et d'autre part la médecine a beau chercher sans cesse, il n'y a pas de traitement à ce jour.

Est-ce un risque de chance d'initier le livre, le film et la démarche Risque de chance ?

Risque et chance infinis. C'est à la fois dingue et merveilleux. C'est un risque, car quand tu pars de l'idée sur ton post-it, le vide est vertigineux. Puis tu formalises le projet. Surtout, tu commences à recevoir le témoignage de chacune et chacun. Ta boule de neige se met à rouler et t'emporte vers les autres. Chacun interpelle, objecte, nourrit, rebondit. Je crois profondément que chacun peut faire grandir l'œuvre commune en suivant son propre mouvement, aligné et porté par sa propre excellence – « dans son holarchie », dirait Robert Dilts. Cheminer pour les plus jeunes, pour cette prise de conscience, c'est quelque chose de très fort, vraiment porteur de sens. C'est mon étoile.

Est-ce un risque d'être né coach ?

(Rire) Ce n'est pas moi qui le dis, c'est feu mon amie Anne Garnier dont j'ai déjà parlé. Je crois surtout qu'Anne a voulu m'aider à accepter mon intuition, à voir en moi l'appel à éclairer la vocation des autres et à les aider à passer de leur état présent à un état désiré, voire prédéterminé. Elle a fait l'essentiel de ce qu'il faut faire à l'égard de quelqu'un qui s'interroge : l'écouter pleinement et l'aider à se répondre pleinement. Tu es responsable de ce que tu dis à l'autre, mais tu n'es pas responsable de ce qu'il est libre d'en faire. Si je n'avais pas été coach, peut-être n'aurais-je pas attrapé cette balle au vol pour la faire mienne. Anne a été comme une fée dans mon voyage vers le *Magicien d'Oz*. Ce conte est un conte culte pour moi et nous avons baptisé de ce nom notre petite maison de pêcheur, comme tous les objets qui l'habitent. Ainsi la confiture de mûres devient mûrOZ, les bateaux deviennent batOZ, le château d'OZ, etc. En chemin vers le pays d'Oz avec Dorothy, l'homme de fer-blanc cherche un cœur, le lion cherche du courage, l'épouvantail un cerveau. Chacune et chacun apprend au cours du passage et finalement découvre au bout du bout que tout est déjà en elle, en lui. Cette histoire correspond à ma vocation d'aider chaque personne à devenir ce qu'elle est. Apprendre, c'est aussi s'apprendre.

Qui es-tu justement, comme magicien et que fais-tu en tant que magicien dans ce monde ?

Cette question est intéressante, car beaucoup refusent l'image du magicien. Soit parce qu'il truque, soit parce qu'il n'est pas assez rationnel.

Or cette question que j'ai posée à tous vient d'un outil de coaching que l'on appelle la baguette magique, comme je l'ai expliqué à Nicolas Hulot. Lorsque tu es bloqué face à une situation ou que tu sens que tu ne vas pas aussi loin que tu le pourrais, c'est souvent une aide précieuse : « Et si tu étais magicien ou que tu avais une baguette magique, comment ferais-tu ? » J'ai vu nombre de solutions et même des rêves se concrétiser en réponse. Donc, je ne sais pas si je suis magicien, mais je m'autorise à le rêver pour rêver plus haut. Robert Dilts se qualifie de méta magicien : « Un magicien mentor d'autres magiciens, qui les aide à découvrir leur propre magie et à libérer la magie chez les autres. » Il nous explique que si tu regardes les autres faire de la magie, alors toi aussi tu pourras en faire. Steve Jobs, Disney, Mère Teresa, Jean Vanier, Fred et Frede Sausset, et nombre d'inconnus… je les trouve magiques.

Que voudrais-tu voir se réaliser dans le monde au travers de toi et au-delà de toi ?

La paix, comme beaucoup. Je préciserai : la paix en chacune et chacun pour commencer. Je n'ai pas vécu la guerre, Dieu merci, mais j'ai vécu en guerre enfant. La violence de mon environnement dessinait un champ de bataille perpétuel, y compris sous les coups de bûches de ma mère dépassée, les lits remplis d'orties ou les rixes parfois sanglantes de mes camarades de chambrée en internat. Le monde d'aujourd'hui perpétue cette guerre sous toutes ses formes, y compris dans les associations, la politique ou dans l'entreprise, quand un nouveau petit chef trahit ta confiance et sa parole en te coupant de celles et ceux auprès de qui tu donnais le meilleur, avec 8/10 de satisfaction globale depuis plusieurs années dans tes évaluations. Qui croire ? La route est encombrée de petits joueurs, peut-être victimes de leur non-reconnaissance et de leur propre histoire. Je les bénis, c'est-à-dire que je prie pour leur bien, comme me l'a appris Jean-Emmanuel, le jeune prêtre inspiré déjà évoqué. Que chacun trouve la paix en vivant pleinement son risque de chance, voilà ce que je voudrais voir se réaliser dans le monde. Et forcément au-delà de moi, car je me sens bien t'chiot[93].

93. T'chiot signifie petit en picard.

Partages-tu la vision de Jean Vanier : « Toute personne est une histoire sacrée » ?

Définitivement oui. Tous t'chiots, mais sacrés dans notre condition mortelle. Jamais je n'oublierai Jean ni mon échange avec lui. Jean a tout dit là-dessus, je ne peux que le citer : « Toute personne commence au moment de la conception. La vie est là. Cette vie est une beauté qui va grandir progressivement dans le sein de maman, va naître et affronter ensuite les pertes, les douleurs, les rejets et sera donc défensive. Il faut toujours retrouver l'innocence primale, mais cela se fait par la rencontre et cela prend du temps. Il faut prendre du temps et découvrir que l'autre est plus beau qu'on ose le croire. Je ne suis pas meilleur que toi. Je suis un enfant de Dieu. J'ai ma mission, tu as la tienne. Nous sommes ainsi et devons partager. Je ne suis pas là pour te changer, je suis là pour éveiller ce qu'il y a de plus beau en toi. » Merci, sacré Jean.

Qu'est-ce que tu vis dans ta vie que tu souhaiterais voir continuer ?

L'amour de ma femme et ma famille. La progression. Moi qui savais tout juste lire et écrire en sixième, j'aime le progrès. Tu arpentes et découvres de nouveaux paysages au fil de ton ascension, en apprenant de nouvelles prises, en écoutant tes guides, en adoptant la nature et l'humanité. J'aime me créer et créer chaque minute à la rencontre des autres.

As-tu un défaut dont tu souffres ?

L'angélisme. Je ne vois pas le diable ou je le vois trop tard.

Quelle est l'intention positive qui se cache derrière ce défaut, à ton avis ?

Peut-être d'aimer. D'être en capacité d'aimer. Je ne comprends pas que certains ou certaines, y compris dans ma famille éloignée, me traitent de « mystique » ou se moquent de moi parce que je dis tout le temps « merci ». Je suis peiné, mais je reste angélique, car c'est la bonne voie pour moi. Mon ami et père spirituel m'a donné la définition suivante de mon angélisme : « C'est ta pureté intérieure, malgré les adultes qui t'ont menti. » La bonne intention est peut-être là : rester pur malgré le purin.

Est-ce que tu as des mentors et quels messages te portent-ils ?

Je n'ai que ça. Quand tu n'as pas eu de père et très peu de mère, tu fais des substitutions, comme le vilain petit canard de Boris Cyrulnik. Ce sont mes compagnons de résilience, des rencontres qui ont changé ma vie et continuent de le faire aujourd'hui. Mes pions au lycée par exemple. Je raconte souvent cette anecdote aux jeunes pour les aider à penser latéral. En me voyant me laver les mains à la sortie d'un urinoir où je venais de faire pipi, un pion m'interpella : « Cyr-Igaël, pourquoi te laves-tu les mains ? » Étonné, je répondis : « Parce que je viens de faire pipi. » Et lui de bouleverser mon monde de croyances : « Parce qu'en ayant pris une douche ce matin, tu penses que ton sexe est plus sale que tes mains qui ont traîné partout toute la matinée ? — Non. — Donc, si tu es logique, tu devrais te laver les mains avant d'aller faire pipi pour ne pas salir ton sexe. Si tu es très exigeant, tu peux le faire avant et après. » Pourquoi ne dit-on pas cela aux enfants ? C'est simple et c'est tellement vrai. Oui, mais le sexe en judéo-chrétien se traduit souvent par « cochonnerie ». Donc tu laves tes mains après. C'est dingue !

Voilà donc mon premier mentor. Celui qui m'a inspiré la pensée latérale, que j'ai approfondie plus tard avec Édouard de Bono. Puis il y a eu Noël Bertucat, prof de philo chez les Maristes, qui est venu me chercher tous les matins pendant des semaines, alors que j'avais bras et jambe cassés, afin que je ne sois pas coupé du savoir. M. Belly, éducateur en persévérance à l'internat Ozanam de Lyon, me faisait refaire les dissertations du philosophe Xavier Lacroix jusqu'à dix fois. « Tu peux aller plus loin, Cyr-Igaël. Pense par toi-même. » Alain Godard, créatif dans l'âme et scénariste de *La Guerre du feu*, *Au nom de la rose* ou *L'ours*, président par obligation d'Havas Dentsu Marsteller, m'a ouvert le monde de l'intelligence. Il créait un jour une annonce de presse pour Bernard Arnault, dans un contexte tendu pour LVMH face aux querelles du luxe français. Je le regardais réfléchir dans son immense bureau, quand il me dit tout à coup : « Cyr-Igaël, va me chercher *La Guerre des Gaules*[94] de Jules César. » J'étais terrorisé, car je ne savais même pas de quoi il me parlait. Me précipitant à la Fnac, je revins avec le bouquin. « Trouve-moi le passage qui traite des mœurs des Gaulois et des rivalités des partis. » J'ai trouvé sans comprendre. « Fais-moi une copie des articles 11 et 12 agrandis. » Je me suis exécuté, voilà le texte :

94. César, Jules, *La Guerre des Gaules*, Folio classique, 1981, p. 106.

« Parvenus à cet endroit du récit, il ne nous semble pas hors de propos de décrire les mœurs des Gaulois. En Gaule, non seulement toutes les cités, tous les cantons et fractions de cantons, mais même, toutes les familles sont divisées en partis rivaux... » Mon mentor prit la copie et grava en plein centre avec son feutre noir : « SI L'ON VEUT QUE LE LUXE RESTE FRANÇAIS IL NE DOIT PAS DEVENIR GAULOIS. » J'étais fasciné par cette intelligence. Merci et paix à toi, Alain.

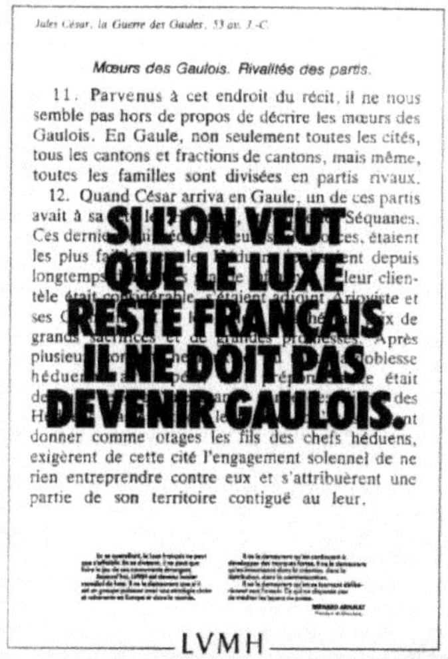

J'ai d'autres mentors, beaucoup de femmes et d'hommes d'Église, de soufis, d'écrivaines comme Simone Weil ou Christiane Singer, de chasseurs, de paysans. Devenu papa, ma femme quand elle donnait le sein. Comment ne pas être subjugué par l'inspiration d'une mère allaitant son enfant ? Tout est là. La vie, la vie et encore la vie. Aujourd'hui, un jeune talent picard, qui convoque chacun sur une plage de la baie de Somme face à l'accélération du monde, pour souffler ensemble afin de ralentir le mouvement de la Terre, m'interpelle et rafle le premier prix de son école d'art. C'est intelligent. Mentor ? Je ne sais, mais je suis fasciné par la génération qui crée en état de service. Des consignes pour SDF au covoiturage, ces créatrices et créateurs de lien me nourrissent. Jonathan Livingstone le goéland est bien entendu mon premier héros pour l'autonomie.

Ta vie est-elle un stage d'Amour ici-bas ?

Oui, j'essaie. J'apprends. Je travaille beaucoup pour être intégré dans cette divinité qui me dépasse, me surpasse, mais me porte. Je m'efforce de suivre un chemin d'oraison quotidien, comme je l'ai dit, et j'ai créé une retraite en ligne nommée « Retraite du cœur », dialogue d'un père avec ses filles pendant le carême, chaque année. Cette retraite tourne dans le monde entier, avec nombre de grâces partagées. De brouillon en brouillon, je poursuis le stage. Au sujet des deux commandements de l'amour, j'ai été très éclairé par Madeleine Delbrêl[95]. Elle écrit : « C'est seulement à travers les autres que nous pouvons rendre amour pour amour à Dieu. C'est la foi et c'est l'espérance, dilatées par la prière, qui débarrasseront le chemin de notre amour de son obstacle le plus encombrant : le souci de nous-mêmes. »[96] Rendre amour pour amour, c'est chaud, mais c'est beau, non?

Faut-il tout oser demander dans la vie?

Oui. Là aussi, certains me répondent avec pertinence que non – pas tout, en tout cas. Il faut s'autoriser, disent certains autres. J'évolue sur ce point. Quand tu es en mode survie, la réponse est oui. Quand tu prends ton autonomie, la réponse s'ouvre à des nuances. L'autonomie et la responsabilité sont les deux piliers essentiels de l'humanité, à mes yeux. Mais ce n'est pas ce que je ressens comme prioritaire dans notre monde aujourd'hui. J'ai créé pour cela le concept « Graine de coach », pour les jeunes de 7 à 25 ans. L'idée n'est pas de faire des bébés coachs, mais d'offrir la démarche et les outils du coaching aux plus jeunes. Quelle chance de partir dans la vie en sachant que tu as des émotions, un cerveau reptilien réflexe, un état désiré, des voix « chacal » et des voix « girafe » ! Que tu es responsable de ce que tu dis, mais pas de ce que l'autre en fait. Quel chemin d'autonomie ! Les jeunes sont merveilleux de vérité et de profondeur, dans ces ateliers. Ils font un vrai voyage vers l'autonomie et la responsabilité. Mon combat est d'être autonome pour alléger la planète et les autres. C'est un devoir de peser au plus juste sur le monde. J'ose me le demander en tout cas. Le point le plus délicat, c'est de le demander aux autres sans peser sur eux.

Alors, quel est le plus beau risque dans la vie, en un mot s'il te plaît?

Être fidèle à Dieu, à ceux que tu aimes et à toi-même. Ça fait déjà pas mal.

95. Madeleine Delbrêl, missionnaire des gens des rues, 1904-1964.
96. Delbrêl, Madeleine, *La Joie de croire*, éd. du Seuil, 1968, p. 71.

Risque de curiosité, par Gérard Saillant

« Le plus beau risque dans la vie est de voir ce qui se fait ailleurs. »

Témoignage Risque de chance de Gérard Saillant, le 19/11/2019 à Paris. Le professeur Gérard Saillant est chirurgien orthopédiste et traumatologue. Ex-chef du service de chirurgie du CHU la Pitié-Salpêtrière, président du conseil scientifique de la Caisse nationale de solidarité pour l'autonomie et président-délégué de l'Institut FIA. Ex-conseiller du ministre des Sports et de la Fédération française du sport automobile, et médecin de l'équipe olympique française. Il a opéré des sportifs de renommée internationale tels que Michael Schumacher ou Ronaldo. Il est président et membre fondateur de l'Institut du cerveau et de la moelle épinière (ICM).

À découvrir en ligne sur le site www.risquedechance.com ou en vidéo avec le QR code suivant :

Risque de revivre « heureux », par Frédéric Sausset

« Mon plus grand risque a été de vouloir modeler une nouvelle vie heureuse. »

Témoignage Risque de chance de Frédéric Sausset, le 21/10/2016 à Nanterre. Chef d'entreprise, premier quadri-amputé de l'histoire du sport automobile à participer et terminer les 24 Heures du Mans, la plus difficile et mythique course auto du monde. Fondateur de la Filière Sausset, école d'apprentissage des sports mécaniques de compétions pour les personnes handicapées. Il a publié en 2015 avec Stéphan L'Hermitte le livre *Ma course à la vie* chez City Éditions.

À découvrir en ligne sur le site www.risquedechance.com ou en vidéo avec le QR code suivant :

Risque à prendre, par Jacques Séguéla

« Le plus beau risque est d'en prendre. »

Témoignage Risque de chance de Jacques Séguéla, publicitaire éternel, le 20/07/2016 chez Havas à Puteaux.

Quel est le plus beau risque dans la vie, Jacques ?

Le plus grand risque, c'est de ne pas en prendre. Le plus beau risque, c'est celui qui t'a fait te découvrir. Socrate a inventé la psychologie par sa formule : *Gnothi seauton*, « Connais-toi toi-même ». Plus cette connaissance est rapide quand tu avances en âge, plus elle va te permettre de te trouver. C'est tellement vrai pour les hommes politiques ! François Mitterrand ne savait pas qui il était jusqu'au slogan de « La force tranquille ». Dans l'univers politique, le métier de communicant consiste à révéler un homme politique à lui-même. Dans l'univers commercial, cela consiste à définir l'ADN d'une marque – donc, sa valeur primale – et de la défendre en cohérence tout au long de sa vie.

En ce qui me concerne, j'ai eu beaucoup de chance. J'ai fait mes études de pharmacie avec une grand-mère chirurgienne, un père radiologue et une mère docteur. Cancre absolu, je m'y suis pris à huit fois pour passer mes bacs, je devrais être dans le *Guinness Book des records* ! Puis tout d'un coup, j'ai découvert la pharmacie avec bonheur et, devenu major de ma promo, je suis passé sans transition de l'état de cancre à celui de surdoué. N'étant en fait ni cancre ni surdoué, cette situation a tué mes complexes. Je n'ai ni complexe de supériorité, mon seul génie étant de durer, ni complexe d'infériorité, car je suis ce que je suis avec mes qualités et mes défauts. Même si je suis très souvent attaqué, cela ne me gêne pas, j'essaie de mener mon chemin avec mes forces et mes faiblesses.

Le moment de la révélation, pour moi, est arrivé plus tard. Un jour, en 1983 ou 84, j'étais seul avec François Mitterrand à l'Élysée : je le voyais de temps en temps simplement pour parler. Je lui ai demandé : « Monsieur le Président, qu'est-ce qui fait courir François Mitterrand ? » Ce n'était pas le genre de question qu'il aimait. Après un temps de silence plutôt froid, il m'a répondu : « Écoutez, Séguéla, le jour où je quitterai cette maison, je voudrais que la France soit un petit peu différente de ce qu'elle a été et que j'y sois un millième de millième de millième pour quelque chose. » Je me suis dit : « Mais finalement, est-ce que pour toi ce n'est pas la même chose ? » Je voudrais que le jour où je quitterai cette maison – qui n'est pas l'Élysée, mais Havas, la maison de la publicité, la pub, dans laquelle j'œuvre depuis cinquante-cinq ans et encore pour cinq ou six ans –, cette maison soit un petit peu différente, un petit peu plus créative, un peu plus latine, avec un peu plus de cœur, d'imagination, de folie. Un peu plus de tout ce que j'essaie d'apporter dans toutes mes campagnes depuis le jour où j'y suis entré.

Dans cette vision, cette évolution de la pub, qu'est-ce qui est vraiment important pour toi, voire pour plus grand que toi, Jacques ?

C'est l'argent qui mène le monde et les banquiers sont les gouverneurs du monde, puisque ce ne sont plus du tout les hommes politiques, mais la finance qui décide. L'important pour moi, c'est que ce soit la poésie qui décide. Je veux contribuer au retour du *poweredge*, redonner le pouvoir aux imaginants, aux innovants. C'est en train de se passer déjà dans le business avec les start-up et les jeunes de 18 à 30 ans qui se mettent en autocréation à deux, trois ou quatre, car aujourd'hui on est créatif avant d'être intelligent à plusieurs. Ces jeunes avancent dans leur domaine et bousculent le monde. C'est le ferment d'une nouvelle société collaborative. Hier société d'ego, de masse, aujourd'hui société de personnes différentes qui travaillent ensemble, chacun gardant sa personnalité, mais la mettant en collaboration avec les gens qui partagent la même idée de vie, de business. Nous passons d'une société qui n'a pensé qu'à la réussite dans la vie à une société qui va penser à sa propre réussite personnelle. Quel est l'intérêt de réussir dans la vie, si tu ne réussis pas à être toi-même ? C'est toujours la mission des jeunes de bousculer leurs anciens. Ils le faisaient souvent dans la violence, la critique, le nihilisme, comme en 1968 où ils détruisaient tout, mais ne reconstruisaient rien. La nouvelle génération, celle des *milléniaIs*, invente un monde meilleur sans pour autant refuser, critiquer le monde ancien. Elle se met simplement à côté. Elle dit : « Mais vous continuez à ne croire qu'à l'argent, à vous rendre esclaves du dollar et à accepter le gouvernement des banquiers ! Nous, on n'en a rien à foutre, nous faisons notre métier différemment et nous avançons à notre manière, qui est celle de l'Amour partagé. »

Ils voient juste, car la seule valeur du monde à laquelle tout le monde doit aspirer est l'Amour. C'est pourquoi, en inventant le plus beau slogan qui soit : « Aimez-vous les uns les autres », son logo la croix, son lieu de vente la cathédrale et sa promotion le miracle, on pourrait dire que Jésus-Christ est le premier publicitaire de tous les temps. Au-delà de l'humour, il y a ce qui reste. La croix est toujours là deux mille ans plus tard. Son slogan : « Aimons-nous les uns les autres » – je le change légèrement, car c'est à nous de décider – reste le moteur du monde.

Tu m'interpelles, car si la mission des jeunes est de bousculer ceux qui sont jeunes depuis plus longtemps qu'eux, et cela jusqu'à l'Amour partagé, quelle est ta propre contribution au monde, ta mission, ta vocation à toi, Jacques Séguéla ?

Elle n'a pas changé depuis soixante ans. Ma vocation est de faire progresser la créativité française. Cela a été mon combat depuis le début, c'est mon combat encore aujourd'hui avec une créativité française élargie. Tu sais, il existe trois types de publicité dans le monde. La publicité anglaise, qui part de la tête pour toucher le cœur. Toujours un peu intellectuelle, elle a du mal à s'exporter. Mais c'est la plus performante, la plus primée et la plus efficace, car elle est très microcosmique. Depuis des décennies, les marques anglaises racontent des histoires à leurs consommateurs anglais, sans être sûres que les non-Anglais comprennent le propos. Ensuite, il y a la publicité française qui suit le chemin inverse. Elle part du cœur pour toucher la tête. Elle est toujours un peu trop émotionnelle, sensible jusqu'à la sensiblerie. Par ailleurs, elle peut aller jusqu'à une sexualité de la publicité, absente de la publicité anglaise. Enfin, il y a la publicité américaine, qui part de la tête pour toucher le portefeuille. Elle n'est que promotion, volonté pour une marque de gagner plus, de prendre davantage de parts de marché. Or elle oublie qu'une marque est un être vivant et que, si l'on ne nourrit pas son esprit en même temps que son estomac, on aboutit à une dématérialisation de la marque, d'ailleurs facilitée par internet, au point d'en arriver à perdre la notion même de marque qui fait sa valeur – non pas sa valeur marchande, mais son existence et son rayonnement. C'est ce rayonnement qui crée le marchand et le crée durablement.

Dans ce progrès de la créativité française, qu'est-ce que tu reconnais en toi-même qui te donne le goût de vivre, Jacques ?

Mon goût de vivre, c'est l'Amour. Je suis né gentil. Tout le monde pense que c'est un défaut, moi je pense que c'est la première des qualités. J'aime tout le monde, même mes ennemis. Les gens m'attaquent, ça ne m'attaque pas. Je leur dis : « Mais pourquoi vas-tu perdre ton temps, viens donc partager des spaghettis ! Si tu as quelque chose à me dire, dis-le-moi, on va régler ça. » J'aime profondément les gens avec qui je travaille, j'essaie de recevoir tout le monde et d'offrir ce que je peux offrir chaque fois que je le peux. Que j'aime profondément les gens, c'est normal, mon métier c'est de les séduire. Comment peut-on séduire les gens si on ne les aime pas ? Je suis le Casanova de 7 milliards de consommateurs dans le monde. Le but de la publicité – et non des médias, qui sont des transmetteurs –, c'est de faire aimer les produits, mais surtout de faire que les gens s'aiment entre eux. La publicité ne sert à rien si elle ne crée pas une sorte d'Amour. Il n'y a qu'un mot français, Amour, pour dire tellement de choses ! Notre langue est extrêmement riche, mais on voit bien que nous sommes des fils de Descartes, des fils de la raison et pas du tout les fils de l'émotion, car nous avons dix mille mots pour dire haine et un seul mot pour dire Amour. Il sert à tout : j'aime la confiture, j'aime ma femme, mes enfants, j'aime la pub. C'est notre limite.

De l'agape au Coca-Cola.

Exactement et c'est notre limite, car nous sommes des fils de la raison dans le siècle de l'émotion. Tous les créatifs sont des gens d'émotion. J'ai écrit un livre, *Génération QE*, pour expliquer que le QI nous avait mis dans une impasse qui explose aujourd'hui, parce que tous nos surdiplômés, toutes nos grandes Écoles, nos grands corps d'État, nos grandes entreprises ont sélectionné les gens selon leur quotient intellectuel. Or il faut de l'intelligence, mais il ne faut pas que cette intelligence-là. Le quotient émotionnel n'a qu'une trentaine d'années et accuse un retard fou sur le QI. Il faut absolument allier le QE au QI, et ne réussissent d'ailleurs que les gens qui équilibrent leur quotient intellectuel et émotionnel. Aujourd'hui, on vit dans une dictature de l'émotion, créée par les médias et les chaînes d'information en boucle, qui va trop loin, envenime, dégrade. Il faut savoir résister à cela par de l'émotion pure. L'émotion dans laquelle nous vivons est une émotion de showbiz, une émotion d'information, une émotion politique et nous perdons, de ce fait, l'essence même de nos émotions, la pureté cristalline de nos émotions, qui est de s'émouvoir lorsqu'un enfant naît. Quand je vois un bébé, j'ai envie de le prendre dans mes bras, alors que les politiques le font, mais sans en avoir envie. Je me souviens avoir dit à Jospin : « Il faut que tu te livres un peu, que tu prennes des bains de foule. Souviens-toi comme Mitterrand prenait les bébés dans ses bras. » Il m'a répondu : « Moi, je ne prends que mes bébés dans mes bras, je n'ai pas la déviation intellectuelle d'aller prendre les bébés des autres. » Il avait raison, mais c'est pour cela qu'il n'a pas été président.

Ton bébé est magnifique, Jacques. Et justement, au sujet des enfants, qui es-tu comme magicien et que fais-tu en tant que magicien de ce monde ?

Je ne suis pas magicien du tout. Je suis un technicien, un mécanicien. Le seul petit talent que j'ai, c'est le talent des mots. Je suis un formulateur. J'essaie d'écouter et de résumer dans le moins de mots possible le plus de choses possible. « La force tranquille », en deux mots ça résume un homme, une vie, une France qui a été la France mitterrandienne. Pour réussir cela, il faut cultiver les mots, comme je le fais en écrivant mon trente-deuxième livre, sur les peurs et sur le QE, avec un jeune scientifique génial qui a beaucoup travaillé dans les universités françaises et américaines. Il démontre scientifiquement que seule l'émotion peut guérir nos peurs. La peur crée de l'émotion négative, que notre intellect traduit en raisonnement. On ne va plus sortir de chez soi, car un camion va nous renverser. Au contraire, les créatifs transforment la peur en émotion positive. Plus que jamais il faut être créatif pour que le monde s'aime, pour savoir partager avec les pays défavorisés. La seule façon de réguler le terrorisme un jour est que le monde s'aime, au lieu de pratiquer la haine.

Penses-tu que c'est en s'ouvrant à toute autre chose que les solutions naissent ?

Bien sûr. Woody Allen a donné la définition de la publicité : « Il faut être là où il faut quand il ne le faut pas, là où il ne le faut pas quand il faut. » Avant même de lire Woody Allen, c'était ma technique. J'ai toujours essayé de décaler les choses.

Qu'est-ce que tu aimerais mettre à la place du difficile de notre monde ?

Je n'aime pas le mot difficile. On en revient à l'argent. Les difficultés actuelles des gens viennent de l'appauvrissement de la masse combiné au surenrichissement des quelques nantis qui dirigent le monde. Le socialisme a raté la marche d'un régime qui saurait convaincre les gens, à commencer par les patrons, qu'ils n'ont pas à se payer les sommes qu'ils se paient. Le problème, c'est de le faire par la force au lieu de le faire par la tendresse. Il aurait fallu dire : « Monsieur le patron de Renault, je baisse vos impôts sur votre marque, mais vous baissez votre salaire. » Tant qu'on n'aura pas réduit cet écart d'échelle, on créera de la jalousie, et de la jalousie naît la haine. C'est vrai également des pays. On ne peut pas se contenter d'avoir des pays super riches et un peu inutiles comme la Suisse ou n'importe quel autre, qui n'essaient pas d'aider les pays pauvres qui ont pourtant besoin d'eux. Autrement dit, il faut lutter contre son égoïsme personnel et vaincre les égoïsmes des peuples.

Partages-tu la vision de Jean Vanier, fondateur de l'Arche : « Toute personne est une histoire sacrée » ?

Je n'aime pas beaucoup le mot sacré, car qui dit sacré dit religion et je pense que les religions ont fait et font beaucoup de mal au monde. Je suis contre les idéologies et la religion est l'optimum de l'idéologie, qui peut aller jusqu'à l'idéologie de la haine. Je pense que chaque personne est une personne à part entière.

Que vis-tu aujourd'hui dans ta vie que tu souhaiterais voir continuer ?

Continuer ce que je fais et vis le plus longtemps possible. Ma vie est idéale. Je travaille beaucoup, douze heures par jour depuis soixante ans, mais j'aime ça. C'est pourquoi, par bonheur, je n'ai pas pris ma retraite, que j'ai fixée à 100 ans. Certainement, les événements m'obligeront à la prendre avant, mais j'ai 84 ans et l'impression d'en avoir 24, car je fais les mêmes choses qu'à 24 ans. Je crois à l'Amour du travail. Ne pas faire le travail que l'on aime est la pire des vicissitudes du monde. C'est un problème, car les gens n'ont pas toujours la chance de trouver le métier pour lequel ils sont faits, celui qu'ils aiment, et les sociétés ne leur donnent pas suffisamment cette chance. Le plus difficile est de trouver le bonheur dans le travail, car le bonheur dans le travail engendre en chaîne tous les autres bonheurs. Mais tu n'as de bonheur au travail que si tu as un bonheur affectif. Je suis marié depuis quarante ans, seul publicitaire à avoir cinq enfants de la même femme, plus Amoureux chaque matin que la veille, et elle aussi. Je ne demande qu'une seule chose, c'est que cela continue et que mes cinq enfants, chacun dans leur genre, continuent leur avancée.

As-tu un défaut dont tu souffres, Jacques ?

Non. J'ai mes défauts, mais j'aime les gens pour leurs qualités et leurs défauts. Quand je dis que j'aime Bernard Tapie, ceux qui aiment Tapie me disent : « Formidable ! », et les autres : « Comment peux-tu t'intéresser à ce mec-là ? » Il a des défauts et des qualités immenses, mais je ne regarde que ses qualités et je ne partage pas ses défauts. Je ne partage pas d'affaires avec lui, mais je prends des vacances avec lui. Je m'applique la même règle : bien sûr, j'ai des défauts, mais je ne veux pas les connaître. J'essaie de ne pas verser dans les excès, mais c'est aussi ma façon d'être. Je suis provocateur, beaucoup moins que je ne l'ai été : l'âge, par bonheur, polit la pierre. Mais je ne veux pas perdre cette volonté d'indignation et ce désir de destruction des idées reçues, du déjà vu, du déjà dit, du déjà fait.

Cette volonté d'indignation est-elle l'intention positive qui se cache derrière ta provocation ?

Oui, bien sûr. Je suis éminemment positif. Je ne vois pas le mal chez les gens, que j'aborde toujours en ne voyant que le bien. Je pardonne au mal qui peut m'être fait, sauf quand il est impardonnable. Je suis profondément optimiste pour l'homme. On a fait de tels progrès ! L'humanité a plus inventé ces vingt dernières années que depuis des millions d'années que l'homme est sur Terre. Et dans les dix ans à venir, nous aurons encore plus inventé que tout ce que nous avons déjà inventé jusqu'à aujourd'hui. Les Français sont toujours mécontents de leur sort, hélas à raison quand il s'agit de ceux pour qui l'on ne fait pas ce qu'il faut, car nous n'avons pas les gouvernants qu'il faut pour essayer de les aider. N'empêche que leur pouvoir d'achat a doublé ces trente dernières années et qu'il va encore doubler dans les trente années qui viennent. Donc, on ne peut pas dire que l'on est un pays pauvre. On est un pays où il y a trop de pauvres qui ne devraient pas l'être, c'est tout à fait différent.

As-tu des mentors et quels messages te portent-ils ?

J'ai eu de grandes rencontres, à partir desquelles j'ai écrit un livre, *Coup de pub*[97]. La première grande rencontre qui a changé ma vie a été celle de François Mitterrand. Avant, j'avais rencontré Dali, Prévert, Gainsbourg, Coluche. Ce sont eux qui m'ont donné le goût de la création. J'ai connu également les grands patrons, et chacun avec son intelligence m'a nourri. J'ai connu également les politiques. Évidemment Mitterrand, mais aussi Jospin, Hollande. J'ai fait vingt campagnes présidentielles dans le monde et j'ai eu la chance d'en voir dix-neuf qui furent un succès, pas du tout grâce à moi, mais parce que c'était déjà inscrit dans le destin des futurs présidents. Je n'ai pas de mentor. Mon mentor ce sont les gens, l'ensemble des gens. La vie d'un publicitaire consiste à passer plusieurs heures par semaine à regarder les sondages, car quand on ne peut pas aller à la rencontre des gens les sondeurs y vont pour nous. Essayer de comprendre l'évolution des gens et de précéder cette évolution. Que va devenir le monde dans cinq ans ? Une campagne est efficace trois ans après, parce qu'il faut de la répétition et elle n'entrera profondément dans la tête et le cœur des gens que cinq ans après. Il faut donc avoir cinq ans d'avance sur l'évolution du monde. J'essaie d'avoir entre cinq et dix ans d'avance dans tous les livres que j'écris.

Ta vie est-elle un stage d'Amour ici-bas, Jacques ?

Oui, ma vie est Amour et la vie est un stage. L'Amour est protecteur, et la meilleure façon de se préparer à une vie heureuse, c'est d'aimer. Plus tu aimes, plus tu reçois en retour. Il y a beaucoup de désillusions, mais je chasse les désillusions et ne veux voir que le positif de la vie. Si j'ai beaucoup donné à quelqu'un qui me le rend par une gifle, je passe à un autre, mais ce n'est pas pour ça que je mets l'humanité au ban de l'humanité.

---

97. SÉGUÉLA, Jacques, *Coup de pub*, Pygmalion, 2015.

Faut-il tout oser demander dans la vie, et pourquoi avoir accepté ma demande avec cette simplicité ?

J'essaie de voir tous les gens qui me demandent un rendez-vous. Je ne devrais pas le dire, car beaucoup de gens en profitent, pour lesquels, en réalité, je ne peux rien faire. J'en ai quand même aidé beaucoup, puisque nous avons commencé à dix et que nous sommes vingt mille dans le monde. La publicité m'a tant donné, m'a tout donné ! C'est la moindre des choses d'en redonner un peu à ceux qui le demandent. Il y avait une très jolie coutume qui existait au Moyen Âge, c'était la dîme. Tous les nantis devaient donner aux pauvres 10 % de leur revenu de l'année. Aujourd'hui, on en donne 56 % aux impôts. Voilà le chemin parcouru...

Donc, quel est le plus beau risque dans la vie et en un mot, Jacques ?

C'est d'en prendre.

As-tu quelque chose à ajouter ?

J'aime les voyages qui sont concrets, donc je ne serai satisfait que quand tout cela sera couché sur le papier et sur écran et que cela aura servi à quelque chose.

Risque de s'engager, par Jeanne Siaud-Facchin

« Le seul vrai risque que l'on prenne dans la vie c'est de s'engager, sans éviter les chocs de la rencontre, à travers l'Amour, l'engagement, la peur. »

Témoignage Risque de chance de Jeanne Siaud-Facchin, psychologue intégrative des surdoués, le 12/07/2019 à Paris.

À découvrir en ligne sur le site www.risquedechance.com ou en vidéo avec le QR code suivant :

Risque d'explorer, par François Taddei

« Quand on prend un risque soit on gagne, soit on apprend. Le plus beau risque, c'est de prendre soin de soi, des autres et de la planète simultanément. »

Témoignage Risque de chance, le 10/06/2020 à Paris en visioconférence, de François Taddei, polytechnicien, ingénieur en chef des Ponts, des Eaux et Forêts, docteur en génétique moléculaire et cellulaire. Directeur du département Frontières du vivant et de l'apprendre de l'Université Paris-Descartes, fondateur et directeur du Centre de Recherches Interdisciplinaires (CRI). En 2013, il initie Les Savanturiers – l'école de la Recherche, programme éducatif développé par le CRI, qui œuvre pour la mise en place de l'éducation par la recherche à l'école : primaire, collège et lycée. En 2014, il devient titulaire de la chaire UNESCO « Sciences de l'apprendre ». Il a reçu divers prix nationaux (Prix de la recherche fondamentale à l'INSERM et Prix Liliane Bettencourt pour les Sciences du vivant, prix Montgolfier) et internationaux (European Young InvestigatorAward, Human Frontier Science Program) pour ses publications dans les meilleures revues mondiales comme *Nature*, *Science*, *Cell*, *PNAS*, *PLoS*... Il a été membre du Haut Conseil de l'Éducation et des Conseils scientifiques d'Universcience, et de la direction générale de l'Enseignement scolaire. En 2018, il a remis aux ministres du Travail, de l'Éducation nationale, de l'Enseignement supérieur, de la Recherche et de l'Innovation un rapport sur la société apprenante et a publié *Apprendre au XXIe siècle* chez Calmann Lévy.

Bonjour François. Dans ton parcours de papa, d'homme, de « Savanturier », de chercheur militant pour l'innovation dans l'éducation, de cofondateur du CRI, de conseiller pour l'Éducation nationale, peux-tu me dire, s'il te plaît, quel est le plus beau risque dans la vie ?

Le plus gros risque, c'est de ne pas prendre de risque. Donc le plus beau risque, c'est d'en prendre. Le plus gros risque est de s'ennuyer. Quelqu'un qui ne prend jamais de risque prend celui de passer à côté de sa vie. Le plus beau risque est d'être soi-même et d'oser explorer le monde. De prendre soin de soi, des autres et de la planète simultanément. Passer à côté de cela est un risque énorme. Nelson Mandela dit : « Je ne perds jamais, soit je gagne, soit j'apprends. » Quand on prend un risque, l'on gagne ou l'on apprend ; dans les deux cas, on avance. Le risque le pire est celui de l'immobilisme, celui du monde d'hier. Le monde d'hier, toujours dominant dans certains domaines, mais déjà obsolète, est un monde basé sur l'exploitation de soi et des autres par un système qui nous transforme tous en rouages. À l'inverse, si nous allons vers nous-mêmes, selon le dicton « Connais-toi toi-même » vieux comme les Grecs, alors nous avons une chance de trouver notre vocation et d'avoir de l'impact.

As-tu un exemple vécu de ce beau risque « d'être soi-même », comment l'as-tu vécu et qu'est-ce qui était vraiment important pour toi, voire pour plus grand que toi ?

(Silence) Je n'ai pas eu l'impression de prendre des risques dans ma vie. J'ai une famille qui m'a donné confiance. Mes plus grosses difficultés, je les ai vécues au service militaire. Tout à coup, on me donnait des ordres qui n'avaient pas de sens. J'avais beaucoup de mal à l'accepter, car on ne m'avait jamais parlé comme cela, à part un petit peu à l'école, mais c'était relativement cadré et je mettais peu de temps à exécuter les ordres, car je faisais le minimum nécessaire pour m'en sortir. Mais à l'armée, je n'ai vraiment pas compris. J'ai été un enfant raisonnable au sens propre du terme, c'est-à-dire que l'on pouvait me raisonner. J'ai toujours bénéficié d'un cadre de liberté que j'ai fait évoluer, ce qui s'est avéré relativement fécond. Un cadre de liberté, évolutif et fécond, c'est une clé. Pour moi, c'est même LA clé. C'est ce que nous essayons d'initier au CRI et à l'école des Savanturiers : créer des cadres à l'intérieur desquels les étudiants peuvent explorer. C'est un risque, au moins en théorie, car l'institution éducative et universitaire en France n'est pas pensée comme cela. Mais en pratique, c'est un bonheur. C'est une démarche féconde à court terme par la qualité des interactions et féconde à long terme par la qualité des réalisations de ces étudiants. C'est un carrefour de rencontres intéressantes, un *challenger research institute* et un lieu où l'on peut faire des choses que l'on ne peut pas faire facilement ailleurs. Le risque aurait donc été de ne pas se lancer. (Rire)

Quelle est ta contribution au monde, ta mission, ta vocation ?

Ma vocation est proche de la notion d'Ikigai[98]. L'Ikigai est à l'intersection de ce que l'on aime faire ou plus généralement ce qui touche nos émotions, et de ce que l'on sait faire ou plus généralement que l'on peut apprendre à faire. Je commence à revisiter ce concept, car la présentation qu'on en trouve sur internet est assez réductrice par rapport à la façon dont il est vécu au Japon. C'est à chacun de s'approprier ce concept. Pour moi, c'est ce qui nous met en mouvement, ce que l'on peut apprendre à faire dans une trajectoire d'apprenant, ce dont le monde a besoin et ce pour quoi l'on peut trouver des ressources et pas simplement un salaire. L'intersection de ces quatre éléments est le sens de la vie pour les Japonais. Mon ikigai et celui du CRI consistent à aider les autres à trouver le leur. Cela devrait être la vocation de tout lieu d'éducation et la mission de tout éducateur. À tout le moins, cela pourrait l'être – je préfère dire *pourrait* plutôt que *devrait,* car je ne suis pas très normatif. Personnellement, c'est ma mission et c'est en elle que je trouve du sens.

Nous vivons dans un monde où les gens s'en sortent comme ils peuvent dans des dynamiques individuelles, avec des hauts et des bas et parfois très bien ; mais la dynamique globale est proprement catastrophique. On va collectivement dans le mur. C'est pourquoi j'aimerais être capable de contribuer et d'aider un maximum de gens à trouver leur ikigai. Non seulement trouver ce qui a du sens pour eux, mais aussi contribuer à ce dont le monde a besoin. Le monde a besoin d'autre chose que ce que le système dominant lui impose. Mais répondre à ce besoin suppose d'être capable de sortir des sentiers battus et de réinventer une bonne partie du système, à commencer par le système éducatif. Pour le dire vite, notre système éducatif est un système de compétition et d'exploitation. On met en compétition les

98. Ikigai, équivalent japonais de la « joie de vivre » et de la « raison d'être » décrites dans le témoignage de Xavier Fontanet.

personnes pour acquérir des savoirs d'hier. Il s'agit d'utiliser les solutions d'hier pour exploiter les ressources humaines, naturelles et mentales des uns et des autres. Or on en oublie le sens, si bien que nous vivons une triple fracture : la fracture entre soi, ses émotions et ce qui fait du sens pour nous ; la fracture entre soi-même et les autres ; la fracture entre l'humain et la nature. Cette triple fracture est triplement délétère. Quand on ne cherche à ne dépasser qu'une seule de ces trois fractures, on passe à côté de dimensions importantes. Si l'on ne se consacre qu'à la planète, le risque de burn-out est important. Si l'on ne se consacre qu'aux autres, on risque de passer à côté de soi. Si l'on ne se consacre qu'à soi, on ne fait rien de très intéressant. Trouver du sens à ce que l'on fait suppose d'avoir des lieux où l'on réfléchit à ce que l'on fait. Bizarrement, l'école n'est pas un lieu où l'on réfléchit sur le sens. Les crises qui sont devant nous seront majeures. Ce sont toutes les crises que j'ai déjà évoquées, aggravées par la Covid, la crise économique, sociale, politique et même géopolitique que l'on pressent, qui va s'amplifier et rentrer en résonance avec la crise climatique et environnementale. Si l'on n'est pas capable en tant qu'individu et collectivement de prendre soin de chacun, des autres et de la planète, on a un vrai problème. En particulier, comment va-t-on repenser les systèmes éducatifs et l'université – les domaines que je connais le mieux ? Dans la pyramide de Maslow, l'université se situe sur une fine couche des besoins de connaissance et reconnaissance, notamment sociale, à travers les diplômes.

Mais il existe d'autres besoins qui ne sont pas pris en compte. Il y a malheureusement des étudiants qui n'ont ni toit ni rien à manger et qui ont donc des besoins de base à satisfaire. Les besoins émotionnels ne sont pas du tout pris en compte, non plus, dans la façon dont les universités fonctionnent aujourd'hui. Et les besoins les plus hauts de la pyramide, pas davantage ! Or ce sont les besoins de créativité, de sens, de transcendance qui nous amènent à contribuer à quelque chose de beaucoup plus grand que nous en tant qu'individu, sans forcément qu'il s'agisse d'une transcendance religieuse ou spirituelle, mais *a minima* d'une transcendance existentielle. Finalement, nous ne sommes tous que des poussières d'étoiles, de passage sur une planète qui est un confetti à l'échelle de l'univers. Qu'elle va être notre contribution ? Comment allons-nous vivre ce moment-là ? Je suis très surpris que ces questions ne soient pas posées dans le système éducatif. Si on ne les pose pas à l'école et à l'université, où va-t-on les poser ? Peut-être dans certaines familles privilégiées ? Peut-être dans le parcours de certains, et tu en interroges beaucoup, qui seront capables de trouver du sens dans les hauts et les bas ? Malheureusement, ce n'est pas si simple à trouver et il y a beaucoup de pièges. Confucius disait qu'il y a trois manières d'atteindre la sagesse. La première, c'est de faire beaucoup d'erreurs dans sa vie, ce qui peut blesser et exige de prendre du recul sur ses erreurs. La seconde, c'est de prendre beaucoup de temps pour réfléchir, ce qui exige d'avoir ce temps, et d'autre part il n'est pas donné à tout le monde de réfléchir seul. La troisième, la plus simple d'après lui, est de s'appuyer sur les personnes les plus sages autour de soi. Mais j'ai parlé de piège, car les personnes qui se disent les plus sages autour de toi ne sont pas les plus sages. C'est le problème. Tous les spécialistes ès sagesses qui te disent : « C'est dans ce livre et uniquement dans ce livre que vous trouverez la solution, faites tout ce que je vous dis et vous serez sage », ne sont pas sages. C'est donc très compliqué.

Je bois du petit-lait, car c'est le cœur de ma démarche Risque de chance : « Quelle est ta contribution au monde ? » Qu'est-ce que tu reconnais en toi-même, par toi-même qui te donne le goût de vivre ?

Ce sont les rencontres et les conversations au sens large, c'est pour cela que je suis content de celle que nous avons aujourd'hui. La curiosité, la découverte d'autres regards, d'autres manières de penser, la capacité à découvrir ou penser quelque chose que je n'avais jamais vue ou pensée, cheminer, aller un peu plus loin, apprendre à mieux me connaître et mieux connaître les autres, la capacité à essayer de comprendre les dynamiques très complexes dans lesquelles nous sommes. Ce qui me fascine depuis l'enfance, ce sont le jeu et les dynamiques. Les dynamiques du monde et celles du jeu ont beaucoup de choses en commun. Mes baby-sitters avaient du mal à tenir jusqu'à 2 h du matin alors que moi j'adorais jouer des heures et n'avais qu'une envie : jouer toute la nuit. (Rire) Pour une bonne conversation, dans cette dynamique de jeu, je peux passer une nuit blanche. Faire un ping-pong d'idées me donne un plaisir profond.

Comprendre cette dynamique du monde est un peu ce que j'ai fait d'un point de vue scientifique. Que ce soit par des approches mathématiques, physiques, biologiques ou évolutives, un grand nombre de dynamiques nous traversent – sociales, économiques, écologiques, environnementales. Certaines d'entre elles sont très belles, tu ne peux que t'en féliciter ; d'autres sont dangereuses ou posent un problème. Si l'on est capable de comprendre ces dynamiques, on peut mettre en œuvre ce que Marc Aurèle disait très bien et que je me répète tous les matins : « Que la force me soit donnée de supporter ce qui ne peut être changé et le courage de changer ce qui peut l'être, mais aussi la sagesse de distinguer l'un de l'autre. » Cela suppose d'avoir compris les forces qui sont en jeu. Si tu as un tsunami en face de toi, tu peux éventuellement surfer sur la vague, mais tu ne pourras pas le contourner. Il va donc falloir inventer autre chose. J'essaie donc de comprendre ces dynamiques, pour agir dans une logique que les Asiatiques ont bien comprise, avec leur sens de la crise, vue comme danger et opportunité mêlés. Ma femme est chinoise et, intuitivement, j'ai beaucoup d'affinités avec l'Orient. En Occident, si tu as un rocher en bas d'une vallée et que tu souhaites le faire passer dans une autre vallée, tu vas dépenser beaucoup d'énergie. Cela peut être ton but dans la vie, mais comme dans le mythe de Sisyphe, le rocher risque de retomber sans cesse au moment où tu crois y être arrivé. L'approche asiatique consiste à agir sur le rocher au sommet du col avant qu'il ne tombe en bas de la vallée, car tu auras beaucoup d'impact sur lui avec une pichenette. J'essaie d'identifier les lieux où je vais avoir de l'impact. Comme je suis assez fainéant, je ne vais pas dépenser beaucoup d'énergie, je vais chercher le minimum d'effort pour un maximum d'impact. Mais cela suppose d'avoir compris les points de bascule.

Face au difficile, n'est-ce pas souvent en s'ouvrant à tout autre chose que les solutions naissent?

Oui. (Grand silence) Une légende indienne met en scène six aveugles qui touchent chacun une partie d'un éléphant. Chacun pense avoir compris de quoi il s'agit après avoir touché cette seule partie. Celui qui touche la trompe pense que c'est un serpent, celui qui touche l'oreille pense que c'est un rideau, celui qui touche la défense pense que c'est une lance, celui qui touche la patte pense que c'est un tronc d'arbre, celui qui touche le corps pense que c'est un mur, celui qui touche la queue pense que c'est une liane. Évidemment, ils ne sont pas d'accord entre eux. Sur ces entrefaites passe quelqu'un qui a un tout petit peu plus de vision. Et il leur dit : « Si vous étiez capables de vous parler et de mettre en commun ce que vous savez, vous auriez plus de chances de comprendre la complexité d'un éléphant et sa dynamique dans son interaction avec d'autres éléphants. »

Chacun d'entre nous est aveugle, on le sait depuis Socrate et Platon avec le mythe de la caverne. Nous avons du mal à changer de point de vue.

Les sciences cognitives l'ont très bien démontré. Il y a beaucoup de formes d'aveuglements cognitifs. Pouvoir changer de point de vue sur le monde est essentiel. Cela peut venir parce qu'on s'est heurté à un mur ou parce que l'on est passé de l'autre côté du miroir. Par exemple, un médecin qui tombe malade voit tout à coup la médecine d'un autre point de vue que celui d'un garagiste qui répare des organes. Il redécouvre l'humanité que ses études peuvent lui avoir fait perdre. On sait que la capacité à penser l'empathie diminue au long des études de médecine. De même, la capacité à penser l'éthique diminue au long des études d'ingénieur. Et la capacité à penser la coopération diminue au long des études de commerce. Dans le supérieur, notre système d'éducation nous façonne et nous crée *de facto* des œillères. Quand on a réussi dans un domaine, passé de grands concours et que l'on est persuadé d'être beaucoup plus intelligent que les autres, seul à détenir la vérité – ce qui est une absurdité scientifique, philosophique et humaine –, nous devenons de très bons spécialistes, mais souvent au détriment d'une capacité à comprendre les autres. C'est un vrai problème. Donc, oui, nous avons besoin de changer de regard. L'image que je confierais volontiers à ton livre d'or *Risque de chance* est la photo d'une œuvre d'art d'un éléphant, qu'un artiste avait créée et m'avait offerte à la suite d'une discussion de ce type. On peut retrouver sur internet, sous le titre « Défense d'y voir »[99], les images de la vidéo où je découvre cette œuvre, les yeux bandés.

Est-ce un risque de chance d'être le fils d'un président d'université picarde, et d'être corse d'origine ?

J'ai la chance d'avoir une famille, et un père en particulier, qui m'ont fait confiance. Ils ne m'ont pas mis de pression, mais ils m'ont parlé d'une foule de choses et ils m'ont enrichi. Ils m'ont aussi confié beaucoup de responsabilités, car j'étais l'aîné des enfants et des cousins. Oui, c'est un risque de chance de grandir dans une famille qui a beaucoup de dimensions, mais ce doit être le cas de beaucoup de familles. Les familles corses sont très structurées. Ma grand-mère avait soixante descendants directs, ses sœurs en avaient autant et il y en a encore davantage aujourd'hui. La chance est de voir des gens, des choix de vie, des expériences même parfois tragiques, qui sont très différents. Cela vous confronte à une grande diversité de perspectives, dans une relation de confiance par défaut puisque nous appartenons à la même famille. Cela dit, il existe aussi un risque dans les trop grandes

99. https://www.youtube.com/watch?v=aMpeBTuFOKY

familles, si elles deviennent claniques et que l'on ne peut être soi-même. La famille à laquelle j'appartiens nous a laissés être nous-mêmes.

Est-ce un risque de chance de désapprendre à tous les âges avant d'apprendre à apprendre, selon ton livre Apprendre au XXIe siècle[100]*, écrit grâce à ton fils qui pose des questions à l'école ?*

Oui. J'ai beaucoup appris de mes enfants. Par la magie de la vie, de la grossesse, de la naissance, de leur croissance, des questionnements, des explorations, du rire, des pleurs, du besoin. Il n'y a pas de cours pour devenir parent. Il pourrait pourtant en exister, pour apprendre à des parents ce qu'ils devraient savoir et éviter certaines erreurs. Par exemple, il faut savoir que faire la lecture à ses enfants est la meilleure préparation à leur réussite future. On devrait dire cette toute petite chose-là à tous les parents. Savoir aussi que l'on peut dépasser les difficultés que l'on a connues dans son enfance, pour accompagner ses propres enfants. Mon expérience éducative s'est relativement bien passée, même si j'ai rencontré quelques difficultés, mais je n'avais pas pris de recul à son propos. Quand j'ai vu mes enfants arriver dans le système éducatif et éprouver une partie des difficultés que j'avais eues moi-même, cela m'a invité à les revisiter et à me questionner : « Est-il normal que cela fonctionne comme cela ? »

On m'a dit par exemple à propos de mon fils de 3 ans, comme on l'avait dit à ma mère pour mes 3 ans, qu'il ne savait pas tenir des ciseaux, comme je ne savais pas tenir des ciseaux. On m'avait donc déjà mis dans la catégorie des enfants qui ne sont pas comme les autres et qui font moins bien que les autres. La maîtresse avait comparé mon fils à son fils en proclamant : « Mais mon fils du même âge sait tenir des ciseaux ! Je ne comprends pas que votre fils ne sache pas le faire. » Je lui ai expliqué que j'avais eu les mêmes problèmes petit, et que l'on avait inquiété ma mère comme elle essayait de m'inquiéter. Elle m'a alors demandé si cela m'avait handicapé dans ma vie scolaire. Je me suis retenu de lui répondre qu'il n'y avait pas d'exercice de découpage à Polytechnique… Elle n'avait pourtant pas entièrement tort, car j'écris comme un cochon et j'ai une légère dysgraphie, comme mon fils. Et il est vrai qu'il y a des profs qui n'ont pas voulu corriger certaines de mes copies parce qu'elles étaient trop mal écrites. Cette maîtresse était donc

100. Taddei, François, *Apprendre au XXIe siècle*, Calmann-Lévy, 2018.

bienveillante, mais ce système où les individus sont bienveillants force collectivement les enfants à rentrer dans un moule.

Il y a un vrai problème également quand on me dit que mon enfant est charmant, mais qu'il pose des questions. Sur le moment, j'ai réalisé que je ne pouvais pas résister à la pression sociale exercée par le professeur. Il me disait qu'il n'était pas normal de poser des questions, même si elles étaient adressées à la maîtresse, sur le sujet du cours et à bon escient. Ce n'était pas considéré comme normal. J'ai failli lui dire que c'était une maladie génétique héréditaire chez nous, et que le gouvernement avait créé des postes de chercheurs pour des gens handicapés comme nous. Ce dont j'ai pris conscience *a posteriori* est qu'un système d'éducation qui ne permet pas aux enfants de questionner le monde ne fonctionne pas. Ce ne sont pas seulement les scientifiques et les journalistes qui doivent questionner le monde. Nous devons tous le questionner, *a fortiori* quand il se porte aussi mal qu'aujourd'hui. C'est nécessaire à la démocratie, à la science et au progrès de l'humanité – et ça l'est d'autant plus quand nous allons collectivement dans le mur. Ce manque de curiosité prôné par le système éducatif est anormal. Il a représenté un risque pour mon fils, mais une chance pour moi. J'ai demandé à mon fils s'il souhaitait changer d'école et il m'a répondu : « Non, je veux rester avec mes copains. » Je ne me suis évidemment pas opposé à cette maîtresse, produit d'un système éducatif qui pensait bien faire, mais je maintiens que cette attitude est un problème en soi.

Je partage avec toi une anecdote personnelle à ce sujet, que j'ai décrite ailleurs. Tout petit, peut-être en CE1, la maîtresse demande : « Quand est-ce qu'il pleut ? » Tous répondent que c'est quand il y a des nuages. La maîtresse continue : « Quand est-ce qu'il fait beau ? » Et tous répondent : « Quand il y a du soleil. » Alors je lève le doigt et dis à la maîtresse : « Parfois il faut des nuages et du soleil en même temps, car c'est la pluie dans le soleil qui fait naître l'arc-en-ciel. » La réponse fut cinglante : « Rondot au piquet. » Cela explique peut-être mes difficultés à savoir lire et écrire, au-delà de ma confiance limitée dans les adultes…

Il y a une histoire équivalente à la tienne au Japon, racontée par quelqu'un de célèbre. On questionne des enfants : « Que se passe-t-il quand la neige fond ? » La réponse unanime est : « Cela fait de l'eau. » L'un d'entre eux répond : « C'est le printemps » et se retrouve au piquet. Le système actuel n'encourage ni les enfants curieux ni les enfants poètes. C'est une aberration.

Est-ce un risque de chance d'apprendre à réfléchir au « monde d'après » à l'occasion de la crise du coronavirus qui bouscule le « monde d'avant » ?

Nous sommes bien obligés de penser autrement. On peut être nostalgique de ce qu'il y avait hier, si tant est qu'on en ait bénéficié, mais nous avons tous été confrontés à une réalité telle que beaucoup de choses se transforment. Beaucoup évoquent le concept de notre environnement actuel sous l'acronyme VUCA/VICA : *Volatility*/volatile *Uncertainty*/incertain, *Complexity*/complexe, *Ambiguity*/ambigu[101]. Dans ce monde VUCA, avec le coronavirus tout est devenu encore plus volatile, encore plus incertain, encore plus complexe et encore plus ambigu.

Nous avons donc besoin d'humain. Je parlerais plutôt d'un monde VICA, avec le I d'interdépendance, car c'est un monde dans lequel davantage de gens se savent vulnérables. Beaucoup se pensaient et pensaient la société comme immortels. Eh bien non. Un petit virus de quelques nanomètres peut mettre la société par terre, de même que le changement climatique. Nous sommes donc plus vulnérables individuellement et collectivement et nous en avons davantage conscience. On se sait beaucoup plus interdépendant qu'hier. Nous pouvions croire que nous étions les rois du monde, que les autres dépendaient peut-être de nous, mais nous, certainement pas d'eux. En fait non, nous dépendons tous les uns des autres, à l'image d'une cordée. Cette interdépendance beaucoup plus forte est donc devenue beaucoup plus évidente pour beaucoup plus de gens. Le C de VICA ne signifie pas non plus uniquement la complexité. C'est aussi la coopération, la créativité, la critique constructive, la citoyenneté, la compassion. Enfin, le A ne se réduit pas à l'ambiguïté ; il faut y lire aussi *Awarness*/conscience. Au lieu de courir, nous avons pris du temps à l'occasion de la crise sanitaire, et nous sommes plus conscients qu'hier. J'aime beaucoup l'œuvre de la Reine rouge de

101. Décrivant à l'origine les quatre composantes auxquelles ont été confrontées les forces armées américaines à la fin de la guerre froide, pour traduire la nouvelle nature de l'environnement, qui n'était plus contrôlé par deux grandes puissances. Concrètement, optimiser les attaques et minimiser les dommages collatéraux sur le terrain. C'est devenu une méthode de bon sens et d'adaptabilité face aux changements, notamment dans l'entreprise. VUCA évoque la capacité d'une organisation à anticiper, comprendre, devenir plus agile, s'adapter et saisir les opportunités face à l'incertitude.

Lewis Carroll[102], qu'il a dessinée lui-même. La Reine et Alice courent côte à côte au-delà du miroir, sans bouger de l'arbre où elles se trouvaient. Alice demande à la Reine : « Pourquoi ne bouge-t-on pas ? Dans mon pays, quand je cours, j'avance. » La Reine répond : « Ton pays va doucement. Dans mon pays, il faut courir aussi vite que l'on peut pour rester au même endroit et deux fois plus vite si l'on veut aller ailleurs. »

Nous sommes dans un monde en accélération permanente, où l'on court de plus en plus vite sans jamais prendre le temps de s'arrêter pour se demander pourquoi l'on court et vers où l'on court. Courons-nous vers notre perte, vers quelque chose qui a vraiment du sens, dans la bonne direction ? Ce sont les questions que se posent des mouvements actuels comme *slow life*, *slow food*, etc[103]. Nous avons tous été brusquement arrêtés dans notre course, et donc nous avons tous pris conscience des raisons pour lesquelles nous courons. Il faut continuer à y réfléchir. Nous avons vu apparaître beaucoup d'éléments positifs quand nous nous sommes arrêtés de courir, dont la diminution de la pollution et la reprise des droits de la nature. Bien entendu, il y a d'autres défis sociaux et humains plus complexes. À partir du moment où l'on s'interroge sur le lieu où l'on va, on a plus de chance d'arriver là où on le souhaite. Rester simplement sur un tapis roulant qui nous emmène je ne sais où est très dangereux. Il peut y avoir un grand précipice au bout de ce tapis roulant.

Qui es-tu comme magicien et que fais-tu en tant que magicien dans ce monde ?

Je vais répondre en tant que rêveur, car je crois que la magie et le rêve sont très liés. La différence entre la science, la technologie et la magie est assez étroite. Si l'on avait raconté à l'un de nos ancêtres que nous nous parlons aujourd'hui à distance, il aurait pensé que c'était de la magie. Mais dans l'imaginaire collectif, le magicien a d'autres caractéristiques : il est capable de faire apparaître ce qui ne devrait pas exister. Le rêveur, lui, est capable de rêver à ce qui n'existe pas encore. J'aime beaucoup John Lennon[104]. Dans sa chanson *Imagine*, il dit une phrase-clé « *You may say I'm a dreamer but I'm not the only one*/Vous pouvez dire que je suis un

---

102. Lewis Carroll, romancier britannique, 1832-1898, auteur du livre *Alice au pays des merveilles*, 1865.
103. Philosophie de vie et mouvement qui prônent le ralentissement de notre rythme de vie et de consommation.
104. John Lennon, fondateur des Beatles, 1940-1980.

rêveur, mais je ne suis pas le seul ». J'ai rêvé d'un certain nombre de choses. Les quelques réalisations que j'ai réussies sont celles où j'ai partagé mes rêves.

Un de mes rêves sur les rêves serait de créer un GPS des rêves. Il serait magique d'être placé immédiatement dans l'environnement auquel on rêve. La meilleure voie vers ton rêve est de rencontrer ceux qui le partagent et de coconstruire la réalité correspondant à ton rêve. Si ton rêve est d'être médecin, le mieux est de rencontrer un médecin pour comprendre comment il est devenu médecin, idem pour un artiste, etc. Il serait magique de savoir où tu es dans l'espace des rêves, de rencontrer ceux qui partagent tes rêves ou qui ont su en réaliser une partie, et de pouvoir apprendre d'eux. En tant que magicien, j'aimerais avoir une baguette magique pour réaliser mes rêves immédiatement. Mon côté scientifique m'empêche de croire complètement cela possible, mais mon côté entreprenant me fait penser le contraire. Réaliser ses rêves prend du temps, il faut transpirer et il est quasiment impossible d'y arriver seul. Si l'on sait trouver ceux qui partagent les mêmes rêves et que l'on suit ce que nous disait Marc Aurèle, on peut réaliser ses rêves. Cela peut paraître magique. Par exemple, créer un lieu où de vilains petits canards peuvent réaliser leur rêve peut sembler magique. Mais nous avons commencé à le faire avec le CRI.

Que voudrais-tu voir se réaliser dans le monde au travers de toi et au-delà de toi ?

C'est amusant, je vais repartir d'un poète, ce que je fais souvent, mais surtout avec toi, ce qui prouve qu'il se passe quelque chose de spécial dans l'approche que tu as. T.S. Eliot[105] dit : « Où est passée la vie que nous avons perdue en la vivant, où est passée la sagesse que nous avons perdue dans la connaissance, où est passée la connaissance que nous avons perdue dans l'information ? » C'était dans les années 1930, de mémoire. Je pense que s'il était là aujourd'hui il ajouterait : « Où est passée l'information que nous perdons dans les données ? » J'aurais l'impression d'avoir avancé dans ma vie si j'étais capable d'inverser ce poème. Que l'océan de données nous aide à créer de l'information, que l'ensemble des informations dont nous disposons nous aide à créer de la connaissance, que l'ensemble de nos connaissances nous aide être plus sages et que ces formes de sagesses ancestrales ou nouvelles soient fondamentalement au service de la vie !

105. Thomas Stearns Eliot, Américain naturalisé Britannique, prix Nobel de littérature 1948, 1888-1965.

Partages-tu la vision de Jean Vanier : « Toute personne est une histoire sacrée » ?

(Silence) Chaque personne est une histoire, il n'y a pas de doute, mais je ne sais pas ce que veut dire sacré. Je vais faire une digression sur le mot « sacré », qui m'aidera peut-être à répondre à ta question. Je te montre ce livre *The Righteous Mind* de Jonathan Haidt[106] et te recommande *L'Hypothèse du bonheur*[107] dans la traduction française. Haidt nous décrit comme des êtres moraux qui croient que ceux qui ont une morale différente de la leur sont des êtres amoraux. C'est assez particulier, cela crée beaucoup de tensions et des guerres de religion. Jonathan Haidt a donc essayé de travailler sur les universels qui touchent à la morale dans l'ensemble des communautés humaines. Il décrit six dimensions dans ces universels dont le sacré, sur lequel je vais revenir.

Au cœur des autres dimensions apparaissent le soin et l'équité – ce qu'il y a de plus universel. *Fair and care*. Quand tu as fait quelque chose de complètement *unfair*/injuste et qui se situe à l'opposé du *care*/soin, car tu as mis les gens en danger, voire les as tués, tu crées une émotion considérable. Vois par exemple ce qui se passe aujourd'hui autour de George Floyd's[108]. Beaucoup d'autres moments, où nous n'en pouvons plus, témoignent du non-respect de ces deux dimensions simultanées. L'indignation transcende alors les races et même tous les clivages, car c'est vraiment trop *unfair*/injuste. L'expression de la souffrance et de la torture jusqu'à la mise à mort est exactement à l'opposé du *care*/soin. La dimension suivante est la liberté. La liberté n'est pas ce qu'il y a de plus répandu à travers les âges et les civilisations. Nous avons nous-mêmes renoncé à une bonne partie de nos libertés, de mouvement, de rencontre, etc., à l'occasion de l'épidémie de Covid. Les trois dernières dimensions sont la communauté, l'autorité et le sacré, très liées les unes aux autres. Quelle est ta communauté ou quelles sont tes communautés de référence ? Est-ce que tu appartiens à une seule et est-elle exclusive des autres ? Est-ce ta tribu contre celle des autres ? Est-ce ta nation contre celle des autres ? Est-ce ta race contre celle des autres ? Ou est-ce ton humanité avec celle des autres ? Ce sont des débats sans fin. Concernant l'autorité, est-ce l'autoritarisme de Trump, qui veut envoyer les militaires tirer contre des manifestants ? Est-ce l'autorité

106. Jonathan Haidt, psychologue social et professeur d'éthique américain, considéré comme l'un des plus grands penseurs globaux/*top global thinkers*. Auteur de *The Righteous Mind*, The New York Time, 2012.

107. Haidt, Jonathan, *L'Hypothèse du bonheur*, Mardaga, 2006.

108. George Floyd's est un Afro-Américain tué par la police lors d'une arrestation à Minneapolis le 25 mai 2020.

morale ou scientifique, et comment la définit-on ? Là aussi, il y a beaucoup de discussions. J'aime la définition de l'autorité de Michel Serres, qui revient à l'étymologie : « La vraie autorité (*auctoritas*, *augere*) est celle qui fait grandir les autres. » Donc pour moi, la communauté est humaine et l'autorité fait grandir les autres.

Pour finir et revenir à ta question, est sacré, selon moi, ce pour quoi l'on est prêt à faire des sacrifices. Dans chacune des histoires de chaque être humain, il existe des dimensions pour lesquelles on est prêt à faire des sacrifices. Que l'on fasse un sacrifice pour son Dieu, pour sa Bible, pour son drapeau, pour ses enfants, pour un parti, chacun a sa réponse. Chacun essaie d'exister et sacrifie un peu de son temps, voire sa vie. Si chacun se pose la question de savoir ce pour quoi il est prêt à se sacrifier, alors peut-être pourra-t-il répondre à la question de savoir ce qui, dans son histoire, est sacré. Prenons-nous le temps de nous poser ces questions ? Parfois, c'est viscéral. Tu vas sacrifier ta vie pour sauver ton enfant parce que ta maison est en feu, sans te poser la question un seul instant. Mais en dehors de ce cas extrême, nous pourrions nous interroger plus souvent. Au sujet du sacré, nous pouvons nous poser la question des rituels. Ce qui est sacré pour moi doit-il l'être pour les autres ? Doit-on avoir des discussions sur ces sujets ? Ces concepts méritent d'être revisités, car l'histoire les a un petit peu congelés. Suivant que nous sommes agnostiques ou croyants, nous pouvons avoir des réponses très différentes, mais le pire est de ne pas se questionner.

Qu'est-ce que tu vis dans ta vie que tu souhaiterais voir continuer ?

La qualité des relations. Je m'interroge sur la différence entre l'homme et la machine. Nous fabriquons des machines toujours plus puissantes et nous pouvons apprendre des machines. Nous parlons d'intelligence artificielle, et nous pouvons aussi parler de bêtise artificielle. Mais il est difficile de répondre aux questions suivantes : quelle est l'intelligence et où est la sagesse ? Une des dernières choses que l'on apprendra d'un être humain, c'est comment être vraiment humain. Nous pouvons apprendre les tables de multiplication avec un logiciel, mais nous ne pouvons pas apprendre à être humain dans toutes les dimensions VICA dont je parlais. Une machine peut te questionner, mais elle ne comprendra même pas le sens d'une interrogation de l'homme sur lui-même. Un jour, alors qu'on faisait entrer les questions du public au Panthéon, tamponnées : « Est entré au Panthéon », ma grand-mère, qui malheureusement n'est plus là aujourd'hui, m'a posé cette question : « Pourquoi les humains se posent-ils des questions ? » Je ne suis pas sûr de pouvoir répondre et pas sûr non plus qu'une machine soit capable de répondre à cette question, mais c'est une bonne question. Je n'aimerais pas voir disparaître cette capacité à se questionner et nourrir les relations.

As-tu un défaut dont tu souffres ?

J'ai le défaut de croire que je n'ai pas de défaut, ce qui est évidemment un défaut. (Éclat de rire) J'en ai probablement bien d'autres, mais je ne prends pas suffisamment le temps de m'interroger sur mes défauts. J'ai un mélange d'impatience et de patience. Je suis impatient, car j'aimerais que le monde aille mieux, mais je suis patient, car je sais que cela ne va pas se faire instantanément. Je suis rêveur, ce qui est probablement à la fois un défaut et une qualité. J'ai les qualités de mes défauts et les défauts de mes qualités.

Il y a donc toujours une intention positive qui se cache derrière tes défauts ? Laquelle ?

Repose-moi la question s'il te plaît. (Grand silence) Par exemple, j'aime beaucoup explorer. Est-ce une qualité ou un défaut ? Dans la langue française, être versatile[109] est un défaut. En anglais, *versatile*[110] est une qualité. Cela vient du même mot latin, *versare,* qui veut dire tourner. Est-ce que tu tournes comme une girouette ou est-ce que tu sais t'adapter aux conditions météorologiques et environnementales auxquelles tu es confronté ? C'est une vraie question. Pour ceux qui souhaitent creuser un sujet, le fait de ne pas les aider à creuser pour explorer rapidement autre chose est un défaut. C'est également une qualité, car cela me permet de voir autre chose.

Il a toujours existé un dilemme entre exploration et exploitation. En arrivant dans une forêt, est-ce qu'un oiseau s'arrête pour construire son nid dans le premier arbre qu'il aperçoit ou est-ce qu'il explore tous les arbres de la forêt un par un ? Il va chercher à trouver un optimum comportant plusieurs paramètres. Est-ce qu'il y a des fruits dans tous les arbres ? Est-ce qu'il y a des matériaux à sa portée pour construire son nid ? Est-ce qu'il

109. Versatile, en français : inconsistant/retourner sa veste.
110. *Versatile*, en anglais : polyvalent.

y a des prédateurs qui peuvent atteindre cet arbre? Dans un lieu où les ressources seraient infinies, tu pourrais les exploiter à l'infini sans avoir besoin d'explorer, mais il n'y a jamais de ressource infinie. Les ressources sont toujours finies. Comme de surcroît nous les surexploitons, parfois il n'y en a plus du tout, car elles ne peuvent pas se renouveler à temps. Donc si tu surexploites, tu es obligé d'aller explorer. Aujourd'hui, nous sommes dans un monde que nous avons surexploité et nous avons besoin d'explorer. Dans l'équilibre entre exploration et exploitation, l'intention positive est d'aller trouver du sens ailleurs et auprès de ceux qui nous aident à être nous-mêmes sans détruire la nature. Dans cette tentation de l'exploration, il y a donc une intention positive, mais nous pouvons aussi nous y perdre. Christophe Colomb s'est trompé sur le lieu de sa découverte et tous les explorateurs, du pôle Nord au pôle Sud, peuvent trouver autre chose que ce qu'ils attendaient ou se perdre en route.

Est-ce que tu as des mentors et quels messages te portent-ils?

Oui, j'ai eu des mentors exceptionnels. Je crois beaucoup au *reverse mentoring*/mentorat inversé, c'est-à-dire au fait d'apprendre des plus jeunes. Ce que j'aime dans le mot de Mentor avec un grand M, c'est son histoire. Athéna, déesse de la sagesse et de la science, était sous les traits de Mentor le précepteur de Télémaque, fils d'Ulysse et l'accompagnait avec bienveillance dans ses explorations et ses expériences. Un bon mentor possède des caractéristiques quasi divines de sagesse et de savoir. J'ai eu la chance d'avoir comme directeur de thèse Miroslav Radman[111]. C'est un chercheur exceptionnel, membre de l'Académie des sciences en France et aux États-Unis, qui a reçu le Grand Prix de l'INSERM et aurait dû, à mon avis, avoir le prix Nobel. Il est le fils d'un pêcheur à la rame qui a pêché tous les matins jusqu'à sa mort.

Miro passe plus volontiers du temps avec les Tsiganes à jouer de la musique qu'avec les puissants de ce monde. Il aime jouer avec les idées et explorera l'inconnu jusqu'à son dernier souffle. Quand j'allais le voir, il me faisait lire le passage d'une lettre de Beethoven à son neveu inscrit de mémoire derrière sa porte : « Ne travaille pas pour les honneurs, mais fais ce qui te semble devoir être fait, et si les honneurs doivent arriver,

111. Miroslav Radman est un biologiste cellulaire franco-croate.

ils arriveront. »[112] Miro est fondamentalement comme cela. En ce qui me concerne, j'ai appris les choses parce qu'elles avaient du sens et non parce qu'elles pouvaient être reconnues. Donc Beethoven avait raison !

Ta vie est-elle un stage d'Amour comme la mienne ici-bas ?

Oui. Si l'on veut aller vite, la réponse est oui. J'ai eu la chance d'être très aimé dans ma vie d'adulte et en particulier enfant. C'est fondateur.

Faut-il tout oser demander dans la vie ?

(Silence) Je ne pense pas que l'on puisse tout demander, mais on peut aspirer à tout. Il faut prendre le temps de se rendre compte que certaines demandes ne sont pas possibles. Nous en revenons toujours à la citation de Marc Aurèle.

Pourquoi as-tu accepté ma demande de témoignage ?

J'ai été touché par ce que tu as écrit dans le message que tu m'as envoyé. J'ai aussi confiance en Guillaume qui t'a envoyé. Cela pouvait paraître un peu fou, mais à la lecture ta démarche m'est apparue profondément sincère et sensée, comme toute démarche folle. (Éclats de rire)

Donc, quel est pour toi le plus beau risque dans la vie, en un mot s'il te plaît ?

Aimer.

Le mien aura été de partager ce moment avec toi aujourd'hui… Merci du fond du cœur.

Merci à toi, c'est une belle initiative. Je suis curieux de savoir ce que deviendra tout ça, car cela va devenir quelque chose d'intéressant. Les « 36 questions pour tomber Amoureux » sont devenues virales dans le *New York Times* puis dans le monde entier, et je pense que tes questions peuvent devenir virales. Théodore Zeldin[113] parle de « menu de conversation ». Nous pourrions créer un menu de questions avec une appli qui recense les

112. La citation originale est : « Bienheureux celui qui, ayant appris à triompher de toutes les passions, met son énergie dans l'accomplissement des tâches qu'imposent la vie sans s'inquiéter du résultat. »
113. Théodore Zeldin est un historien et sociologue britannique.

milliards de questions que les humains peuvent se poser les uns aux autres. Il me semble plus intéressant de partager ces questions que de partager les réponses. Ce serait intéressant de mettre tes questions dans le domaine public, et je les partagerais volontiers avec d'autres, car je pense qu'elles ont du sens.

Risque de faire rêver, par Jean Todt

« Le plus beau risque dans la vie est de cerner ce en quoi vous êtes une valeur ajoutée, et à partir de là essayer d'obtenir les meilleurs résultats dans les domaines que vous connaissez. C'est lié au plaisir de faire rêver des gens. »

Témoignage Risque de chance, le 14/10/2019 à Paris, de Jean Todt, président de la Fédération internationale de l'automobile (ancien copilote de rallye français, directeur de Peugeot Talbot Sport [1981], puis de F1 Ferrari en 1993, et de Ferrari en 2004). Sous sa direction, Peugeot a décroché 4 titres de champion du monde en rallye (pilotes et constructeurs), 4 victoires au Dakar, 2 victoires aux 24 Heures du Mans, et Ferrari 14 titres de champion du monde de F1 (pilotes et constructeurs) dont 5 consécutifs avec Michael Schumacher. Le 29 avril 2015, Il est envoyé spécial des Nations unies pour la sécurité routière (2015).

À découvrir en ligne sur le site www.risquedechance.com ou en vidéo avec le QR code suivant :

Risque de survivre, par Paul Trân Van Thinh

« Le plus beau risque dans la vie est de privilégier le cœur en complément de l'intelligence. »

Témoignage Risque de chance, le 03/12/2019 à Paris, de Paul Trân Van Thinh. Ancien ambassadeur de l'Union européenne (1960 à 1994), l'un des plus hauts fonctionnaires de la CE. Né dans les rizières en 1929, au Vietnam, dans une famille modeste. Maquisard survivant à 15 ans de la guerre opposant la France à son pays (alors appelé Indochine). Arrivé en France à 17 ans pour étudier. Il est cofondateur du forum UE-Chine et spécialiste des questions de développement complexes. Photographe amateur, restaurateur de pagodes anciennes et initiateur de plans privés de soutien pour la santé (orphelins et victimes de la poliomyélite à Hô Chi Minh-Ville) et la technologie au Vietnam. Pont naturel entre deux cultures, sa devise est « le cœur en complément de l'intelligence ».

À découvrir en ligne sur le site www.risquedechance.com ou en vidéo avec le QR code suivant :

Risque d'oser sa petite voix intérieure, par Jean Vanier

« Le plus beau risque de chance, c'est oser la petite voix intérieure qui nous appelle ou nous attire à faire quelque chose, alors que les autres sont critiques ou n'aiment pas. »

Témoignage Risque de chance de Jean Vanier, le 01/02/2017 à Trosly Breuil. Jean Vanier est un philanthrope, philosophe et théologien canadien. Personnalité catholique, il s'est consacré aux personnes ayant une déficience intellectuelle : il crée la communauté de l'Arche en 1963, fonde en 1968 l'association Foi et Partage puis Foi et Lumière. Il s'est envolé le 7 mai 2019.

À découvrir en ligne sur le site www.risquedechance.com ou en vidéo avec le QR code suivant :

Risque de timidité à la rencontre du monde, par Cédric Villani

« Après la paternité, le plus beau risque dans la vie est de se lancer dans une nouvelle carrière. »

Témoignage Risque de chance, le 23/07/2019 à Paris, de Cédric Villani, député de l'Essonne, Médaille Fields 2010.

Cher Cédric, dans ton parcours d'homme, de chercheur, de mathématicien médaillé Fields, d'époux, de papa et aujourd'hui de député, peux-tu me dire, s'il te plaît, quel est le plus beau risque dans la vie ?

Oh là là. (Rire) Évidemment, je vais avoir une première pensée pour la paternité parce qu'avoir des enfants c'est se mettre en situation de danger, et il peut aussi leur arriver quelque chose. On investit affectivement de façon tellement forte qu'on prend un risque. Mais ce risque est tellement beau et tellement fort ! Et puis, au-delà de ça, il y a le risque de se lancer dans une nouvelle carrière. Quand on a déjà établi sa respectabilité, son histoire dans une carrière et que l'on doit se lancer dans une autre, c'est un vrai saut dans l'inconnu. J'ai fait ce saut à plusieurs reprises. Au début, j'ai couru le risque de me lancer dans tel ou tel projet de recherche sans aucune assurance sur la finalité. Puis le risque de devenir directeur d'institut alors que j'étais chercheur. Le risque de me lancer en politique alors que j'étais déjà reconnu en tant que scientifique. À chaque fois, l'on tire quelque chose d'oser affronter son risque.

Comment l'as-tu vécu et qu'est-ce qui était vraiment important pour toi, voire au-delà de toi ?

L'important, c'est ce moment où l'on prend sa décision et où l'on se confie aux autres, aux événements, à ce qui est extérieur à soi. Le moment où l'on se dit : « Je n'irai pas contre le risque qui se présente devant moi, il est majeur. » C'est aussi le travail qui se fait auparavant à l'intérieur de soi. La paternité est venue assez naturellement finalement, mais devenir directeur, entrer en politique ou maintenant me trouver dans cette phase politique très particulière de ma vie, en train de me demander ce que je vais faire par la suite – tout cela a représenté à chaque fois de grands moments d'introspection, où l'on affronte sa crainte, sa timidité. À un moment, on sait avec la tête qu'on va les surmonter, mais encore faut-il prendre le temps de les surmonter avec le cœur.

Quelle est ta contribution au monde, ta mission, ta vocation ?

(Rire) En premier lieu, utiliser mon cerveau, mes connaissances, mon expérience pour produire des choses. Et des choses originales. Pendant un moment, ma mission a été de produire des ouvrages de synthèse, des ouvrages de cours dans des domaines spécialisés qui me tenaient à cœur. La petite caméra qui m'enregistre est posée sur ces ouvrages qui m'ont demandé tellement d'efforts : *Optimal Transport. Old and New*[114]. En second lieu, ma contribution a été de faire le passeur. Parler aux hommes et aux autres de tout ce qu'il y a de grand dans la science, à travers mon livre *Théorème vivant*[115]. Et en troisième lieu, combiner tout cela dans *Immersion*[116]. Il s'agissait d'évoquer la nouvelle offre politique à construire, à inventer, à mettre en place dans le climat actuel où l'on peut renouveler les problématiques et combiner les idéaux avec la science. Je crois que ce que l'on fait est toujours un compromis ou une synthèse entre plusieurs éléments : ce que l'on a envie de faire, ce que l'on est doué pour faire et ce dont on ressent que c'est son devoir de le faire, par fidélité. Aligner les trois n'est pas forcément une mince affaire. Il faut s'y efforcer.

Qu'est-ce que tu reconnais en toi-même, par toi-même qui te donne le goût de vivre ?

Tout ce que j'arrive à apprendre et à expérimenter de nouveau, régulièrement. J'arrive à l'âge de 45 ans, ce qui est déjà pas mal, mais

114. Villani, Cédric, *Optimal Transport. Old and New*, Springer, 2008.
115. Villani, Cédric, *Théorème vivant*, Grasset, 2012.
116. Villani, Cédric, *Immersion*, Flammarion, 2019.

avec ce qui m'est arrivé dans les dernières années, régulièrement j'ai fait de nouvelles expériences. Avec la reconnaissance internationale, avec le management d'équipes, il y a eu le fait de me lancer dans des projets de long terme, de me lancer en politique, de conduire des missions, et enfin de mener campagne – grande leçon de cette année écoulée. Connaître sans cesse de nouvelles expériences, et il y a en aura d'autres, cela donne le goût de vivre.

Face au difficile, n'est-ce pas souvent en s'ouvrant à tout autre chose que les solutions naissent ?

Souvent, on rencontre quelque chose de difficile et il faut arriver à combiner différentes problématiques pour arriver à les faire résonner et sortir des problèmes. Mais souvent aussi, ce n'est pas si simple à faire. Parfois, on se heurte de face à un problème et il faut élargir le débat pour y voir clair. C'est vrai de certains problèmes très techniques, c'est vrai aussi de certaines étapes dans la vie.

Est-ce un risque de chance d'être différent, Cédric ?

(Sourire) Tout le monde a sa différence, je crois. La question qui se pose souvent est de savoir si on l'assume ou si on la gomme ; ou si l'on en gomme une partie en assumant le reste. J'ai toujours été attentif à assumer ce que je pouvais avoir de différent. Et tâcher d'en faire une force.

Est-ce un risque de chance de passer de la science au Parlement, selon le sous-titre de ton dernier livre, Immersion ?

Bien sûr. Ce n'était pas quelque chose de naturel ni quelque chose que j'avais en tête. Cela m'a fait vivre beaucoup de nouvelles expériences, découvrir un nouveau monde – et cela va encore m'en faire vivre beaucoup.

Est-ce un risque de chance de rendre service pour se sentir bien[117] ?

Rendre service est très important. On se sent bien. Cela fait partie de notre biologie. Il faut bien sûr trouver comment répondre aux attentes. C'est très important.

117. *Ibid*, p.173.

En quoi est-ce très important ?

Cela fait partie de la fierté, de l'estime qu'on a pour soi-même. Quand elle est liée au don que l'on fait, cette estime de soi est certainement plus saine que celle qu'on éprouve en demandant aux autres une confirmation de sa propre valeur. Je pense que celle-là aussi est inscrite dans notre biologie. Cela fait partie de notre existence en tant qu'êtres sociaux.

Est-ce un risque de chance d'être français en Chine[118] *?*

(Rire) Ce n'est pas facile d'être français en Chine. Le Français en Chine est très bien vu, du fait de la réputation de la France à l'international, mais il aura évidemment du mal à s'intégrer. La Chine est un pays qu'il est difficile de pénétrer. Mais la France et la Chine ont des affinités. Un Français en Chine ? Cela dépend des situations. (Rire) Peut-être peut-on y voir un risque de chance, mais certains diront au contraire que c'est un pays dans lequel il n'est pas si facile de saisir sa chance. J'en ai connu, des Français en Chine, ils sont tous revenus en France, tout en considérant leur expérience là-bas comme très intéressante, très enrichissante.

Est-ce un risque de chance de sortir de la forêt pour venir dans notre monde, comme ton guide indien Ayoreo au Paraguay[119] *?*

C'est une vraie question. Je sais que celui que j'ai rencontré le regrette. Il y a un côté paradis perdu. Cette démarche aurait pu être un risque de chance, un risque très positif si la société avait su comment accueillir et mettre en valeur ces rescapés. C'est une vraie question pour nos sociétés. La balle est dans notre camp. Ce sont des cas de figure qui se posent en Amérique latine et dans quelques autres endroits du monde. Ce n'est pas facile. Aujourd'hui, ou hier, il a été annoncé que le gouvernement australien rendait des terres aux aborigènes après plusieurs décennies de combat juridique. Les aborigènes d'Australie ont donc saisi leur chance. Il va être passionnant de voir comment ils parviennent à s'emparer de ce qui était de leur part une revendication forte. Pour la suite, on verra. La suite nous montrera ce qu'il en adviendra.

---

118. *Ibid*, p.400.
119. *Ibid*, p. 454.

Qui es-tu comme magicien et que fais-tu en tant que magicien dans ce monde?

(Éclat de rire) Après ma réception de la médaille Fields, un jour quelqu'un m'a dit : « Vous, votre rôle, c'est de donner de l'espoir. » Je le crois. Quelqu'un qui arrive et qui se retrouve avec des accomplissements qui n'étaient pas prévus, sur une trajectoire non prévue, peut inspirer et donner de l'espoir. C'est mon boulot. Parfois, je réussis et parfois non. Dans ce mandat politique, il y a des moments où j'ai déçu et d'autres où j'ai donné de l'espoir.

Que voudrais-tu voir se réaliser dans le monde au travers de toi et au-delà de toi?

L'enjeu le plus important de notre temps est sans conteste l'enjeu écologique. Que ce soit au point de vue du climat, de la biodiversité ou encore au point de vue des déchets. L'humanité a tellement de mal à s'emparer de ce problème! Ce n'est pas seulement une question de courage politique, c'est aussi une question de prise de conscience de l'ensemble de la société, de comportements à tous les niveaux. C'est le grand enjeu de notre époque. Si je peux contribuer d'une façon ou d'une autre à cette prise de conscience, je pourrai dire que je n'ai pas perdu mon temps. Mais avant de contribuer, il faut avoir de la capacité, du pouvoir. Le pouvoir peut s'acquérir de très nombreuses façons. J'ai connu le pouvoir de l'autorité scientifique. Aujourd'hui, mon travail est de gagner le pouvoir politique, la capacité d'influence. Pour acquérir ce pouvoir, je dois passer d'abord par des étapes qui n'ont rien à voir avec l'objectif. C'est le paradoxe. Certains leaders d'opinion parviennent à faire leur carrière complètement en phase avec leurs objectifs de long terme, en imprimant leur vision dès le début. En ce qui me concerne, mon pouvoir d'influence suit une voie plus détournée.

J'ai d'abord influé en tant que scientifique, sur des sujets qui ne relèvent pas directement de la transformation du monde. Puis je me suis attaché à gagner mes galons en politique. Cela entraîne une vraie question pour la suite de ma carrière : « Comment vais-je arriver à concilier les deux? » D'un côté les objectifs de court terme où j'affirme ma capacité d'influence, de l'autre les objectifs de long terme qui participent aux grands enjeux de l'humanité : révolution, transition environnementale, mais aussi transition technologique. Comment s'approprie-t-on la technologie et comment vit-on avec, joue-t-on avec ? Il y a enfin les enjeux sociaux. Les politiques à travers le monde continuent à être aussi fortes, mais nous sommes dans une époque de grande confusion – très grande, même. Rien que de parvenir à y voir un peu plus clair et définir des objectifs, ce serait un grand pas.

Qu'est-ce que tu aimerais mettre à la place du difficile de notre monde ?

Les choses difficiles de notre monde sont difficiles parce qu'il existe des nœuds durs. On ne peut pas les balayer d'un coup de baguette magique. On peut expliquer, trouver des principes et des clés directeurs. C'est toute une affaire. En mathématiques c'est le but, si l'on veut. On travaille dans un environnement complexe avec tant de possibilités. On veut trouver des lignes directrices, des concepts, des enjeux et dire simplement : « Là, il y a une voie intéressante. » En politique aussi, il faut arriver à dégager des axes, à ordonner, à classifier. C'est très dur, vu la très grande complexité dans laquelle on se trouve et la stérilisation qu'opèrent les médias.

Partages-tu la vision de Jean Vanier : « Toute personne est une histoire sacrée » ?

C'est vrai ! Et le handicap a toute sa place aux côtés de la validité. Toute sa place. Il ne s'agit pas seulement d'assurer au monde du handicap des fonctions vitales, de quoi vivre, mais aussi de lui donner des occasions de plaisir, de création et de fierté. Il faut aussi savoir apprendre des personnes handicapées. Ce sont parfois des rencontres très inspirantes. Certaines des rencontres les plus charismatiques que j'ai pu faire ces dernières années étaient celles de personnes lourdement handicapées.

Qu'est-ce que tu vis dans ta vie que tu souhaiterais voir continuer ?

(Rire) Le fait de travailler avec des équipes, des jeunes motivés qui croient en moi, pour qui je représente quelque chose, et qui sont fiers de m'aider à accomplir ce à quoi je tiens. Cela n'a pas de prix.

As-tu un défaut dont tu souffres?

(Sourire) J'en ai plein. Beaucoup de gens qui me connaissent me disent : « OK, tu as beaucoup de capacités et de dons pour réaliser des choses, mais attention à l'ego. » Je ne nie pas qu'il y ait peut-être un petit poil d'ego en trop par rapport à ce qui serait souhaitable. En fait, je suis un ancien grand timide. Un vrai grand timide parti à la rencontre du monde. Je me suis retrouvé à passer une partie de ma vie en hémicycle, sur les plateaux de télévision, avec des prises de parole publique vues directement ou indirectement par des millions de personnes. Cela semble un paradoxe, mais cela fait partie de mon histoire. Comment un très grand timide part-il à la rencontre du monde? Il lui faut des forces. La première force tient au fait que les rencontres ne sont jamais anodines. Elles sont toutes intenses et je m'y investis. De la même façon qu'un acteur qui accomplit une performance sans avoir le trac n'est souvent pas bon. La deuxième force, c'est mon comportement face aux obstacles. Par principe, un ancien timide ne doit pas se laisser effrayer par les obstacles. Quand ils surgissent devant lui, il va mettre un point d'honneur à les affronter et à ne pas reculer. Chaque obstacle qui se dresse devant lui sera l'occasion de renforcer sa détermination.

Quelle est l'intention positive qui se cache derrière ce défaut?

(Éclat de rire) Par rapport à l'égocentrisme, c'est peut-être la volonté de toujours progresser et mieux réaliser. Faire de mon mieux. Par rapport au trait de personnalité qu'est la timidité, j'ai déjà parlé de la façon dont il était mis à profit.

Est-ce que tu as des mentors et quels messages te portent-ils?

Nous sommes dans mon bureau devant le poster de la grande chanteuse Catherine Ribeiro. Catherine Ribeiro est une égérie de liberté. Son anthologie s'appelle d'ailleurs *Liberté.* C'est toute une affaire d'apprendre à être libre. Scientifique, il m'a fallu apprendre l'émancipation, la liberté de travailler sur le problème que l'on veut, avec les personnes que l'on veut. Cela n'a pas toujours été simple. En passant dans le monde administratif, puis politique, j'ai trouvé d'autres chaînes. M'en libérer a été aussi un apprentissage. En même temps, j'étais tellement attaché à cette notion de liberté! Comment combiner la liberté et la loyauté? C'est toute une affaire.

Je n'ai pas de héros particulier. Catherine Ribeiro est l'une de ces figures. Mais il y en a d'autres, tellement d'autres. Un de mes modèles, de mes héros était John Nash, le grand mathématicien, avec sa créativité inouïe. Il n'a vécu que peu de moments de bonheur dans sa vie, mais ce qu'il a fait était tellement extraordinaire. Chez les artistes, chez les écrivains, c'est toujours la liberté et l'audace que j'admire. En politique (rire), mes héros sont les révolutionnaires et les pacificateurs.

Comme qui, par exemple ?

Cela pourrait être un Pierre Mendès France. Cela pourrait être Napoléon pour son côté révolutionnaire et bâtisseur. Un côté bâtisseur sans limites.

Ta vie est-elle un stage d'Amour comme la mienne ici-bas ?

On peut dire cela. Il faut prendre « Amour » au sens très large. Par exemple, quand on est un homme politique, c'est aussi une relation très affective qui s'établit entre soi et les citoyens. Selon que cela marche ou pas, selon que l'on fait une démarche qui prend ou pas ; un meeting, par exemple, est tout entier dans l'affectif.

Faut-il tout oser demander dans la vie ?

(Long silence) C'est une vraie question. La question du partage est une vraie question. J'ai acquis la conviction qu'il y a des moments où l'on veut se réaliser et où cela va forcément se faire au détriment de quelqu'un. J'ai eu la médaille Fields, qui m'a offert tant de possibilités ! Mais cette distinction m'est revenue au détriment de quelqu'un d'autre, qui l'aurait eue si ça n'avait pas été moi. Décrocher la médaille Fields, c'était quelque chose de tellement incroyable, quelque chose dont on ne formule jamais le souhait à voix haute. On attend que cela vienne ou ne vienne pas, on n'ose pas en parler. C'est à peine si l'on ose y penser, comme si cela portait malheur. Puis l'événement arrive. Eh oui, il fallait oser se le demander, tout en ayant conscience que cela empiéterait sur les possibilités de quelqu'un d'autre.

Tout dépend des trajectoires personnelles et collectives, de la façon dont on entraîne ou pas les uns et les autres. Tout doit s'apprécier en fonction du contexte. Mais si l'on demande trop pour soi, est-ce qu'on ne se coupe pas des autres ? En ce moment, je suis aussi dans une situation où plusieurs possibilités s'offrent à moi : des suites de carrière politique, des offres qui me parviennent, un statut qui s'est trouvé raffermi ces derniers temps. Est-ce que j'en profite pour exiger quelque chose, pour demander ceci ou cela ? Comment choisir ? Ce sont de vraies questions. J'essaie de trouver la bonne voie, dans une combinaison entre ce que je ressens, ce que je pense et ce que l'équipe autour de moi pense, la manière dont elle influe et guide. Au-delà de cela, quand vous êtes un personnage public, vous devez considérer tous ceux et toutes celles qui croient en vous. Vous ne voulez pas les décevoir. Si vous faites un choix, vous allez forcément décevoir certains, de la même façon que certains ont été déçus quand je suis passé de la science à la politique. Il faut arriver à voir comment donner des espérances. Bien sûr, c'est une grosse prise de risque, pour laquelle je n'avais pas de certitude et pour laquelle il fallait y aller avec une certaine dose de foi en l'avenir. Il y a un moment où les choses viennent à toi et où tu dois te contenter de les canaliser, et d'autres moments où il faut les saisir.

Pourquoi as-tu accepté ma demande d'interview ?

Elle sortait de l'ordinaire. Elle était faite avec le cœur, visiblement. Il y en a tellement, des interviews, que l'on choisit celles qui sont originales.

Donc, quel est le plus beau risque dans la vie, en un mot s'il te plaît ?

En Amour, mais ça vient avec, c'est l'engagement. Il peut prendre de multiples formes.

Le mien aura été de partager ce moment avec toi aujourd'hui... Merci du fond du cœur. As-tu une dernière question ?

Ton *dress code* orange ?

Petit, alors que nous n'étions pas gâtés, ma mère m'a offert un jour en cadeau une boule chinoise en papier pour le plafonnier au-dessus de mon lit. J'ai été très heureux de recevoir ce cadeau, et surtout heureux qu'elle me demande dans quelle couleur je souhaitais cette boule. Je vivais à la campagne et je ne sais pas pourquoi j'ai répondu : « orange ». Cette couleur ne m'a jamais lâché. C'est même devenu un gimmick un peu too much, *car à chaque fois que ma femme ou mes filles m'offrent un cadeau, il est bien entendu orange.*

C'est donc aussi de l'affection ! C'est bien.

III – Risques de chance, à toi de jouer !

Voilà ce que, petit, j'aurais aimé apprendre des grands, mais que je ne me lasse pas de glaner au fil de l'eau vive. Les lacunes et les croyances sont des élastiques à ramollir pour avancer sans frein vers son risque de chance. De réponse en réponse, je n'ai jamais cessé d'apprendre. À toi ma lectrice ou mon lecteur je propose maintenant, en guise de conclusion provisoire, une balade heureuse en risque de chance : la reprise de quelques idées fortes jaillies de ces entretiens, le récit de quelques anecdotes et expériences vécues qui me sont revenues à l'esprit à l'occasion de ces rencontres, etc. Le tout pour te donner l'élan et l'enthousiasme nécessaires pour t'engager. Car le jeu en vaut la chandelle, ami risqueur ! À la dernière page de ce livre, ce sera à toi de jouer !

*

Risque d'école : pluie égal nuages, beau égal soleil, ou les deux.

À l'école, qui m'a pourtant tout donné grâce au sport et aux maristes, j'ai été confronté très jeune à la défiance de l'adulte et de son troupeau suiveur. La maîtresse demande : « Quand pleut-il ? », et tous répondent : « Quand il y a des nuages, maîtresse. » Elle poursuit : « Quand fait-il beau ? », et tous de répondre : « Quand il y a du soleil, maîtresse. » Le cœur et l'esprit imprégnés de sublimes arcs-en-ciel sur les champs de maïs face à notre masure en pleine cambrousse, je lève le doigt et questionne d'un trait : « Mais pour faire naître l'arc-en-ciel, il faut qu'il pleuve en même temps qu'il fait beau, donc il faut qu'il y ait des nuages et du soleil ? » La réponse sans maîtrise de la maîtresse fut cinglante et sans appel : « Rondot au piquet. » L'école était pour moi une maternité des idées et mon espoir à y naître était immense. Dès l'enfance, j'ai compris que la vie avec les adultes allait être parfois compliquée pour moi. Mais je ne renoncerais pas à mon Risque de chance, car les arcs-en-ciel étaient bien le fruit des rayons dans la pluie, donc des nuages et du soleil. Je les avais vus naître et briller, je vivrais donc en sage-homme. Cette expérience m'a nourri et aidé dans l'apprentissage du risque côté chance. Comme le compositeur sait s'évader pour laisser naître la musique en lui, le preneur de risque de chance doit savoir cesser de chercher la chance pour la chance. C'est quand le risque s'arrête que les meilleures chances naissent. L'accueil prend place dans le lit de la tension. La douceur caresse l'effort. Le don naît de l'abandon.

J'ai vécu cette grâce lors d'une nuit magique chez Roland Romanelli, compositeur de Barbara, Goldmann et d'autres. Il devait composer la musique d'un film qui présentait une institution, et j'étais chargé de revenir le plus vite possible avec ce film dans l'agence de communication pour laquelle je travaillais. Chevauchant ma petite moto, j'arrivai dans une grande villa en banlieue parisienne éloignée. On me dirigea vers un moulin au milieu du parc. Au centre, un piano, des claviers et autres instruments. Puis apparut Roland Romanelli, immense, tenant à la main des feuilles de partition géantes et un gros crayon à papier. Il visionna les images de la vidéo. Là commença la magie. Il jetait les notes, sur la partition à coup de crayon et sur son piano à coup de do. Puis soudain plus rien. Stop. Il a disparu puis il est revenu, il a recomposé puis relâché. Le manège au sein du moulin dura toute la nuit. Le musicien puisait son art dans l'abandon renouvelé. Au petit matin, au milieu d'une multitude de partitions raturées à terre, il s'assit à son clavier et joua sa musique sur les images. J'étais bouleversé. Tout concordait avec talent et passion. Chaque note m'emportait. Plus qu'à l'école, j'ai appris chez Romanelli que le meilleur de la chance naît quand tu sais t'arrêter. Quand l'ego est en pause. Quand le risque est libre. Quand la pluie des nuages se mêle aux rayons du soleil pour faire naître l'arc-en-ciel, chemin coloré du grand voyage.

Risque d'ouverture : le voyage forme la jeunesse, ou pas.

Je suis passé de Saint-Jean-de-Bournay en Isère, village où je suis né, à Villard-de-Lans dans le Vercors, puis Lyon et enfin Paris. J'ai poussé l'aventure jusqu'au paradis du Crotoy en Baie de Somme. J'ai fait quelques déplacements professionnels ou pour d'autres occasions, mais je ne les qualifierais pas de voyages. Calgary au Canada pour les Jeux olympiques de 1988, New York pour un comité de direction, dit ComEx. La Corse ou la Sardaigne en famille. La Tunisie, grosse erreur de jeunesse pour une lune de miel gâtée par la mayonnaise et l'hystérie d'un club méditerranéen renommé. Non, décidément, les voyages ne sont pas pour moi risque de chance. Seul Christian Bobin m'a réconcilié avec le voyage, tel qu'il le vit, fixé au Creusot, sa ville natale. « Changer de lieu relève du tournis. Quant à la connaissance, l'expérience que le voyage apporte, tout cela est si dérisoire. Bien des sages qui n'ont jamais voyagé en savent plus sur le monde que Humboldt et Livingstone. »[120] D'autres témoigneront, bien sûr, de voyages extraordinaires. Je ne te dis pas de ne pas voyager, mais de ne pas te laisser balader en inconnu dans des terres trop connues. C'est à toi de déterminer ton voyage et son point de départ intérieur. Avant tout déplacement, vise d'abord ton étoile. Xavier Fontanet, ami de cœur, savoyard et breton, nous a proposé un paradoxe qui fait réfléchir, en invitant les Français à voyager… pour lutter contre l'uniformisation et la désinformation de la mondialisation ! Mon voyage le plus engagé ne consiste pas à découvrir une vie rêvée, car je la connais par essence, mais de vivre les risques de chance quotidiens de ma vie. À quoi rime de voyager pour trouver ce que tu as déjà ? La paternité est certainement mon plus grand voyage.

Risque de parenté : qui élève qui ?

Fadela Amara nous a confié avoir lutté entre Fadela rebelle et Fadela traditionnelle, dans une culture et une éducation patriarcale et machiste. Comment a-t-elle saisi son Risque de chance en ne devenant ni pute ni soumise ? En se connaissant elle-même jusqu'à la vérité la plus difficile, dans un combat étroit entre la loyauté à sa famille et le combat pour les femmes et l'humanité. De son côté, François Morinière s'émerveille de ce renversement des rôles qui se produit parfois, avec une fécondité mystérieuse, le jour où des parents se trouvent édifiés, élevés au-dessus d'eux-mêmes par le risque pris par leurs enfants. Je suis moi-même élevé

120. Pagnier, Dominique, Bobin, Christian, *L'Arrière-pays de Christian Bobin*, L'Iconoclaste, 2018, p. 286.

chaque jour par la différence que je constate chez nos enfants ou chez des jeunes que je rencontre. Le respect de la femme, l'acceptation de la différence, l'apprentissage de l'Autre. Au point qu'il me vient une idée folle – une de plus, mais elle est belle : créer une école de formation permanente des adultes, par les jeunes. Une école dont l'essence serait « Liberté, Égalité, Fraternité, Partage ». Une école pour être soi. Ce ne serait pas un Risque de chance, ça ?

Risque d'être soi : le bonheur est un risque assumé ou imaginé.

« Les hommes sont, parmi les animaux supérieurs, les plus tardifs à atteindre l'autonomie. Il reste dans leur psychisme, une empreinte éternelle de la soumission au groupe », constate Xavier Emmanuelli dans son livre *Les Enfants des rues*[121]. Jean-Louis Borloo, faisant une fugue à l'école dès la première année de maternelle, recommande de sortir du format standard et d'être malin pour être heureux. Sortir du conditionnement sociétal, familial, culturel, intellectuel, sexuel, alimentaire, vestimentaire, religieux n'est pas un acte d'héroïsme ou de distinction. C'est un acte de vérité. Sauf à être parfaitement aligné avec ce que la vie te propose, ce qui est une grande chance, n'hésite pas à chercher la meilleure terre pour ta graine de talent. C'est une recherche difficile ? Oui et non. Oui avant, oui pendant, mais non après. Plus tu approches de ce que tu es, plus tu évolues en harmonie avec ce que tu es, et plus la vie devient facile. L'harmonie fluidifie, irradie, éclaire, joue de la vie. Dans *Jonathan Livingston le goéland*[122], l'un de mes livres cultes, Richard Bach, descendant du compositeur Jean-Sébastien Bach, explique très bien cela : « Brisez vos limites, faites sauter les barrières de vos contraintes, mobilisez votre volonté, exigez la liberté comme un droit, soyez ce que vous voulez être. Découvrez ce que vous aimeriez faire et faites tout votre possible pour y parvenir. » Et Chiang, le maître goéland de Jonathan, lui répond : « Le paradis, c'est simplement d'être soi-même. »

Je crois à l'image de liberté soufflée par le vol de ce goéland symbolique. Je l'ai vécu en kitesurf par exemple. Malgré l'aide des moniteurs, j'ai bataillé contre vents et marées pendant un an sans réussir à décoller. Cinq points d'appui m'ont finalement aidé à m'envoler vers mon but. Le premier a été d'interroger ma motivation profonde à vouloir pratiquer ce sport. La réponse

---

121. Emmanuelli, Xavier, *Les Enfants des rues*, éd. Odile Jacob, 2016.
122. Bach, Richard, *Jonathan Livingston le goéland*, Flamarion Jeunesse, 2010.

était mon désir d'évoluer en pleine nature avec une très forte sensation de liberté : naviguer sur une simple planche à l'aide d'une aile adaptée selon la force du vent. Le second point d'appui était la joie de pouvoir pratiquer ce sport en famille avec mes filles, dans un partage étroit. Le troisième, de lâcher prise et de me faire confiance : c'est le jour où je me suis levé, déterminé, tourné dans la bonne direction et fixant mon cap au loin que je suis parti. Jusque-là, la peur fixait le cap vers l'échec assuré. Dans *Jade et les sacrés mystères de la vie*[123], François Garagnon l'illustre à merveille : « Quand on surfe au-dessus du compréhensible, on doit savoir s'abandonner au rythme de la vague, c'est la seule manière de pas perdre l'équilibre et de pas se retrouver le bec dans l'eau… car l'abandon amène l'abondance, abondance perpétuelle. » Le quatrième facteur de réussite fut le plaisir de goûter un niveau d'adrénaline rare. Je ne me suis jamais drogué, mais après une séance de kite j'imagine ce que veulent dire ceux qui parlent de « shoot » : une sensation de bien-être total. Enfin, le cinquième point d'appui, plus enfoui que les autres, tenait au fait que ce sport répondait à ma soif d'esthétique. Tout est beau dans le kitesurf. La planche ou le surf, l'aile, l'eau, le sable, les vagues, le ciel, la glisse, les mouvements, les sauts. C'est seulement en ayant pris conscience de tous ces éléments que j'ai pu réaliser mes premiers ballets entre terre et ciel. Mon meilleur maître de vol libre fut Jonathan.

Il en est de même dans la vie. *Start with why?* et le ciel t'aidera à t'aider. En fait, j'ai réalisé que pour atteindre son but, il faut commencer par l'imaginer sous toutes ses facettes et le vivre. Chacune et chacun est responsable de l'avenir. Fadela Amara dit aux jeunes que la clé de la vie et la clé de l'humanité sont dans la main de chacun d'entre eux. Pour tourner cette clé dans le bon sens, j'adhère à cette définition de Jacques Salomé : « Devenir autonome et d'une certaine façon adulte, c'est prendre le risque de s'affirmer en renonçant à l'approbation de ceux qui prétendent nous aimer »[124]. Un autre risque à assumer pour atteindre le bonheur est celui du malheur. Cela t'étonne sans doute, et pourtant… Selon Boris Cyrulnick, « Pour trouver le bonheur, il faut risquer le malheur. Si vous voulez être heureux, il ne faut pas chercher à fuir le malheur à tout prix. Il faut plutôt chercher comment, et grâce à qui, l'on pourra le surmonter ». Voilà qui nous ramène au risque d'être toi, avec tes qualités et tes défauts.

123. Garagnon, François, *Jade et les sacrés mystères de la vie*, éd. Monte Cristo, 1991 (1re édition).
124. Salomé, Jacques, *Pour ne plus vivre sur la planète TAIRE*, Albin Michel, 2003.

Risque de défaut positif

J'entends souvent cette objection : « Oui, telles personnes sont des exemples, mais elles sont fortes, ils sont forts. Les gens qui réussissent n'ont pas de défauts majeurs dont ils souffrent. » Que nenni. Rien ne sert de souffrir, il faut agir à point ! Toutes les personnes que j'ai interviewées souffrent de défauts, mais agissent en fonction d'eux. Il est incroyable de les entendre te décrire les défauts dont elles ou ils souffrent et de voir en parallèle ce qu'elles ou ils réalisent. Car il y a toujours une intention positive derrière un défaut. Relis leurs réponses à la question que je leur ai posée : tu risques fort de te reconnaître au détour de tel ou tel défaut – ce sera très encourageant !

J'aimerais simplement te rappeler ici la réponse de Michel Camdessus, l'une des personnalités qui, parmi toutes celles que j'ai rencontrées, témoigne de la plus grande humilité. Avec beaucoup d'humour, il dit avoir trente-six défauts, dont le risque de vanité : « À force de s'entendre dire que l'on fait des choses “bien”, on finit par y croire, ce qui est enfantin. » Il y puise tout de même « la confiance en soi-même fondée sur la confiance que nous avons envers les autres, dont la confiance nous construit », et n'hésite pas à rallier à sa cause ce vers du vieux Corneille[125] : « Je sais ce que je vaux et crois ce qu'on m'en dit », avant d'ajouter, malicieux : « Mais pas plus. De préférence un peu moins pour éviter les dérapages. » Jauger et ajuster sa juste valeur grâce aux autres, dans la confiance partagée, voilà le secret. Alors, toi, de ton côté, n'hésite pas à imaginer toutes les merveilles que tu peux accomplir en écoutant ce que tes « défauts » te suggèrent. Bien entendu, l'idée n'est pas de conclure : « Chouette, j'ai des défauts et peu importe ! », mais de te dire : « J'ai des défauts, d'accord, mais que m'apportent-ils en fait d'intentions positives, de chouettes messages d'énergie, de dépassements possibles et d'ouverture au profit des autres ? » Les défauts comme les contraintes sont là pour nourrir ton équilibre dans la marche sur ton chemin de vie. Ne pas t'emballer, mais adopter la mélodie de la justesse, dans la mesure des possibles. Le véritable progrès est de mieux te comprendre pour mieux servir le monde en fraternité.

Risque de fraternité : lui ou moi

Magnifique et insupportable à la fois, l'Autre est un paradoxe. « L'enfer, c'est les autres », entend-on dans *Huis clos*, la pièce de théâtre de Jean-Paul Sartre[126]. Moi, je crois en l'Autre, même en enfer. Il est à la source de mes

125. Pierre Corneille, dramaturge français, 1606-1684.
126. Sartre, Jean-Paul, *Huis clos*, Folio Théâtre, 2019 (dernière édition).

Risques de chance. Fadela Amara parle de la présence d'autrui comme d'un « compagnonnage extraordinaire ». N'oublie pas, toi, que le cheminement vers l'Autre est ton chemin. L'Amour en premier lieu. Ton couple, tes enfants, ta famille. Ton premier cercle. Si tu ne l'as pas, construis-le. Tout le monde est adoptable et beaucoup sont prêts à adopter. Je suis impressionné par l'attraction des communautés : associations, clubs sportifs, cercles de réflexion, groupes de soutien politiques, chasseurs, etc. Pour celles et ceux, comme moi, qui goûtent cette grâce, la vie offre l'Amour avec un grand A. Celui de Dieu ou d'un bel absolu que tu cherches. Tu deviens un autre unique pour celui que tu vénères de Très Haut. Les autres en chemin avec toi sont fraternité. Un Risque de chance inouï. Résilience et joie de vivre, rien ne peut l'empêcher et pourtant… Si tu es attiré vers le gris, reprends contact avec ton étoile ! Trouve ton point ressource : il existe. Fais-toi aider pour le découvrir et ancre-le en toi pour faire appel à lui sans modération. Tu peux tout lui demander.

Risque de demander ou de prendre

Moi, j'ose tout demander depuis toujours. Mal poli, déplacé, osé, courageux ou pas, inutile, dérangeant, intrusif, je ne sais pas. Je n'ai pas eu à réfléchir sur mon comportement, par contre j'ai eu besoin de manger, d'apprendre et d'être aimé. Alors, j'ai demandé. Dans ce voyage Risque de chance que nous venons d'accomplir ensemble, certaines personnes m'ont interpellé par leurs réactions différentes à ce sujet. Yann Arthus-Bertrand considère par exemple qu'il faut peut-être prendre plutôt que demander. Bertrand Badré préfère s'en remettre à l'imprévu : « Si vous partez avec l'idée que l'improbable peut arriver, vous allez lui faire de la place. […] Ayez ce sens de l'improbable. » Bien sûr ! En suivant ce conseil, tu te donnes une chance de vivre de belles aventures. D'autres pensent qu'il faut s'autoriser, plutôt que de demander. S'autoriser à suivre son chemin comme on le ressent : Delphine Ernotte, Clara Gaymard ont fait cette expérience et la recommandent. N'empêche que demander n'est pas manquer d'humilité ni de discernement, puisqu'un religieux – et non des moindres – y voit un signe de maturité : « Quand nous commençons à demander, nous sommes alors sur la voie de l'âge adulte. Osons demander », écrit Timothy Radcliffe, ex jeune maître de l'Ordre des prêcheurs (Les Dominicains) dans *Je vous appelle amis*[127]. Oser demander, c'est peut-être déjà sortir du difficile.

127. RADCLIFFE, Timothy, *Je vous appelle amis*, éditions du Cerf, 2014.

Risque du difficile : en sortir

Ne pas se laisser enfermer et sortir du cadre. Jean-Louis Borloo nous alerte sur notre plus grand risque d'échec : ne pas savoir que l'on a une lumière à apporter aux autres. Bien sûr, nous avons des zones d'ombre, il faut en prendre humblement conscience, comme le rappelle Gonzague de Blignières. Et même en avoir la pleine conscience. Mais cela ne doit pas t'empêcher d'avancer, au contraire. Avec l'énergie et l'esprit de curiosité dont Mercedes Erra et Gérard Feldzer nous assurent, chacun à leur manière, qu'ils peuvent conduire sur de fabuleux chemins de traverse. Bref, sortir du difficile par l'exploration de l'ailleurs. Mercedes : « Il ne faut pas être radin dans la façon d'explorer le monde. Les pas de côté sont toujours porteurs de choses intéressantes. » Gérard : « C'est ce qu'on appelle la sérendipité. On cherche quelque chose et on découvre autre chose. Il faut avoir les yeux ouverts sur des choses qui peuvent paraître complètement aberrantes. [...] Soyez inventifs, créatifs et du coup vous trouverez des choses totalement inattendues. » Dans son livre *Quand le murmure devient cri*[128], Tim Guénard écrit : « Toutes nos souffrances, ce sont ces vieux vêtements qui nous collent à la peau et nous empêchent de nous renouveler... On est fait pour devenir. » Pour y parvenir, je t'invite à décoller de toi-même vers un continent plein de surprises heureuses : la générosité. Un endroit idéal pour découvrir sa raison d'être.

Risque de raison d'être : écoute ton cœur et celui de l'Autre

Là, j'ai beaucoup, mais beaucoup à apprendre. Peut-être comme toi ? Bien sûr, mon métier de coach et mon engagement de bénévole à l'hôpital m'invitent et m'obligent à l'écoute. Mais comme c'est difficile, y compris de s'écouter soi-même ! Jean Vanier m'a éclairé sur cette voie de l'écoute, grâce à sa belle évocation de « l'innocence primale » de chacun, dans le sein de sa mère, dans les éclats purs de l'enfance – cette innocence souvent blessée ou recouverte par les pesanteurs de la vie, mais qui demeure comme une aspiration au beau. Éveiller en l'Autre le beau qui sommeille. L'écouter, le comprendre au plus profond de lui et de soi. Surtout, sans vouloir le changer. L'éclairer là où il en est et l'accompagner vers ce qu'il est. Sacré chemin où tu « grandis avec ». L'autre est le plus grand cadeau de l'humanité. Que ferions-nous sans l'Autre ? Quel ennui !

---

128. Guénard, Tim, *Quand le murmure devient cri*, éditions De La Loupe, 2006.

J'ai un proche ami à qui je dis souvent : « La formule qui te définit pourrait être "Servir d'abord", comme on dit d'une lessive qu'elle "Lave plus blanc que blanc". » Chercher une devise qui te corresponde est sans doute une bonne façon de t'élever jusqu'à toi-même. Car elle oblige. Tu as pu mesurer à quel point Alexandre Bompard était porté par celle de l'entreprise qu'il dirige : « Créer la qualité alimentaire pour tous », c'est un sacré challenge pour Carrefour dans le monde ! Il n'est pas anodin de découvrir sa raison d'être. Même si le grand sociologue Edgar Morin nous interpelle en proclamant : « Le terme "raison d'être" est irrationnel, car aucune raison ne peut expliquer l'être. »[129]

Certes, aucune raison n'épuise notre richesse intérieure. Mais se poser la question du sens reste la condition nécessaire d'un Risque de chance assumé et épanoui. Avec ou sans l'Autre ? Jusqu'ici, les plus belles réalisations et les plus belles réalisatrices, plus beaux réalisateurs que j'ai rencontrés sont alignés à leur vocation, au service de l'Autre. « Je crois profondément à l'idée de vocation. Je crois que tout être humain est appelé à être, c'est une dimension intrinsèque de sa dignité », « Les poissons ont besoin d'eau, les plantes ont besoin de terre, nous avons besoin de vérité. »[130]. C'est une clé essentielle de toute vocation, la vérité. C'est là qu'on se retrouve en clarté. De cette vérité éclatante peut naître ta contribution au monde en risque de chance. Vivre sans sa vocation, c'est un peu comme parler sans connaître le sens des mots. Comment se comprendre ? Comment partager ? Comment ordonner son monde dans le monde ? Comment aimer ?

Risque d'aimer et de faire lien

Dans un article de *La Tribune,* le 15 octobre 2019, la philosophe et psychanalyste Cynthia Fleury écrit : « L'essentiel est de faire lien. D'être déterminé et disposé à aimer. Aimer est une décision, un libre arbitre, mais aussi un travail. Aimer, c'est politique, car l'Amour, l'attraction de l'Autre et vers l'Autre, le sens de l'Autre, construisent l'être. » Voilà peut-être le plus grand Risque de chance à affronter. Oser devenir l'amant de soi-même et celui de tous. Je suis littéralement bouleversé par le comportement aimant – et répété – des médecins, infirmières, aides-soignantes, femmes ou hommes de service auprès des soignés et de leurs familles. Je préfère

129. 15 octobre 2019, @edgarmorinparis sur Twitter.
130. Radcliffe, Timothy, *Je vous appelle amis*, éditions du Cerf, 2014.

ici le terme de soigné à celui de malade. C'est évidemment une lecture en Risque de chance de la personne. Dès votre entrée à l'hôpital vous n'êtes plus seulement un malade, mais une soignée, un soigné. Dès votre arrivée aux urgences ou au bureau administratif, puis dans votre service médical, sans que vous en ayez forcément conscience, le lien se fait. Or aujourd'hui, dans les conditions pratiques et la pression qui s'exerce sur l'hôpital, je peux affirmer qu'il s'agit d'un miracle. Avant de visiter un malade, je passe toujours voir le personnel médical pour demander l'autorisation d'entrer et surtout m'informer sur l'essentiel de la personne. Pas prioritairement son état pathologique, sur lequel je n'ai aucune expertise, mais son état d'être. L'accueil et les secrets livrés sont toujours empreints de bienveillance et de volonté d'aider. C'est grâce à cet échange préalable que le lien s'établira ensuite très rapidement avec la ou le soigné.

Peut-être est-ce d'ailleurs dans ces échanges à l'hôpital que je rencontre le Risque de chance le plus inattendu et le plus profond. Mais comment expliquer la profondeur de cette confiance réciproque à se livrer et partager dans un contexte étranger et si court ? Dans le métro, on ne se serait même pas vu. Sur la route, peut-être pire, on aurait pu s'enguirlander. Comment être connecté dans ce si court espace-temps avec le cœur même de chacun ? Grâce à la foi, me direz-vous. Oui, pour celles et ceux qui l'ont. Mais certains soignés ne l'ont pas, et pourtant la magie du lien d'Amour opère. On se découvre, elle ou il est souffrant, bien que soigné, l'environnement n'est apparemment pas le plus favorable à la rencontre, le temps est compté, les pathologies imposent des contraintes d'hygiène et d'accoutrements distanciés. Quand vous êtes déguisé, en réanimation ou ailleurs, avec masque, gants, blouse et chaussons, il y a mieux comme tenue d'approche et de séduction ! Pourtant le lien opère, avec une intensité parfois incroyable. La personne vous livre son essentiel, souvent inédit et secret pour tous, y compris leur conjoint ou leur famille. Sans l'exprimer en ces termes et quand elle m'y invite, j'interroge souvent la personne sur son Risque de chance. L'arc-en-ciel des réponses est si vaste, c'est magnifique ! Le difficile, c'est quand la personne te répond : « Mon étoile c'était cela, mais je suis passée à côté et maintenant c'est trop tard. » Ce qui n'empêche en rien de vivre le lien et de s'aimer dans cette relation éphémère, mais si profonde. Jusqu'où ? C'est une vraie question.

J'ai vécu un jour un risque de chance immense. Une épouse me confiait qu'elle ne comprenait pas l'acharnement thérapeutique des médecins auprès de son mari gravement atteint et qui souhaitait mourir après des semaines de lutte. C'est une situation délicate quand tu es bénévole, car ton éthique et ta méconnaissance t'interdisent formellement de prendre une position sur une attitude ou une prescription médicale. « Mais, Cyr-Igaël, il m'a dit qu'il voulait partir. Pourquoi ne pas le laisser s'envoler ? Il est prêt. » Guidé par mon Risque de chance, j'ai osé lui répondre : « Je comprends votre désarroi. Il vous a dit qu'il était prêt à partir, mais lui avez-vous dit que vous étiez également prête à le laisser partir, qu'il n'avait plus à s'inquiéter ? » La réponse immédiate fut : « Mais il le sait, puisque je l'aime et ne veux que son bien. Je n'ai pas besoin de le lui dire, il le sait. » Mon dernier risque fut ma dernière question : « Êtes-vous sûre qu'il le sache, si vous ne lui avez pas dit ? Je dois vous laisser pour aller vers d'autres, mais voici mon numéro si vous éprouvez le besoin de m'appeler. » Je tremblais sous mes pas dans le couloir, face à mon risque et surtout face au sien. Cette femme m'appela une heure après. « Cyr-Igaël, je lui ai dit qu'il pouvait partir, car j'étais prête comme lui. Vingt minutes après, il a fermé les yeux et il est mort en paix. Merci pour lui. » L'hôpital est un lieu privilégié pour transformer l'épreuve en opportunités. Heureusement, l'issue est plus souvent le retour à la bonne santé que l'envol.

Je n'ai pas donné cet exemple par hasard, car pour viser son étoile et vivre pleinement son Risque de chance, il faut un environnement favorable. Ici, dans ce cas extrême, l'hôpital est une source favorable. À l'hôpital tout est blanc ou presque, vous êtes nu ou presque, seul ou presque, affaibli ou presque, dépendant ou presque, isolé du monde ou presque, en silence ou presque, aidé ou presque. Situation paradoxale : vous êtes pris entre cet environnement qui vous renvoie à votre état de « faiblesse » et cette force que vous éprouvez à vous retrouver face à vous-même. Plus de filtres. Moi et moi. Nombreuses sont les personnes qui m'ont confié des Risques de chance nés à l'hôpital et qu'elles ont transformés à la sortie. Sais-tu pourquoi ? Parce que tu es transformé par la personne que tu soignes, qui te soigne ou que tu visites.

Maurice Bellet écrit : « La divine douceur sauve tout, elle veut tout sauver. Elle ne désespère jamais de personne. Elle croit qu'il y a toujours un chemin [...] Elle est présence, elle est hospitalité, elle est parole échangée. Elle est compassion. Elle est la discrétion même. Oh, qu'elle est désirable ! Elle est le sel de la vie. Mais le moment où on le sait est celui de la douleur. » C'est dans ce lien d'Amour avec soi et les autres que se construit le Risque de chance, j'y crois profondément. Ailleurs peut-être aussi, mais je ne l'ai pas encore trouvé ailleurs. Au sujet de Marc Aurèle, Michel Onfray écrit dans *Sagesse*[131] que « Vouloir être aimé rend faible, parce que ce désir met à la merci d'autrui ». Peut-être ! Mais je prends le risque d'aimer et d'être aimé jusqu'à me mettre à la merci d'autrui. Qui n'est à la merci de rien ni de personne ? L'accident ou la maladie te met à la merci de tous, comme Frédéric Sausset l'a si profondément décrit. Mais il n'y a pas que le malheur. Es-tu déjà tombé Amoureux ? As-tu déjà vécu la révélation soudaine du lac de la Plagne après des heures de marche ? As-tu déjà pris un nourrisson dans tes bras ? As-tu déjà sauvé quelqu'un ? De la nature, de l'Amour, de l'Autre, de toi tu es à la merci. Le plus beau risque est d'être aimé à la merci. L'autre t'indique ici la direction de ton Risque de chance, sans effacer, bien entendu, ton implication propre et fondamentale. Dans son livre *La femme qui résiste*[132], Anne Lauvergeon cite André Gide : « Il y a d'admirables possibilités dans chaque être. Persuade-toi de ta force et de ta jeunesse. Sache te redire sans cesse "il ne tient qu'à moi". »[133]. Et s'il ne tenait qu'à toi d'aimer, d'être aimé et de faire lien ? Mène ta libre révolution.

Risque de révolution

Dans ses livres *Sapiens*[134] et *Homo Deus*[135], Yuval Noah Harari présente nos trois révolutions : révolution cognitive il y a 70 000 ans, révolution agricole il y a 12 000 ans, révolution scientifique il y a 500 ans, avec les mythes communs qui cimentent l'ordre social et toute coopération humaine. « La sociologie montre que la taille naturelle maximale d'un groupe lié par le commérage est d'environ 150 individus. Aujourd'hui encore, le seuil critique de la capacité d'organisation humaine se situe autour de ce chiffre magique. » Mais comment vivons-nous à 7 milliards d'humains sur Terre ? Harari pense que le secret tient dans le pouvoir de « raconter des histoires et de les faire croire aux gens ». Peut-être ! Mais alors il faut que ce soient vraiment de belles histoires… Je crois davantage à la capacité des êtres

131. Onfray, Michel, *Sagesse*, J'ai lu, 2020.
132. Lauvergeon, Anne, *La femme qui résiste*, Plon, 2012.
133. Gide, André, *Les Nouvelles Nourritures*, Gallimard, 1935.
134. Harari, Yuval Noah, *Sapiens. Une brève histoire de l'humanité*, Albin Michel, 2015.
135. Harari, Yuval Noah, *Homo Deus. Une brève histoire du futur*, Albin Michel, 2017.

humains à vivre leur risque de chance et à vouloir le partager. L'art de raconter son risque de chance permet aux autres d'y adhérer ou non, mais ce qui le fait exister n'est pas de la chance. C'est le risque assumé.

Harari donne l'exemple d'Armand Peugeot, qui a créé Peugeot sur l'imagination collective de l'homme-lion de la grotte de Stadel, située non loin de la petite entreprise familiale de Valentigney. Il le compare à un sorcier. La révolution de Peugeot, qui emploie des centaines de milliers de personnes dans le monde, n'est pas l'œuvre d'un sorcier de mythe, mais celle d'un visionnaire de la mobilité aligné avec ses valeurs d'entrepreneur. Harari dénonce aussi l'effondrement de la famille, remplacée par l'État et le marché lors de la révolution industrielle. Il décrit son remplacement par les « tribus de consommateurs », les « fans de Madona », « les supporters du foot », « les végétariens », qui ne se définissent plus que par ce qu'ils consomment. Mais est-ce une fatalité ? Et si l'humanité se définissait à nouveau par sa raison d'être ? Si votre risque de chance individuel entraînait l'adhésion des autres ? C'est le cas pour nombre de leaders, visibles ou non. C'est même vrai dans le business marchand. Quand un groupe français de taille mondiale comme Danone prône la santé par la nutrition, on peut n'y voir qu'une simple option de marketing, mais on peut aussi y saluer le choix de raison gardée. Suis-je angélique de croire à ce choix-là ? Peut-être ! Mais j'y crois.

Chacun est acteur du bien commun quand il définit son risque de chance sur son bien propre. C'est la pierre d'angle, le levier. « Celui qui a une raison de vivre peut endurer n'importe quelle épreuve ou presque », selon Nietzsche. La famille et surtout la famille humaine est une ressource inouïe pour relever nos défis individuels. Dans *Le Chercheur d'absolu*[136], Théodore Monod l'esquisse avec grâce : « Nous ne sommes pas une moyenne, mais une addition. » Pour tenir la route, cette addition doit être celle de bons éléments, cohérents, alignés, inscrits dans l'ordre du monde. Une somme de richesses. Alors l'addition devient révolution. « Il faut énergiquement développer les nervures de la pensée », « l'être humain doit ressembler à un métal qu'il faut assouplir par le feu de la foi et de l'intelligence », « le cerveau met le cap en avant », « L'utopie ne signifie pas l'irréalisable, mais l'irréalisé », suggère encore Théodore Monod. Notre seul risque est « d'être sots », comme le dit Charles Péguy au sujet de la République. Ne tombons

136. MONOD, Théodore, *Le Chercheur d'absolu*, Gallimard, 1998.

pas dans la sottise, mais osons nos risques de chance en famille humaine. Laissons-nous basculer dans l'humanité risquée à force de volonté.

Risque de volonté

Dans *L'Alchimiste*[137] de Paulo Coelho, le roi invite le jeune berger Santiago à penser sa légende personnelle. « Qui que tu sois et quoi que tu fasses, lorsque tu veux vraiment quelque chose, c'est que ce désir est né dans l'âme de l'univers. C'est ta mission sur la Terre. On a toujours la possibilité de faire ce que l'on rêve. » Oui, trois fois oui. Ton chemin est plus simple à dessiner si tu t'en charges que si tu laisses d'autres personnes le dessiner pour toi. Déterminer ta mission, savoir ce que tu veux, donc ce que tu aimes, c'est simple. Goethe le dit aussi avec force : « Quoi que vous puissiez faire ou rêver, vous pouvez le faire. L'audace a du génie, de la puissance et de la magie ». Ta mission est de relever tes risques de chances un par un. Choisir, donc savoir dire non. Faire de ton rêve un ami. Mercedes Erra donnait l'exemple de ce jeune diplômé dont la mission était de cuisiner pour les autres. Comme lui, adopte ton rêve. Fais-lui de la place sur ton épaule comme un petit Jiminy Cricket, et écoute-le en chemin. « Ce que tu fais là ou que l'on te propose là-bas, ce n'est pas mal, mais est-ce ton rêve ? Ton rêve, n'est-ce pas plutôt de ravir les papilles du monde par ta cuisine ? Si ?! Alors, en cuisine jeune homme ! »

En termes de volonté, le risque de chance n'est pas simplement de faire. C'est de vouloir ce que tu veux. « Deviens ce que tu es », selon Sénèque. Si tu es cuisinier, deviens cuisinier. Si tu es coach, comme me l'a révélé Anne Garnier, deviens coach. Ce sera la première manifestation de ta volonté. Ensuite, bien entendu, il te faudra la volonté d'acquérir et de parfaire ce que tu es. Tu as alors un copain sur l'épaule pour t'aider et surtout éveiller autour de toi l'attention de toutes celles et tous ceux qui t'aideront. Henry Lachmann m'a répété : « Aide-toi, le ciel ne t'aidera pas. » Peut-être, je n'en sais rien et lui non plus. Mais Jiminy t'aidera à t'aider. Le vrai grand risque de perdre sa volonté est plus sournois. C'est celui d'avoir peur d'atteindre ce que l'on est, parce qu'on craint de s'ennuyer ou de ne plus trouver de nouvelle raison de vivre. Comme si la découverte de sa raison d'être effaçait sa raison de vivre ! Peut-être, là encore ; mais là encore, je prends le risque. En observant toutes celles et tous ceux que j'ai croisés, ce n'est pas mon constat. Chacun, aligné avec

137. Coelho, Paulo, *L'Alchimiste*, Anne Carrière, 1984.

ses valeurs, fait le bien et se fait du bien. Bertrand, Clara et Gonzague repensent la finance à l'aune de l'humanité bienveillante, Jean sécurise la mobilité dans le monde, Cédric ouvre l'intelligence, Fred fait revivre heureux les cabossés, Olivier ose se perdre en pauvreté, etc. Plusieurs recommandent à leurs enfants de faire ce qu'ils souhaitent, mais de le faire bien. Or le faire bien, c'est le faire parce qu'ils l'aiment bien. Détermine ce que tu aimes bien et tu le feras bien.

La volonté est le premier pas entre ton état présent et ton état désiré – ton étoile. Il s'agit donc de déterminer ton étoile, seul ou avec d'autres, et de suivre son cap pas à pas. Tout va bouger, rien ne sera selon tes attentes. Peu importe, laisse-toi porter par le bon sens. Atteindre l'étoile n'est peut-être pas le but ultime. Cheminer en volonté vers elle, voilà l'essentiel. Deviens à toi-même ton compagnon, comme Jiminy le sera si tu l'adoptes. Le vrai chemin se dessine de soi à soi en passant par les autres. La responsabilité consiste à accompagner son risque et la prise de risque de l'Autre, en pleine confiance. Accepter son risque jusqu'à dessiner sa chance, sans faillir. Belle destination, qui comporte son lot de surprises.

Risque de surprise

Après Dieu, ce que j'adore dans le risque de chance ce sont les cadeaux du Ciel. Par exemple, si je m'expose ou m'engage à titre professionnel, associatif ou personnel et que je bute sur une solution ou une idée à trouver, je prends le risque de travailler le sujet. Souvent, la chance reste cachée, mais je travaille et explore. Au moment le moins attendu, le plus souvent la nuit à l'heure de ma naissance, c'est-à-dire 4 h du matin, la solution ou l'idée surgit. Chance ou pas, je la note, car comme les barques de la Bible elle ne repasse pas toujours de bon matin. Même expérience dans la nature, où naît souvent mon inspiration. Comme pour le difficile évoqué dans les témoignages, c'est souvent dans un contexte très différent que naît la surprise. Laisse un espace pour la surprise dans ta vie. Ce n'est pas ce qu'on t'a appris ? Eh bien, prends le risque de désapprendre. Pour donner naissance la mère offre de l'espace à son enfant, au point de voir doubler voire tripler la taille de son ventre. Pour donner naissance à une solution, sors de ton bureau, va marcher en forêt, observer les gens dans le métro, scruter la voie lactée ou prier en silence. La surprise s'accueille. Rien n'est masqué.

Risque masqué

Il n'y a risque de chance qu'en vérité. Je l'ai évoqué, nombre de freins, croyances, habitudes, contraintes, peurs, lâchetés gênent ou empêchent la naissance à soi. Il faut amollir ces élastiques qui retiennent ton élan – voilà l'enjeu. Les supprimer? Trop ambitieux. Il suffit de les ramollir. Les déterminismes de nos éducations et des sociétés nous gênent dans la progression vers nous-mêmes. Pire, ils obstruent nos risques de chance. Ne t'impose pas le mal. Rien ne peut empêcher ta contribution au monde, mais les freins peuvent te faire baisser les bras. Or, plus tu vivras ton risque de chance en lien avec ta vocation, ta mission au sens de Robert Dilts, et plus tu abandonneras ce qui t'encombre. L'enjeu n'est pas d'être aimé pour ce que l'Autre désire de toi, mais d'être aimé pour ce que tu es. Le risque de chance, c'est d'offrir à l'Autre ton authenticité.

Risquer demande de la place en toi. « Risquer, c'est progresser », dit Michel Hervé, fondateur du groupe du même nom. Oui, progresser en vérité, sans masque, dans le mouvement fou de l'enthousiasme mêlé au doute. L'honnêteté offre la vérité à la sortie. Risquer, c'est apprendre. Évoluer dans le sens de son étoile, sa vocation, sa mission, aligné avec ses valeurs. Adopter le bon mouvement, l'aller vers. « La seule manière de déchiffrer le sens du changement est de plonger en lui, bouger avec lui et rejoindre la danse… dans ce maintenant vital… en apprenant à synchroniser ses rythmes corporels plutôt que ses montres », dit Alan W. Watts dans *Éloge de l'insécurité*[138]. Le risque masqué échoue. Souviens-toi de la théorie de la finance dénoncée par Bertrand Badré : prétendre faire des profits avec de l'argent sans les hommes, et sans que cela serve l'humain est un risque masqué qui échoue et aboutit au déclin. Il y a une vie avant et après l'argent. La vérité est de nourrir l'homme par l'homme et pour l'homme (donc la femme, bien entendu). Chaîne risquée, mais tellement plus riche. Relever ton risque de chance, c'est relier à ton âme l'appel que tu as reçu, en pleine lumière. Le reste n'est que carnaval masqué. Le risque appelle donc le courage pour atteindre sa chance. Mais courage et vérité appellent à leur tour le discernement. L'enjeu est de trouver cet équilibre entre ton impulsion et son impact.

Depuis très jeune, je suis tiraillé entre ma vivacité à dire la vérité pour éclairer l'Autre et la conscience du risque de heurter, d'exclure. À la fin

138. WATTS, Alan W., *Éloge de l'insécurité*, Payot, 2003.

des exercices spirituels de saint Ignace de Loyola, tu reçois pour la vie courante, pendant deux ans, ce que les Ignatiens appellent ton « élection ». Ces exercices sont un chemin de discernement pour poser les vrais choix, au lieu de vivre seulement en réaction aux êtres et aux événements. Ton élection, c'est ta ligne, un cap, un point d'appui pour la vie à travers un don qui t'est fait. Si ma vocation personnelle est claire, « aider à faire naître la vocation des autres », mon élection ignacienne m'offre un bon équipement spirituel pour réaliser cette vocation et l'offrir aux autres. « Humble et doux de cœur, malgré mes oppositions au monde », d'après l'inspiration de l'évangile selon saint Matthieu (11,25-30), je veux rester lucide face au monde, aider d'autres personnes à éclairer leur chemin, mais dans la douceur et l'humilité. Parfois c'est oui, parfois c'est non. L'essentiel n'est pas d'obtenir 100 % de réussite. L'essentiel est de réussir à éclairer le plus souvent et de savoir comment proposer au mieux cette aide à l'Autre grâce à ton discernement.

Quand j'échoue, je sais que c'est souvent pour avoir perdu le cap de mon élection par manque d'humilité et de douceur, envahi par mes oppositions au monde et ma soif de vérité trop criante pour ne pas avancer en risque masqué. Or tricher n'est un risque de chance ni pour soi ni pour les autres. C'est devenir moyen, et j'adhère à la thèse du philosophe québécois Alain Deneault qui dénonce un monde où le « moyen » devient la norme et le « médiocre » le modèle, dans son livre *La Médiocratie*[139] (Éd. Lux) : « On passe d'un travail à l'autre comme s'il ne s'agissait que d'un moyen de subsistance. La prestation devient moyenne, le résultat tout autant et les gens parfaitement interchangeables. » Marx décrit la même situation dans son *Introduction générale à la critique de l'économie politique*[140] : « L'indifférence à l'égard du travail particulier correspond à une forme de société dans laquelle les individus passent avec facilité d'un travail à un autre, et dans laquelle le genre déterminé du travail leur paraît fortuit et par conséquent indifférent. » Il n'est pas question d'être toujours au top de ses possibilités, mais de ne pas se laisser enfermer dans la médiocrité ambiante en avançant masqué à soi et aux autres. La vérité tue la médiocrité imposée. C'est très visible au travail, mais aussi dans les relations amicales et l'accompagnement.

---

139. Deneault, Alain, *La Médiocratie*, Lux éditeur, 2016.
140. Marx, Karl, *Introduction générale à la critique de l'économie politique*, 1857.

Risque d'accompagnement.

Risquer seul n'est pas une chose que je te recommande. J'ai déjà évoqué plus haut l'holarchie, grâce à Robert Dilts. Je voudrais affirmer ici que l'Autre est vraiment ma source. En matière spirituelle par exemple, j'ai éprouvé le besoin d'être accompagné pour grandir. J'aimerais te livrer mon témoignage d'accompagnement spirituel. Le Père Roger Peter m'avait demandé de l'exprimer, il en a transcrit le texte dans son dernier livre, *Témoignage médité d'un prêtre*[141]. Je ne vais pas tout reprendre ici, je me limiterai à l'essentiel. Mais au moment de te confier ces quelques mots, je voudrais te dire que je mesure combien cet accompagnement m'a porté et à quel point, désormais, j'en vis.

Le plus bel enseignement que m'a transmis Roger Peter fut celui de saint Ignace lui-même : « La plus grande erreur en matière spirituelle, c'est de conduire un autre par son propre chemin. » Tant il est vrai que chacun a le sien, qu'il faut respecter dans sa noblesse propre et son originalité : tout ce livre est bâti sur la découverte et le respect du chemin personnel. Mais alors, « être accompagné spirituellement », qu'est-ce que cela peut bien signifier ? Eh bien, cela veut dire que la vie spirituelle est un chemin de crête, exaltant, difficile, où l'on peut se tromper aisément sur soi-même. C'est un beau et grand chemin, qui te conduit au-delà de toi-même, pour entrer dans la plénitude de la vie. Mais dans cette perspective, un peu d'aide, de la part de ceux qui en ont l'expérience, ce n'est pas superflu.

J'ai compris que l'objectif d'un accompagnement spirituel était de prendre cette aide là où l'on en avait besoin pour marcher vers Dieu. Depuis, je peux finir chaque journée en disant : « J'ai prié et j'ai vécu. » Pourquoi prier ? Parce que c'est le moteur du chemin d'oraison. Oui, l'accompagnement spirituel, c'est cela : apprendre à quelqu'un à marcher vers Dieu et à prier, seul à seul avec Lui. Bien entendu, ce n'est pas gagné à tous les coups. On n'arrive pas à se concentrer, on ne ressent rien, etc. Mais j'ai appris que cela n'avait aucune importance. Dieu te demande un mouvement sincère vers Lui, c'est tout. Si ta prière est vraie, rien ne l'affole ! Jésus a vaincu le péché et te prend comme tu es. Donc je peux lui demander sans problème tout un sac de pardons. Avec quelle simplicité la prière peut te faire naître à ton essentiel ! Si tu penses parfois que Dieu ne t'entend pas, prie davantage.

141. PETER, Roger, *Témoignage médité d'un prêtre*, Iggybook, 2018.

Alors qu'un jour j'affirmais tout de go à mon accompagnateur spirituel : « Je ne suis pas assez bon », j'ai eu droit au smash retour gagnant : « Heureusement ! » Et le Père Roger d'enfoncer le clou : « La miséricorde, c'est que tu puisses te présenter nul devant Dieu et comprendre qu'il t'aime. » J'ai ainsi, peu à peu, parlé à Dieu comme à un ami, en confiance. Face aux commentaires qui ont fusé, lorsque je me suis risqué à partager mon accompagnement avec d'autres, Roger m'invita au silence : « Laisse filer les gaudrioles. Tu fais ton propre chemin et tu ne peux aller à Dieu que libre. [...] Tu as reçu le don du sens de l'existence, de l'essentiel, notamment auprès des malades. Que ce don t'isole, c'est normal. [...] Accepte ceux qui t'aiment, sans avoir ce don. »

À la lecture de mon petit carnet de Chemin d'oraison quotidien, je vois que j'ai aussi beaucoup aimé partager un mot ou un autre qui symbolisait la Parole de Dieu et ma prière du jour, de *dépouillé* à *servir* en passant par le mot *paix*. « Tu as un don particulier pour t'approprier les mots de l'Écriture sainte, notamment ceux des psaumes, qui sont des prières inspirées par l'Esprit-Saint. Fais fructifier ce don », me disait le Père Roger. Le plus fort de tout, ce fut de prendre conscience d'un paradoxe : alors que j'avais le sentiment de vivre trop loin de Dieu, mon accompagnateur m'appelait au contraire à vivre la bonne distance dans mon expression : « Tu as raison dans ce que tu vis, mais fais attention à la personne à laquelle tu le dis. Il est fatigant de vivre à côté de quelqu'un d'intensément câblé sur l'essentiel... »

En fait, l'accompagnement spirituel est comme une chambre d'éveil. Peut-être pourrait-on dire aussi que c'est un espace d'expansion sécurisé pour mieux se lancer vers Dieu, en se tenant à sa juste place. Un champ d'exception dans lequel j'offre autant qu'il m'est offert, dans la vérité d'un échange en parité. Un échange où tu as autant de valeur aux yeux de ton accompagnateur qu'il en a à tes yeux, car sa valeur n'enlève rien à la tienne. C'est cela la parité devant Dieu. Échange attendu chaque mois dans un écrin d'écoute entre Dieu et Terre. L'accompagnement est aussi source de déblocage, quand c'est nécessaire. Par exemple, sans pouvoir me l'expliquer, je n'ai jamais pu dire un *Je vous salue Marie* sans buter. Libérée par Roger dans mon expression, cette prière fondatrice coule maintenant dans ma bouche comme un clair ruisseau. Ainsi souvent le grand mystère nous a-t-il dépassés et j'ai pu ressentir que nous l'admirions ensemble, ni l'un devant, ni l'autre derrière, mais juste en face, comme devant la Vierge Marie lors de la prière devenue rituelle de nos séparations.

« Jésus ne les laissera pas orphelins, mais ils seront sa demeure », dit Maurice Zundel dans *Un autre regard sur l'Eucharistie*[142]. Là est peut-être la source de ma foi, Dieu est en moi. Je crois en l'accompagnement. C'est aussi une très belle façon de résister à la pression du temps qui nous fragilise. Écouter et être écouté. Refaire sienne son expérience et remettre de l'ordre dans sa pensée par le partage. Être accompagné, c'est aussi entrer en résonnance avec l'ouverture de l'Autre et sa vision du monde, donc s'enrichir de son histoire et de sa contemporanéité. Je pourrais citer bien d'autres exemples d'accompagnements qui aident à grandir, mais ce témoignage d'orphelin fou de Dieu est pour moi l'illustration vivante d'un risque de chance partagé en aménité. Et j'y tiens tellement que je suis heureux de te l'offrir.

Risque d'aménité

La vérité est source d'amitié. Ne pas avancer en risque masqué y est indispensable, car c'est cette relation de vérité qui fait naître la douceur de l'amitié jusqu'à l'aménité. Michel Onfray, dans *Sagesse*[143], remarque que « dans l'exercice de l'amitié, Cicéron n'exclut pas un peu de rudesse – car dire la vérité est rudesse quand la flatterie, la dissimulation, le mensonge peuvent tromper si facilement ». Il évoque aussi Plutarque dans son texte *Comment distinguer le flatteur de l'ami*[144], puis Sénèque dans ses *Lettres à Lucilius*[145] ou Themistius dans son *Discours sur l'amitié*[146]. Il poursuit : « On pourrait donc imaginer qu'il y a amitié véritable quand on évite la flagornerie, l'adulation, le compliment : un ami ne flatte ni ne caresse dans le sens du poil son alter ego quand il y a matière à remarques. L'amitié semble d'autant plus vraie qu'elle contribue à l'édification de soi par l'Autre et de l'Autre par soi. Et, pour atteindre cet objectif, il faut faire un usage abrasif de la vérité… c'est donc par affection, par amitié, qu'on dira à son ami où, quand et comment on estime qu'il fait fausse route et qu'il risque de tomber dans le précipice éthique… Qui est capable de supporter pareille position? À l'évidence ceux qui sont déjà sur le chemin de la sagesse à défaut d'être déjà sages. »

Quel enthousiasme à être en vérité ! Et si ton premier ami était en toi ? Le risque de chance en amitié est cette confiance de l'Amour du couple,

142. Zundel, Maurice, *Un autre regard sur l'Eucharistie*, Jubilé – Le Sarment éditions, 2006.
143. Onfray, Michel, *Sagesse*, J'ai lu, 2020, p. 343.
144. Plutarque, *Comment distinguer le flatteur de l'ami*, éd. de l'Aire, 1987.
145. Sénèque, *Lettres à Lucilius*, Mille et une nuits, 2002, V.XLV.6-7.
146. Themistius, *Discours sur l'amitié*, 26b13-d5.

sans le corps. J'ai baroudé avec plusieurs amis et amies, couché au sommet d'une montagne, sur les flots, dans des lits superposés, au fond des coffres ou à la belle étoile, dans le plus grand respect des corps. Il y a un respect du corps appelé au partage de l'Amour *Éros* comme *agapé*, mais il y a aussi un respect du corps spécifique à l'amitié, un respect vécu en aménité. Peu importe la distance, toujours est la présence. Ferme les yeux et pense à une amie ou un ami. La joie est immédiate, la douceur naissante. L'aménité est cette grâce à partager la vérité en douceur. Une belle amie, un bel ami, ce n'est pas rien dans notre histoire et sacrément plus riche qu'un faux ami. Perle de Christian Bobin, toujours, au sujet de l'amitié fraternelle : « L'amitié, c'est une conversation batailleuse et joyeuse qui cherche une issue aux soucis, à la désespérance et où personne n'a une part plus grosse du gâteau. » L'amitié comme l'Amour est un don. Le risque d'aménité est un choix. Tu connais peut-être la manière d'être d'Ubuntu, qui signifie dans la République démocratique du Congo : « Je suis ce que je suis grâce à ce que nous sommes. » On raconte qu'un anthropologue invita des enfants à faire la course et à gagner un panier de fruits pour celui qui arriverait en tête. À son grand étonnement, tous les enfants coururent en se tenant par la main et se placèrent en rond à l'arrivée pour déguster ensemble les fruits. À son questionnement, ils répondirent : « Ubuntu, comment l'un d'entre nous pourrait-il être heureux si son geste rend les autres malheureux ? » L'amitié est le risque de la récolte. Semer pour une vie de lumière, grâce à l'Autre et par lui. Un véritable risque de choix.

Risque de choix

Choisir, c'est renoncer. Savoir se dire non et dire non. Quel chemin de liberté ! Le monde pousse au oui. Irraisonnable, irréaliste, mensonger, inutile, flatteur, facile, dangereux. Le vrai « oui » me semble ne pouvoir naître que d'un vrai « non ». Je l'ai déjà dit au sujet de l'autorité paternelle. C'est ici que se construit le choix, le véritable risque de chance. Dans *Vivre à quoi ça sert ?*[147] Sœur Emmanuelle évoque ce choix essentiel : « Entre le plaisir et le bonheur, il faut choisir. Entre l'écume et l'éternité, il faut choisir. Entre la voracité et l'amitié, il faut choisir. On n'arrive jamais, ici-bas, au bout de l'Amour. Encore et encore, il faut le choisir à nouveau. » J'aime cette quête du choix. J'ai choisi de vivre en disant oui à la vie, plutôt que de m'effacer en disant oui au désespoir. Donc mon vrai choix était le non au renoncement que je ne connaissais pas, alors que la vie coulait

147. Emmanuelle (sœur), *Vivre, à quoi ça sert ?*, J'ai lu, 2005

déjà en moi. Comme je l'ai évoqué, j'ai choisi la fidélité en refusant de dire oui aux sirènes. J'ai choisi de ne pas alcooliser les jeunes en fuyant le oui aux stock-options. J'ai choisi de croire en assumant de rompre avec le oui bien-pensant bobo du sans foi, ni loi. J'ai choisi la paternité face au oui de la tranquillité. Ces refus du oui facile ne sont que des non assumés. Le renoncement ouvre à la paix intérieure. Le non à un faux oui et le oui à un vrai non sont idylliques. Le non met à nu face au risque, dans cette pureté assumée de ne pas dire ou ne pas faire. C'est le socle d'un autre engagement, pur et dégagé de la facilité. Le risque de choix est un appel à l'humilité, au doute assumé en s'en remettant à ce que l'on croit essentiel.

C'est vrai dans la vie de tous les jours. Par exemple, étant formé à l'accompagnement des personnes atteintes de compulsions identitaires, je suis en grande empathie avec notre monde occidental, en masse dépendant du oui. Suralimentation, surconsommation, surégocentricité, sursolitude, surmenage, sursalaires, surcapacités, etc. Pourquoi ne pas dire tout simplement non à ce mode de vie? La première raison est l'inconscience collective et souvent individuelle de la réalité de cette dépendance au oui. La seconde est l'incapacité de faire face au risque de choix. La seule voie ici est de ne pas rester seul, du *Black Friday* au black-out. Être éclairé et éduqué à un non heureux. Le oui facile est le plus souvent dicté par d'autres dans ton histoire passée ou présente : je devrais faire comme mes ancêtres, comme ma mère, comme mon patron, comme mon idole, comme ce mannequin, comme cette championne, comme, comme, comme. Non. Repérer, écouter et accepter la voix des autres en toi, puis simplement te déplacer vers toi, libre. Difficile de s'extraire des voix trompeuses, mais confortables qui bercent ton illusion! Ici, la peur n'est pas de perdre ce qui ne m'appartenait pas, mais de naître à ce que je suis, au plus profond de moi. Le risque de choix, c'est découvrir le « comme toi » en risque de chance.

Risque de chance

L'alliance de ces deux mots « risque » et « chance » est apparemment conradictoire. Pourquoi les rapprocher alors que leurs sens devraient les éloigner? C'est la définition de l'oxymore : « Cette obscure clarté qui tombe des étoiles » dans *Le Cid* de Corneille[148], ou le « jeune vieillard » du *Malade imaginaire* de Molière[149]. En grec, « oxymôros » signifie « ingénieuse

148. Corneille, Pierre, *Le Cid*, Hachette, 1999.
149. Molière, *Le Malade imaginaire*, coll. « Le Théâtre de Poche », Le Livre de Poche, 2012.

alliance ». Au-delà du jeu de mots, je crois à la force symbolique de cette réalité dans nos vies. L'image souvent employée pour illustrer l'oxymore est le point d'équilibre entre deux pentes de toit qui s'appuient l'une sur l'autre. Ce sont les forces contraires qui créent ce point d'équilibre. J'aime et je crois à ce paradoxe dans la vie. Hergé, le père de Tintin, voyant Neil Amstrong faire ses premiers pas sur la Lune, dit : « À force de croire en ses rêves, l'homme en fait une réalité. » À un moment donné, ton chemin appelle le risque. Tu dois le prendre et t'appuyer dessus si tu veux recevoir la chance en retour. Les vies sans risque de chance sont assez uniformes et les maux identiques. Les vies en risque de chance sont colorées, chacune unique à sa manière.

Se demander et demander à vivre ce risque du tout. Demander nous ouvre des chemins d'humanité que nous ne pourrions trouver autrement. Notre réticence à demander est un drame, car elle nous rend inhumains. L'expérience de la demande simple et sincère est divine. Elle travaille nos vies et opère en profondeur, souvent en silence dans l'imperceptible. Demander est un événement prodigieux jusqu'à s'offrir à l'Autre. Lui demander son attention jusqu'à se sentir accueilli et reconnu. Demander, c'est s'exposer à être en relation d'espérance. La plus belle demande appelle le silence. Arrêter le bruit en moi et laisser naître ma demande à l'Autre dans une hospitalité paisible. Entendre ma demande me révèle alors mon identité et qui je suis dans cette relation à l'Autre. Ainsi, l'amateur de demande doit être bon entendeur, car la demande n'est possible qu'entre les gens qui écoutent ce qu'ils sont et demandent la vérité. Une belle demande est alors une rupture spectaculaire avec l'avant. Tout change, car vous avez osé et le meilleur ne vous appartient plus.

Imaginez l'instant d'après votre demande en mariage… Veux-tu m'épouser ? N'est-ce pas votre premier acte d'espérance ? Et la seule réponse possible à sa réponse est « merci ». Oui, merci d'avoir accueilli ma demande, quelle que soit ta réponse. Demander brise la coquille de l'ego en posant un acte concret vers l'Autre. Beaucoup pensent que c'est mal élevé et que le risque est de déranger l'Autre. Non, c'est humain et l'Autre est libre d'accueillir ou non votre demande jusqu'à vous dire non. Quel beau risque de chance, le meilleur que j'aie pu goûter ! Le plus délectable étant le temps de la réponse, comme dans une pochette surprise dont les tourbillons de papier cachent le trésor enfoui dans sa pointe. L'une des vraies questions est de savoir si nous savons recevoir la réponse à notre demande. Pour beaucoup de gens, la bonne réponse doit être oui, mais si l'on veut goûter le bonheur de sa demande, il est inutile d'avoir peur d'un non libre et sensé. Demander n'est pas un obstacle, mais au contraire ce qui rend possible. La demande est une source inépuisable, car l'être est incomplet et les réponses infinies. Notre soif d'être aimé et d'aimer est la source d'une demande universelle.

L'expression anglaise pour « prendre un risque », « *Take a chance* », m'a alertée sur le rapport que nous entretenons avec la notion de crise. Comme je l'ai montré, l'Asie le traduit en opportunité, quand l'Occident le transforme en aversion du risque, voire en mort. Risquer, c'est gérer ses chances. Ma vie incarne la résilience et le risque de chance. Un jour, j'ai compris que je devais dire et partager cette expérience et celles d'autres personnes. Ma route professionnelle en accompagnateur d'entreprises et marques magiques, d'Havas à Danone en passant par Lacoste, AXA, Bristol Myers Squibb, Airbus, L'Oréal, BNP Paribas, La Croix Rouge ou Microsoft m'interroge sur le risque de chance à la française. Il y a un risque, pour nous, dans l'ambition volumineuse de la Chine ; il y en a un autre dans l'hégémonie culturelle mondiale des États-Unis. Notre chance est l'Europe et en particulier la voie française, pleine de ses valeurs rurales et selon laquelle rien n'est impossible. Quel est notre rapport à la réalité ? Comment pouvons-nous nous adapter ? Que voulons-nous pour demain ? Quelles solutions créons-nous pour nos enfants ? Comment travailler et vivre en confiance dans un écosystème partenaire pour la santé, l'éducation, l'industrie, l'agriculture et la culture ? Pourquoi les relations humaines – « comédie inhumaine » selon Nicolas Bouzou et Julia de Funès – sont-elles si fragiles dans la société… et dans les sociétés anonymes ?

En courant un jour, j'ai découvert le bras d'un homme qui dépassait au sol d'un sapin enneigé. Je me suis approché pour lui parler. De cette rencontre glacée est née une confiance. J'ai mis cet homme en relation avec d'autres qui l'ont aidé. Chaussures adaptées à son handicap, et même proposition d'emploi. Il a tout quitté au bout de quelques jours. Relatant ce que je vivais comme un échec, une femme m'a répondu : « Vous êtes angélique, cela ne sert à rien de les aider, ils ne veulent pas s'en sortir. » Oui, je suis angélique. Non, en réalité, ils veulent s'en sortir. Mais pour relever son risque de volonté, comme je l'ai décrit dans un chapitre précédent, il faut des capacités. Au-delà de l'intelligence artificielle, entre GAFA[150] aux États-

150. Google, Apple, Facebook, Amazon.

Unis et BATX[151] en Chine, la mission première de l'homme aujourd'hui est d'éduquer et d'accompagner chacun en intelligence émotionnelle jusqu'à l'autonomie. Nous sommes interdépendants et c'est génial. Que la vie ne t'ait pas doté des meilleurs gènes à la naissance ou qu'elle t'ait précipité sous un sapin enneigé, c'est le rôle de tous de t'aider à grandir jusqu'à ton risque de chance. T'aider à enrichir ta pensée et trouver un sens à ton existence.

À quoi servirait le reste? À vivre isolé dans un luxe d'illusions. Je suis plutôt de nature solitaire, mais je ne crois pas à la vie en solitude. Les moniales et les moines m'interpellent. Vivre seul, en silence avec pour vocation la prière. Sacré risque de chance. Mais derrière cette solitude apparente, il y a un discernement profond et certainement partagé avant de s'engager. Et puis, sont-ils si seuls? Ils sont avec Dieu pour nous et ils prient en communauté. Quelles que soient les croyances de chacun, j'ai une fascination pour ce don à la prière pour l'Autre. Il est très réconfortant de penser que ma petite prière est reliée à celles d'hommes et de femmes dont la vie est exclusivement consacrée à la prière pour tous, croyants ou non. C'est émouvant et encourageant. Quiconque visite un monastère pour le plaisir ou pour une retraite vit la puissance de cette prière partagée, même invisible et silencieuse, qui entre en résonance avec le monde.

La qualité d'une vie humaine dépend du rapport au monde, pour peu qu'elle permette une résonance. Il arrive qu'on attende de l'âge qu'il nous permette de rattraper tout ce que nous avons manqué : la part de vie lésée, ou laissée de côté, est reportée à l'âge de la retraite. C'est, me semble-t-il, la raison pour laquelle le recul de l'âge de la retraite se heurte, contre toute logique économique et démographique, à une résistance aussi acharnée : sur le plan culturel, cette mesure est perçue comme le vol d'un temps de vie. Ma thèse est la suivante : tout, dans la vie, dépend de la qualité de notre relation au monde, c'est-à-dire de la manière dont les sujets que nous sommes font l'expérience du monde et prennent position par rapport à lui. Alors, pourquoi attendre une retraite hypothétique? Et si justement le meilleur naissait de ta capacité à risquer ton engagement vers ta propre chance AUJOURD'HUI ? Mon passage sur terre jusqu'à aujourd'hui – et ce livre lui-même – est la preuve que rien ne peut empêcher ta contribution au monde. La mienne est, humblement, d'aider à faire naître celles des autres.

151. Baidu, Alibaba, Tencent, Xiaomi.

Poursuivre l'aventure !

Sans la confiance de mes grands témoins, de l'écrivaine qui m'a guidée, de mon éditeur, de ma femme, de mes filles, de moi et de vous lectrices et lecteurs, jamais ce projet Risque de chance n'aurait vu le jour. Plus que jamais dans le monde d'après la Covid-19 je pense humblement qu'il est important de se préparer à rencontrer la chance. L'ancien président des États-Unis Thomas Jefferson disait « La chance est la conjonction de la préparation et de l'opportunité. » Dans cette période de confusion, en mode survie, bousculés dans nos cœurs, dans nos corps et dans nos têtes la conscience de ce que l'on est facilite l'accès à nos multiples intelligences. Pour quoi faire ? Vivre nos valeurs, créer et innover au bénéfice de tous. À partir de l'idée soufflée par Fadela Amara, je souhaite poursuivre l'aventure de ce livre en créant également un film et un mouvement concret : Risque de chance. Dans les écoles, les universités, les associations, les entreprises, dans ton village, etc. Retenir la belle suggestion de François Taddei d'offrir le questionnaire dans le domaine public, car selon lui « les questions Risque de chance sont plus pertinentes que nos réponses. » Créer un film en offrant aux jeunes de répondre à chaque témoin du livre, dont j'ai partagé l'idée avec Nicolas Hulot et Ladj Ly fondateur de l'école Kourtrajmé. Tout est ouvert ! L'idée est d'aider chacune et chacun à découvrir sa meilleure contribution possible au monde et à agir en fonction de cette découverte. L'argent ne manquera pas. Ce qui manque peut-être, c'est la solidarité pour faire naître le meilleur de toutes et tous. Au bout de la première étape de ce chemin en Risque de chance, je ne suis sûr de rien. Ou plutôt si, je suis sûr d'une chose : tout est possible. Comme dans l'image du verre, je veux vivre mon risque à moitié plein. La route est cabossée, mais que de trésors à chaque trou ! Une fois visée ton étoile et donnée l'impulsion, « laisse tourner ta boule, elle finira par tomber dans le trou » disait mon grand-père, vraisemblable joueur de billard. Je ne suis sûr de rien, évidemment, sauf qu'en risque de chance il faut essayer et grandir. Robert Dilts nous invite à écrire sur nos murs sa question essentielle « Qu'est-ce que l'Amour me demande ? » Ose-le ! Savoure-le ! Je te le répète une dernière fois avant de nous rencontrer en coacteur, peut-être : rien ne peut empêcher ta contribution au monde. Prendre ton risque est accroître ta chance, car le hasard ne frappe jamais par hasard. Beau voyage au pays de ton risque de chance ! Quel va être ton premier pas ?

Un mouvement est né !
Bienvenue www.risquedechance.com

Bienvenue dans le questionnaire Risque de chance

Seul ou en collectif, en famille, entre amis/élèves/étudiants ou avec vos équipes professionnelles l'auteur vous propose de participer à votre tour à son questionnaire inédit Risque de chance sur www.risquedechance.com

Peux-tu me dire, s'il te plaît, quel est le plus beau risque dans la vie ?

As-tu un exemple vécu de ce beau risque ?

Comment l'as-tu vécu, et qu'est-ce qui était vraiment important pour toi, voire pour plus grand que toi ?

Quelle est ta contribution au monde, ta mission, ta vocation ?

Qu'est-ce que tu reconnais en toi-même, par toi-même qui te donne le goût de vivre ?

Face au difficile, n'est-ce pas souvent en s'ouvrant à tout autre chose que les solutions naissent ?

Est-ce un risque de chance de ... [question personnalisée selon le parcours de chacun] ?

Qui es-tu comme magicien, et que fais-tu en tant que magicien dans ce monde ?

Que voudrais-tu voir se réaliser dans le monde au travers de toi et au-delà de toi ?

Qu'est-ce que tu aimerais mettre à la place du difficile de notre monde ?

Partages-tu la vision de Jean Vanier : « Toute personne est une histoire sacrée » ?

Qu'est-ce que tu vis dans ta vie que tu souhaiterais voir continuer?

As-tu un défaut dont tu souffres?

Et quelle est l'intention positive qui se cache derrière ce défaut?

Est-ce que tu as des mentors et, si oui, quels messages te portent-ils ?

Ta vie est-elle un stage d'Amour comme la mienne ici-bas ?

Faut-il tout oser demander dans la vie ?

Donc, le plus beau risque dans la vie, en un mot s'il te plaît, qu'est-ce que c'est ?

As-tu une question ?

Qui puis-je interviewer en Risque de chance de ta part, s'il te plaît ?

Bibliographie

Arthus-Bertrand, Yann, *La Terre vue du ciel*, éd. de La Martinière, 1999.
Bach, Richard, *Jonathan Livingston le goéland*, Flamarion Jeunesse, 2010.
Badré, Bertrand, *Money Honnie*, Débats Publics Éditions, 2016.
Bandler, Richard, Grinder, John, *La Structure de la magie. Le livre fondateur de la PNL*, InterEdition, 2015.
Bernanos, Georges, *Essais et écrits de combat*, Bibliothèque de La Pléiade, 1995
Camdessus, Michel, *Vers le monde de 2050*, Fayard, 2017.
César, Jules, *La Guerre des Gaules*, Folio classique, 1981, p. 106.
Coelho, Paulo, *L'Alchimiste*, Anne Carrière, 1984.
Corneille, Pierre, *Le Cid*, Hachette, 1999.
Corneille, Pierre, *Nicomède*, Rouen : L. Maurry ; Paris : C. de Sercy, 1651.
Demurger, Pascal, *L'Entreprise du xxie siècle sera politique ou ne sera plus*, L'Aube, 2019.
Delbrêl, Madeleine, *La Joie de croire*, éd. du Seuil, 1968.
Deneault, Alain, *La Médiocratie*, Lux éditeur, 2016.
Emmanuelle (sœur), *Vivre, à quoi ça sert ?*, J'ai lu, 2005
Emmanuelli, Xavier, Tartière, Suzanne, *En cas d'urgence, faites le 15*, Albin Michel, 2015.
Emmanuelli, Xavier, *Les Enfants des rues*, éd. Odile Jacob, 2016.
Feldzer, Gérard, *Si tu peux... vas-y !*, XO Éditions 2016.
Fillon, François, *Faire*, Albin Michel, 2015.
Garagnon, François, *Jade et les sacrés mystères de la vie*, éd. Monte Cristo, 1991 (1re édition).
Gibran, Khalil, *Le Prophète*, Le Livre de Poche, 1993.
Gide, André, *Les Nouvelles Nourritures*, Gallimard, 1935.

Guénard, Tim, *Quand le murmure devient cri*, éd. De La Loupe, 2006.
Haidt, Jonathan, *L'Hypothèse du bonheur*, Mardaga, 2006.
Harari, Yuval Noah, *Homo Deus. Une brève histoire du futur*, Albin Michel, 2017.
Harari, Yuval Noah, *Sapiens. Une brève histoire de l'humanité*, Albin Michel, 2015.
Hulot, Nicolas, *Les Chemins de traverse*, Jean-Claude Lattès, 1989.
Hulot, Nicolas, *Tabarly : 45 ans de défi*, Pac, 1976.
Jonas, Hans, *Le Principe responsabilité*, coll. « Champs », Flammarion 1979.
Koestler, Arthur, *The Act of Creation*, Hutchinson, Londres, 1964.
Lauvergeon, Anne, *La femme qui résiste*, Plon, 2012.
Lauvergeon, Anne, *La Troisième Révolution énergétique*, Plon, 2008.
Marx, Karl, *Introduction générale à la critique de l'économie politique*, 1857.
Moati, Serge, *Juifs de France, pourquoi partir ?*, Stock, 2017.
Moati, Serge, *Le Vieil Orphelin*, Flammarion, 2013.
Molière, *Le Malade imaginaire*, coll. « Le Théâtre de Poche »,Le Livre de Poche, 2012.
Monod, Théodore, *Le Chercheur d'absolu*, Gallimard, 1998.
Morinière, Béatrice, Morinière, François, *Et le ciel devient familier*, Le Passeur éditeur, 2019.
Neill, Alexander-Shuterland, *Libres enfants de Summerhill*, La Découverte, 2004.
Onfray, Michel, *Le Ventre des philosophes. Critique de la raison diététique*, Grasset, 1989.
Onfray, Michel, *Sagesse*, J'ai lu, 2020.
Orwell, George, *1984*, Gallimard, 1948.
Pagnier, Dominique, Bobin, Christian, *L'Arrière-pays de Christian Bobin*, L'Iconoclaste, 2018, p. 286.
Perroux, François, *L'Europe sans rivages*, Presses universitaires de France, 1954.
Peter, Roger, *Témoignage médité d'un prêtre*, Iggybook, 2018.
Plutarque, *Comment distinguer le flatteur de l'ami*, éd. de l'Aire, 1987.
Poussin, Alexandre, Poussin, Sonia, *Afrika Trek. 14 000 kilomètres dans les pas de l'homme*, Robert Laffont, 2004.
Radcliffe, Timothy, *Je vous appelle amis*, éditions du Cerf, 2014.

Rosa, Hartmut, *Résonance. Une sociologie de la relation au monde*, La Découverte, 2018.
Rougier, Stan, *Accroche ta vie à une étoile*, Albin Michel, 1996.
Salomé, Jacques, *Pour ne plus vivre sur la planète TAIRE*, Albin Michel, 2003.
Sartre, Jean-Paul, *Huis clos*, Folio Théâtre, 2019 (dernière édition).
Schucman, Helen, Thetford, Bill, *A course in miracles*, 1972 Pocket Edition 2014.
Séguéla, Jacques, *Coup de pub*, Pygmalion, 2015.
Sénèque, *Lettres à Lucilius*, Mille et une nuits, 2002.
Sfar, Joann, *Le Chat du rabbin*, Dargaud, 2015.
Singer, Christiane, *Derniers fragments d'un long voyage*, Albin Michel, 2007.
Slimani, Leïla, *Chanson douce*, Gallimard, 2018.
Taddei, François, *Apprendre au XXIe siècle*, Calmann-Lévy, 2018.
Villani, Cédric, *Optimal Transport. Old and New*, Springer, 2008.
Villani, Cédric, *Théorème vivant*, Grasset, 2012.
Villani, Cédric, *Immersion*, Flammarion, 2019.
Watts, Alan W., *Éloge de l'insécurité*, Payot, 2003.
Zundel, Maurice, *Un autre regard sur l'Eucharistie*, Jubilé – Le Sarment éditions, 2006.

Celles et ceux qui m'ont fait cadeau de leur témoignage sont dans l'ordre alphabétique : Fadela Amara (Fondatrice Ni putes ni soumises, ex-secrétaire d'État politique de la ville) – **Yann Arthus-Bertrand** (Photographe, reporter, réalisateur, écologiste, président GoodPlanet) – **Bertrand Badré** (ex DG Banque mondiale, fondateur Blue like an Orange Sustainable Capital) – **Alexandre Bompard** (PDG Carrefour, ex-PDG Fnac-Darty, Europe1, Canal +) – **Jean-Louis Borloo** (ex-ministre d'État, ex-maire de Valenciennes) – **Michel Camdessus** (ex-DG FMI Fonds monétaire international, gouverneur Banque de France, directeur du Trésor) – **Olivier Dassault** (député, homme d'affaires, photographe, †) – **Gonzague de Blignières** (cofondateur Raise) – **Aude de Thuin** (entrepreneure, fondatrice Women's forum Economy and Society & Women In Africa) – **Pascal Demurger** (DG MAIF) – **Robert Dilts** (chercheur PNL, coach en leadership conscient et résilient) – **Pierre Dubuc** (cofondateur OpenClassRooms) – **Xavier Emmanuelli** (fondateur de Médecins sans Frontières et du SAMU social) – **Delphine Ernotte Cunci** (PDG FranceTV et présidente de l'Union européenne de radio-télévision) – **Mercedes Erra** (PDG BETC – VP Havas – présidente CA Cité nationale de l'histoire de l'immigration) – **Gérard Feldzer** (génie des airs et autres sujets, Pt Aviation sans frontières, journaliste) – **Xavier Fontanet** (ex-PDG Essilor, Bénéteau) – **Maud Fontenoy** (navigatrice, porte-parole UNESCO, fondatrice MFFondation, VP Conseil régional PACA) – **Nicolas Gaume** (cofondateur Space Cargo Unlimited, Global Sales, Marketing & Operations HQ, Office of the Executive Vice President & President Microsoft) – **Clara Gaymard** (ex-VP GE, cofondatrice Raise) – **Père Guy Gilbert** (prêtre des loubards et des autres) – **Nicolas Hulot** (ex-ministre d'État, animateur Ushuaïa, Pt Fondation pour la nature) – **Henri Lachmann** (ex-PDG Schneider) – **Anne Lauvergeon** (ex-Sherpa François Mitterrand, ex-PDG Areva, fondatrice Alp) – **Denis Machuel** (DG Sodexo) – **Thierry Marx** (chef étoilé et engagé) – **Serge Moati** (journaliste, réalisateur) – **Vincent Montagne** (PDG Médias Participations, Pt KTO) – **François Morinière** (dirigeant engagé, Entretiens Valpré, JO 2024, Collège Bernardins) – **Denis Olivennes** (Haut fonctionnaire et chef d'entreprises Air France, Canal+, La Fnac, *Nouvel Obs*, Europe1, Pôle info Lagardère, CMI France, *Libération*) – **Olivier Noblecourt** (ex-délégué Interministériel à la prévention et la lutte contre la pauvreté des enfants et des jeunes) – **Gérard Saillant** (professeur chirurgien orthopédiste, président et membre fondateur de l'Institut du cerveau et de la moelle épinière ICM) – **Frédéric Sausset** (premier coureur des 24 h du Mans quadri amputé, entrepreneur) – **Jacques Séguéla** (grand publicitaire au grand cœur) – **Jeanne Siaud-Facchin** (psychologue du XXIe siècle et des surdoués) – **François Taddei** (génie fondateur du CRI) – **Jean Todt** (Pt FIA, ex Pt Ferrari) – **Paul Trân Van Thinh** (ex-ambassadeur UE) – **Jean Vanier** (fondateur de l'Arche, †) – **Cédric Villani** (député, mathématicien Médaille Fields)

Remerciements

J'adresse ma profonde gratitude à :

Mon épouse et nos filles, mon plus beau risque de chance.

Merci à Mathilde pour son talent créatif de designer et sa profonde bienveillance auprès de son papa.

Les nombreux aidants à qui je dois d'être aujourd'hui.

Marie-Joëlle Guillaume et à celui qui m'a guidé vers elle. Marie-Joëlle est mon ange plume, la sage-femme de mon tapuscrit initial en livre nécessaire et celle avec qui j'ai vécu une profonde fraternité en écriture.

Les témoins, mes amis de cœur, dont Jacques Séguéla le premier à risquer sa chance à mes côtés.

Celles et ceux qui sont en chemin de risque de chance avec moi.

Merci beaucoup, beaucoup !

Achevé d'imprimer
par Lightning Source France à Maurepas (78)

Dépôt légal : juin 2021

Bienvenue sur www.risquedechance.com et suivez-nous

Risque de Chance

Risque de Chance

@Risquedechance

@risquedechance

Risque de chance

Imprimé en France
FRHW011307200521
27218FR00013B/56

9 782381 582443